# Pandas로 하는 데이터 과학 2/e

# Pandas로 하는 데이터 과학 2/e

## 파이썬 통계 분석 라이브러리

마이클 헤이트 지음
이태상 옮김

Packt›
에이콘

## | 지은이 소개 |

**마이클 헤이트**Michael Heydt

십수 년의 전문 소프트웨어 개발과 금융 및 상품 거래 경험을 갖춘 기술자이자 사업가이며 교육자다. 오랫동안 월스트리트에서 행위자 기반의 병행 및 분산 시스템이자 고성능과 고가용성을 갖춘 금융 거래 시스템 개발 업무를 했다. 또한 금융 및 상품 거래를 위한 클라우드 방식의 마이크로서비스 기반 소프트웨어 솔루션 제작을 주로 하는 마이크로 트레이딩 서비스Micro Trading Services라는 기업의 창업자다. 드렉셀대학교에서 수학 및 컴퓨터 과학 석사 학위를 취득하고, 펜실베니아 대학교와튼 스쿨에서 기술 경영 석사 학위를 취득했다.

---

이 책을 집필하고 개정할 수 있도록 끊임없이 나를 독려한 팩트출판사 팀에게 진심으로 감사드립니다. 또한 몇 달 동안 사라지거나 혹은 약간의 자유 시간조차도 이 책에 전념하는 저를 참고 견뎌준 가족에게 감사드립니다. 그들은 저에게 진정한 영감을 주는 사람들입니다.

---

## | 기술 감수자 소개 |

**소날리 다얄**Sonali Dayal

샌프란시스코 베이 에어리어에서 프리랜서로 활동 중인 데이터 과학자다. 소날리의 분석 모형과 데이터 파이프라인에 대한 연구는 고객의 주요 금융 상품과 재무적 의사 결정에 큰 영향력이 있다. 이전에는 스타트업 기업 등에서 소프트웨어와 데이터 과학 엔지니어로 일했다. 거기서 대화형 데이터 분석 대시보드뿐만 아니라 머신 러닝에서의 지도 학습과 자율 학습 모델을 구축했다. 2011년에 버지니아 공대에서 생화학 석사 학위를 취득했다.

이 책의 감수와 여러 가지를 진행할 수 있게 해준 팩트출판사 팀에게 감사드립니다.

**니콜라 레니에로**[Nicola Rainiero]

자영업자로서 건설업계에 기반을 둔 토목기사다. 또한 재생에너지를 전문으로 하며, 정성적/정량적 데이터 분석 기법을 사용하는 REGEOCITIES와 PRISCA 프로젝트를 위해 피사의 산트 안나 학교와 협업하고 있다.

무언가 새로운 오픈 소프트웨어를 사용해 자신의 연구를 단순화시킬 희망을 갖고 있다. 때로는 좋은 결과를 내지만 그렇지 않을 때도 있다.

---

이 책의 감수에 참여할 수 있게 한 팩트출판사에 감사드립니다. 또한 물심양면으로 지지해준 나의 가족, 특히 부모님께 감사드립니다.

---

## | 옮긴이 소개 |

**이태상**(taesang@gmail.com)

자바와 웹 전문가로서 교육과 컨설팅을 주로 했으며, 오랜 기간 전자 금융 업무를 담당했다. 현재 한 금융기관의 재무회계 시스템 구축 프로젝트에 참여하고 있다. 에이콘출판사의 『톰캣 최종분석』(2005)을 시작으로 『리액트 네이티브 앱 제작 원론』(2018)까지 다수의 IT 서적을 번역했다.

# | 옮긴이의 말 |

> 데이터를 고문하라. 그러면 모든 걸 자백할 것이다(Toture the data, and it will confess to anything).
>
> – 로널드 코스[Ronald Coase]

1991년 노벨 경제학상을 수상받은 영국의 경제학자 로널드 코스가 무려 1981년에 했던 말입니다. 35년도 더 지난 지금의 우리는 그야말로 데이터 고문[Data Torturing]의 시대에 살고 있습니다. 데이터에겐 미안하지만(?), 그래야만 우리에게 진실을 죄다 털어놓으니까 말입니다. 여기서 재미있는 점은 그 고문자가 우리 모두라는 매우 중요한 사실입니다.

로널드 코스를 인용하느라 '고문'이라는 표현을 썼지만, 실은 '과학'입니다. 지나치게 간단히 말하자면 데이터 과학[Data science]이란 무차별로 축적된 데이터로부터 '유의미한 정보'를 선별하고 분석해 이를 '미래에 대한 통찰'로 빚어내는 포괄적인 전 과정을 말하며, 따라서 이를 수행하는 사람은 당연히 IT 종사자에만 국한돼있지 않습니다. 그러므로 앞의 말을 바꿔보자면 우리 모두는 데이터 과학자입니다. 예컨대 우리는 선거 후보자의 치적이나 전과기록 등을 토대로 유권자 입장에서 가치 있는 정보만을 추리고 분석해서 미래의 정치 대리인으로 임명할지 여부를 놓고 투표를 하니까요.

이렇듯 우리는 이미 데이터 과학자로서의 일상을 살고 있지만, 현대의 IT 기술, 통계학, 경제학, 경영학, 금융공학 등 여러 지식체계를 접목해 데이터 조작과 분석을 과학적으로 수행할 수 있는 좀 더 전문적인 능력이 필요한 상황에 처했음을 인정하게 됩니다. 이 책을 선택한 저와 여러분 또한 그럴 것입니다.

이에 큰 도움이 될 pandas는 파이썬 프로그래밍 언어를 기반으로 하는 통계 분석 라이브러리이며, 이 책은 pandas의 사용 방법을 아주 쉽게 차근차근 설명합니다. 흔히 사용되는 R을 대신해 파이썬을 통계 도구로 사용할 수 있다는 얘기입니다. 이는 이미 파이썬을 아는 사람이라면 R을 사용하지 않아도 자신의 파이썬 경험을 데이터 과학 분야에 그대로 활용할 수 있습니다. 그런데 더더욱 놀라운 것은 파이썬 경험이 없더라도 pandas를 사용하는 데는 아무 무리가 없다는 점입니다. 바로 이 책이 그걸 증명합니다.

소위 '현업'과 'IT'의 경계 자체가 있을 수 없는 데이터 과학이라는 영역에서 우리가 어떤 프로그래밍 언어, 개발/운용 환경, 학문 체계로 무장했든 가장 먼저 이해해야 할 사항은 데이터 과학의 '프로세스'입니다. 그런 측면에서도 이 책의 구성은 우리를 올바른 방향으로 안내하고 있습니다. 부디 이 책이 제시하는 큰 그림을 간과하지 않았으면 하는 역자의 마음을 전합니다.

# | 차례 |

## 11장 데이터의 조합, 연관, 재형성 297



## 12장 데이터 집계 325

## 14장 시각화 397



## 15장 과거 주가 분석 435

# | 들어가며 |

pandas는 현실 세계의 데이터 분석을 위한 인기 있는 파이썬Python 패키지다. pandas는 효율적이고 빠른 고성능의 데이터 구조를 제공함으로써 데이터 탐색과 분석을 매우 용이하게 해준다. 이 책은 pandas 라이브러리의 완전한 기능을 가르침으로써 여러분을 효율적인 데이터 조작과 분석의 길로 안내할 것이다.

## 이 책의 구성

**1장, pandas와 데이터 분석**에서는 pandas의 주요 특징을 소개한다. 1장의 목적은 통계와 데이터 과학의 맥락에서 pandas의 역할을 제시하는 것이다. 즉, 데이터 과학과 관련한 여러 개념을 알아보고 이를 pandas가 어떻게 지원하는지 설명한다. 이로써 데이터 과학과 데이터 과학 프로세스와 관련한 이후의 각 장을 공부할 준비를 갖춘다.

**2장, pandas의 설치와 가동**에서는 pandas를 다운로드해 설치하는 방법과 몇 가지 기본 개념을 알아본다. 또한 iPython과 주피터 노트북을 사용해 실습을 진행하는 모습을 보여준다.

**3장, Series로 단변량 데이터 표현**에서는 인덱스를 갖는 1차원의 데이터 표현 방법인 pandas의 `Series`로 작업을 시작한다. `Series` 객체를 만드는 방법과 그 안의 데이터를 조작하는 방법을 공부할 것이며, 추가로 인덱싱, 데이터 정렬, 슬라이싱 등에 대해 알아본다.

**4장, DataFrame으로 다변량 데이터 표현**에서는 인덱스를 갖는 2차원의 데이터 표현 방법인 pandas의 `DataFrame`에 대해 알아본다. `DataFrame` 객체를 만드는 방법과 정적 데이터셋의 사용 방법, 특정 칼럼이나 로우를 선택하는 방법 등을 배운다.

**5장, DataFrame 구조 다루기**에서는 4장에서 한걸음 더 나아가 DataFrame으로 좀 더 복잡한 작업을 수행해본다. 구체적으로는 칼럼이나 로우를 추가, 교체, 삭제해보며, DataFrame 안의 데이터를 조작해본다.

**6장, 데이터 인덱싱**에서는 pandas의 인덱스 활용 방법을 자세히 알아본다. 특히 각 인덱스의 유형과 설정, 계층형 인덱스를 다루는 방법을 배운다.

**7장, 범주형 데이터**에서는 Categorical을 사용해 pandas의 범주를 다루는 방법을 알아본다.

**8장, 수치 해석과 통계 기법**에서는 기본적인 산술 연산은 물론 기술 통계, 이산화, 롤링 윈도우, 무작위 표집 등 다양한 통계 작업을 수행해본다.

**9장, 데이터 접근**에서는 외부로부터 데이터를 로딩해 Series나 DataFrame으로 저장하는 방법을 배운다. 또한 파일, HTTP 서버, 데이터베이스, 웹 서비스 등 다양한 장소의 데이터에 접근하는 방법을 알아본다. CSV, HTML, JSON, HDF5 형식의 데이터를 처리하는 방법도 배운다.

**10장, 데이터 정돈**에서는 pandas가 제공하는 다양한 도구를 사용해 지저분하거나 누락된 데이터를 분석에 유용한 형태로 관리하는 방법을 공부한다.

**11장, 데이터의 조합, 연관, 재형성**에서는 복수의 pandas 객체로부터 데이터를 접합하거나 병합하는 다양한 기법을 배운다.

**12장, 데이터 집계**에서는 데이터의 그룹화와 집계 분석에 대해 알아본다. pandas에서는 이를 분할-적용-조합 패턴이라고 하는데, 이 패턴을 사용해 여러 방법으로 데이터 그룹화를 수행해보고 집계 함수를 적용해 데이터를 처리해본다.

**13장, 시계열 모델링**에서는 시계열 데이터에 관해 알아본다. pandas가 제공하는 방대한 기능을 사용해 시계열 데이터를 다루고 분석하는 방법을 공부한다.

**14장, 시각화**에서는 matplotlib을 중심으로 pandas 데이터를 시각화하는 방법을 알아본다. 막대그래프, 히스토그램, 박스-수염 그래프, 영역 그래프, 산점도, 커널 밀도 추정 차트, 히트맵 등 일반적인 여러 차트를 통해 금융 데이터를 표현하는 방법을 알아본다.

**15장, 주가 분석**에서는 기본적인 금융 분석 기법을 알아본다. 구글 파이낸스로부터 데이터를 가져와 수익률, 이동 평균, 변동성 등 여러 주제를 다루며, 그런 금융 개념에 시각화를 적용하는 방법도 알아본다.

## 준비 사항

이 책은 여러분이 프로그래밍의 개념은 알고 있을 거라고 가정하지만, 실제 프로그래밍 경험, 또는 특히 파이썬 프로그래밍에 대한 경험은 없어도 괜찮다. 모든 예제가 파이썬 프로그래밍보다는 pandas의 사용을 중심으로 하기 때문이다. 예제는 아나콘다 파이썬 3.6.3과 pandas 0.20.3을 기준으로 한다. 이들 프로그램의 설치는 '2장, pandas의 설치와 가동'에서 안내하며, pandas는 윈도우, 맥OS, 우분투에서 모두 사용할 수 있다.

## 이 책의 대상 독자

이 책은 pandas를 이용한 데이터 분석에 빠져보고 싶은 데이터 과학자, 데이터 분석가, 파이썬 프로그래머 또는 데이터 분석에 관심이 있는 누구에게나 적합하다. 통계와 프로그래밍에 대한 약간의 지식이 있다면 더욱 도움이 되겠지만, 반드시 필요한 조건은 아니다. pandas에 대한 경험 역시 필요하지 않다.

## 편집 규약

이 책에서는 독자의 이해를 돕고자 다루는 정보에 따라 글꼴 스타일을 다르게 적용했다. 이러한 스타일의 예제와 의미는 다음과 같다.

텍스트에서 코드 단어와 데이터베이스 테이블 이름, 폴더 이름, 파일 이름, 파일 확장자, 경로, 더미 URL, 사용자 입력, 트위터 핸들은 다음과 같이 표시한다.

"이 정보는 `pd.read_csv()` 함수를 사용해 `DataFrame`에 쉽게 임포트할 수 있다."

파이썬 해석기 안에서의 코드 블록은 다음과 같이 표시한다.

```
import pandas as pd
df = pd.DataFrame.from_items([('column1', [1, 2, 3])])
print (df)
```

커맨드라인 입력이나 출력은 다음과 같이 표시한다.

```
mh@ubuntu:~/Downloads$ chmod +x Anaconda-2.1.0-Linux-x86_64.sh
mh@ubuntu:~/Downloads$ ./Anaconda-2.1.0-Linux-x86_64.sh
```

새로운 용어나 중요한 키워드는 고딕체로 표시한다.

"이 책의 단축키는 Mac OS X 10.5 이상을 기준으로 한다."

경고나 중요한 내용은 이와 같이 나타낸다.

팁이나 요령은 이와 같이 나타낸다.

## 독자 의견

독자로부터의 피드백은 항상 환영한다. 이 책에 대해 무엇이 좋았는지 또는 좋지 않았는지 소감을 알려주길 바란다. 독자 피드백은 앞으로 더 좋은 책을 발행하는 데 매우 중요하다.

일반적인 피드백을 우리에게 보낼 때는 간단하게 feedback@packtpub.com으로 이메일을 보내면 되고, 메시지의 제목에 책 이름을 적으면 된다.

여러분이 전문 지식을 가진 주제가 있고, 책을 내거나 책을 만드는 데 기여하고 싶다면 www.packtpub.com/authors에서 저자 가이드를 참고하길 바란다.

## 고객 지원

팩트출판사의 구매자가 된 독자에게 도움이 되는 몇 가지를 제공하고자 한다.

### 예제 코드 다운로드

이 책에 사용된 예제 코드는 http://www.packtpub.com의 계정을 통해 다운로드할 수 있다. 다른 곳에서 구매한 경우에는 http://www.packtpub.com/support를 방문해 등록하면 파일을 이메일로 직접 받을 수 있다.

코드를 다운로드하려면 다음과 같이 한다.

1. 팩트출판사 웹 사이트(http://www.packtpub.com)에서 이메일 주소와 암호를 이용해 로그인하거나 계정을 등록한다.
2. 맨 위에 있는 SUPPORT 탭으로 마우스 포인터를 이동한다.
3. Code Downloads & Errata 항목을 클릭한다.
4. Search 입력란에 책 이름을 입력한다.

5. 코드 파일을 다운로드하려는 책을 선택한다.
6. 드롭다운 메뉴에서 이 책을 구매한 위치를 선택한다.
7. Code Download 항목을 클릭한다.

파일을 다운로드한 후에는 다음과 같은 압축 프로그램의 최신 버전을 이용해 파일의 압축을 해제한다.

- **윈도우** WinRAR, 7-Zip
- **맥** Zipeg, iZip, UnRarX
- **리눅스** 7-Zip, PeaZip

코드는 https://github.com/PacktPublishing/Learning-Pandas-Second-Edition에서도 다운로드할 수 있다.

다음 주소에서 팩트출판사의 다른 책과 동영상 강좌의 코드도 다운로드할 수 있다.

https://github.com/PacktPublishing/

또한 에이콘출판사의 도서정보 페이지인 http://www.acornpub.co.kr/book/learning-pandas-2에서도 예제 코드를 다운로드할 수 있다.

## 정오표

내용을 정확하게 전달하기 위해 최선을 다했지만, 실수가 있을 수 있다. 팩트출판사의 도서에서 문장이든 코드든 간에 문제를 발견해서 알려준다면 매우 감사하게 생각할 것이다. 그런 참여를 통해 그 밖의 독자에게 도움을 주고, 다음 버전의 도서를 더 완성도 높게 만들 수 있다. 오탈자를 발견한다면 http://www.packtpub.com/submiterrata를 방문해 책을 선택하고, 구체적인 내용을 입력해주길 바란다. 보내준 오류 내용이 확인되면 웹 사이트에 그 내용이 올라가거나 해당 서적의 정오표 부분에 그 내용이 추가될 것이다. http://www.packtpub.com/support에서 해당 도서명을 선택하면 기존 정오표를 확인할 수 있다.

한국어판은 에이콘출판사의 도서정보 페이지 http://www.acornpub.co.kr/book/learning-pandas-2에서 찾아볼 수 있다.

## 저작권 침해

인터넷에서의 저작권 침해는 모든 매체에서 벌어지고 있는 심각한 문제다. 팩트출판사에서는 저작권과 사용권 문제를 매우 심각하게 인식한다. 어떤 형태로든 팩트출판사 서적의 불법 복제물을 인터넷에서 발견한다면 적절한 조치를 취할 수 있도록 해당 주소나 사이트명을 알려주길 부탁한다.

의심되는 불법 복제물의 링크는 copyright@packtpub.com으로 보내주길 바란다. 저자와 더 좋은 책을 위한 팩트출판사의 노력을 배려하는 마음에 깊은 감사의 뜻을 전한다.

## 질문

이 책과 관련해 질문이 있다면 questions@packtpub.com으로 문의하길 바란다. 최선을 다해 질문에 답하겠다. 한국어판에 관한 질문은 이 책의 옮긴이나 에이콘출판사 편집 팀(editor@acornpub.co.kr)으로 문의해주길 바란다.

# 01

# pandas와 데이터 분석

이 책은 파이썬Python 프로그래밍 언어를 위한 오픈소스 데이터 분석 라이브러리인 pandas를 학습한다. pandas 라이브러리는 파이썬으로 구축된, 쉽게 사용할 수 있는 고성능의 데이터 구조 및 분석 도구를 제공한다. pandas는 통계 프로그래밍 언어인 R의 많은 장점을 파이썬으로 가져왔는데, 특히 데이터 프레임data frame 객체와 plyr, reshape2 등과 같은 R 패키지를 단일 라이브러리로 구성함으로써 파이썬 영역 안에서 쉽게 사용할 수 있게 해준다.

1장에서는 먼저 pandas를 이해하는 시간을 갖고, pandas가 데이터 분석이라는 큰 그림에 어떻게 들어맞는지 알아본다. 이는 pandas에 관심 있는 독자에게 pandas의 자세한 사용법이 아닌, 데이터 분석의 큰 그림 안에서 pandas가 차지하는 위치에 대한 감을 잡게 해줄 것이다. 즉, 1장의 목표는 데이터 분석 작업을 지원함에 있어서

pandas의 역할이 필요한 이유를 알아보는 것이다.

그럼 이제 시작해보자. 1장에서 다루는 내용은 다음과 같다.

- pandas가 무엇이고, 왜 만들어졌으며, 무엇을 제공하는지
- pandas는 데이터 분석 및 데이터 과학과 어떤 관계인지
- 데이터 분석에 수반되는 절차와 pandas가 이를 지원하는 방법
- 데이터와 분석 기술의 일반 개념
- 데이터 분석과 통계 분석의 기본 개념
- 데이터의 유형과 pandas에서의 적용
- pandas와 함께 사용할 수 있는 파이썬 생태계의 다른 라이브러리

## pandas 소개

pandas는 고급 데이터 구조를 포함하는 파이썬 라이브러리며, 또한 파이썬 프로그래머의 강력한 데이터 분석을 돕기 위해 만들어진 도구다. pandas의 궁극적인 목적은 진정한 의미를 포함한 정보를 데이터로부터 신속히 선별해내게 하는 데 있다.

pandas는 웨스 맥키니Wes McKinney가 2008년에 개발을 시작했으며, 2009년에 오픈소스로 공개됐다. 현재는 여러 단체와 기여자들이 pandas를 활발히 개발하며 지지하고 있다.

pandas는 원래 금융 부문, 특히 시계열time series 데이터 조작과 주가 정보 처리를 염두에 두고 설계됐다. 금융 정보 처리에는 다음 몇 가지를 포함한 여러 과제가 존재한다.

- 주가와 같이 시간에 따라 변하는 증권 데이터의 표현
- 여러 데이터 스트림의 동일 시간 측정치 매칭

- 둘 이상의 데이터 스트림 사이의 관련성(상관관계correlation) 파악
- 날짜와 시간을 일급 개체로 표현
- 표본 데이터 기간을 업 샘플링이나 다운 샘플링으로 변환

이를 수행하기 위해서는 일반적인 인덱스 레이블로 자동 정렬된 이질적 유형의 데이터를 포함하는 1차원과 다차원 데이터 모두에 대해 검색, 색인, 정제와 정돈, 재형성reshape, 조합, 슬라이싱slicing, 분석할 수 있는 도구가 필요하다. 그게 바로 pandas며, 다음과 같은 유용하고 강력한 기능을 다양하게 지원한다.

- 통합 인덱싱으로 데이터를 조작할 수 있는 빠르고 효율적인 Series와 DataFrame 객체
- 인덱스와 레이블을 이용한 지능형 데이터 정렬
- 결측missing 데이터의 통합된 처리
- 정돈되지 않은 데이터를 정돈된 데이터로 변환하는 기재
- 인메모리in-memory, 파일, 데이터베이스, 웹 서비스 사이에서 데이터를 읽고 쓸 수 있는 내장 도구
- CSV, 엑셀, HDF5, JSON 등과 같은 일반적인 포맷에 저장된 데이터를 처리할 수 있는 기능
- 데이터셋에 대한 유연한 재형성과 피버팅pivoting
- 레이블에 기초한 슬라이싱, 고급 인덱싱, 대량 데이터셋의 부분집합화subsetting
- 크기 가변성을 위한 데이터 구조로부터의 칼럼 추가나 삭제
- 강력한 데이터 그룹화 도구로 데이터를 종합하거나 변형하는 분할-적용-조합split-apply-combine의 수행
- 고성능의 데이터셋 병합과 연결
- 저차원의 구조에서 데이터를 고차원으로 작업할 수 있는 계층형 인덱싱
- 데이터 범위 생성과 빈도 변환, 무빙 윈도우moving window 통계, 무빙 윈도우 선형 회귀, 날짜 시프팅shifting과 래깅lagging 등을 포함한 시계열 데이터에 대한 전문적인 작업

- Cython이나 C로 작성된 크리티컬 패스critical path를 통한 성능 최적화

파이썬 및 파이썬 생태계의 다른 도구와의 매끄러운 통합과 함께 조합된 강력한 기능 세트로 인해 pandas는 많은 분야에서 폭넓게 채택됐다. pandas는 금융, 신경 과학, 경제학, 통계학, 광고, 웹 분석 등 다양한 학문 분야와 사업 분야에서 널리 사용된다. 또한 데이터 과학자가 데이터를 조작하고 분석함에 있어 가장 선호하는 도구이기도 하다.

파이썬은 데이터를 먼징munging(데이터 랭글링data wrangling이라고도 하며, 가공 전의 원래 데이터를 사용하기 쉬운 형태로 전환하거나 매핑하는 과정)하거나 준비하는 부분을 제외하면 오랫동안 데이터 분석과 모델링에는 그다지 두각을 나타내지 못했다. pandas는 그 지점을 메워주며, R과 같은 도메인 특정 언어로 전환하지 않아도 파이썬에서 모든 데이터 분석 워크플로를 수행할 수 있게 해준다. 이는 통계에 특화된 R보다 좀 더 일반적인 프로그래밍 언어인 파이썬에 익숙한 사람들에게 놀랍게도 풍족한 파이썬 생태계를 이탈하지 않고도 R의 데이터 표현과 조작 기능을 얻게 해준다는 점에서 매우 중요하다.

아이파이썬IPython이나 주피터 노트북Jupyter Notebook, 그 밖의 다양한 라이브러리가 결합됨으로써 파이썬에서의 데이터 분석 수행 환경은 다른 도구들에 비해 더욱 탁월한 성능, 생산성, 협업 기능을 갖게 됐다. 이는 다양한 산업 분야의 많은 사용자에게 pandas의 확산을 가져왔다.

## 데이터 조작, 분석, 과학과 pandas

우리는 매일 엄청난 양의 데이터가 생산되고 저장되는 세상에 살고 있다. 그 데이터는 과다한 정보 시스템, 기기, 센서 등에서 유래한다. 우리가 하는 일뿐만 아니라 그 일을 위해 사용하는 도구까지 거의 모두 데이터의 형태로 수집되는 것이다. 이는 네트워크

에 연결된 서비스의 유비쿼터스ubiquitous 특성과 데이터 저장 시설의 비약적인 발전으로 인해 가능해 온 일이다. 게다가 저장 비용도 꾸준히 감소함으로써 사실상 아주 사소한 데이터까지도 수집하고 저장할 수 있게 됐다.

이로 인해 엄청난 양의 데이터가 축적되고 접근 가능하게 된다. 그러나 데이터는 사이버 공간 전체에 퍼져 있으며, 이를 실제로 정보라고 말할 수는 없다. 소셜 네트워크와의 상호작용을 통한 금융 관련이든, 온종일 심장 박동을 추적하는 개인 건강 관련이든 가리지 않고 이벤트 기록 모음을 수집하는 추세다. 데이터는 모든 종류의 포맷으로 저장되고, 여러 장소에 흩어져 있으며, 있는 그대로를 넘어서는 통찰력을 준다.

논리적으로 볼 때 전체 과정을 다음과 같은 세 가지 주된 영역으로 나눌 수 있다.

- 데이터 조작
- 데이터 분석
- 데이터 과학

이 세 영역은 상당 부분 서로 겹쳐 있거나 또는 겹칠 수 있으므로, 각 영역의 시작과 끝의 경계가 어디인지는 해석하기 나름이다. 이제 각 영역을 이 책의 목적상 다음과 같이 정의해 보겠다.

## 데이터 조작

데이터는 서로 다른 포맷으로 전 세계에 분산돼 저장된다. 그 품질 역시 매우 다양한 수준이다. 따라서 데이터를 수집해 의사결정에 사용할 수 있는 형식으로 가공하는 도구와 프로세스가 필요하다. 이로 인해 분석 준비를 위한 데이터 조작에 사용하는 도구는 다양한 기능과 역량을 갖춰야 한다. 그와 같은 도구에서 필요한 기능은 다음과 같다.

- 재사용과 공유를 위한 프로그래밍 가능성

- 외부 데이터로의 접근성
- 데이터의 로컬 저장 능력
- 효율적인 검색을 위한 데이터 인덱싱
- 속성에 기반을 둔 서로 다른 데이터셋의 정렬
- 서로 다른 데이터셋의 조합
- 다른 방식으로 표현하게 데이터 변형
- 지저분한 데이터로부터의 정제
- 불량 데이터의 효과적인 처리
- 표준 바스켓으로의 데이터 그룹화
- 비슷한 성격끼리의 데이터 집계
- 각종 계산이나 변형을 수행하는 함수의 적용
- 전체로부터 일부를 탐색하기 위한 쿼리와 슬라이싱
- 다른 형태로의 재구성
- 범주형, 연속형, 이산형, 시계열 등과 같은 서로 다른 분류의 데이터 모델링
- 각기 다른 빈도의 데이터 재표집resampling

데이터 조작 도구들은 많이 있다. 각각은 배치되는 영역과 사용자의 활용 방법에 따라 위 목록의 항목들을 지원하는 양상이 서로 다르다. 그런 도구에는 관계형 데이터베이스(SQL 서버SQL Server, 오라클Oracle 등), 스프레드시트(엑셀Excel 등), 이벤트 처리 시스템(스파크Spark 등), 그리고 R과 pandas 같은 더욱 범용적인 도구들이 포함된다.

## 데이터 분석

데이터 분석이란 데이터로부터 의미를 만들어내는 과정을 말한다. 정량화된 의미의 데이터를 흔히 **정보**information라고 한다. 따라서 데이터 분석은 패턴을 찾기 위해 데이터 모델과 수학을 통해 데이터로부터 정보를 만들어내는 과정이라 할 수 있다. 데이터 분석은 종종 데이터 조작과 중복되는 부분이 있으며, 둘 사이가 항상 명확하게 구분되

지는 않는다. 많은 데이터 조작 도구가 분석 기능도 제공하며, 반대로 데이터 분석 도구가 종종 데이터 조작 기능을 제공하기도 한다.

## 데이터 과학

데이터 과학은 통계와 데이터 분석을 통해 데이터 안에 있는 **현상**phenomena을 이해하는 과정이며, 보통은 정보로부터 시작해 좀 더 복잡한 도메인 기반의 분석을 수행한다. 그런 도메인은 수학, 통계학, 정보 과학, 컴퓨터 과학, 머신 러닝, 분류학, 군집 분석cluster analysis, 데이터 마이닝data mining, 데이터베이스, 시각화visualization 등 여러 분야에 걸쳐 있다. 즉, 데이터 과학은 여러 분야에 걸친 종합적인 학문이다. 데이터 과학에서의 도메인 분석 방법은 각기 다르며, 또한 특정 도메인에 전문적이다.

## pandas의 적정 영역

pandas는 다른 무엇보다도 데이터 조작에 있어 탁월하다. 앞서 나열했던, 데이터 조작에서 필요한 모든 사항이 pandas를 통해 가능하다. 그게 pandas의 핵심이며, 이 책에서 주로 다룰 내용이다.

주목해야 할 pandas의 특별한 설계 목표 하나가 있는데, 바로 데이터의 강조다.

하지만 pandas는 데이터 분석을 수행하기 위한 다양한 기능도 제공한다. 그런 능력은 상관관계 등과 같이 대개 금융 공학에서 필요한 기술 통계descriptive statistics와 그 기능을 중심으로 한다.

따라서 pandas 자체는 데이터 과학을 위한 종합 툴킷이 아니라 어느 정도의 분석 능력을 겸비한 데이터 조작 도구에 가깝다. 통계적, 재무적, 또는 그 외의 종류에 대한 분석은 SciPy, NumPy, scikit-learn 등과 같은 다른 파이썬 라이브러리에, 데이터 시각화와 관련해서는 matplotlib, ggvis 등과 같은 전문 그래픽 라이브러리에 맡긴다.

이러한 점은 실제로 R과 같은 언어에 비해 pandas가 지닌 강점이다. pandas 애플리케이션은 파이썬 커뮤니티가 이미 구축하고 테스트한 강력한 파이썬 프레임워크의 대규모 네트워크를 활용할 수 있기 때문이다.

## 데이터 분석 프로세스

이 책의 주목표는 pandas를 이용한 데이터 조작 방법을 철저하게 가르치는 데 있다. 그러나 그에 못지않게 중요한 또 다른 목표는 데이터 분석가와 데이터 과학자의 일상적인 작업에 pandas가 어떻게 부합하는지를 보여주는 것이다.

pandas 웹 사이트에서는 데이터 분석 프로세스의 각 단계를 다음과 같이 설명한다.

- 데이터 먼징과 정제
- 분석 및 모델링
- 의사소통에 적합한 형태로 정비

처음에는 이렇게 간단하게 정의해도 좋으나 이 목록이 분석 프로세스의 전반은 물론 pandas가 많은 기능을 구현한 이유를 설명하지는 못한다. 이제 위 내용을 확장해 앞으로의 여정에서 만나게 될 사항들로 이뤄지는 하나의 프레임워크를 이해해보자.

### 프로세스

여기서는 데이터 프로세스Data Process라고 일컫는 다음 다이어그램과 같은 프로세스를 제시한다.

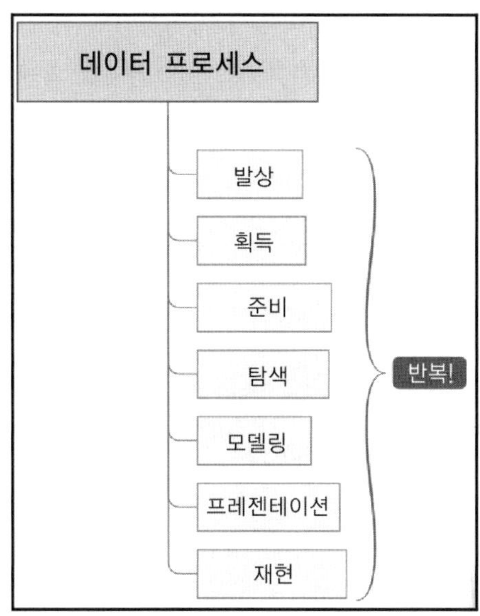


이 프로세스는 데이터로 작업함에 있어서 논리적인 단계를 정의하는 프레임워크를 이룬다. 그러나 지금은 각 단계에 대해, 그리고 pandas를 이용하는 데이터 분석가로서 수행해야 할 업무에 대해 빠르게 알아보자.

이 프로세스가 완전한 단방향의 선형 프로세스가 아님을 이해하는 것이 중요하다. 각 단계는 서로 영향을 주면서 민첩하고 반복적인 방식으로 수행돼야 최상의 프로세스가 된다.

### 발상

모든 데이터 관련 문제에서의 첫 단계는 밝히고자 하는 대상을 파악하는 일이다. 이를 발상ideation이라고 하며, 실행하거나 판명하고자 하는 아이디어를 구상하는 일이다. 이는 현명한 의사결정에 사용될 수 있는 데이터 패턴에 대해 가설을 세우는 작업과 관련 있다.

그런 의사결정은 종종 비즈니스의 맥락에서 이뤄지기도 하지만, 과학이나 연구 분야와 같은 다른 영역에서도 이뤄진다. 최근에는 의사결정과 관련된 분야가 인기를 얻으며 막대한 투자가 이뤄지고 있다.

그런데 일반적으로 이뤄지는 의사결정의 종류는 무엇일까? 다음은 흔히 제시되는 몇 가지 질문이다.

- 어떤 사건이 발생한 이유는?
- 과거 데이터를 통해 미래를 예측할 수 있는가?
- 향후 운영을 최적화하는 방안은?

이 세 개의 질문으로 모든 걸 포괄할 수는 없지만, 모두가 그 해답을 얻기 위해 노력하는 이유의 상당 부분을 차지한다. 이들 질문에 대답하려면 반드시 해당 문제와 관련된 데이터를 수집하고 분석해야 하는 일을 해야 한다. 여기에는 조사할 데이터가 무엇인지, 그 조사의 이점이 무엇인지, 데이터를 어떻게 획득할 것인지, 성공 기준은 무엇인지, 최종적으로 정보를 어떻게 전달할 것인지가 포함된다.

pandas 자체는 발상을 돕는 도구를 제공하지는 않는다. 그러나 일단 pandas의 사용방법을 이해하고 기법을 습득하면 아이디어를 형성하는 과정에 있어서 pandas가 어떤 도움이 되는지 자연스럽게 알게 될 것이다. 여러 복잡한 가설을 세우는 데 사용할 수 있는 강력한 도구인 pandas로 무장될 것이기 때문이다.

## 획득

발상 단계를 거쳐 아이디어를 얻은 다음에는 가설을 세우고 그 가설을 지지하는 데이터를 찾아야 한다. 데이터는 조직 내부나 외부 데이터 공급자로부터 올 수 있으며, 보통은 아카이브된 형태이거나 실시간으로 제공된다(pandas가 실시간 데이터 처리 툴로 잘 알려져 있지는 않지만 말이다).

이렇게 획득한 데이터는 거의 다듬어지지 않은 상태일 경우가 많다. 심지어 여러분이 직접 만들었거나 여러분의 조직 내에서 가져온 데이터라 할지라도 말이다. 다듬어지지 않은 데이터란 체계적이지 않고, 갖가지 포맷을 가질 수 있으며, 오류를 포함할 수 있는, 즉 제대로 된 분석을 지원하기에는 불완전하며 수작업으로 보완해야 하는 데이터라는 의미다.

세상에는 무료 데이터가 많이 있다. 무료가 아닌 실제로 비용이 드는 데이터도 많다. 또한 공개된 API를 통해 자유롭게 얻을 수 있는 데이터도 있고, 구독을 해야만 얻을 수 있는 데이터도 있다. 유료의 경우엔 좀 더 정제된 데이터일 가능성이 높지만, 항상 그렇지도 않다.

어느 경우든 pandas는 다양한 데이터 소스로부터 서로 다른 여러 포맷의 데이터를 가져올 수 있는 강력하면서도 사용하기 쉬운 도구들을 제공한다. 단지 데이터를 가져오는 것뿐만 아니라, 다른 도구나 프로그래밍 언어에서 해야 했던 복잡한 코딩 없이도 데이터의 초기 구조화 기능도 제공한다.

### 준비

준비 단계를 거치면 원래의 데이터는 탐색될 준비를 갖추게 된다. 이 준비 단계는 종종 흥미진진한데, 품질과 관련된 모든 종류의 이슈들 투성이인 데이터를 다뤄야 하는 경우가 매우 흔하기 때문이다. 그런 품질 이슈를 다루는 데에는 많은 시간, 때로는 아주 엄청난 시간이 필요할 수도 있다.

다음과 같은 여러 이유가 있기 때문이다.

- 그냥 잘못된 데이터다.
- 데이터셋의 일부가 유실됐다.
- 데이터가 우리의 분석에 적합한 측정 방식으로 표현되지 않았다.
- 데이터가 분석하기에 편리한 포맷으로 돼 있지 않다.
- 데이터가 분석에 적합한 수준의 상세함을 갖고 있지 않다.

- 필요한 필드들이 소스 하나에 모두 들어있지 않다.
- 데이터의 표현 방법이 공급자에 따라 다르다.

준비 단계는 이런 이슈를 해결하는 데 중점을 둔다. pandas는 종종 데이터 **정돈**tidying up이라고도 하는 데이터 준비에 필요한 많은 훌륭한 기능을 제공한다. 특히 결측 데이터 처리, 데이터 유형 변환, 데이터 포맷 변환, 측정 빈도 변경, 다수의 데이터셋으로 데이터 결합, 공통 표현 방식으로의 매핑이나 변환, 데이터 그룹화 등의 지능형 도구들을 제공한다. 나중에 이 모든 걸 자세히 다룰 것이다.

### 탐색

탐색 단계는 능동적으로 데이터를 분해해 빠른 검색이 가능하게 하는 과정이다. 여기에는 다음과 같은 다양한 작업이 포함된다.

- 변수들 사이의 관련성 조사
- 데이터 분포 양상의 판단
- 이상치outlier의 발견과 배제
- 빠른 시각화 구현
- 더 지속적이고 상세한 모델링 프로세스로 진행하기 위한 데이터의 표현이나 모델의 빠른 생성

탐색은 pandas의 큰 강점 중 하나다. 대부분의 프로그래밍 언어에서도 탐색을 수행할 수 있지만, 실제 탐색에 들어가기 전의 **식전 행사**ceremony, 즉 비탐색적인 작업을 저마다 어느 정도씩 필요로 한다.

pandas에서는 아이파이썬이나 주피터 노트북의 REPLRead-Eval-Print-Loop, 읽기-계산-출력의 반복이라는 특성을 이용해 식전 행사가 거의 필요 없는 탐색 환경을 만들 수 있다. pandas 문법의 표현력은 복잡한 데이터 조작 구조를 간결하게 기술할 수 있게 하며, 모든 데이터 작업의 결과는 즉시 검토할 수 있는 상태로 드러난다. 이는 프로그램을 재컴파일하

거나 재실행하지 않아도 수행한 작업이 유효한지 신속하게 판단할 수 있게 해준다.

### 모델링

모델링 단계에서는 탐색 단계에서 발굴한 사항을 데이터에 내포된 의미를 알아내기 위해 필요한 단계와 데이터 구조로 정형화한다. 이를 **모델**model이라고 하며, 모델은 데이터 구조뿐만 아니라 원래 데이터로부터 정보와 결론을 도출하기 위한 코드 안의 단계를 포함한다.

모델링은 반복적인 프로세스며, 분석 결과를 뒷받침할 변수를 선택하고, 분석 프로세스에 입력할 변수들을 조직화하며, 모델을 실행하고, 그 모델이 당초 추정을 적절히 지원하는 방법을 결정하는 단계다. 데이터 구조를 만드는 전형적인 모델링도 있지만, 거기에 통계, 머신 러닝, 경영 과학 등 다양한 영역에서의 기법이 조합될 수 있다.

pandas는 막강한 데이터 모델링 기능을 제공한다. 이 단계에서는 데이터를 더욱 깊이 있게 탐색하고, 데이터 모델을 데이터 프레임 객체로 정형화하며, 모델을 생성하는 과정을 간결하게 만들 수 있다. 또한 파이썬을 최대로 이용함으로써 그와 같은 작업을 처음부터 끝까지 자동화하는 프로그램을 만들 수 있다. 그리고 그렇게 만든 모델은 실행 가능한 프로그램이 된다.

pandas는 다양한 기능을 제공하지만 분석의 관점에서 보면 그중에서도 기술 통계를 통합 지원한다는 점이 두드러진다. 또한 pandas는 파이썬을 기반으로 하므로 좀 더 전문적인 분석 기능이 필요할 경우 파이썬 생태계의 다른 특화된 부분과의 통합도 매우 용이하다.

### 프레젠테이션

데이터 프로세스의 끝에서 두 번째 단계는 분석 결과를 보고서나 프레젠테이션의 형태로 다른 사람에게 보여주는 일이다. 설득력 있고 빈틈없는 설명을 위해 파이썬의 다양한 플로팅plotting 툴을 이용하거나 수작업으로 프레젠테이션을 만들 수 있다.

**주피터 노트북**은 pandas로 분석한 결과의 프레젠테이션을 제작함에 있어서도 강력한 툴이다. 단지 코드의 실행뿐만 아니라 애플리케이션의 각 지점에서 실행된 내용에 주석이나 설명을 달아 주는 풍부한 마크다운markdown 기능을 제공하기 때문이다. 이를 이용해 소스코드, 스타일링이 된 텍스트, 그래프 등을 포함해 시각적으로 풍부하고 매우 효과적인 슬라이드로 실행 가능한 프레젠테이션을 만들 수 있다.

주피터 노트북에 대해서는 2장에서 살펴본다.

### 재현

이 연구에 있어서 중요한 부분 중 하나는 연구 결과가 공유 가능하고 재현 가능해야 한다는 점이다. 다른 연구자가 우리의 실험과 결과를 재현하지 못한다면 우리는 아무것도 증명하지 못한 것과 다름없다.

다행히 pandas와 파이썬을 이용해 쉽게 분석 내용을 재현 가능하게 만들 수 있다. 이는 데이터와 함께 pandas 코드 구동용 파이썬 코드를 다른 사람과 공유함으로써 가능하다.

주피터 노트북은 그 자체와 코드를 함께 묶음으로써 다른 사람과 공유할 수 있는 방법도 제공한다. 또한 인터넷에는 공유를 위해 주피터 노트북을 생성시키거나 배포할 수 있는, 무료이며 안전한 공유 사이트가 많다.

### 반복적이고 민첩하게

데이터 조작, 분석, 과학을 이해함에 있어서 매우 중요한 사항은 그 과정이 반복적인iterative 프로세스라는 점이다. 앞서 설명한 각 단계가 자연스러운 흐름이나, 실제로는 다시

앞 단계로 이동해야 하는 경우가 많다. 예를 들어 탐색 단계에서 데이터의 순도 이슈와 관련해 비정상 데이터가 식별됐다면 다시 준비 단계로 돌아가 그 이슈를 해결해야 한다.

이는 데이터 프로세스의 재미있는 부분이다. 초기의 문제를 해결하기 위해 모험을 시작했지만, 그 과정 속에서 데이터에 대한 통찰력을 점점 더 얻기 때문이다. 그런 통찰력은 다른 새로운 질문을 낳거나, 좀 더 정확한 질문으로 만들거나, 당초 질문이 실제로 원하는 질문이 아니었다는 사실을 깨닫게 해주기도 한다. 따라서 데이터 프로세스는 목적지가 아닌 하나의 여정이다.

## 이 책에서 각 단계의 관련 위치

다음은 데이터 프로세스의 각 단계를 이 책의 어디에서 다루는지 정리한 것이다. 설사 프로세스의 앞쪽에 있는 단계를 이 책의 뒤쪽에서 설명하더라도 조바심 내지 말기 바란다. 이 책은 pandas를 배우기 위해 필요한 논리적인 진행을 따르기 때문이며, 필요하다면 언제든지 다른 단계와 관련된 설명이 있는 부분을 참조하기 바란다.

| 데이터 프로세스 단계 | 이 책에서의 위치 |
|---|---|
| 발상 | 데이터 과학에 있어서 발상은 창의적 과정으로, 나름의 아이디어가 있어야 한다. 이미 이 책을 읽는다는 것은 어떤 데이터를 분석해야 한다거나 또는 미래에 그럴 일이 있다는 의미일 것이다. |
| 획득 | 데이터 획득과 관련해서는 주로 9장에서 다룬다. |
| 준비 | 데이터 준비와 관련해서는 10장에서 다루지만 이 책 전반에 걸쳐 계속 언급된다. |
| 탐색 | 탐색 역시 3장부터 15장까지, 즉 이 책의 대부분에 걸쳐 언급한다. 그중 데이터 분석 결과를 다루기 시작하는 14장과 15장에서 가장 중점적으로 설명한다. |

(이어짐)

| 데이터 프로세스 단계 | 이 책에서의 위치 |
|---|---|
| 모델링 | 모델링은 3장, 4장, 11장, 13장, 15장에서 다루며, 15장에서는 특히 금융 공학에 초점을 맞춘다. |
| 프레젠테이션 | 프레젠테이션은 14장에서 중점적으로 다룬다. |
| 재현 | 이 책의 예제는 주피터 노트북을 통해 제시하므로, 사실상 재현 단계는 책 전반에 걸쳐 하고 있는 일이다. 주피터 노트북을 사용한다는 것이 곧 기본적으로 재현을 하고 있다는 것이며, 그 내용을 다양한 방법으로 공유할 수 있는 능력을 가졌다는 의미다. |

## pandas 여행을 위한 데이터와 분석의 개념

pandas와 데이터 분석을 공부할 때에는 데이터, 모델링, 분석과 관련된 여러 개념과 마주치게 된다. 여기서는 그런 다양한 개념, 그리고 그 개념들이 pandas와 어떻게 연관되는지 알아본다.

### 데이터 유형

원시 데이터로 작업을 하다 보면 pandas의 데이터 구조에 맞출 필요가 있는 다양한 데이터의 범주를 만나게 된다. 그 유형에 따라 pandas가 처리하는 방법이 다를 수 있기 때문에 각 유형을 이해하는 일은 중요하다.

기본적으로 pandas는 정형 데이터를 조작하기 위해 사용되지만, 비정형 데이터를 변환해 쉽게 조작할 수 있게 하는 여러 도구도 제공한다.

#### 정형 데이터

정형 데이터[structured data]란 관계형 데이터베이스나 스프레드시트의 경우처럼 레코드나 파일 안에 고정된 필드로 구성돼 있는 데이터를 말한다. 정형 데이터는 데이터 모델에 의존하는데, 데이터 모델은 데이터의 구성과 의미를 정의한 것이며 종종 데이터 처리 방법도 포함한다. 여기에는 데이터 유형(정수, 부동소수점 수^float, 문자열 등)뿐만 아니라 데이터 제약 사항(자릿수, 최댓값과 최솟값, 허용 값 등)에 대한 지정도 포함된다.

pandas는 원래 정형 데이터를 이용하게 설계됐다. 나중에 시리즈와 데이터 프레임을 보면 알게 되겠지만, pandas는 정형 데이터를 특정 데이터 유형을 갖는 하나 이상의 칼럼과 로우로 조직해준다.

### 비정형 데이터

비정형 데이터^unstructured data^는 어떤 정의된 구조도 갖지 않는, 엄밀하게 정의된 특정 유형의 칼럼으로 조직화돼 있지 않은 데이터다. 여기에는 사진이나 그래픽 이미지, 비디오, 스트리밍 센서 데이터, 웹 페이지, PDF 파일, 파워포인트 문서, 이메일, 블로그 글, 위키 문서, 워드 프로세서 문서 등 다양한 종류의 정보가 포함된다.

pandas가 비정형 데이터를 직접 조직할 수는 없지만, 그 대신 pandas는 비정형 데이터로부터 정형 데이터를 추출할 수 있는 여러 기능을 제공한다. 하나의 예로 pandas에는 웹 페이지를 검색해 콘텐츠의 특정 부분을 데이터 프레임으로 추출해주는 도구가 있다.

### 반정형 데이터

반정형 데이터^semi-structured data^는 정형과 비정형 사이에 있으며, 엄격한 데이터 모델 구조가 없는 정형 데이터의 일종으로 볼 수 있다. 반정형의 대표적인 예가 JSON이다. JSON에는 정해진 포맷이 있지만, 반드시 지켜야 하는 특정 스키마가 있지는 않다. 대부분의 경우 pandas의 데이터 프레임과 같은 정형 데이터 유형으로 쉽게 변환할 수 있지만, 그 과정을 위해 데이터 유형을 지정하거나 강제하는 지침이 필요할 수 있다.

## 변수

pandas로 데이터 모델링을 할 때 우리는 하나 이상의 변수를 모델링하고 여러 값 사이의 통계적 의미나 여러 변수에 걸친 통계적 의미를 찾으려 할 것이다. 여기서의 변수란 통계 변수를 말하며, 프로그래밍 언어에서의 변수 개념이 아니다.

변수는 어떤 숫자나 문자, 또는 측정할 수 있거나 셀 수 있는 양이다. 모집단의 데이터 단위에 따라, 또는 시간의 흐름에 따라 값이 바뀌기 때문에 변수라고 부르는 것이다. 예를 들어 주가, 연령, 성별, 사업 소득 및 비용, 출생 국가, 자본 지출, 학년, 눈 색깔, 차종 등이 변수가 될 수 있다.

pandas를 사용할 때 다루게 되는 통계 변수의 유형은 다음과 같다.

- 범주형
- 연속형
- 이산형

### 범주형 변수

**범주형**categorical 변수는 이미 정해진 값 중 하나를 가질 수 있는 변수다. 가능한 값 각각을 때로는 수준level이라고도 한다. pandas에서 범주형 변수는 `Categorical`로 표현되는데, 이는 통계에서의 범주형 변수와 부합하는 pandas의 데이터 유형이다. 범주형 변수의 예로는 성별, 사회 계층, 혈액형, 국적, 관측 시간, 평점(예를 들어 리커트 척도Likert scale) 등이 있다.

### 연속형 변수

**연속형**continuous 변수는 무한히 많은(무수한) 값을 가질 수 있는 변수며, 어떤 실수 집합 사이의 어떤 값이라도 가능하다. 연속형 변수의 예로는 높이, 시간, 온도 등이 있다. pandas에서 연속형 변수는 주로 특정 변수의 여러 표본을 나타내는 집합 안에서 부동소수점 수나 정수 유형(파이썬에서의 네이티브 유형)으로 표현된다.

### 이산형 변수

이산형[discrete] 변수는 서로 구분되는 값들로 이뤄진 집합에서의 개수에 근거한 변수다. 따라서 분수는 이산형 변수의 값이 될 수 없다. 이산형 변수는 자동차 등록 대수, 사업장 수, 자녀 수 등 셀 수 있는 단위를 측정한다. pandas에서 이산형 변수는 주로 둘 이상의 표본으로 구성된 집합에서 보통은 정수(때때로 부동소수점)로 표현된다.

### 시계열 데이터

시계열[time-series] 데이터는 pandas의 일급 개체[first-class entity]다. 시간은 pandas의 변수 표본에 중요하고 특별한 차원 하나를 더해준다. 보통의 경우 변수는 추출(샘플링)된 시간과는 무관하다. 즉, 추출된 시간 자체는 중요하지 않다는 말이다. 그러나 그렇지 않은 경우도 많다. 시계열은 특정 시간 인터벌[interval]의 이산형 변수 표본을 형성하며, 여기서의 관찰 값들은 자연히 시간적인 순서를 갖는다.

일반적으로 시계열의 스토캐스틱 모델[stochastic model]은 시간적으로 가까운 관측 값들이 그렇지 않은 경우보다 좀 더 밀접한 관계가 있다는 사실을 반영한다. 시계열 모델은 흔히 일방향의 시간 순서를 이용하므로, 주어진 어떤 기간의 값은 대개 미래의 값이 아닌 과거의 값으로부터 표현된 것이라 할 수 있다.

pandas에서 시계열의 일반적인 시나리오로는 하루 동안 주기적으로 변하는 주식 가치를 나타내는 금융 데이터가 있다. 사람들은 종종 특정 시간 인터벌에서의 가격 변동률의 변화를 측정하고 싶어 한다. 또한 특정 시간 인터벌에서 여러 주식 가격의 상관관계도 알아내고 싶어 한다.

이와 같은 이슈는 pandas의 중요하고 강력한 기능과 관련되므로, 나중에 하나의 장 전체를 할애해 시계열 모델의 개념을 알아보고 시험해볼 예정이다.

## 분석과 통계의 기초 개념

여기서는 통계의 주변 내용과 데이터 분석의 기술적 과정만을 언급할 것이다. 주목할 만한 여러 분석 개념 중 일부는 pandas 안에 직접 구현돼 있다. 그렇지 않은 경우에는 SciPy와 같은 다른 라이브러리에 의존해야 하는데, 나중에 pandas로 작업하는 동안 사용할 가능성이 높으므로 지금 첫 만남을 갖는 것도 의미 있을 것이다.

### 정량 분석과 정성 분석

**정성 분석**qualitative analysis은 관찰할 수는 있지만 측정할 수는 없는 데이터에 대한 과학적 연구이며, 데이터의 성질을 목록화하는 데 중점을 둔다. 정성적인 데이터의 예는 다음과 같다.

- 피부의 부드러운 정도
- 달리는 모습의 우아한 정도

**정량 분석**quantitative analysis은 실제 측정을 통해 표현된 데이터의 값에 대한 연구다. 일반적인 예는 다음과 같다.

- 수량
- 가격
- 높이

pandas는 주로 정량 데이터를 다루며, 변수의 관찰된 값을 표현하기 위한 다양한 도구를 제공한다. 반면 pandas는 직접 정성 분석을 수행하지는 않지만, 정성적 정보를 표현할 수 있게 지원한다.

### 단변량 분석과 다변량 분석

어떤 측면에서 통계학은 변수, 특히 그 변수로부터 관찰된 값을 연구하는 실증 학문이다. 대부분의 통계는 하나의 변수에 대한 분석에 기초하며, 이를 **단변량 분석**univariate analysis이라고 한다. 단변량 분석은 데이터 분석의 가장 간단한 형태로서 원인과 관계를 다루지는 않으며, 보통은 데이터를 기술하거나 요약하고 패턴을 찾는 일에 이용된다.

**다변량 분석**multivariate analysis은 실험 결과에 영향을 주는 둘 이상의 변수를 다루는 모델링 기법이다. 여러 변수 사이의 관계, 그리고 그 관계가 결과에 영향을 주는 방식을 이해할 수 있게 하는 상관관계correlation와 회귀regression 등의 개념이 바로 다변량 분석과 관련이 있다.

pandas는 주로 단변량 분석 기능을 제공한다. 상관관계와 같이 금융이나 다른 영역에서 매우 일반적으로 사용되는 개념도 지원하지만, pandas의 단변량 분석 기능은 기본적으로 기술 통계에 해당된다.

다른 더 복잡한 통계는 StatsModels를 사용해 수행할 수 있다. 다시 말하지만 이는 pandas의 약점이 아니다. 애당초 특정 개념들은 전문적인 별도의 파이썬 라이브러리가 담당하게 설계했기 때문이다.

## 기술 통계

**기술 통계**descriptive statistics는 일반적으로 단일 변수(단변량 데이터)의 모집단이나 표본을 나타내는 데이터셋을 요약하는 역할을 한다. 기술 통계는 데이터셋을 설명하며, 중심 경향성central tendency을 나타내는 측정치와 변동성variablity(또는 분산성dispersion)을 나타내는 측정치를 만든다.

예를 들어 다음과 같은 사항들이 기술 통계에 속한다.

- 분포(정규 분포normal distribution, 푸아송 분포Poisson distribution 등)
- 중심 경향성(평균mean, 중위수median, 최빈수mode 등)
- 분산성(분산variance, 표준 편차standard deviation 등)

앞으로 보게 되겠지만, pandas의 시리즈와 데이터 프레임 객체는 다수의 기술 통계를 통합적으로 지원한다.

### 추리 통계

**추리 통계**inferential statistics는 데이터를 단순히 요약하는 것이 아니라 데이터로부터 결과를 추론하는 시도를 한다는 점에서 기술 통계와 다르다. 다음은 추리 통계의 예다.

- t 검정t-test
- 카이제곱chi square 검정
- 분산 분석ANOVA
- 부스트래핑bootstrapping

pandas는 이와 같은 추론 기법들을 보통은 SciPy나 StatsModels 같은 다른 도구가 수행하도록 맡긴다.

### 스토캐스틱 모델

**스토캐스틱 모델**stochastic model은 하나 이상의 확률 변수random variable를 포함하는 통계 모델의 한 형태로, 보통은 시계열 데이터도 함께 사용된다. 스토캐스틱 모델의 목적은 서로 다른 상황을 만드는 예상 조건에서의 예측치 안에 실제 결과가 포함될 가능성을 추정하는 것이다.

스토캐스틱 모델의 대표적인 예로 **몬테카를로 시뮬레이션**Monte Carlo simulation이 있다. 몬테카를로 시뮬레이션은 반복적인 시뮬레이션을 통해 시장에서의 포트폴리오 성과를 모의 실험함으로써 금융 포트폴리오를 평가하는 일에 자주 사용된다. 이는 포트폴리오를 구성하는 주식 수익률의 확률 분포 등 다양한 요인에 의해 영향을 받는다.

pandas는 스토캐스틱 모델을 위한 기본 데이터 구조를 데이터 프레임을 통해 제공하며, 보통은 시계열 데이터를 사용해 스토캐스틱 모델을 즉시 가동할 수 있게 해준다.

pandas와 파이썬만을 사용해 자신만의 스토캐스틱 모델과 분석 작업을 코딩하는 것도 가능하지만, 많은 경우 이와 같은 영역에 특화된 PyMCPyMC와 같은 라이브러리를 사용해 스토캐스틱 모델을 구현한다.

### 확률 통계와 베이지안 통계

**베이지안**Bayesian 통계는 간단한 확률 공리probability axioms로부터 구축한 수학 공식인 베이즈 정리Bayes' theorem에서 파생된 통계적 추정의 한 접근 방법이다. 베이지안 통계를 사용하면 어떤 조건부 확률도 계산이 가능한데, 간단히 말하면 조건부 확률은 사건 B가 발생한 상태에서 사건 A의 발생 확률이다.

따라서 이미 발생한 데이터 이벤트는 수집됐으므로 그 확률을 알 수 있으며, 베이즈 정리를 사용하면 이미 관찰된 데이터를 통해 다양한 관심사의 확률을 계산할 수 있다.

베이지안 모델은 이 책의 범위에서 벗어나지만 역시 pandas를 사용해 그 기본적인 데이터 모델을 다룰 수 있으며, PyMC와 같은 라이브러리를 사용하면 실제로 분석도 가능하다.

### 상관관계

**상관관계**correlation는 가장 흔히 사용되는 통계 중 하나며, pandas의 데이터 프레임에 직접 내장돼 있다. 상관관계란 두 변수 사이, 구체적으로는 두 변수의 일련의 관찰값 사이의 연관된 정도를 하나의 숫자로 나타낸 것이다.

상관관계의 일반적인 예는 시간이 흐름에 따라 두 주식의 가격이 얼마나 가까이에서 변동하는지를 따져보는 일이다. 두 가격 변동이 가까울수록 높은 상관관계가 있으며, 식별할 수 있는 패턴이 없다면 무상관uncorrelated이라는 의미다. 이는 수많은 투자 전략에서 사용될 수 있는 가치 있는 정보다.

두 주식의 연관된 정도는 전체 데이터셋의 기간과 인터벌에 따라 약간씩 다를 수 있다. 다행히 pandas에는 쉽게 그런 파라미터를 변경해 상관관계를 다시 계산할 수 있는 강력한 기능이 있다. 상관관계는 이 책의 여러 곳에서 등장할 것이다.

### 회귀

**회귀**regression는 하나의 독립 변수와 그 외의 다른 변수들 사이의 관계 강도를 추정하는 통계적 측정 방법이다. 즉, 회귀는 변수들 사이의 관계를 이해하는 데 사용된다. 금융 분야에서 예로 들자면 원자재 가격과 그 원자재를 취급하는 기업의 주식 가격 사이의 관계를 이해할 수 있다는 의미다.

pandas는 원래 회귀 모델을 직접 내장하고 있었으나, 어느 시점에서 StatsModels 라이브러리로 이관시켰다. 이는 pandas에서 흔히 볼 수 있는 모습이다. pandas는 종종 어떤 개념들을 직접 포함하지만, 그 개념들이 성숙해지면 가장 효과적인 다른 파이썬 라이브러리에 더 적합함을 인정한다. 여기에는 장단점이 있다. pandas 자체만을 이용하는 것이 처음에는 좋지만, pandas를 새 버전으로 업그레이드하면 사용했던 코드가 깨질 수 있기 때문이다.

## 기타 유용한 파이썬 라이브러리

pandas는 파이썬의 데이터 분석과 데이터 과학의 생태계에서 작지만 중요한 한 부분을 차지하고 있다. 따라서 여기서는 pandas와 함께 사용할 가치가 있는 다른 중요한 파이썬 라이브러리 몇 가지를 소개한다. 전부는 아니지만 우리가 접하게 될 가능성이 있는 것들이다.

## 수학과 과학: NumPy와 SciPy

NumPy(http://www.numpy.org/)는 파이썬으로 계산 과학scientific computing을 수행하기 위한 기초 툴박스며, 근래 대부분의 파이썬 배포판에 포함돼 있다. NumPy는 사실 pandas 구축의 기반이 된 툴박스며, pandas를 사용할 때 빈번히 사용된다. 무엇보다도 NumPy는 기본적인 가공이 가능한, 유용한 선형 대수 함수를 사용할 수 있는 다차원 배열을 지원한다.

NumPy의 배열 기능은 pandas, 특히 시리즈 객체와 연계해 사용된다. 이 책에서도 많은 예제에서 NumPy를 참조할 것이다. 그러나 엄밀히 말하면 pandas 시리즈는 NumPy 배열의 상위 집합이므로, 일부 단순한 상황을 제외하면 NumPy의 자세한 사항을 깊이 알아보지는 않을 것이다.

SciPy(https://www.scipy.org/)는 신호 처리, 최적화, 통계 등을 포함하는 수치 알고리즘 모음집과 전문 툴박스를 제공한다.

## 통계 분석: StatsModels

StatsModels(https://www.statsmodels.org/)는 데이터 조사, 통계 모델 추정, 통계 검정 등을 수행할 수 있는 파이썬 모듈이다. 기술 통계, 통계 검정, 플로팅 함수, 결과 통계량 등의 방대한 기능을 다양한 데이터와 각 추정량estimator에 사용할 수 있다. 여러 분야에 걸친 연구자에게 있어서 StatsModels는 파이썬으로 계산 통계statistical computing와 데이터 분석을 수행하기 위해 필요한 사항을 모두 충족시킬 수 있다.

StatsModels가 지원하는 사항은 다음과 같다.

- 선형 회귀 모델linear regression model
- 일반 선형 모델generalized linear model
- 이산 선택 모델discrete choice model

- 로버스트 회귀 모델robust regression models
- 시계열 분석을 위한 다수의 모델과 함수
- 비모수 추정량nonparametric estimator
- 예제로서의 데이터셋 모음
- 다양한 통계 검정
- 여러 다양한 포맷(텍스트, 라텍스LaTex, HTML 등)의 테이블을 생성할 수 있고, Stata 파일을 NumPy와 pandas에 읽어 들일 수 있는 입출력 도구
- 플로팅 함수
- 결과의 정확성을 검증하기 위한 광범위한 단위 테스트

## 머신 러닝: scikit-learn

scikit-learn(http://scikit-learn.org/)은 NumPy, SciPy, matplotlib을 기반으로 하는 머신 러닝 라이브러리다. scikit-learn은 분류, 회귀, 군집화clustering, 차원 축소dimensionality reduction, 모델 선택model selection, 전처리preprocessing와 같은 일반적인 데이터 분석 작업을 위한 쉽고 효율적인 도구를 제공한다.

## 스토캐스틱 베이지안 모델링: PyMC

PyMC(https://github.com/pymc-devs/pymc)는 마르코프 체인 몬테카를로MCMC, Markov chain Monte Carlo를 포함한 베이지안 통계 모델과 피팅fitting 알고리즘을 구현한 파이썬 모듈이다. PyMC의 유연성과 확장성은 여러 다양한 문제의 해결에 유용하다. PyMC는 핵심적인 샘플링 기능과 더불어 결과 요약, 그래프 생성, 적합도goodness of fit 테스트, 수렴 진단convergence diagnostics 등을 수행하는 메소드를 제공한다.

## 데이터 시각화: matplotlib과 seaborn

파이썬에는 데이터 시각화를 위한 다양한 프레임워크가 있다. 그중 유명한 두 가지는 matplotlib과 비교적 최근의 seaborn이다.

### matplotlib

matplotlib(https://matplotlib.org/)은 다양한 하드카피형 포맷과 플랫폼별 대화형 환경을 지원하며, 출판물 수준의 고품질 그래프를 생성해주는 파이썬 2D 플로팅 라이브러리다. matplotlib은 파이썬 스크립트, 파이썬 셸, 아이파이썬 셸, 주피터 노트북, 웹 애플리케이션 서버, 그리고 일부 GUI 툴킷에서 사용할 수 있다.

pandas는 matplotlib을 자동 호출하는 시리즈나 데이터 프레임의 함수를 제공하는 등 matplotlib과 매우 밀접하게 연계돼 있다. 이 말이 pandas가 matplotlib에만 한정된다는 의미는 아니다. 이후에 보겠지만 ggplot2이나 seaborn으로 쉽게 대체할 수 있기 때문이다.

### seaborn

seaborn(https://seaborn.pydata.org/)은 파이썬으로 매력적이고 유익한 통계 그래픽을 만들 수 있게 하는 라이브러리다. seaborn은 matplotlib을 기반으로 구현됐으며, PyData 스택과 밀접히 연계돼 있다. 또한 NumPy와 pandas의 데이터 구조, 그리고 SciPy와 StatsModels의 통계 루틴을 지원한다. seaborn은 matplotlib을 넘어서는 추가 기능들을 제공하며, 기본적으로 matplotlib보다 풍부하고 세련된 비주얼 스타일을 보여준다.

## 정리

1장에서는 pandas, 데이터 조작과 분석, 데이터 과학에 대한 필요성과 방법론 등을 둘러봤다. 먼저 pandas의 존재 이유와 기능, 그리고 pandas가 데이터 조작, 분석, 과학과 개념적으로 어떻게 연결되는지를 알아보는 것으로 시작했다.

그다음엔 프레임워크를 이루는 데이터 분석 프로세스에 대해 다루면서 pandas의 특정 기능의 존재 이유를 알아봤다. 여기에는 데이터 획득, 구조화와 정제, 탐색 수행, 공식 모델 구축, 프레젠테이션, 그리고 분석의 재현과 공유가 포함된다.

그런 후 데이터와 통계 모델링에 대한 몇 가지 개념을 알아봤다. 다수의 통상적인 분석 기법과 개념이 있으므로, 이후 자세한 내용을 공부할 때 친숙할 수 있게 1장에서는 가볍게 소개했다.

pandas는 데이터 분석과 과학에 유용한 대형 파이썬 라이브러리 생태계 중 일부이기도 하다. 따라서 이 책의 초점은 pandas에 있지만, 나중에 다른 라이브러리를 갑자기 만났을 때 놀라지 않게 미리 간단히 소개했다.

이제 pandas를 사용할 준비가 됐다. 2장에서는 우리 자신을 pandas에 친숙하게 만들기 시작할 것이다. 먼저 파이썬과 pandas 환경을 구성하는 것으로 시작해 주피터 노트북을 개략적으로 살펴보고, pandas의 시리즈와 데이터 프레임부터 빠르게 알아봄으로써 이후에 이어지는 pandas의 다른 요소들을 깊이 있게 공부할 수 있게 할 것이다.

# 02

# pandas의 설치와 가동

2장에서는 pandas를 설치해 기본 기능을 사용하기 시작한다. 이 책은 많은 내용을 아이파이썬과 주피터 노트북을 통해 보여주므로, 그 두 도구를 사용하는 방법도 한 번에 살펴볼 것이다.

이 책에서는 아나콘다Anaconda, Inc.의 과학용 파이썬 배포판인 같은 이름의 아나콘다Anaconda를 사용한다. 아나콘다는 무료와 유료 컴포넌트로 갖춰진 유명한 파이썬 배포판이다. 또한 윈도우, 맥, 리눅스 등 크로스플랫폼을 지원한다. 아나콘다의 기본 배포판에는 pandas, 아이파이썬, 주피터 노트북의 설치 파일도 포함돼 있으므로, 처음 시작하기에도 아주 좋다.

2장에서 다루는 내용은 다음과 같다.

- 아나콘다, pandas, 아이파이썬, 주피터 노트북의 설치
- 아이파이썬과 주피터 노트북의 사용법
- 주피터 자체와 주피터 노트북
- pandas 환경 설정
- pandas `Serise`와 `DataFrame`에 대한 간략한 소개
- CSV 파일로부터 데이터 로딩
- pandas 데이터의 시각화

## 아나콘다 설치

이 책은 아나콘다 파이썬 3, 정확히는 버전 3.6.3을 사용한다. 이 글을 쓰는 시점에서 pandas의 버전은 0.20.3이다. 아나콘다 설치 프로그램은 기본적으로 파이썬, 아이파이썬, 주피터 노트북, pandas도 설치해준다.

아나콘다 파이썬은 아나콘다의 홈페이지에서 다운로드할 수 있다. 웹 서버가 사용자의 운영체제를 식별해 그에 맞는 소프트웨어 다운로드를 제시할 것이다.

브라우저에서 https://www.anaconda.com/download를 방문하면 다음과 같은 페이지를 볼 수 있다.

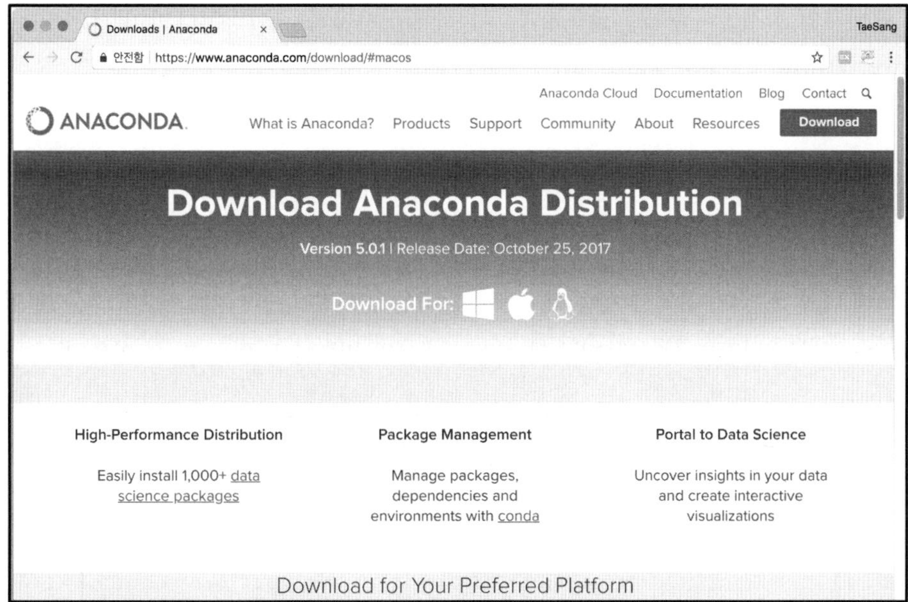


자신의 플랫폼에 맞는 아이콘을 클릭하면 다음과 같은 다운로드 페이지를 볼 수 있다.

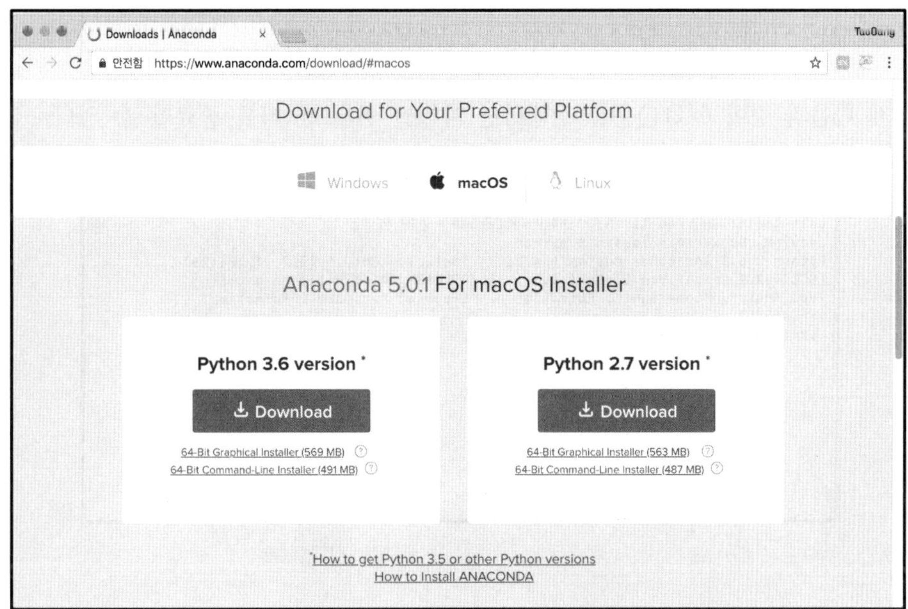

3.x 버전의 인스톨러를 다운로드하자. 이 책에서 사용하는 아나콘다의 버전은 5.0.1이며, 파이썬 3.6.3이 포함돼 있다.

여러분이 이 책을 읽는 시점에서는 더 높은 버전일 것이다.

인스톨러를 실행해 설치를 완료하고, 명령 프롬프트(윈도우)나 터미널(맥OS)을 열어 python이라는 명령을 실행해보자. 맥OS라면 다음과 비슷한 모습을 볼 수 있을 것이다.

```
taesang — python — 80×24
Last login: Sun Feb 11 13:09:59 on ttys000
Leeui-MacBook-Pro:~ taesang$ python
Python 3.6.3 |Anaconda custom (64-bit)| (default, Oct  6 2017, 12:04:38)
[GCC 4.2.1 Compatible Clang 4.0.1 (tags/RELEASE_401/final)] on darwin
Type "help", "copyright", "credits" or "license" for more information.
>>>
```

이제 다음과 같이 exit( )문을 실행하면 파이썬 인터프리터를 종료할 수 있다.

```
taesang — -bash — 80×24
Last login: Sun Feb 11 13:09:59 on ttys000
Leeui-MacBook-Pro:~ taesang$ python
Python 3.6.3 |Anaconda custom (64-bit)| (default, Oct  6 2017, 12:04:38)
[GCC 4.2.1 Compatible Clang 4.0.1 (tags/RELEASE_401/final)] on darwin
Type "help", "copyright", "credits" or "license" for more information.
>>> exit()
Leeui-MacBook-Pro:~ taesang$
```

또한 pip show pandas 명령을 사용하면 설치된 pandas의 버전을 확인할 수 있다.

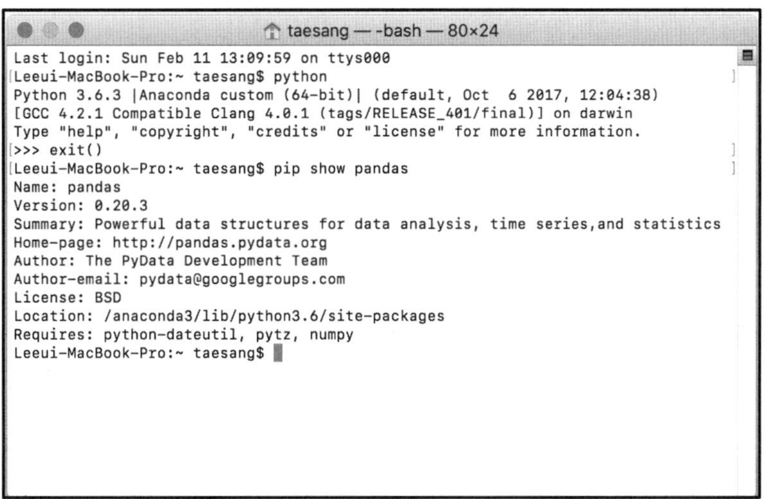


보다시피 이 책에서 사용할 pandas의 버전은 0.20.3이며, 여러분 역시 그 이상의 버전을 사용하기 바란다.

이제 우리에게 필요한 모든 것을 설치했으므로, 아이파이썬과 주피터 노트북을 사용하는 단계로 넘어가보자.

## 아이파이썬과 주피터 노트북

앞서 명령 프롬프트나 터미널에서 파이썬을 실행했다. 이는 파이썬이 기본으로 제공하는 대화형 환경인 REPL이다. 물론 REPL을 사용해 이 책의 모든 예제를 실행할 수도 있지만, 아이파이썬과 주피터 노트북을 사용할 것이므로 그 둘에 대해 간단히 알아보자.

## 아이파이썬

아이파이썬은 파이썬과 상호작용할 수 있는 또 하나의 셸shell이며, 파이썬의 기본 REPL보다 더욱 여러 가지가 향상된 셸이다.

아이파이썬에 대해 좀 더 자세히 알고 싶다면 https://ipython.org/ipython-doc/3/interactive/tutorial.html 문서를 참고하기 바란다.

아이파이썬을 사용하려면 단순히 터미널에서 `ipython` 명령을 실행하면 된다. 아이파이썬이 실행되면 다음 그림과 같은 모습을 볼 수 있다.

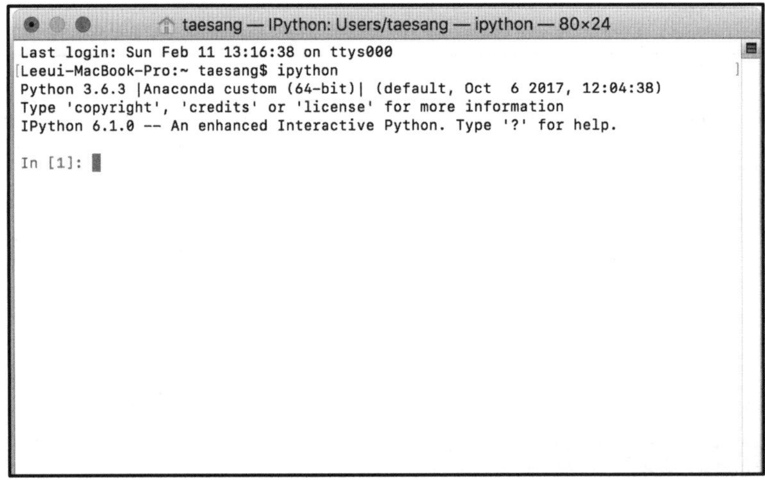


여기서 `In [1]:`과 같은 모양의 프롬프트를 볼 수 있는데, 아이파이썬 REPL에서는 구문을 입력하고 엔터를 누를 때마다 이 숫자가 증가한다.

마찬가지로 출력의 경우엔 항상 `Out [x]:`와 같은 모양의 프롬프트를 보여준다. 여기서 숫자 x는 이 출력과 대응하는 `In [x]:`에서의 x와 동일하다. 다음 스크린샷을 보면 이해가 될 것이다.

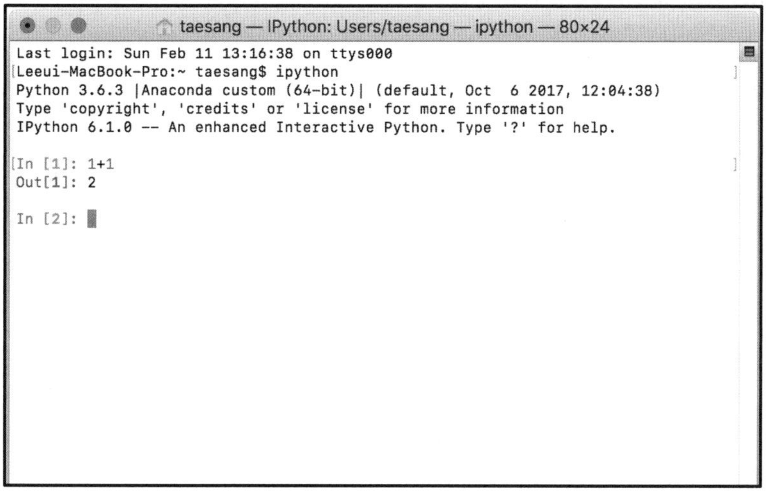

```
taesang — IPython: Users/taesang — ipython — 80×24
Last login: Sun Feb 11 13:16:38 on ttys000
Leeui-MacBook-Pro:~ taesang$ ipython
Python 3.6.3 |Anaconda custom (64-bit)| (default, Oct  6 2017, 12:04:38)
Type 'copyright', 'credits' or 'license' for more information
IPython 6.1.0 -- An enhanced Interactive Python. Type '?' for help.

In [1]: 1+1
Out[1]: 2

In [2]:
```

입력문과 출력문에 부여되는 번호는 단순히 시간의 순서대로 증가해 매겨지는 것으로, 중간에 에러가 발생한다거나 추가로 코딩을 할 경우 번호와 코드는 그 순서가 다를 수 있다. 따라서 번호는 오직 참조하는 용도로만 사용하기 바란다.

## 주피터 노트북

주피터 노트북은 아이파이썬 노트북의 진화된 형태다. 주피터 노트북은 라이브 코드 live code, 수학 공식, 시각화 자료, 마크다운 등을 포함하는 문서를 만들고 공유할 수 있는 오픈소스 웹 애플리케이션이다.

원래 아이파이썬 노트북은 파이썬 언어만으로 제한돼 있었다. 그러나 주피터 노트북은 파이썬, R, 줄리아Julia, 스칼라Scala, F# 등을 비롯한 다양한 프로그래밍 언어를 사용할 수 있게 진화했다.

주피터 노트북에 대해 좀 더 깊이 있게 알아보고 싶다면 http://jupyter.org를 방문하기 바란다. 다음과 같은 페이지를 볼 수 있을 것이다.

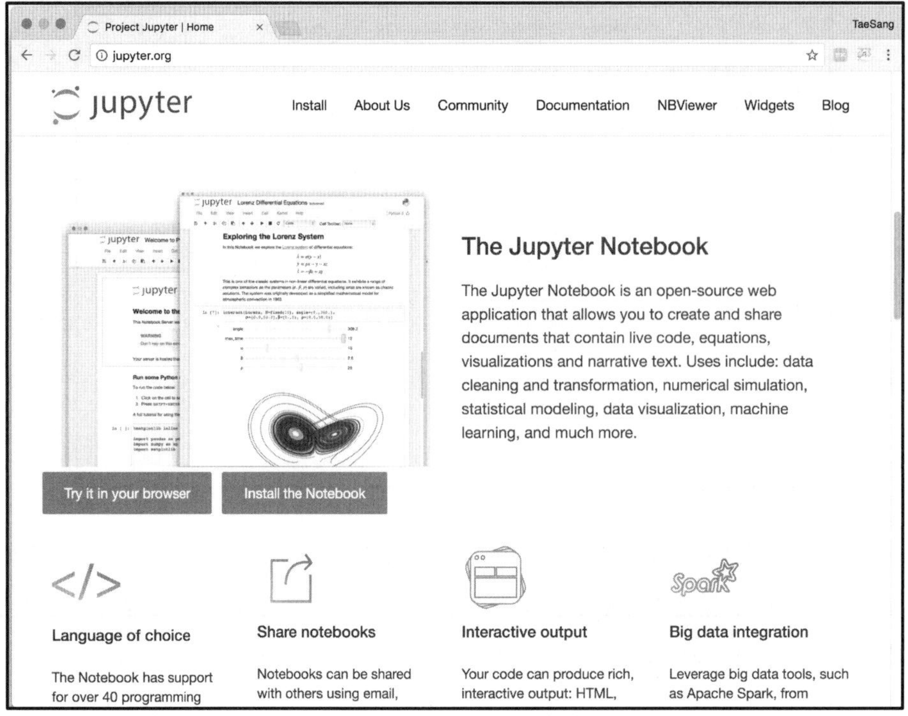


주피터 노트북은 파이썬과 독립적으로 다운로드해 사용할 수 있다. 그러나 고맙게도 아나콘다는 기본으로 주피터 노트북을 설치해준다. 주피터 노트북을 시작하려면 터미널에서 다음과 같은 명령을 실행하면 된다.

```
$ jupyter notebook
```

일단 주피터 노트북을 어떻게 사용하는지 알아보기 위해 이 책에 딸려 있는 예제 코드를 실행해보자. 이 책의 예제 코드를 다운로드해 원하는 디렉터리에 압축을 해제한다. 터미널에서 보는 그 디렉터리의 모습은 다음 그림과 같을 것이다.

```
Learning pandas — -bash — 80×24
Leeui-MacBook-Pro:Learning pandas taesang$ ls -al
total 24
drwxr-xr-x@ 19 taesang  staff   608  2 11 13:46 .
drwxr-xr-x+ 64 taesang  staff  2048  2 11 13:17 ..
-rwxr-xr-x@  1 taesang  staff  6148  2 11 13:46 .DS_Store
drwxr-xr-x@  3 taesang  staff    96  6 30  2017 Chapter02
drwxr-xr-x@  3 taesang  staff    96  6 30  2017 Chapter03
drwxr-xr-x@  3 taesang  staff    96  6 30  2017 Chapter04
drwxr-xr-x@  3 taesang  staff    96  6 30  2017 Chapter05
drwxr-xr-x@  3 taesang  staff    96  6 30  2017 Chapter06
drwxr-xr-x@  3 taesang  staff    96  6 30  2017 Chapter07
drwxr-xr-x@  3 taesang  staff    96  6 30  2017 Chapter08
drwxr-xr-x@  3 taesang  staff    96  6 30  2017 Chapter09
drwxr-xr-x@  3 taesang  staff    96  6 30  2017 Chapter10
drwxr-xr-x@  3 taesang  staff    96  6 30  2017 Chapter11
drwxr-xr-x@  3 taesang  staff    96  6 30  2017 Chapter12
drwxr-xr-x@  3 taesang  staff    96  6 30  2017 Chapter13
drwxr-xr-x@  3 taesang  staff    96  6 30  2017 Chapter14
drwxr-xr-x@  3 taesang  staff    96  6 30  2017 Chapter15
-rwxr-xr-x@  1 taesang  staff   437  6 30  2017 README.txt.txt
drwxr-xr-x@ 24 taesang  staff   768  6 30  2017 data
Leeui-MacBook-Pro:Learning pandas taesang$
```

이제 jupyter notebook 명령을 실행하자. 터미널은 다음과 같은 모습일 것이다.

```
Learning pandas — jupyter-notebook — 80×24
Leeui-MacBook-Pro:Learning pandas taesang$ jupyter notebook
[I 13:50:02.837 NotebookApp] JupyterLab alpha preview extension loaded from /ana
conda3/lib/python3.6/site-packages/jupyterlab
JupyterLab v0.27.0
Known labextensions:
[I 13:50:02.839 NotebookApp] Running the core application with no additional ext
ensions or settings
[I 13:50:02.845 NotebookApp] Serving notebooks from local directory: /Users/taes
ang/Learning pandas
[I 13:50:02.845 NotebookApp] 0 active kernels
[I 13:50:02.845 NotebookApp] The Jupyter Notebook is running at: http://localhos
t:8888/?token=75d5becb0871e8122f261e568adf051cc84aa39209feea21
[I 13:50:02.845 NotebookApp] Use Control-C to stop this server and shut down all
 kernels (twice to skip confirmation).
[C 13:50:02.846 NotebookApp]

    Copy/paste this URL into your browser when you connect for the first time,
    to login with a token:
        http://localhost:8888/?token=75d5becb0871e8122f261e568adf051cc84aa39209f
eea21
[I 13:50:03.124 NotebookApp] Accepting one-time-token-authenticated connection f
rom ::1
```

그와 동시에 웹 브라우저는 주피터 노트북 홈페이지를 여는데, 주소는 localhost:8888/tree다. 이 페이지는 다음 그림과 같이 디렉터리 목록을 보여준다.

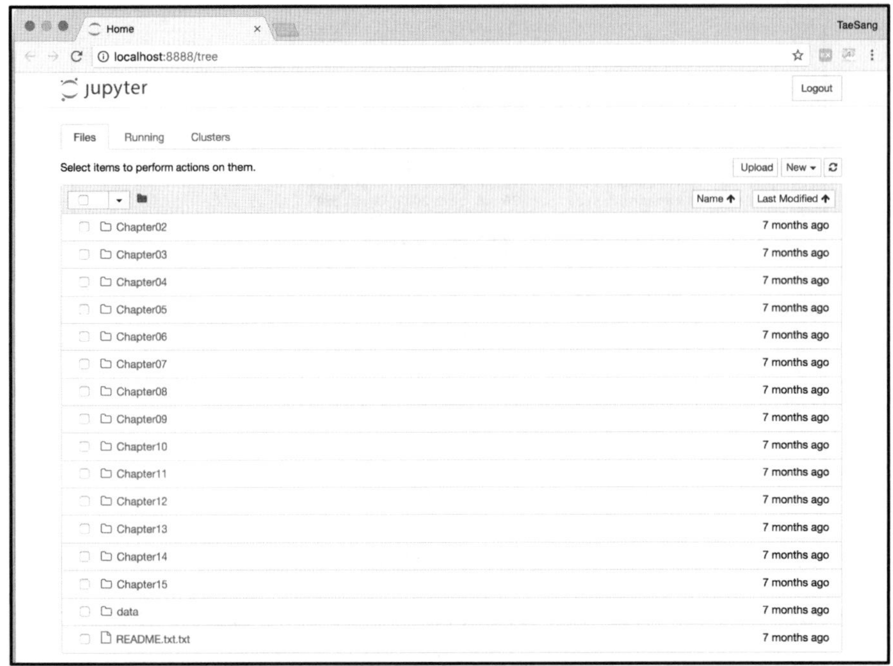

여기서 Chapter02 디렉터리로 들어가 .ipynb 파일을 클릭해보자. 그러면 다음 그림과 같은 주피터 노트북의 모습이 나타난다.

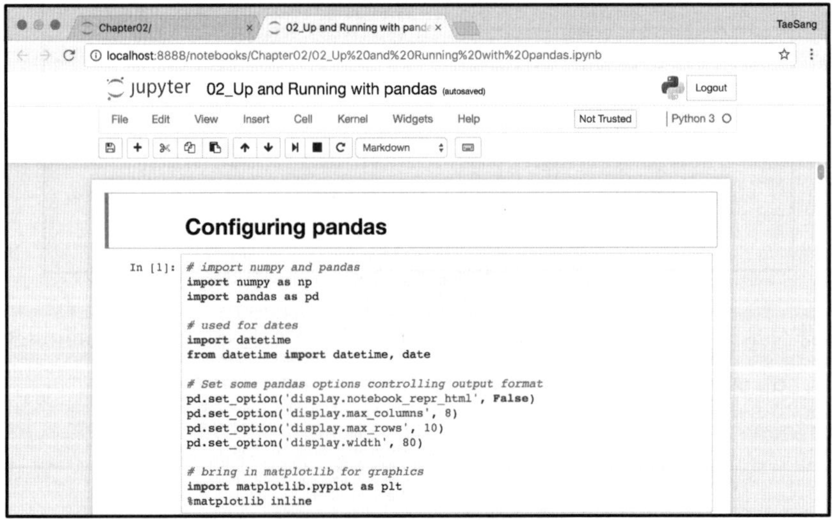

이 노트북은 주피터와 아이파이썬이 생성시킨 HTML 화면이다. 이는 여러 개의 셀로 이뤄져 있는데, 각각은 코드, 마크다운, nbconvert, 헤딩이라는 네 가지 유형 중 하나다. 이 책에서는 코드나 마크다운 셀만을 사용한다.

주피터는 각 노트북을 위해 아이파이썬 커널을 가동한다. 파이썬 코드를 포함하는 셀은 커널 안에서 실행되며, 그 결과는 HTML의 형태로 노트북에 추가된다.

어떤 셀이든 일단 클릭하면 편집할 수 있는 상태가 된다. 셀의 내용을 편집하고 Shift+Enter를 누르면 주피터와 아이파이썬이 그 내용을 검증해 결과를 보여준다.

노트북의 구조와 형식에 대한 자세한 내용은 https://ipython.org/ipython-doc/3/notebook/nbformat.html에서 확인하기 바란다.

노트북의 상단에는 노트북의 조작과 관련된 여러 기능을 제공하는 툴바가 있다. 여기에는 노트북 안에서 셀의 추가와 삭제, 또는 셀을 위아래로 이동시킬 수 있는 기능이 있다. 또한 셀을 실행하거나, 중지했다가 다시 실행하거나, 아이파이썬 커널 안에서 다시 실행할 수 있는 명령도 포함된다.

이제 File ❯ New Notebook ❯ Python 3를 선택해 새 노트북을 만들어보자.

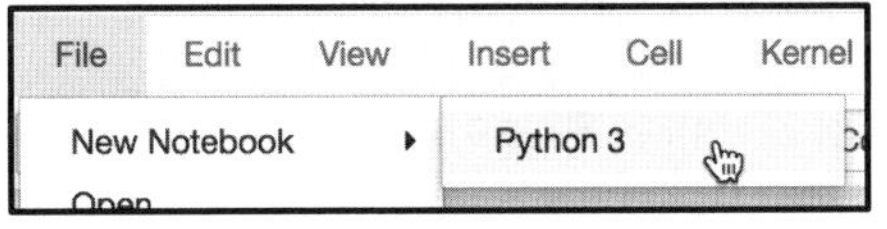


그러면 다음 그림과 같이 브라우저의 새 탭에서 Untitled라는 이름의 새 노트북 페이지가 만들어진다.

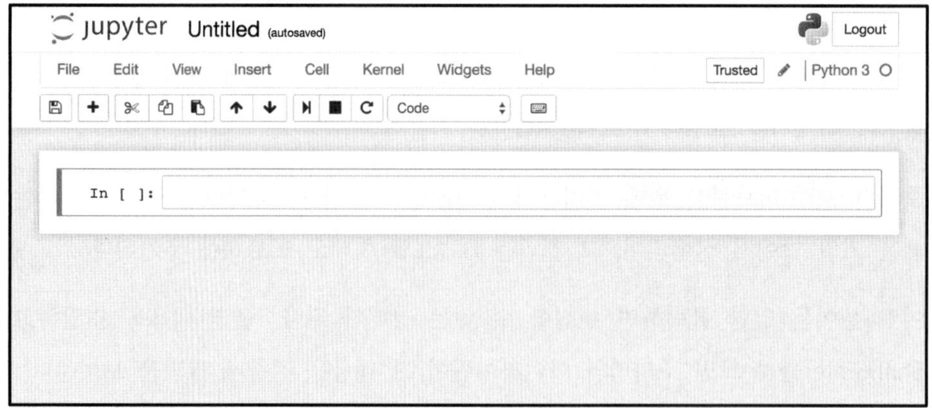


이 노트북에는 파이썬 코드를 입력 받을 준비가 된 하나의 코드 셀이 있다. 이 셀에 1+1을 입력하고 Shift+Enter를 눌러보자.

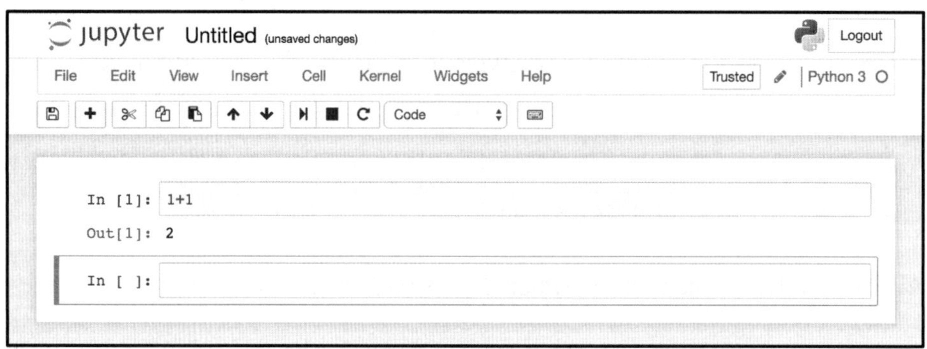


셀이 실행된 결과는 `Out[1]:` 다음에 보이며, 코드나 마크다운을 입력 받을 수 있는 새로운 셀이 하나 더 생겼음을 알 수 있다.

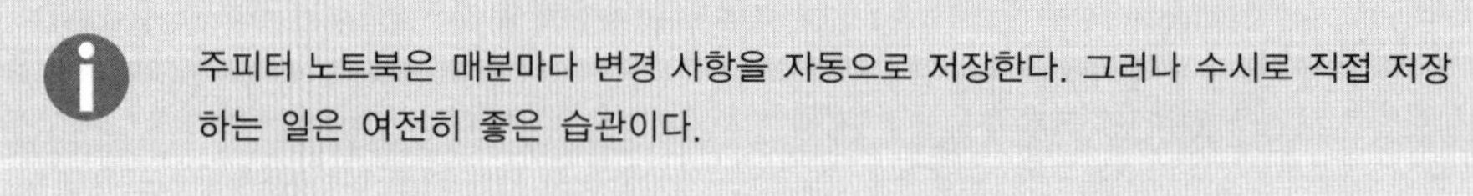

주피터 노트북은 매분마다 변경 사항을 자동으로 저장한다. 그러나 수시로 직접 저장하는 일은 여전히 좋은 습관이다.

## pandas Series와 데이터 프레임 소개

이제 다음과 같은 작업을 통해 pandas의 두 가지 주된 데이터 구조인 Series와 DataFrame을 간단히 알아보자.

- pandas의 임포트
- pandas Series의 생성과 조작
- pandas DataFrame의 생성과 조작
- DatFrame으로 파일 데이터 로딩

### pandas의 임포트

이 책에서 사용할 모든 노트북에서는 pandas와 그 밖의 파이썬 라이브러리를 먼저 임포트import하며 시작할 것이다. 그다음엔 pandas가 주피터 노트북에 결과를 렌더링하는 방식을 제어할 여러 옵션을 설정할 것이다. 그 코드의 모습은 다음과 같다.

```
In [1]: # import numpy and pandas
        import numpy as np
        import pandas as pd

        # used for dates
        import datetime
        from datetime import datetime, date

        # Set some pandas options controlling output format
        pd.set_option('display.notebook_repr_html', False)
        pd.set_option('display.max_columns', 7)
        pd.set_option('display.max_rows', 10)
        pd.set_option('display.width', 60)

        # bring in matplotlib for graphics
        import matplotlib.pyplot as plt
        %matplotlib inline
```

첫 번째 문장에서는 NumPy를 임포트하며, 이를 np라는 이름으로 참조할 수 있게 했다. NumPy에 대해서는 아주 자세히는 아니지만 가끔 설명할 것이다.

두 번째 문장에서는 pandas를 임포트하며, 이를 pd라는 이름으로 참조할 수 있게 했다. from pandas import Series, DataFrame이라는 문장을 쓰면 명시적으로 Series와 DataFrame 객체를 임포트하게 되며, 그러면 pd.이라는 접두사를 사용하지 않아도 Series와 DataFrame을 참조할 수 있게 된다. 이는 약간의 타이핑을 줄일 수 있는 편리한 방법이므로 종종 사용하게 될 것이다.

import datetime 문장은 datetime 라이브러리를 임포트한다. datetime은 pandas로 시계열 데이터를 다룰 때 흔히 사용되므로 모든 노트북에 포함시키게 될 라이브러리다.

pd.set_option() 함수는 pandas의 결과를 노트북에 어떻게 출력할지를 설정한다. 첫 번째 줄에서는 Series와 DataFrame의 출력을 HTML이 아닌 텍스트로 렌더링하게 설정했다. 그다음 두 줄에서는 칼럼과 로우의 최대 크기를 지정했다. 마지막에서는 하나의 로우에 최대 몇 글자를 보여줄지 설정했다.

http://pandas.pydata.org/pandas-docs/stable/options.html에서 모든 옵션에 대한 설명을 볼 수 있다.

예리한 사람이라면 이 셀에 Out[x]:가 없음을 알아챘을 것이다. 사실 모든 셀(또는 아이파이썬 문장)이 출력을 생성하는 것은 아니다.

주피터 노트북 대신 아이파이썬을 사용하고 싶다면 아이파이썬 셀에서 코드를 실행하면 된다. 예를 들어 다음 그림과 같이 노트북 셀에서 코드를 복사해 붙여 넣으면 된다.

```
taesang — IPython: Users/taesang — ipython — 80×24
Last login: Sun Feb 11 13:49:36 on ttys000
Leeui-MacBook-Pro:~ taesang$ ipython
Python 3.6.3 |Anaconda custom (64-bit)| (default, Oct  6 2017, 12:04:38)
Type 'copyright', 'credits' or 'license' for more information
IPython 6.1.0 -- An enhanced Interactive Python. Type '?' for help.

In [1]: # import numpy and pandas
   ...: import numpy as np
   ...: import pandas as pd
   ...:
   ...: # used for dates
   ...: import datetime
   ...: from datetime import datetime, date
   ...:
   ...: # Set some pandas options controlling output format
   ...: pd.set_option('display.notebook_repr_html', False)
   ...: pd.set_option('display.max_columns', 8)
   ...: pd.set_option('display.max_rows', 10)
   ...: pd.set_option('display.width', 80)
   ...:

In [2]:
```

아이파이썬 셀은 여러 줄을 입력하면 자동으로 들여쓰기를 해준다. 또한 아이파이썬 셀에서도 Out[x]:가 없음을 알 수 있다. pd.set_option은 어떤 콘텐츠도 반환하지 않기 때문이다.

## pandas Series

Series는 pandas의 기본 데이터 구조다. Series는 NumPy에서의 배열과 비슷하지만, 인덱스를 갖는다는 점에서 다르다. 따라서 무조건 0부터 시작하는, 즉 제로베이스zero-based 인덱스만 있는 배열보다는 훨씬 나은 방법으로 아이템을 검색할 수 있다.

다음은 파이썬의 리스트list를 Series로 만드는 방법이다.

```
In [2]: # create a four item Series
        s = pd.Series([1, 2, 3, 4])
        s

Out[2]: 0    1
        1    2
        2    3
        3    4
        dtype: int64
```

출력 결과에는 두 개의 칼럼이 있는데, 첫 번째 칼럼은 인덱스며 두 번째 칼럼은 Series 안의 데이터다. 각 로우[row]는 인덱스 레이블과 그에 연결된 값을 차례로 보여준다.

이 Series를 만들 때 인덱스를 특별히 따로 지정하지 않았으므로(다음에 해볼 것이다), pandas가 각 데이터 아이템을 위해 0부터 시작해 1씩 증가하는 정수형 인덱스를 자동으로 만든 것이다.

Series 객체의 값은 대괄호 연산자인 []에 레이블을 전달해 접근할 수 있다. 다음은 레이블 1을 전달한 결과다.

```
In [3]: # get value at label 1
        s[1]

Out[3]: 2
```

이는 많은 프로그래밍 언어에서 배열에 접근할 때 사용되는 보통의 방식과 다르지 않아 보인다. 그러나 나중에 보게 되겠지만 Series의 인덱스는 반드시 0부터 시작하지 않아도 되며, 1씩 증가하지 않아도 된다. 게다가 정수가 아닌 다른 데이터 타입도 사용할 수 있다. 이와 같은 유연한 인덱스 방식은 pandas의 여러 막강한 능력 중 하나다.

여러 레이블을 지정해 복수의 아이템을 가져올 수도 있다. 다음은 레이블 1과 3을 지정해 값을 가져온 예다.

```
In [4]: # return a Series with the row with labels 1 and 3
        s[[1, 3]]

Out[4]: 1    2
        3    4
        dtype: int64
```

Series 객체를 만들 때 index 파라미터를 사용해 인덱스 레이블을 지정함으로써 사용자 정의 인덱스를 만들 수 있다. 다음은 값은 이전과 동일하지만 인덱스가 문자열로 된 Series 객체를 만드는 예다.

```
In [5]: # create a series using an explicit index
        s = pd.Series([1, 2, 3, 4],
                      index = ['a', 'b', 'c', 'd'])
        s

Out[5]: a    1
        b    2
        c    3
        d    4
        dtype: int64
```

이제 다음과 같이 영숫자 인덱스 레이블을 사용해 이 Series 객체의 값에 접근할 수 있게 됐다.

```
In [6]: # look up items the series having index 'a' and 'd'
        s[['a', 'd']]

Out[6]: a    1
        d    4
        dtype: int64
```

그런데 숫자를 사용하는 방법도 여전히 가능하다.

```
In [7]: # passing a list of integers to a Series that has
        # non-integer index labels will look up based upon
        # 0-based index like an array
        s[[1, 2]]

Out[7]: b    2
        c    3
        dtype: int64
```

다음과 같이 .index 속성을 사용해 Series의 인덱스를 확인할 수도 있다.

```
In [8]: # get only the index of the Series
        s.index

Out[8]: Index(['a', 'b', 'c', 'd'], dtype='object')
```

인덱스 자체도 실제로는 하나의 pandas 객체다. 따라서 그 결과로서 인덱스의 값과 데이터 유형을 볼 수 있다. 여기서는 인덱스의 데이터 유형이 문자열이 아니라, dtype으로 참조되는 객체라는 사실에 주목하기 바란다. 나중에 이를 변경하는 작업도 해 볼 것이다.

pandas에서 Series의 일반적인 용도는 날짜/시간 인덱스 레이블이 붙여진 시계열 데이터를 표현하는 데 있다. 다음은 pd.date_range() 함수를 사용해 날짜 범위를 만드는 방법이다.

```
In [9]: # create a Series who's index is a series of dates
        # between the two specified dates (inclusive)
        dates = pd.date_range('2016-04-01', '2016-04-06')
        dates

Out[9]: DatetimeIndex(['2016-04-01', '2016-04-02', '2016-04-03',
                       '2016-04-04', '2016-04-05', '2016-04-06'],
                      dtype='datetime64[ns]', freq='D')
```

이렇게 하면 DatetimeIndex라고 하는 특별한 인덱스가 만들어진다. 이는 날짜/시간 관련 인덱스 데이터에 최적화된 pandas만의 특별한 형태의 인덱스다.

이제 이 인덱스를 사용해 Series 하나를 만들어 보자. 데이터는 일별 최고 기온이다.

```
In [10]: # create a Series with values (representing temperatures)
         # for each date in the index
         temps1 = pd.Series([80, 82, 85, 90, 83, 87],
                            index = dates)
         temps1

Out[10]: 2016-04-01    80
         2016-04-02    82
         2016-04-03    85
         2016-04-04    90
         2016-04-05    83
         2016-04-06    87
         Freq: D, dtype: int64
```

DatetimeIndex를 갖는 이와 같은 유형의 시리즈를 시계열이라고 한다.

또한 다음과 같이 특정 날짜를 나타내는 문자열을 사용해 최고 기온을 조회할 수 있다.

```
In [11]: # what's the temperation for 2016-4-4?
         temps1['2016-04-04']

Out[11]: 90
```

두 개의 Series 객체에 산술 연산을 적용할 수도 있다. 다음 코드는 두 번째 Series를 만들어 두 객체의 기온 차를 계산한 예다.

```
In [12]: # create a second series of values using the same index
         temps2 = pd.Series([70, 75, 69, 83, 79, 77],
                            index = dates)
         # the following aligns the two by their index values
         # and calculates the difference at those matching labels
         temp_diffs = temps1 - temps2
         temp_diffs

Out[12]: 2016-04-01    10
         2016-04-02     7
         2016-04-03    16
         2016-04-04     7
         2016-04-05     4
         2016-04-06    10
         Freq: D, dtype: int64
```

스칼라가 아닌(non-scalar) 값을 갖는 두 Series 객체에 대한 산술 연산(+, -, /, *, ...)은 그 결과로 또 하나의 Series 객체를 반환한다.

여기서도 다음과 같이 제로베이스 방법으로 값을 찾을 수 있다.

```
In [13]: # and also possible by integer position as if the
         # series was an array
         temp_diffs[2]

Out[13]: 16
```

마지막으로 pandas는 다수의 기술 통계 메소드를 제공한다. 예를 들어 다음과 같이 기온 차의 평균을 낼 수 있듯이 말이다.

```
In [14]: # calculate the mean of the values in the Series
         temp_diffs.mean()

Out[14]: 9.0
```

## pandas DataFrame

pandas의 Series는 각 인덱스 레이블당 하나의 값만 가질 수 있다. 그러나 데이터 프레임을 사용하면 인덱스 레이블당 복수의 값을 가질 수 있다. 데이터 프레임은 인덱스 레이블을 기준으로 배열된 하나 이상의 Series를 나타낸다. 각 Series는 데이터 프레임의 칼럼이며, 각 칼럼은 자신만의 이름을 갖는다.

서로 다른 유형의 데이터 칼럼을 하나 이상 갖는다는 점(그러나 한 칼럼의 모든 데이터는 동일한 유형이라는 점)에서 보면 데이터 프레임은 관계형 DB 테이블과 유사하다.

다음은 두 개의 칼럼을 갖는 DataFrame 객체를 만드는 방법이다. 각 칼럼은 기온을 나타내는 Series 객체다.

```
In [15]: # create a DataFrame from the two series objects temp1 and temp2
         # and give them column names
         temps_df = pd.DataFrame(
                     {'Missoula': temps1,
                      'Philadelphia': temps2})
         temps_df

Out[15]:             Missoula  Philadelphia
         2016-04-01        80            70
         2016-04-02        82            75
         2016-04-03        85            69
         2016-04-04        90            83
         2016-04-05        83            79
         2016-04-06        87            77
```

결과로 나온 데이터 프레임을 보면 Missoula와 Philadelphia라는 이름을 갖는 두 개의 칼럼이 있다. 이들 칼럼은 데이터 프레임 안에서의 새로운 Series 객체며, 이전 객체로부터 복제된 값을 갖는다.

하나의 칼럼명이나 칼럼명들의 목록을 [] 연산자에 사용하면 원하는 DataFrame 객체의 칼럼에 접근할 수 있다. 예를 들어 다음은 Missoula 칼럼의 내용을 가져오는 코드다.

```
In [16]: # get the column with the name Missoula
         temps_df['Missoula']

Out[16]: 2016-04-01    80
         2016-04-02    82
         2016-04-03    85
         2016-04-04    90
         2016-04-05    83
         2016-04-06    87
         Freq: D, Name: Missoula, dtype: int64
```

마찬가지로 다음은 Philadelphia 칼럼의 내용을 가져오는 코드다.

```
In [17]: # likewise we can get just the Philadelphia column
         temps_df['Philadelphia']

Out[17]: 2016-04-01    70
         2016-04-02    75
         2016-04-03    69
         2016-04-04    83
         2016-04-05    79
         2016-04-06    77
         Freq: D, Name: Philadelphia, dtype: int64
```

또한 다음과 같이 여러 칼럼명을 파이썬 리스트로 지정하면 복수의 칼럼을 조회할 수 있다.

```
In [18]: # return both columns in a different order
         temps_df[['Philadelphia', 'Missoula']]

Out[18]:             Philadelphia  Missoula
         2016-04-01            70        80
         2016-04-02            75        82
         2016-04-03            69        85
         2016-04-04            83        90
         2016-04-05            79        83
         2016-04-06            77        87
```

DataFrame 객체와 Series 객체 사이에는 약간의 차이가 있다. DataFrame의 [] 연산자에 이름 목록을 전달하면 복수의 칼럼을 가져오지만, Series의 경우엔 복수의 로우를 반환한다.

칼럼명에 공백문자가 없다면 다음과 같이 마치 속성의 경우처럼(속성 표기법) 사용할 수 있다.

```
In [19]: # retrieve the Missoula column through property syntax
         temps_df.Missoula

Out[19]: 2016-04-01    80
         2016-04-02    82
         2016-04-03    85
         2016-04-04    90
         2016-04-05    83
         2016-04-06    87
         Freq: D, Name: Missoula, dtype: int64
```

데이터 프레임 안의 두 칼럼 간의 산술 연산은 Series의 경우와 같다. 다음은 속성 표기법을 사용해 두 칼럼 사이의 기온 차를 계산하는 코드다.

```
In [20]: # calculate the temperature difference between the two cities
         temps_df.Missoula - temps_df.Philadelphia

Out[20]: 2016-04-01    10
         2016-04-02     7
         2016-04-03    16
         2016-04-04     7
         2016-04-05     4
         2016-04-06    10
         Freq: D, dtype: int64
```

DataFrame에 새 칼럼을 추가하려면 단순히 [] 표기를 사용해 Series 하나를 할당하면 된다. 다음은 기온 차 데이터를 갖는 새 칼럼을 DataFrame에 추가하는 코드다.

```
In [21]: # add a column to temp_df which contains the difference in temps
         temps_df['Difference'] = temp_diffs
         temps_df

Out[21]:             Missoula  Philadelphia  Difference
         2016-04-01        80            70          10
         2016-04-02        82            75           7
         2016-04-03        85            69          16
         2016-04-04        90            83           7
         2016-04-05        83            79           4
         2016-04-06        87            77          10
```

.columns 속성을 사용하면 DataFrame 안의 모든 칼럼명을 볼 수 있다.

```
In [22]: # get the columns, which is also an Index object
         temps_df.columns

Out[22]: Index(['Missoula', 'Philadelphia', 'Difference'], dtype='object')
```

특정 로우만 보기 위해 DataFrame이나 Series 객체를 오려내는 일도 가능하다. 예를 들어 다음은 기온 차 데이터 중 두 번째부터 네 번째까지의 로우만을 보기 위한 코드다.

```
In [23]: # slice the temp differences column for the rows at
         # location 1 through 4 (as though it is an array)
         temps_df.Difference[1:4]

Out[23]: 2016-04-02     7
         2016-04-03    16
         2016-04-04     7
         Freq: D, Name: Difference, dtype: int64
```

전체 칼럼에 있어서의 특정 로우 데이터를 보고 싶다면 .loc이나 .iloc 속성을 사용하면 된다. .loc은 인덱스 레이블을 사용해 검색하며, .iloc은 제로베이스 위치를 사용해 검색한다.

다음은 데이터 프레임 안의 모든 두 번째 로우를 가져오는 코드다.

```
In [24]: # get the row at array position 1
         temps_df.iloc[1]

Out[24]: Missoula        82
         Philadelphia    75
         Difference       7
         Name: 2016-04-02 00:00:00, dtype: int64
```

데이터 프레임의 각 칼럼명이 인덱스 레이블로 피벗pivot(회전)돼 결과적으로 로우가 하나의 Series 객체로 변환됐음에 주목하기 바란다. 다음과 같이 인덱스를 확인해 봐도 그렇다.

```
In [25]: # the names of the columns have become the index
         # they have been 'pivoted'
         temps_df.iloc[1].index

Out[25]: Index(['Missoula', 'Philadelphia', 'Difference'], dtype='object')
```

.loc 속성을 사용해 명시적으로 로우에 접근할 수 있다. 다음 코드는 인덱스 레이블로 로우를 가져오는 예다.

```
In [26]: # retrieve row by index label using .loc
         temps_df.loc['2016-04-05']

Out[26]: Missoula        83
         Philadelphia    79
         Difference       4
         Name: 2016-04-05 00:00:00, dtype: int64
```

정수로 된 위치 목록을 사용하면 DataFrame 객체에서 복수의 특정 로우를 가져올 수 있다. 예를 들어 다음은 Difference 칼럼의 1, 3, 5 위치에 해당하는 값을 검색하는 코드다.

```
In [27]: # get the values in the Differences column in tows 1, 3 and 5
         # using 0-based location
         temps_df.iloc[[1, 3, 5]].Difference

Out[27]: 2016-04-02     7
         2016-04-04     7
         2016-04-06    10
         Freq: 2D, Name: Difference, dtype: int64
```

각 로우의 데이터에 적용할 수 있는 논리식에 기초해 로우 데이터를 선택할 수도 있다. 다음은 Missoula 칼럼에 82도를 넘는 조건을 적용한 경우다.

```
In [28]: # which values in the Missoula column are > 82?
         temps_df.Missoula > 82

Out[28]: 2016-04-01    False
         2016-04-02    False
         2016-04-03     True
         2016-04-04     True
         2016-04-05     True
         2016-04-06     True
         Freq: D, Name: Missoula, dtype: bool
```

또한 다음과 같이 [] 연산자를 이용하면 논리식의 결과가 True인 로우 데이터만 가져올 수 있다.

```
In [29]: # return the rows where the temps for Missoula > 82
         temps_df[temps_df.Missoula > 82]

Out[29]:             Missoula  Philadelphia  Difference
         2016-04-03        85            69          16
         2016-04-04        90            83           7
         2016-04-05        83            79           4
         2016-04-06        87            77          10
```

이 기법은 pandas 용어로 **불리언 선택**Boolean Selection이라고 하며, 특정 칼럼의 값에 조건을 걸어 로우를 선택하는 기본적인 방법이다. 마치 SQL에서의 WHERE 절과 같은 역할인데, 나중에 보겠지만 그보다 더 강력하다.

## 데이터 프레임으로 파일 데이터 로딩

pandas 라이브러리는 다양한 데이터 소스로부터의 데이터를 pandas 객체로서 쉽게 가져올 수 있는 여러 기능을 제공한다. 여기서는 간단한 예로 CSV 포맷의 데이터를 로딩하는 방법을 알아보자.

이 예제에서는 이 책에서 제공하는 data/goog.csv 파일을 사용할 것이며, 파일의 내용은 알파벳 주식회사Alphabet Inc.의 시계열 주가 정보다.

다음 문장은 주피터 노트북이나 아이파이썬으로 파일의 콘텐츠를 그대로 보는 명령이며, 사용하는 운영체제에 따라 명령어가 다르다.

```
In [30]: # display the contents of test1.csv
         # which command to use depends on your OS
         !head data/goog.csv # on non-windows systems
         #!type data/test1.csv # on windows systems, all lines

         Date,Open,High,Low,Close,Volume
         12/19/2016,790.219971,797.659973,786.27002,794.200012,1225900
         12/20/2016,796.76001,798.650024,793.27002,796.419983,925100
         12/21/2016,795.840027,796.676025,787.099976,794.559998,1208700
         12/22/2016,792.359985,793.320007,788.580017,791.26001,969100
         12/23/2016,790.900024,792.73999,787.280029,789.909973,623400
         12/27/2016,790.679993,797.859985,787.656982,791.549988,789100
         12/28/2016,793.700012,794.22998,783.200012,785.049988,1132700
         12/29/2016,783.330017,785.929993,778.919983,782.789978,742200
         12/30/2016,782.75,782.780029,770.409973,771.820007,1760200
```

이와 같은 데이터는 pd.read_csv() 함수를 사용해 쉽게 DataFrame으로 임포트할 수 있다.

```
In [31]: # read the contents of the file into a DataFrame
         df = pd.read_csv('data/goog.csv')
         df

Out[31]:          Date        Open        High         Low       Close   Volume
         0  12/19/2016  790.219971  797.659973  786.270020  794.200012  1225900
         1  12/20/2016  796.760010  798.650024  793.270020  796.419983   925100
         2  12/21/2016  795.840027  796.676025  787.099976  794.559998  1208700
         3  12/22/2016  792.359985  793.320007  788.580017  791.260010   969100
         4  12/23/2016  790.900024  792.739990  787.280029  789.909973   623400
         ..        ...         ...         ...         ...         ...      ...
         56  3/13/2017  844.000000  848.684998  843.250000  845.539978  1149500
         57  3/14/2017  843.640015  847.239990  840.799988  845.619995   779900
         58  3/15/2017  847.590027  848.630005  840.770020  847.200012  1379600
         59  3/16/2017  849.030029  850.849976  846.130005  848.780029   970400
         60  3/17/2017  851.609985  853.400024  847.109985  852.119995  1712300

         [61 rows x 6 columns]
```

pandas는 첫 번째 칼럼이 날짜며, 그 데이터 유형이 문자열인지 알지 못한다. 따라서 다음과 같은 과정을 통해 Date 칼럼의 유형이 문자열인지 확인할 수 있다.

```
In [32]: # the contents of the date column
         df.Date

Out[32]: 0      12/19/2016
         1      12/20/2016
         2      12/21/2016
         3      12/22/2016
         4      12/23/2016
                   ...
         56      3/13/2017
         57      3/14/2017
         58      3/15/2017
         59      3/16/2017
         60      3/17/2017
         Name: Date, Length: 61, dtype: object
```

```
In [33]: # we can get the first value in the date column
         df.Date[0]

Out[33]: '12/19/2016'
```

```
In [34]: # it is a string
         type(df.Date[0])

Out[34]: str
```

pd.read_csv( ) 함수의 parse_dates 파라미터를 사용하면 데이터를 pandas의 날짜 객체로 직접 변환하게 할 수 있다. 다음은 Date 칼럼의 콘텐츠를 TimeStamp 객체로 변환하게 하는 방법이다.

```
In [35]: # read the data and tell pandas the date column should be
         # a date in the resulting DataFrame
         df = pd.read_csv('data/goog.csv', parse_dates=['Date'])
         df

Out[35]:          Date        Open        High         Low       Close   Volume
         0  2016-12-19  790.219971  797.659973  786.270020  794.200012  1225900
         1  2016-12-20  796.760010  798.650024  793.270020  796.419983   925100
         2  2016-12-21  795.840027  796.676025  787.099976  794.559998  1208700
         3  2016-12-22  792.359985  793.320007  788.580017  791.260010   969100
         4  2016-12-23  790.900024  792.739990  787.280029  789.909973   623400
         ..        ...         ...         ...         ...         ...      ...
         56 2017-03-13  844.000000  848.684998  843.250000  845.539978  1149500
         57 2017-03-14  843.640015  847.239990  840.799988  845.619995   779900
         58 2017-03-15  847.590027  848.630005  840.770020  847.200012  1379600
         59 2017-03-16  849.030029  850.849976  846.130005  848.780029   970400
         60 2017-03-17  851.609985  853.400024  847.109985  852.119995  1712300

         [61 rows x 6 columns]
```

제대로 변환됐는지 다음과 같이 확인해보면 날짜가 Timestamp 객체로 됐음을 알 수 있다.

```
In [36]: # verify the type now is date
         # in pandas, this is actually a Timestamp
         type(df.Date[0])

Out[36]: pandas._libs.tslib.Timestamp
```

불행하게도 이 날짜 필드는 데이터 프레임의 인덱스로 사용될 수 없다. 그 대신 제로 베이스 인덱스 레이블을 사용해야 한다.

```
In [37]: # unfortunately the index is numeric which makes
         # accessing data by date more complicated
         df.index

Out[37]: RangeIndex(start=0, stop=61, step=1)
```

지금은 RangeIndex이지만 예전 pandas에서는 그냥 정수 인덱스였다. 그 차이점에 대해서는 나중에 알아볼 것이다.

이를 해결하려면 pd.read_csv( ) 함수의 index_col 파라미터를 사용해 인덱스로 쓸 칼럼을 지정하면 된다.

```
In [38]: # read in again, now specity the data column as being the
         # index of the resulting DataFrame
         df = pd.read_csv('data/goog.csv',
                          parse_dates=['Date'],
                          index_col='Date')
         df

Out[38]:                  Open        High         Low       Close   Volume
         Date
         2016-12-19  790.219971  797.659973  786.270020  794.200012  1225900
         2016-12-20  796.760010  798.650024  793.270020  796.419983   925100
         2016-12-21  795.840027  796.676025  787.099976  794.559998  1208700
         2016-12-22  792.359985  793.320007  788.580017  791.260010   969100
         2016-12-23  790.900024  792.739990  787.280029  789.909973   623400
         ...                ...         ...         ...         ...      ...
         2017-03-13  844.000000  848.684998  843.250000  845.539978  1149500
         2017-03-14  843.640015  847.239990  840.799988  845.619995   779900
         2017-03-15  847.590027  848.630005  840.770020  847.200012  1379600
         2017-03-16  849.030029  850.849976  846.130005  848.780029   970400
         2017-03-17  851.609985  853.400024  847.109985  852.119995  1712300

         [61 rows x 5 columns]
```

이제 다음과 같이 DatetimeIndex 유형을 인덱스로 사용할 수 있게 됐다.

```
In [39]: # and the index is now a DatetimeIndex
         df.index

Out[39]: DatetimeIndex(['2016-12-19', '2016-12-20', '2016-12-21', '2016-12-22',
                        '2016-12-23', '2016-12-27', '2016-12-28', '2016-12-29',
                        '2016-12-30', '2017-01-03', '2017-01-04', '2017-01-05',
                        '2017-01-06', '2017-01-09', '2017-01-10', '2017-01-11',
                        '2017-01-12', '2017-01-13', '2017-01-17', '2017-01-18',
                        '2017-01-19', '2017-01-20', '2017-01-23', '2017-01-24',
                        '2017-01-25', '2017-01-26', '2017-01-27', '2017-01-30',
                        '2017-01-31', '2017-02-01', '2017-02-02', '2017-02-03',
                        '2017-02-06', '2017-02-07', '2017-02-08', '2017-02-09',
                        '2017-02-10', '2017-02-13', '2017-02-14', '2017-02-15',
                        '2017-02-16', '2017-02-17', '2017-02-21', '2017-02-22',
                        '2017-02-23', '2017-02-24', '2017-02-27', '2017-02-28',
                        '2017-03-01', '2017-03-02', '2017-03-03', '2017-03-06',
                        '2017-03-07', '2017-03-08', '2017-03-09', '2017-03-10',
                        '2017-03-13', '2017-03-14', '2017-03-15', '2017-03-16',
                        '2017-03-17'],
                       dtype='datetime64[ns]', name='Date', freq=None)
```

## 시각화

시각화visualization에 대해서는 14장에서 상당히 자세히 다룰 예정이지만, 그 전에도 종종 빠르게 시각화를 해볼 것이다. pandas에서는 데이터 시각화를 아주 쉽게 할 수 있는데, 단지 `.plot()` 메소드를 호출하는 게 전부다. 다음은 주식의 종가에 해당하는 `Close` 칼럼의 값을 꺾은선 그래프로 표현한 예다.

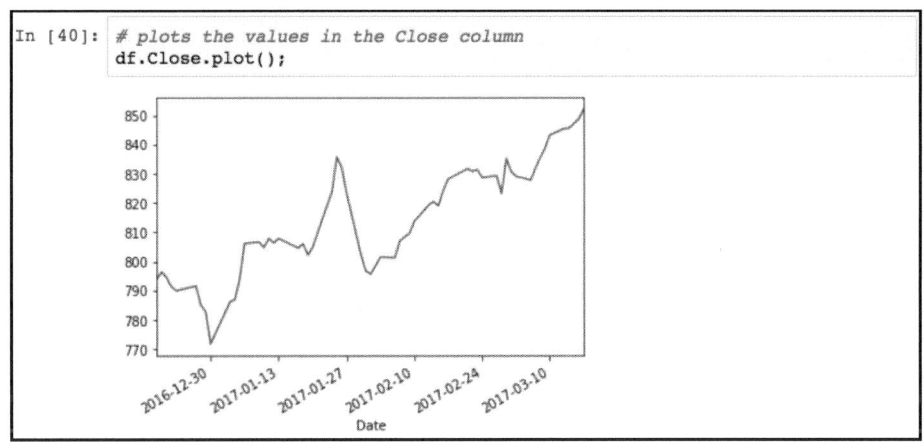


## 정리

2장에서는 파이썬의 과학용 버전인 아나콘다를 설치했다. 아나콘다는 pandas와 주피터 노트북을 설치해주고, 데이터 조작과 분석에 딱 맞는 환경을 구성해주며, 분석한 결과를 시각화하고 표현하며 공유할 수 있는 노트북을 생성해준다.

또한 일부 기본적인 기능을 통해 pandas의 `Series`와 `DataFrame` 객체를 개괄적으로 살펴봤다. 이로써 모든 세부 사항을 배우기에 앞서 pandas를 시작하고 사용하는 몇 가지 기초적인 작업 방법을 알게 됐다.

이후로는 Series와 DataFrame으로 작업하는 방법을 자세히 알아볼 예정이며, 3장에서는 먼저 Series에 초점을 맞출 것이다.

# 03

# Series로 단변량 데이터 표현

Series는 pandas의 주요 빌딩 블록으로, 마치 1차원 배열처럼 한 가지 데이터 타입인 값들의 집합을 나타낸다. 또한 종종 단일 변수에 대해 0개 또는 1개 이상의 측정치를 모델링할 때 사용된다. Series는 언뜻 배열처럼 보이지만, 레이블에 근거해 매우 효율적으로 값을 검색할 수 있게 하는 인덱스를 갖는다.

또한 Series는 다른 pandas 객체와 자신의 사이에서 데이터 자동 정렬automatic alignment을 수행한다. 정렬은 pandas의 핵심 기능으로, 데이터가 어떤 작업이 실행되기 전에 레이블 값을 통해 맞춰진 복수의 pandas 객체들로 표현된다. 이로써 조인join을 명시적으로 코딩할 필요 없이 작업을 간단하게 만들 수 있다.

3장에서는 인덱스를 통해 표본을 검색하는 작업을 포함해 Series를 사용해 변수의 측정치를 모델링하는 방법을 알아본다. 여기에는 인덱스 레이블링, 데이터 조회와 슬라이싱, 정렬, 데이터 리인덱싱re-indexing 등 다양한 패턴에 대한 개괄적인 설명도 포함된다.

3장에서 다루는 내용은 다음과 같다.

- 파이썬 리스트, 딕셔너리dictionary, NumPy 함수, 스칼라 값 등을 사용하는 시리즈 만들기
- Series의 인덱스와 값 접근
- Series 객체의 크기와 형태 판별
- Series 생성 시기에 따른 인덱스 지정
- head, tail, take를 이용한 값 접근
- 인덱스 레이블과 포지션으로 값 검색
- 슬라이싱 및 일반적인 슬라이싱 패턴
- 인덱스 레이블을 통한 정렬
- 불리언 선택
- Series 리인덱싱
- 값의 즉석 변경in-place modification

## pandas 설정

3장의 예제에서도 역시 다음과 같이 임포트문과 설정문을 사용해 시작한다.

```
In [1]: # import numpy and pandas
        import numpy as np
        import pandas as pd

        # used for dates
        import datetime
        from datetime import datetime, date

        # Set some pandas options controlling output format
        pd.set_option('display.notebook_repr_html', False)
        pd.set_option('display.max_columns', 8)
        pd.set_option('display.max_rows', 10)
        pd.set_option('display.width', 80)

        # bring in matplotlib for graphics
        import matplotlib.pyplot as plt
        %matplotlib inline
```

## Series 생성

Series는 여러 기법을 사용해 만들 수 있는데, 여기서는 다음과 같은 세 가지 방법을 알아본다.

- 파이썬 리스트나 딕셔너리를 사용한 생성
- NumPy 함수를 사용한 생성
- 스칼라 값을 사용한 생성

### 파이썬 리스트와 딕셔너리를 사용한 생성

다음과 같이 파이썬 리스트로부터 Series를 만들 수 있다.

```
In [2]: # create a series of multiple values from a list
        s = pd.Series([10, 11, 12, 13, 14])
        s

Out[2]: 0    10
        1    11
        2    12
        3    13
        4    14
        dtype: int64
```

첫 번째 칼럼의 숫자들은 Series 인덱스의 레이블을 나타낸다. 두 번째 칼럼에는 실제 값들이 있다. dtype: int64는 각 값들의 데이터 타입이 int64임을 나타낸다.

pandas는 기본적으로 0부터 시작하는 연속된 정수로 이뤄진 인덱스를 만든다. 이 때문에 마치 Series가 다른 여러 프로그래밍 언어에서의 배열처럼 보일 수 있다. 예를 들어 레이블 3의 값을 확인한 결과는 다음과 같다.

```
In [3]: # value stored at index label 3
        s[3]

Out[3]: 13
```

이는 어디까지나 레이블 값으로 조회한 것이며, 제로베이스 방식이 아니다. 이와 관련한 자세한 사항은 나중에 설명할 것이다.

물론 정수가 아닌 다른 데이터 타입도 사용할 수 있다. 다음은 문자열 값들을 갖는 Series를 만든 모습이다.

```
In [4]: # create a Series of alphas
        pd.Series(['Mike', 'Marcia', 'Mikael', 'Bleu'])

Out[4]: 0      Mike
        1    Marcia
        2    Mikael
        3      Bleu
        dtype: object
```

동일한 값 v를 n개만큼 갖는 Series를 만들 때에는 리스트 생성을 위한 파이썬의 단축 표기법인 [v]*n을 사용해도 된다. 다음은 값 2를 5개 갖는 Series 객체를 만드는 예다.

```
In [5]: # a sequence of 5 values, all 2
        pd.Series([2]*5)

Out[5]: 0    2
        1    2
        2    2
        3    2
        4    2
        dtype: int64
```

비슷한 단축 표기법이 또 있다. 다음은 각 문자를 리스트 아이템으로 사용하는 방법이다.

```
In [6]: # use each character as a value
        pd.Series(list('abcde'))

Out[6]: 0    a
        1    b
        2    c
        3    d
        4    e
        dtype: object
```

파이썬 딕셔너리로 Series를 직접 초기화하는 방법도 있다. 이 경우 딕셔너리의 키가 인덱스 레이블로 된다.

```
In [7]: # create Series from dict
        pd.Series({'Mike': 'Dad',
                   'Marcia': 'Mom',
                   'Mikael': 'Son',
                   'Bleu': 'Best doggie ever' })

Out[7]: Bleu      Best doggie ever
        Marcia                 Mom
        Mikael                 Son
        Mike                   Dad
        dtype: object
```

## NumPy 함수를 사용한 생성

여러 가지 NumPy 함수로 Series 객체를 초기화하는 일은 흔히 사용되는 방법이다. 다음은 4에서 8까지의 정수 값으로 초기화하기 위해 NumPy의 np.arange 함수를 사용한 예다.

```
In [8]: # 4 through 8
        pd.Series(np.arange(4, 9))

Out[8]: 0    4
        1    5
        2    6
        3    7
        4    8
        dtype: int64
```

np.linspace( ) 메소드 역시 비슷한 기능을 하지만, 두 값 사이(지정한 값 포함)의 개수를 지정해 동일한 간격의 값들을 만들 수 있다.

```
In [9]: # 0 through 9
        pd.Series(np.linspace(0, 9, 5))

Out[9]: 0    0.00
        1    2.25
        2    4.50
        3    6.75
        4    9.00
        dtype: float64
```

또한 난수를 만들 때에는 흔히 np.random.normal( )을 사용한다. 다음은 정규 분포를 따르는 5개의 난수를 생성하는 예다.

```
In [10]: # random numbers
         np.random.seed(12345) # always generate the same values
         # 5 normally random numbers
         pd.Series(np.random.normal(size=5))

Out[10]: 0   -0.204708
         1    0.478943
         2   -0.519439
         3   -0.555730
         4    1.965781
         dtype: float64
```

## 스칼라 값을 사용한 생성

스칼라 값으로도 Series를 만들 수 있다. 일단 다음 예를 보자.

```
In [11]: # create a one item Series
         s = pd.Series(2)
         s
Out[11]: 0    2
         dtype: int64
```

이는 하나의 값만 갖는 매우 단순한 Series로 보인다. 그러나 여기에 스칼라 값을 곱하는 시나리오가 적용되면 이 Series는 중요한 역할을 한다.

```
In [12]: # create the Series
         s = pd.Series(np.arange(0, 5))
         # multiple all values by 2
         s * 2
Out[12]: 0    0
         1    2
         2    4
         3    6
         4    8
         dtype: int64
```

내부적으로 pandas는 s와 동일한 인덱스를 갖는 Series 하나를 만들어 각 인덱스에 값 2를 부여한 다음, 두 Series의 값들을 나란히 곱한다. 좀 더 자세한 내용은 3장의 후반부에 설명한다.

## .index와 .values 속성

모든 Series 객체는 일련의 인덱스와 값 쌍으로 구성되며, 각 값은 .values 속성으로 접근할 수 있다.

```
In [13]: # get the values in the Series
         s = pd.Series([1, 2, 3])
         s.values
Out[13]: array([1, 2, 3])
```

그 결과는 NumPy 배열 객체인데, 다음과 같은 방법으로 타입을 확인할 수 있다.

```
In [14]: # show that this is a numpy array
         type(s.values)

Out[14]: numpy.ndarray
```

앞 예제는 참고용으로 보여준 것으로, 이 책에서 NumPy 배열을 다루지는 않을 것이다. 역사적으로 보면 원래 pandas는 내부적으로 NumPy 배열을 사용했었으며, 따라서 과거에는 NumPy 배열이 중요시됐었다. 그러나 최근의 pandas에서는 NumPy 배열에 대한 의존성이 제거됐다. 실제로 NumPy 배열은 아니지만, 여기서는 편의상 values 속성이 NumPy 배열을 반환한다고 표현했다.

추가로 다음과 같이 .index 속성을 사용하면 Series의 인덱스를 조회할 수 있다.

```
In [15]: # get the index of the Series
         s.index

Out[15]: RangeIndex(start=0, stop=3, step=1)
```

pandas가 생성하는 인덱스의 유형은 RangeIndex다. 이는 이 책의 이전 버전을 출간한 당시에는 없었던 타입이다. RangeIndex 객체는 start부터 stop까지 step만큼의 간격을 갖는 값 범위를 나타낸다. 이는 이전에 사용됐던 Int64Index에 비해 더 효율적이다.

RangeIndex는 인덱스의 여러 타입 중 하나일 뿐이며, 더 많은 사항들은 6장에서 알아본다.

## Series의 크기와 형태

Series 객체의 아이템 개수를 알아낼 수 있는 여러 방법이 있다. 먼저 다음과 같은 파이썬 len() 함수가 있다.

```
In [16]: # example series
         s = pd.Series([0, 1, 2, 3])
         len(s)

Out[16]: 4
```

또한 다음과 같이 .size 속성을 사용해도 동일한 결과를 얻을 수 있다.

```
In [17]: # .size is also the # of items in the Series
         s.size

Out[17]: 4
```

Series의 크기를 알 수 있는 또 다른 방법으로 .shape 속성이 있다. 이 속성은 2개 요소의 튜플tuple을 반환하는데, 다만 첫 번째 값만 존재하며 크기를 나타낸다.

```
In [18]: # .shape is a tuple with one value
         s.shape

Out[18]: (4,)
```

## 생성 시 인덱스 지정

생성자의 index 파라미터를 이용하면 인덱스 레이블을 지정해 Series를 만들 수 있다.

```
In [19]: # explicitly create an index
         labels = ['Mike', 'Marcia', 'Mikael', 'Bleu']
         role = ['Dad', 'Mom', 'Son', 'Dog']
         s = pd.Series(labels, index=role)
         s

Out[19]: Dad      Mike
         Mom    Marcia
         Son    Mikael
         Dog      Bleu
         dtype: object
```

또한 .index 속성을 사용하면 생성된 인덱스를 확인할 수 있다.

```
In [20]: # examine the index
         s.index
Out[20]: Index(['Dad', 'Mom', 'Son', 'Dog'], dtype='object')
```

다음과 같이 인덱스를 사용하면 누가 아버지인가와 같은 물음에 답할 수 있다.

```
In [21]: # who is the Dad?
         s['Dad']
Out[21]: 'Mike'
```

## head, tail, take

pandas는 Series 안의 처음(헤드) 몇 개의 로우나 마지막(테일) 몇 개의 로우를 확인할 수 있는 .head()와 .tail() 메소드를 제공한다.

이제 다음과 같이 만든 Series로 그 사용법을 알아보자.

```
In [22]: # a ten item Series
         s = pd.Series(np.arange(1, 10),
                       index=list('abcdefghi'))
```

다음과 같이 하면 처음 5개의 로우를 가져온다.

```
In [23]: # show the first five
         s.head()
Out[23]: a    1
         b    2
         c    3
         d    4
         e    5
         dtype: int64
```

n 파라미터를 사용하면 원하는 수의 아이템을 가져올 수 있다(또는 그냥 숫자만 지정해도 된다).

```
In [24]: # the first three
         s.head(n = 3) # s.head(3) is equivalent

Out[24]: a    1
         b    2
         c    3
         dtype: int64
```

.tail()은 마지막 5개 로우를 반환한다.

```
In [25]: # the last five
         s.tail()

Out[25]: e    5
         f    6
         g    7
         h    8
         i    9
         dtype: int64
```

마찬가지로 숫자를 지정해 원하는 수만큼 가져올 수 있다.

```
In [26]: # the last 3
         s.tail(n = 3) # equivalent to s.tail(3)

Out[26]: g    7
         h    8
         i    9
         dtype: int64
```

.take() 메소드는 지정한 위치의 로우를 반환한다.

```
In [27]: # only take specific items by position
         s.take([1, 5, 8])

Out[27]: b    2
         f    6
         i    9
         dtype: int64
```

## ▌레이블과 포지션으로 값 가져오기

Series의 값을 가져올 때에는 보통 인덱스 레이블이나 제로베이스 포지션을 이용하는데, pandas는 두 경우 모두에 있어서 다양한 검색 방법을 제공한다. 이제 그중 몇 가지 일반적인 기법들을 알아보자.

### [] 연산자와 .ix[] 속성을 사용하는 레이블 검색

묵시적 레이블 검색은 대괄호 연산자 []를 사용한다. 이 연산자는 주어진 인덱스 레이블을 바탕으로 검색을 한다.

우선 다음과 같은 Series로 시작하자.

```
In [28]: # we will use this series to examine lookups
         s1 = pd.Series(np.arange(10, 15), index=list('abcde'))
         s1

Out[28]: a    10
         b    11
         c    12
         d    13
         e    14
         dtype: int64
```

찾고자 하는 아이템의 인덱스 레이블을 사용하면 하나의 값을 얻을 수 있다.

```
In [29]: # get the value with label 'a'
         s1['a']

Out[29]: 10
```

인덱스 레이블을 나열하면 복수의 아이템을 가져올 수 있다.

```
In [30]: # get multiple items
         s1[['d', 'b']]

Out[30]: d    13
         b    11
         dtype: int64
```

또한 포지션에 해당하는 숫자를 사용해 검색할 수도 있다.

```
In [31]: # gets values based upon position
         s1[[3, 1]]

Out[31]: d    13
         b    11
         dtype: int64
```

이는 순전히 인덱스가 정수 레이블을 사용하지 않는 경우에만 해당된다. 인덱스가 정수 값인 상황에서 [] 안에 정수를 넣는다면 그와 일치하는 정수 레이블의 해당 값을 찾아줄 것이다.

이를 직접 시험해보자. 다음과 같이 인덱스가 정수 레이블인 Series가 있다.

```
In [32]: # to demo lookup by matching labels as integer values
         s2 = pd.Series([1, 2, 3, 4], index=[10, 11, 12, 13])
         s2

Out[32]: 10    1
         11    2
         12    3
         13    4
         dtype: int64
```

여기서 13과 10을 넣으면 포지션이 아닌 레이블 13과 10에 해당하는 값을 찾아준다.

```
In [33]: # this is by label not position
         s2[[13, 10]]

Out[33]: 13    4
         10    1
         dtype: int64
```

[] 연산자와 동일한 역할을 하는 .ix[] 속성은 pandas 0.20.1부터 지원이 중단됐다. 연산자에 전달되는 정수의 모호성, 그리고 레이블의 타입에 따라 다르게 동작한다는 사실로 인해 혼란이 야기되기 때문이다.

따라서 []나 .ix[]를 통한 묵시적 검색은 사용하지 않는 것이 좋다. 그 대신 레이블과 포지션 중 하나만 허용하는 명시적인 속성인 .loc[]과 .iloc[]을 사용하기 바란다.

### .iloc[]을 사용하는 명시적 포지션 검색

.iloc[]을 사용하면 포지션으로 값을 검색할 수 있다. 다음은 정수 파라미터를 사용한 예다.

```
In [34]: # explicitly  by position
         s1.iloc[[0, 2]]

Out[34]: a    10
         c    12
         dtype: int64
```

다음과 같이 정수 레이블을 갖는 인덱스가 있는 경우에도 포지션으로 찾는다.

```
In [35]: # explicitly  by position
         s2.iloc[[3, 2]]

Out[35]: 13    4
         12    3
         dtype: int64
```

단, 존재하지 않는 포지션(음수이거나 아이템의 개수를 초과하는 수)을 지정하면 오류가 발생한다는 점에 주의하기 바란다.

### .loc[]을 사용하는 명시적 레이블 검색

.loc[] 속성을 사용하면 레이블로 검색할 수 있다.

```
In [36]: # explicit via labels
         s1.loc[['a', 'd']]

Out[36]: a    10
         d    13
         dtype: int64
```

정수 레이블을 사용하는 경우에도 문제없다.

```
In [37]: # get items at position 11 an d12
         s2.loc[[11, 12]]
Out[37]: 11    2
         12    3
         dtype: int64
```

존재하지 않는 인덱스 레이블을 지정했을 때 `.loc[]`의 동작은 `.iloc[]`의 경우와 다르다. 이 경우 `.loc[]`은 오류를 내는 대신 NaN을 반환한다.

```
In [38]: # -1 and 15 will be NaN
         s1.loc[['a', 'f']]
Out[38]: a    10.0
         f     NaN
         dtype: float64
```

NaN이 뭘까? 나중에 좀 더 자세히 보겠지만, pandas는 인덱스 검색으로 찾지 못한 데이터나 숫자를 NaN으로 표현한다. 이는 여러 통계 메소드에 영향을 미치는데, 이 역시 나중에 다시 알아본다.

## 서브셋으로 Series 슬라이싱

pandas `Series`는 슬라이싱slicing이라는 기능을 지원한다. 슬라이싱은 pandas 객체로부터 부분집합, 즉 서브셋subset을 추출할 수 있는 강력한 방법이다. 슬라이싱을 사용하면 포지션이나 인덱스 레이블로 선택한 데이터에서 아이템의 순서(순서대로 또는 역순으로)와 간격(모두 또는 하나 걸러 등)을 제어할 수 있다.

슬라이싱은 평범한 `[]` 연산자를 슬라이스 객체slice object에도 적용할 수 있게 오버로딩overloading한 것이다. 슬라이스 객체는 `start:end:step` 문법을 사용해 만드는데, 이를 슬라이스 지정자slice specifier라고 하며, 각 요소는 순서대로 첫 번째 아이템, 마지막 아이템, 각 아이템의 간격을 의미한다.

슬라이스의 각 요소는 모두 선택 사항으로, 생략한 요소에 따라 전체 로우를 선택할 수 있는 편리한 수단을 제공한다.

슬라이싱을 직접 해보기 위해 다음과 같은 Series를 준비하자.

```
In [39]: # a Series to use for slicing
         # using index labels not starting at 0 to demonstrate
         # position based slicing
         s = pd.Series(np.arange(100, 110), index=np.arange(10, 20))
         s

Out[39]: 10    100
         11    101
         12    102
         13    103
         14    104
         15    105
         16    106
         17    107
         18    108
         19    109
         dtype: int64
```

연속된 아이템을 선택하려면 start:end를 사용하면 된다. 다음은 1번부터 5번 포지션까지의 다섯 개 아이템을 선택하는 예다. step 요소를 지정하지 않을 경우 사용되는 기본 값은 1이다. 또한 end에 해당하는 아이템은 결과에 포함되지 않는다는 점을 주의하기 바란다.

```
In [40]: # slice showing items at position 1 thorugh 5
         s[1:6]

Out[40]: 11    101
         12    102
         13    103
         14    104
         15    105
         dtype: int64
```

다음과 같이 해도 결과가 대략 같아 보인다.

```
In [41]: # lookup via list of positions
         s.iloc[[1, 2, 3, 4, 5]]

Out[41]: 11    101
         12    102
         13    103
         14    104
         15    105
         dtype: int64
```

대략 같다고 한 이유는 .iloc[]의 경우 원천 데이터의 복사본을 반환하기 때문이다. 반면에 슬라이스는 원천 데이터를 참조한다. 따라서 결과 슬라이스의 콘텐츠를 변경하면 원래의 Series에도 적용된다. Series 데이터의 직접 변경과 관련해서는 나중에 다시 다룬다.

간격을 2로 주면 하나씩 건너뛴 위치의 아이템을 반환한다.

```
In [42]: # items at position 1, 3, 5
         s[1:6:2]

Out[42]: 11    101
         13    103
         15    105
         dtype: int64
```

앞서 말했듯 슬라이스 지정자의 각 요소는 선택 사항이다. start 요소를 생략한다면 결과는 첫 번째 아이템부터 시작한다. 따라서 다음과 같이 하면 .head( )와 동일한 결과를 볼 수 있다.

```
In [43]: # first five by slicing, same as .head(5)
         s[:5]

Out[43]: 10    100
         11    101
         12    102
         13    103
         14    104
         dtype: int64
```

start를 지정하고 end를 생략하면 지정한 포지션부터의 모든 아이템을 선택할 수 있다. 다음은 4번 포지션부터의 모든 아이템을 선택하는 예다.

```
In [44]: # fourth position to the end
         s[4:]
Out[44]: 14    104
         15    105
         16    106
         17    107
         18    108
         19    109
         dtype: int64
```

앞의 두 시나리오에 step도 추가해 사용할 수 있다.

```
In [45]: # every other item in the first five positions
         s[:5:2]
Out[45]: 10    100
         12    102
         14    104
         dtype: int64
```

```
In [46]: # every other item starting at the fourth position
         s[4::2]
Out[46]: 14    104
         16    106
         18    108
         dtype: int64
```

step에 음수를 지정하면 결과가 역순이 된다. 다음은 Series의 모든 아이템을 역순으로 조회하는 예다.

```
In [47]: # reverse the Series
         s[::-1]
Out[47]: 19    109
         18    108
         17    107
         16    106
         15    105
         14    104
         13    103
         12    102
         11    101
         10    100
         dtype: int64
```

step에 -2를 지정하면 start 포지션부터 역순으로 하나씩 건너뛴 결과를 보여준다.

다음은 4번 포지션부터 역순으로 하나씩 건너뛴 아이템들을 반환하는 예다.

```
In [48]: # every other starting at position 4, in reverse
         s[4::-2]

Out[48]: 14    104
         12    102
         10    100
         dtype: int64
```

음수인 start와 end는 특별한 의미가 있다. start에 -n을 지정하면 마지막 n개의 로우를 보여준다.

```
In [49]: # -4:, which means the last 4 rows
         s[-4:]

Out[49]: 16    106
         17    107
         18    108
         19    109
         dtype: int64
```

end에 -n을 지정하면 마지막 n개를 뺀 나머지를 보여준다.

```
In [50]: # :-4, all but the last 4
         s[:-4]

Out[50]: 10    100
         11    101
         12    102
         13    103
         14    104
         15    105
         dtype: int64
```

음수의 start와 end를 함께 사용하는 것도 가능하다. 다음은 마지막 4개의 로우에서, 다시 마지막 하나를 뺀 나머지(즉, 앞 3개)를 보여주는 예다.

```
In [51]: # equivalent to s.tail(4).head(3)
         s[-4:-1]

Out[51]: 16    106
         17    107
         18    108
         dtype: int64
```

정수가 아닌 인덱스로도 슬라이싱할 수 있다. 다음과 같은 Series를 사용해 이를 시험해보자.

```
In [52]: # used to demonstrate the next two slices
         s = pd.Series(np.arange(0, 5),
                       index=['a', 'b', 'c', 'd', 'e'])
         s

Out[52]: a    0
         b    1
         c    2
         d    3
         e    4
         dtype: int64
```

이 Series에 정수 값으로 슬라이싱하면 포지션에 기반을 두고 아이템을 추출한다.

```
In [53]: # slices by position as the index is characters
         s[1:3]

Out[53]: b    1
         c    2
         dtype: int64
```

그러나 정수가 아닌 값을 사용할 때 pandas는 데이터 타입을 이해해 Series로부터 적합한 아이템을 고르려고 시도한다. 다음은 'b'부터 'd'까지로 슬라이싱하는 예다.

```
In [54]: # this slices by the strings in the index
         s['b':'d']

Out[54]: b    1
         c    2
         d    3
         dtype: int64
```

## 인덱스 레이블을 통한 정렬

인덱스 레이블을 통한 Series 데이터 정렬alignment은 pandas의 기본이면서 가장 강력한 개념 중 하나다. 정렬은 인덱스 레이블에 기초해 복수의 시리즈 객체의 값 사이를 자동으로 연관시켜준다. 이는 보통의 절차적 기법으로 여러 데이터셋을 매칭함에 있어서 오류를 발생시키기 쉬운 많은 수고를 덜어준다.

이제 두 Series 객체의 값을 더하는 예제를 시험함으로써 정렬에 대해 알아보자. 다음과 같이 서로 다른 표본을 갖는 두 Series 객체로 시작하자.

```
In [55]: # First series for alignment
         s1 = pd.Series([1, 2], index=['a', 'b'])
         s1

Out[55]: a    1
         b    2
         dtype: int64
```

```
In [56]: # Second series for alignment
         s2 = pd.Series([4, 3], index=['b', 'a'])
         s2

Out[56]: b    4
         a    3
         dtype: int64
```

이제 각 변수 값의 합해보자. 이는 간단히 s1 + s2로 표현하면 된다.

```
In [57]: # add them
         s1 + s2

Out[57]: a    4
         b    6
         dtype: int64
```

여기서 pandas는 각 Series의 각 변수를 일치시키고 그 값을 더해 간결하게 각각 하나의 합계로 반환한다.

스칼라 값을 Series에 적용하는 것 역시 가능하다. 다음과 같이 스칼라는 지정된 연산을 통해 Series의 각 값에 적용된다.

```
In [58]: # multiply all values in s3 by 2
         s1 * 2

Out[58]: a    2
         b    4
         dtype: int64
```

이전에 설명한 스칼라 값으로 Series를 만들었던 방법을 기억하는가? 그 경우 pandas가 실제로 수행하는 작업은 다음과 같다.

```
In [59]: # scalar series using s3's index
         t = pd.Series(2, s1.index)
         t

Out[59]: a    2
         b    2
         dtype: int64
```

```
In [60]: # multiply s1 by t
         s1 * t

Out[60]: a    2
         b    4
         dtype: int64
```

보다시피 우선 스칼라 값을 갖는 Series 하나를 생성하는데, 이때 대상 Series와 동일한 인덱스를 사용한다. 그다음엔 두 Series 객체의 인덱스가 동일하므로 그 값을 나란히 곱할 수 있게 된다.

정렬할 때 인덱스 레이블이 반드시 필요한 것은 아니다. pandas는 정렬을 할 수 없는 아이템에 대해서는 NaN을 반환한다.

```
In [61]: # we will add this to s1
         s3 = pd.Series([5, 6], index=['b', 'c'])
         s3

Out[61]: b    5
         c    6
         dtype: int64
```

```
In [62]: # s1 and s3 have different sets of index labels
         # NaN will result for a and c
         s1 + s3

Out[62]: a    NaN
         b    7.0
         c    NaN
         dtype: float64
```

대상 Series와 동일한 인덱스 레이블이 없을 경우 pandas는 기본적으로 NaN을 반환한다. 이는 NumPy와 비교해 pandas가 갖는 중요한 특징이다. 일치하지 않는 레이블이 있다고 오류를 발생시키면 안 된다. 이는 일부 데이터의 유실이 있지만 그 결과를 수용해도 되는 상황에 대한 배려다. 작업은 계속 진행하되 NaN을 반환함으로써 이슈가 있음을, 그러나 그게 반드시 문제가 아닐 수 있음을 알려 주는 것이다.

pandas에서는 레이블이 유일해야 할 필요가 없다. 정렬 작업은 실제로는 두 Series의 데카르트 곱artesian product(곱집합)을 실행하는 일이다. 'a'라는 레이블이 Series 1에는 n개가 있고 Series 2에는 m개가 있다면 정렬 결과에는 n*m개의 로우가 생성된다.

이를 확인하기 위해 다음과 같은 두 Series 객체를 사용해보자.

```
In [63]: # 2 'a' labels
         s1 = pd.Series([1.0, 2.0, 3.0], index=['a', 'a', 'b'])
         s1

Out[63]: a    1.0
         a    2.0
         b    3.0
         dtype: float64
```

```
In [64]: # 3 a labels
         s2 = pd.Series([4.0, 5.0, 6.0, 7.0], index=['a', 'a', 'c', 'a'])
         s2

Out[64]: a    4.0
         a    5.0
         c    6.0
         a    7.0
         dtype: float64
```

이제 이 둘을 더하면 인덱스 레이블 'a'는 6개가 나타나며, 'b'와 'c'에는 NaN이 표시된다.

```
In [65]: # will result in 6 'a' index labels, and NaN for b and c
         s1 + s2

Out[65]: a    5.0
         a    6.0
         a    8.0
         a    6.0
         a    7.0
         a    9.0
         b    NaN
         c    NaN
         dtype: float64
```

## 불리언 선택

인덱스는 그 레이블을 통해 Series의 값을 검색할 수 있게 하는 매우 강력하고 효율적인 수단이다. 그러나 값 자체로 Series의 항목을 검색하고 싶다면 어떻게 해야 할까?

이를 지원하기 위해 pandas가 제공하는 것이 바로 불리언 선택이다. 불리언 선택은 Series의 각 값에 논리식을 적용하고, 그 결과를 나타내는 불리언 값들을 갖는 새로운 Series를 반환한다. 그다음엔 그중 True인 값만 추출하는 등의 작업이 가능하다.

이제 다음과 같이 하나의 Series에 비교 연산자를 적용해 3보다 크거나 같은 값을 판별하게 해보자.

```
In [66]: # which rows have values that are > 5?
         s = pd.Series(np.arange(0, 5), index=list('abcde'))
         logical_results = s >= 3
         logical_results

Out[66]: a    False
         b    False
         c    False
         d     True
         e     True
         dtype: bool
```

이렇게 하면 동일한 인덱스 레이블을 갖는 Series가 만들어지며, 각 레이블의 값에는 수식의 결과가 표현된다. 이들 값의 dtype은 bool이다.

그다음엔 이 Series를 이용해 원래 Series로부터 값을 가져올 수 있다. 이는 불리언 결과를 원래 Series의 [] 연산자를 통해 전달함으로써 가능하다.

```
In [67]: # select where True
         s[logical_results]

Out[67]: d    3
         e    4
         dtype: int64
```

또는 다음과 같이 [] 연산자 안에 논리식을 직접 넣으면 결과를 더욱 빠르게 얻을 수 있다.

```
In [68]: # a little shorter version
         s[s > 5]

Out[68]: Series([], dtype: int64)
```

아쉽게도 정상적인 파이썬 문법에서는 다중 논리식을 사용할 수 없다. 예를 들어 다음과 같은 코드를 실행하면 오류가 발생한다.

```
In [69]: # commented as it throws an exception
         # s[s >= 2 and s < 5]
```

위와 같은 코드가 작동하지 않는 데에는 기술적인 이유가 따로 있다. 어쨌든 이에 대한 해법은 각 논리식을 괄호로 묶고 |나 & 연산자를 사용하는 것이다.

```
In [70]: # correct syntax
         s[(s >=2) & (s < 5)]

Out[70]: c    2
         d    3
         e    4
         dtype: int64
```

Series의 모든 값이 주어진 조건을 만족하는지 확인하려면 .all() 메소드를 사용하면 된다. 다음은 모든 요소가 0보다 크거나 같은지를 확인하는 예다.

```
In [71]: # are all items >= 0?
         (s >= 0).all()
Out[71]: True
```

.any() 메소드는 조건을 만족하는 값이 하나라도 있으면 True를 반환한다. 다음은 2보다 작은 요소가 있는지 확인하는 예다.

```
In [72]: # any items < 2?
         s[s < 2].any()
Out[72]: True
```

.sum()을 사용하면 조건을 만족하는 아이템의 개수를 알 수 있다. 이는 불리언 값으로 이뤄진 Series가 주어지면 .sum() 메소드는 True를 1로, False를 0으로 취급하기 때문이다.

```
In [73]: # how many values < 2?
         (s < 2).sum()
Out[73]: 2
```

## 리인덱싱

pandas에서 리인덱싱re-indexing은 Series의 데이터가 어떤 레이블 집합을 따르게 만드는 과정이다. 리인덱싱은 pandas가 수행하는 상당수의 정렬 작업에서 사용되는 핵심 과정이다.

리인덱싱이 하는 일 중 몇 가지는 다음과 같다.

- 어떤 레이블 집합과 일치하게 기존 데이터를 재정렬

- 어떤 레이블에 대한 데이터가 없을 경우 NaN을 삽입
- 어떤 종류의 로직을 통한 결측 데이터 채우기(기본 값은 NaN)

리인덱싱은 Series의 .index 속성에 새 인덱스를 할당하기만 하면 되는 쉬운 작업이다. 다음은 Series의 인덱스를 변경하는 방법을 보여준다.

```
In [74]: # sample series of five items
         np.random.seed(123456)
         s = pd.Series(np.random.randn(5))
         s

Out[74]: 0    0.469112
         1   -0.282863
         2   -1.509059
         3   -1.135632
         4    1.212112
         dtype: float64
```

```
In [75]: # change the index
         s.index = ['a', 'b', 'c', 'd', 'e']
         s

Out[75]: a    0.469112
         b   -0.282863
         c   -1.509059
         d   -1.135632
         e    1.212112
         dtype: float64
```

.index 속성에 할당하는 인덱스의 수는 로우의 수와 일치해야 하며, 그렇지 않으면 오류가 발생한다.

.reindex( ) 메소드를 사용하면 좀 더 유연한 방법으로 새 인덱스를 만들 수 있다. 예를 들어 값의 개수와 일치하지 않는 수의 레이블로 새 인덱스를 할당하려는 경우를 생각해보자.

```
In [76]: # a series that we will reindex
         np.random.seed(123456)
         s1 = pd.Series(np.random.randn(4), ['a', 'b', 'c', 'd'])
         s1
Out[76]: a    0.469112
         b   -0.282863
         c   -1.509059
         d   -1.135632
         dtype: float64
```

다음은 새 인덱스, 없는 인덱스, 중복된 인덱스를 혼합해 Series를 리인덱싱한 결과다.

```
In [77]: # reindex with different number of labels
         # results in dropped rows and/or NaN's
         s2 = s1.reindex(['a', 'c', 'g'])
         s2
Out[77]: a    0.469112
         c   -1.509059
         g         NaN
         dtype: float64
```

여기서 .reindex()와 관련해 주목해야 할 중요한 몇 가지 사항이 있다. 우선 .reindex() 메소드는 원래의 Series에 대한 즉석 변경[in-place modification]이 아닌, 복제된 Series에 새 인덱스 레이블을 적용해 반환한다. 각 레이블에 대한 데이터는 원래의 Series로부터 복사된 것이다. 원래의 Series에 없는 레이블의 경우엔 그 값으로 NaN이 할당된다. 또한 새 인덱스에 해당되지 않는 기존의 로우는 삭제된다.

리인덱싱은 어떤 이유로든 레이블이 일치하지 않는 두 Series의 값에 대해 작업할 때 유용하다. 일반적인 시나리오는 두 Series가 가진 값들의 의미가 동일하지만 하나는 정수 타입의 레이블, 다른 하나는 문자열 타입의 레이블을 갖는 경우다. 이는 서로 다른 원격지에서 데이터를 가져왔을 때 흔히 있는 일이다. 이제 다음과 같은 두 개의 Series 객체로 시험해보자.

```
In [78]: # different types for the same values of labels
         # causes big trouble
         s1 = pd.Series([0, 1, 2], index=[0, 1, 2])
         s2 = pd.Series([3, 4, 5], index=['0', '1', '2'])
         s1 + s2

Out[78]: 0   NaN
         1   NaN
         2   NaN
         0   NaN
         1   NaN
         2   NaN
         dtype: float64
```

두 Series가 갖는 레이블의 의미가 동일함에도 불구하고 데이터 타입이 다르기 때문에 덧셈이 되지 않는다. 일단 어떤 문제인지 확인된다면 조치하는 건 쉽다.

```
In [79]: # reindex by casting the label types
         # and we will get the desired result
         s2.index = s2.index.values.astype(int)
         s1 + s2

Out[79]: 0    3
         1    5
         2    7
         dtype: int64
```

`.reindex()` 메소드는 Series에서 찾을 수 없는 레이블의 경우 결측 값missing value으로 간주하고 NaN을 삽입하는데, 이는 `fill_value` 파라미터를 사용해 변경할 수 있다. 다음은 NaN 대신 0을 지정하는 예다.

```
In [80]: # fill with 0 instead of NaN
         s2 = s.copy()
         s2.reindex(['a', 'f'], fill_value=0)

Out[80]: a    0.469112
         f    0.000000
         dtype: float64
```

시계열과 같이 순서가 있는 데이터의 경우 리인덱싱을 수행함으로써 보간법interpolation, 즉 값을 채우는 작업이 가능하다. 보간법과 데이터 채우기에 대해서는 10장에서 더욱 자세히 다룰 것이며, 여기서는 예제를 통해 그 개념만 소개하기로 한다. 먼저 다음과 같은 Series로 시작하자.

```
In [81]: # create example to demonstrate fills
         s3 = pd.Series(['red', 'green', 'blue'], index=[0, 3, 5])
         s3

Out[81]: 0      red
         3    green
         5     blue
         dtype: object
```

다음은 흔히 마지막 유효 값last known value이라고 부르는 정방향 채우기forward filling의 개념을 보여주는 예다. 이 Series는 method='ffill' 파라미터에 의해 리인덱싱되는데, 이는 연속된 정수 인덱스가 생성되고 새 인덱스 레이블에는 NaN이 아닌 이전의 값이 할당되는 방식이다.

```
In [82]: # forward fill example
         s3.reindex(np.arange(0,7), method='ffill')

Out[82]: 0      red
         1      red
         2      red
         3    green
         4    green
         5     blue
         6     blue
         dtype: object
```

보다시피 인덱스 레이블 1과 2에는 레이블 0의 값인 red가 할당되고, 레이블 4에는 레이블 3의 값인 green이 할당되며, 레이블 6에는 레이블 5의 값인 blue가 할당됐다.

다음은 method='bfill'을 사용한 역방향 채우기backward filling의 예다.

```
In [83]: # backwards fill example
         s3.reindex(np.arange(0,7), method='bfill')

Out[83]: 0      red
         1    green
         2    green
         3    green
         4     blue
         5     blue
         6      NaN
         dtype: object
```

여기서 레이블 6은 이전 값이 없으므로 NaN이 할당됐다. 레이블 4에는 레이블 5의 값인 blue가 할당되고, 레이블 2와 1에는 레이블 3의 값인 green이 할당됐다.

## 시리즈 즉석 변경

Series의 즉석 변경은 조금 논란의 여지가 있는 주제다. 가급적이면 복제돼 반환된 새 Series에 대해 변경 작업을 수행하는 방법이 선호된다. 그러나 필요하다면 원래 Series에 대해 즉석에서 값을 변경하거나 로우를 추가/제거하는 일이 가능하다.

Series에 즉석에서 로우를 추가하려면 기존에 없던 새로운 인덱스 레이블에 직접 값을 할당하면 된다. 다음은 Series 객체에 아이템을 추가하는 예다.

```
In [84]: # generate a Series to play with
         np.random.seed(123456)
         s = pd.Series(np.random.randn(3), index=['a', 'b', 'c'])
         s

Out[84]: a    0.469112
         b   -0.282863
         c   -1.509059
         dtype: float64
```

```
In [85]: # change a value in the Series
         # this is done in-place
         # a new Series is not returned that has a modified value
         s['d'] = 100
         s

Out[85]: a      0.469112
         b     -0.282863
         c     -1.509059
         d    100.000000
         dtype: float64
```

특정 인덱스 레이블의 값을 즉석에서 변경하려면 이 역시 직접 할당을 하면 된다.

```
In [86]: # modify the value at 'd' in-place
         s['d'] = -100
         s

Out[86]: a      0.469112
         b     -0.282863
         c     -1.509059
         d   -100.000000
         dtype: float64
```

Series에서 로우를 제거하려면 del() 함수에 그 인덱스 레이블을 전달하면 된다. 다음은 인덱스 레이블 'a'에 해당하는 로우를 제거하는 예다.

```
In [87]: # remove a row / item
         del(s['a'])
         s

Out[87]: b      -0.282863
         c      -1.509059
         d    -100.000000
         dtype: float64
```

원래의 Series에 아이템을 추가하거나 제거할 목적이 아니라면 불리언 선택을 통해 pd.concat()을 사용하면 된다.

슬라이싱과 관련해 염두에 둬야 할 중요한 사항은 슬라이스의 결과가 원래의 Series를 바라본다는 점이다. 따라서 슬라이싱의 결과에 변경을 가하면 원래의 Series도 변경된다.

Series의 처음 두 요소를 선택해 새 변수에 저장하는 다음의 예를 보자.

```
In [88]: copy = s.copy() # preserve s
         slice = copy[:2] # slice with first two rows
         slice

Out[88]: b   -0.282863
         c   -1.509059
         dtype: float64
```

다음과 같이 슬라이스 요소에 새로운 값을 할당하면 원래 Series의 값이 변경됨을 알 수 있다.

```
In [89]: # change item with label 10 to 1000
         slice['b'] = 0
         # and see it in the source
         copy

Out[89]: b       0.000000
         c      -1.509059
         d    -100.000000
         dtype: float64
```

## 정리

3장에서는 pandas Series 객체에 관해 알아보고, 변수의 측정치를 인덱스 방식으로 표현함에 있어서 Series 객체의 사용 방법을 배웠다. 먼저 Series 생성과 초기화 방법, 인덱스를 부여하는 방법, 그다음엔 하나 이상의 Series 객체 데이터를 조작하는 방법을 알아봤다. 또한 인덱스 레이블로 Series 객체를 정렬하고, 정렬된 값에 수학 연산을 적용하는 방법도 알아봤다. 그리고 인덱스로 데이터를 검색하는 방법과 데이터 자체로 검색하는 방법(불리언 선택)을 배웠으며, 마지막으로 인덱스와 데이터를 리인덱싱하는 방법까지 확인했다.

4장에서는 DataFrame을 사용해 여러 개의 Series 데이터를 일관된 표 구조로 표현하는 방법을 알아본다.

# 04

# DataFrame으로 단변량 데이터 표현

pandas DataFrame 객체는 Series 객체를 2차원으로 확장한 것이다. DataFrame의 각 로우는 하나가 아닌 여러 개의 값을 가질 수 있으며, 각 값은 칼럼으로 표현된다. 따라서 데이터 프레임의 각 로우는 관찰 대상의 여러 속성이 모델링된 것이며, 각 칼럼은 서로 다른 데이터 타입으로 표현될 수 있다.

데이터 프레임의 각 칼럼은 pandas의 Series이며, DataFrame 자체는 스프레드시트나 데이터베이스 테이블과 같은 형태를 갖는다. 그러나 이와 같은 비교는 데이터 프레임에 대한 제대로 된 평가가 아니다. 데이터 프레임은 Series 객체의 각 칼럼에 해당하는 데이터의 자동 정렬 등 pandas에 특화된 매우 차별화된 기능을 제공하기 때문이다.

데이터 프레임의 자동 정렬은 탐색적 데이터 분석[EDA, exploratory data analysis]에 있어서 스프레드시트나 데이터베이스보다 훨씬 탁월한 능력을 보여준다. 또한 로우와 칼럼의 동시 슬라이싱 기능과 함께 사용되면 원하는 정보를 찾는 데 있어서 데이터와의 상호작용과 탐색 능력이 놀라울 정도로 효과적이 된다.

4장에서는 pandas의 `DataFrame`에 대해 자세히 알아본다. 이미 `Series`를 알고 있으므로 상당수의 개념은 친숙하겠으나, 데이터 프레임의 조작을 지원하는 데이터와 도구들을 추가로 설명한다. 4장에서 다루는 내용은 다음과 같다.

- 파이썬 객체, NumPy 함수, 파이썬 딕셔너리, pandas `Series` 객체, CSV 파일로 `DataFrame` 만들기
- 데이터 프레임의 차원 판별
- 데이터 프레임의 칼럼명 지정과 조작
- 데이터 프레임 생성 시의 로우 정렬
- 데이터 프레임의 특정 칼럼과 로우 선택
- 데이터 프레임 슬라이싱
- 위치와 레이블을 이용한 데이터 프레임의 칼럼과 로우 선택
- 스칼라 값 검색
- 데이터 프레임에서의 불리언 선택

## pandas 설정

4장의 예제 역시 다음과 같이 임포트문과 설정문을 사용해 시작한다.

```
In [1]: # import numpy and pandas
        import numpy as np
        import pandas as pd

        # used for dates
        import datetime
        from datetime import datetime, date

        # Set some pandas options controlling output format
        pd.set_option('display.notebook_repr_html', False)
        pd.set_option('display.max_columns', 8)
        pd.set_option('display.max_rows', 10)
        pd.set_option('display.width', 80)

        # bring in matplotlib for graphics
        import matplotlib.pyplot as plt
        %matplotlib inline
```

## 데이터 프레임 객체 생성

데이터 프레임을 만드는 방법은 다양하며, 일차원 또는 다차원의 데이터셋으로부터 생성할 수 있다. 여기서는 다음과 같은 데이터 프레임 생성 기법을 알아본다.

- NumPy 함수의 결과 이용
- 리스트를 포함하는 파이썬 딕셔너리나 pandas `Series` 객체의 데이터 이용
- CSV 파일의 데이터 이용

이와 같은 기법들을 확인하면서 동시에 칼럼명을 지정하는 방법, 초기화 시에 정렬을 수행하는 방법, 데이터 프레임의 차원 확인 방법 등을 함께 알아본다.

### NumPy 함수로 데이터 프레임 만들기

다음은 1부터 5까지의 정수로 구성된 일차원 NumPy 배열로부터 데이터 프레임을 만드는 예다.

```
In [2]: # From a 1-d array
        pd.DataFrame(np.arange(1, 6))

Out[2]:    0
        0  1
        1  2
        2  3
        3  4
        4  5
```

첫 번째 칼럼에서는 생성된 인덱스 레이블을 보여준다. 데이터 프레임 생성 시에 인덱스를 지정하지 않았으므로, pandas는 RangeIndex에 기초해 0부터 시작하는 레이블을 부여한다.

데이터는 두 번째 칼럼에 있으며, 1부터 5까지의 값으로 구성된다. 칼럼 위에 보이는 0이 바로 칼럼명이다. 데이터 프레임 생성 시에 칼럼명을 지정하지 않으면 pandas는 0부터 시작하는 정수를 부여한다.

다음과 같이 다차원 NumPy 배열을 사용해 여러 개의 칼럼을 생성시킬 수 있다.

```
In [3]: # create a DataFrame from a 2-d ndarray
        df = pd.DataFrame(np.array([[10, 11], [20, 21]]))
        df

Out[3]:     0   1
        0  10  11
        1  20  21
```

.columns 속성을 사용하면 DataFrame의 칼럼에 접근할 수 있다.

```
In [4]: # retrieve the columns index
        df.columns

Out[4]: RangeIndex(start=0, stop=2, step=1)
```

이는 칼럼명을 지정하지 않으면 pandas가 RangeIndex에 기초해 칼럼을 만든다는 사실을 보여준다.

칼럼명은 columns 파라미터를 사용해 지정할 수 있다. 다음은 두 도시의 기온 표본을 나타내는 두 개 칼럼의 DataFrame을 만드는 예다.

```
In [5]: # specify column names
        df = pd.DataFrame(np.array([[70, 71], [90, 91]]),
                          columns=['Missoula', 'Philadelphia'])
        df

Out[5]:    Missoula  Philadelphia
        0        70            71
        1        90            91
```

데이터 프레임 로우의 개수는 len() 함수를 사용해 확인할 수 있다.

```
In [6]: # how many rows?
        len(df)

Out[6]: 2
```

.shape 속성을 사용하면 DataFrame의 차원을 확인할 수 있다.

```
In [7]: # what is the dimensionality
        df.shape

Out[7]: (2, 2)
```

## 파이썬 딕셔너리와 pandas Series로 DataFrame 만들기

파이썬 딕셔너리로부터 DataFrame을 초기화해 만들 수 있다. 이 경우 pandas는 딕셔너리의 키와 값을 각각 칼럼명과 데이터로 사용한다.

```
In [8]: # initialization using a python dictionary
        temps_missoula = [70, 71]
        temps_philly = [90, 91]
        temperatures = {'Missoula': temps_missoula,
                        'Philadelphia': temps_philly}
        pd.DataFrame(temperatures)

Out[8]:    Missoula  Philadelphia
        0        70            90
        1        71            91
```

pandas Series 객체 목록을 사용해 DataFrame을 만드는 일반적인 방법은 다음과 같다.

```
In [9]: # create a DataFrame for a list of Series objects
        temps_at_time0 = pd.Series([70, 90])
        temps_at_time1 = pd.Series([71, 91])
        df = pd.DataFrame([temps_at_time0, temps_at_time1])
        df
Out[9]:     0   1
        0  70  90
        1  71  91
```

여기서 각 Series는 특정 인터벌로 각 도시의 기온 측정치를 나타낸다.

칼럼명을 지정하기 위해 다음과 같이 columns 파라미터를 사용하려 할 수 있다.

```
In [10]: # try to specify column names
         df = pd.DataFrame([temps_at_time0, temps_at_time1],
                           columns=['Missoula', 'Philadelphia'])
         df
Out[10]:    Missoula  Philadelphia
         0       NaN           NaN
         1       NaN           NaN
```

기대와는 달리 모든 값이 NaN으로 채워진 결과가 나타났다. 이를 바로잡을 수 있는 두 가지 방법이 있다. 첫 번째는 .columns 속성을 사용해 칼럼명을 지정하는 방법이다.

```
In [11]: # specify names of columns after creation
         df = pd.DataFrame([temps_at_time0, temps_at_time1])
         df.columns = ['Missoula', 'Philadelphia']
         df
Out[11]:    Missoula  Philadelphia
         0        70            90
         1        71            91
```

또 다른 방법은 파이썬 딕셔너리를 사용하는 것이다. 이때 딕셔너리의 키는 칼럼명이 되며, 각 도시의 기온을 나타내는 Series가 값이 된다.

```
In [12]: # construct using a dict of Series objects
         temps_mso_series = pd.Series(temps_missoula)
         temps_phl_series = pd.Series(temps_philly)
         df = pd.DataFrame({'Missoula': temps_mso_series,
                            'Philadelphia': temps_phl_series})
         df

Out[12]:    Missoula  Philadelphia
         0        70            90
         1        71            91
```

DataFrame이 구성될 때에는 주어진 Series들에 대해 정렬 작업이 일어난다는 점을 주의하기 바란다. 이는 인덱스가 다른 세 번째 도시를 추가하는 다음의 예제를 보면 알 수 있다.

```
In [13]: # alignment occurs during creation
         temps_nyc_series = pd.Series([85, 87], index=[1, 2])
         df = pd.DataFrame({'Missoula': temps_mso_series,
                            'Philadelphia': temps_phl_series,
                            'New York': temps_nyc_series})
         df

Out[13]:    Missoula  New York  Philadelphia
         0      70.0       NaN          90.0
         1      71.0      85.0          91.0
         2       NaN      87.0           NaN
```

## CSV로 DataFrame 만들기

pd.read_csv() 함수를 이용하면 CSV 파일의 데이터로부터 데이터 프레임을 만들 수 있다.

pd.read_csv()는 9장에서 좀 더 많이 사용할 예정이다.

이제 S&P 500의 스냅샷이 담긴 파일로부터 데이터를 로딩하는 시험을 해보자. 이 파일의 이름은 sp500.csv이며, 이 책에서 제공하는 예제의 data 디렉터리에 있다.

파일의 첫 라인은 칼럼명이며, 나머지 500개의 라인은 서로 다른 500개 주식의 가치를 나타낸다.

다음은 CSV 파일의 데이터를 로딩하는 코드다. 인덱스로 사용할 칼럼을 지정했으며, 특정 칼럼 4개(0, 2, 3, 7)만을 사용하게 했다.

```
In [14]: # read in the data and print the first five rows
         # use the Symbol column as the index, and
         # only read in columns in positions 0, 2, 3, 7
         sp500 = pd.read_csv("data/sp500.csv",
                             index_col='Symbol',
                             usecols=[0, 2, 3, 7])
```

.head( )로 첫 5개의 로우를 조회함으로써 이 데이터 프레임의 구조와 콘텐츠를 확인할 수 있다.

```
In [15]: # peek at the first 5 rows of the data using .head()
         sp500.head()

Out[15]:                        Sector   Price  Book Value
         Symbol
         MMM               Industrials  141.14      26.668
         ABT               Health Care   39.60      15.573
         ABBV              Health Care   53.95       2.954
         ACN    Information Technology   79.79       8.326
         ACE                Financials  102.91      86.897
```

몇 가지 속성을 더 사용해보자. 이 데이터 프레임에는 500개의 로우가 있어야 한다. 이는 다음과 같이 데이터 프레임의 길이로 확인할 수 있다.

```
In [16]: # how many rows of data?  Should be 500
         len(sp500)

Out[16]: 500
```

또한 500개 로우와 3개 칼럼으로 구성된 것도 확인할 수 있다.

```
In [17]: # what is the shape?
         sp500.shape

Out[17]: (500, 3)
```

.size 속성을 사용하면 데이터 프레임의 크기를 알 수 있다. 이 속성은 데이터 값의 총 개수를 반환하므로 500*3, 즉 1,500개가 반환될 것이다.

```
In [18]: # what is the size?
         sp500.size

Out[18]: 1500
```

데이터 프레임의 인덱스는 500개의 주식 기호로 이뤄진다.

```
In [19]: # examine the index
         sp500.index

Out[19]: Index(['MMM', 'ABT', 'ABBV', 'ACN', 'ACE', 'ACT', 'ADBE',
                'AES', 'AET', 'AFL',
                ...
                'XEL', 'XRX', 'XLNX', 'XL', 'XYL', 'YHOO', 'YUM',
                'ZMH', 'ZION', 'ZTS'],
               dtype='object', name='Symbol', length=500)
```

칼럼명은 .columns 속성으로 확인한다.

```
In [20]: # get the columns
         sp500.columns

Out[20]: Index(['Sector', 'Price', 'Book Value'], dtype='object')
```

데이터 로딩 시에 4개의 칼럼을 사용하겠다고 했으나, 이 결과에서는 3개의 칼럼만 보인다. 칼럼 하나가 인덱스에 사용됐기 때문이다.

## DataFrame 안의 데이터 접근

데이터 프레임은 로우와 칼럼으로 구성되며, 특정 로우와 칼럼에 있는 데이터를 선택하는 구조를 갖고 있다. 선택 작업에 사용하는 연산자는 [], .loc[], .iloc[] 등을 포함해 Series의 경우와 동일하다.

그러나 데이터 프레임은 다차원 구조이므로 데이터 선택 프로세스는 약간 다르다. 이를 시험하기 위해 먼저 하나의 문장으로 칼럼, 로우, 칼럼과 로우를 조합해 데이터를 선택하는 방법을 알아보고, 그다음엔 불리언 선택을 사용하는 방법을 알아보자.

또한 pandas는 조사하고자 하는 특정 로우와 칼럼의 스칼라 값을 선택할 수 있는 구조를 제공한다. 이는 고성능으로 값을 조회할 수 있는 중요한 기법이다.

## DataFrame의 칼럼 선택

DataFrame의 특정 칼럼에 있는 데이터를 선택하려면 [] 연산자를 사용하면 된다. 이는 []에 로우를 지정했던 Series의 경우와는 다르다. [] 연산자에는 가져올 칼럼을 나타내는 단일 객체나 객체 리스트를 전달할 수 있다.

다음은 'Sector'라는 이름의 칼럼을 가져오는 예다.

```
In [21]: # retrieve the Sector column
         sp500['Sector'].head()

Out[21]: Symbol
         MMM                 Industrials
         ABT                 Health Care
         ABBV                Health Care
         ACN      Information Technology
         ACE                  Financials
         Name: Sector, dtype: object
```

DataFrame으로부터 하나의 칼럼을 가져오는 경우라면 그 결과는 하나의 Series다.

```
In [22]: type(sp500['Sector'])

Out[22]: pandas.core.series.Series
```

칼럼명의 리스트를 지정하면 여러 개의 칼럼을 가져올 수 있다.

```
In [23]: # retrieve the Price and Book Value columns
         sp500[['Price', 'Book Value']].head()

Out[23]:          Price  Book Value
         Symbol
         MMM     141.14      26.668
         ABT      39.60      15.573
         ABBV     53.95       2.954
         ACN      79.79       8.326
         ACE     102.91      86.897
```

이 경우 칼럼이 여러 개이므로, 그 결과는 Series가 아니라 DataFrame이다.

```
In [24]: # show that this is a DataFrame
         type(sp500[['Price', 'Book Value']])

Out[24]: pandas.core.frame.DataFrame
```

속성으로 접근해 칼럼을 가져오는 방법도 있다. DataFrame에는 공백이 포함돼 있지만 않다면 각 칼럼명과 동일한 이름의 속성이 포함된다. 다음은 속성 접근 방식으로 Price 칼럼을 가져오는 예다.

```
In [25]: # attribute access of column by name
         sp500.Price

Out[25]: Symbol
         MMM     141.14
         ABT      39.60
         ABBV     53.95
         ACN      79.79
         ACE     102.91
                  ...
         YHOO     35.02
         YUM      74.77
         ZMH     101.84
         ZION     28.43
         ZTS      30.53
         Name: Price, Length: 500, dtype: float64
```

그러나 이 방법으로 Book Value 칼럼을 가져올 수는 없다. 이름에 공백이 포함돼 있기 때문이다.

## 데이터 프레임의 로우 선택

.loc[]을 사용해 인덱스 레이블로 로우를 가져올 수 있다.

```
In [26]: # get row with label MMM
         # returned as a Series
         sp500.loc['MMM']

Out[26]: Sector        Industrials
         Price              141.14
         Book Value         26.668
         Name: MMM, dtype: object
```

더 나아가 레이블 리스트를 사용해 여러 개의 로우를 가져올 수 있다.

```
In [27]: # rows with label MMM and MSFT
         # this is a DataFrame result
         sp500.loc[['MMM', 'MSFT']]

Out[27]:                         Sector   Price  Book Value
         Symbol
         MMM                Industrials  141.14      26.668
         MSFT    Information Technology   40.12      10.584
```

.iloc[]을 사용하면 포지션으로 로우를 가져올 수 있다.

```
In [28]: # get rows in location 0 and 2
         sp500.iloc[[0, 2]]

Out[28]:              Sector   Price  Book Value
         Symbol
         MMM     Industrials  141.14      26.668
         ABBV    Health Care   53.95       2.954
```

특정 인덱스 레이블로 위치를 먼저 알아낸 다음, 그 포지션으로 로우를 가져오는 일도 가능하다.

```
In [29]: # get the location of MMM and A in the index
         i1 = sp500.index.get_loc('MMM')
         i2 = sp500.index.get_loc('A')
         (i1, i2)

Out[29]: (0, 10)
```

```
In [30]: # and get the rows
         sp500.iloc[[i1, i2]]

Out[30]:               Sector   Price  Book Value
         Symbol
         MMM      Industrials  141.14      26.668
         A        Health Care   56.18      16.928
```

마지막으로 덧붙이자면 지금까지의 작업은 .ix[]를 사용해도 가능하다. 그러나 .ix[]는 지원이 중단됐으며, 더 자세한 사항은 http://pandas.pydata.org/pandas-docs/stable/indexing.html#ix-indexer-is-deprecated를 참고하기 바란다.

## .at[]이나 .iat[]을 사용해 레이블이나 위치로 스칼라 검색

개별 스칼라 값은 .at[]에 로우 레이블과 칼럼명을 전달함으로써 검색할 수 있다.

```
In [31]: # by label in both the index and column
         sp500.at['MMM', 'Price']

Out[31]: 141.13999999999999
```

또한 .iat[]를 사용하는 경우에는 로우와 칼럼의 포지션을 전달해 스칼라 값을 검색할 수 있다. 이는 단일 값에 접근하고자 할 때 선호되는 고성능의 방법이다.

```
In [32]: # by location.  Row 0, column 1
         sp500.iat[0, 1]

Out[32]: 141.13999999999999
```

## [] 연산자를 사용한 슬라이싱

DataFrame을 인덱스를 기준으로 슬라이싱하는 방법은 Series일 때와 문법적으로 동일하다. 따라서 여기서는 다양한 슬라이싱 방법을 차근차근 자세히 설명하지는 않겠다. 그 대신 DataFrame에 적용할 수 있는 대표적인 몇 가지 예만 살펴보자.

[] 연산자를 사용하는 경우 슬라이싱은 칼럼이 아니라 인덱스를 기준으로 수행된다. 다음은 처음 5개의 로우를 가져오는 예다.

```
In [33]: # first five rows
         sp500[:5]

Out[33]:                          Sector   Price  Book Value
         Symbol
         MMM                 Industrials  141.14      26.668
         ABT                 Health Care   39.60      15.573
         ABBV                Health Care   53.95       2.954
         ACN      Information Technology   79.79       8.326
         ACE                  Financials  102.91      86.897
```

그리고 다음은 ABT 레이블부터 ACN 레이블까지의 로우를 가져오는 예다.

```
In [34]: # ABT through ACN labels
         sp500['ABT':'ACN']

Out[34]:                          Sector  Price  Book Value
         Symbol
         ABT                 Health Care  39.60      15.573
         ABBV                Health Care  53.95       2.954
         ACN      Information Technology  79.79       8.326
```

DataFrame의 슬라이싱 역시 .iloc[]과 .loc[]을 사용할 수 있으며, 이들 속성을 사용하는 것이 가장 바람직하다.

## 불리언 선택을 통한 로우 선택

로우를 가져오기 위해 불리언 선택을 사용할 수도 있다. 주가가 100 미만인 모든 주식을 가져오는 다음 쿼리를 살펴보자.

```
In [35]: # what rows have a price < 100?
         sp500.Price < 100

Out[35]: Symbol
         MMM     False
         ABT      True
         ABBV     True
         ACN      True
         ACE     False
                 ...
         YHOO     True
         YUM      True
         ZMH     False
         ZION     True
         ZTS      True
         Name: Price, Length: 500, dtype: bool
```

이 결과를 [] 연산자를 사용해 데이터 프레임에 적용함으로써 결과가 True인 로우만 반환되게 할 수 있다.

```
In [36]: # now get the rows with Price < 100
         sp500[sp500.Price < 100]

Out[36]:
                             Sector  Price  Book Value
         Symbol
         ABT            Health Care  39.60      15.573
         ABBV           Health Care  53.95       2.954
         ACN     Information Technology  79.79   8.326
         ADBE    Information Technology  64.30  13.262
         AES              Utilities  13.61       5.781
         ...                    ...    ...         ...
         XYL            Industrials  38.42      12.127
         YHOO    Information Technology  35.02  12.768
         YUM     Consumer Discretionary  74.77   5.147
         ZION            Financials  28.43      30.191
         ZTS            Health Care  30.53       2.150

         [407 rows x 3 columns]
```

괄호를 사용해 다수의 조건을 함께 적용할 수도 있다. 다음은 주가가 6과 10 사이인 모든 주식의 기호와 주가를 가져오는 예다.

```
In [37]: # get only the Price where Price is < 10 and > 0
         r = sp500[(sp500.Price < 10) &
                   (sp500.Price > 6)] ['Price']
         r

Out[37]: Symbol
         HCBK    9.80
         HBAN    9.10
         SLM     8.82
         WIN     9.38
         Name: Price, dtype: float64
```

여러 변수를 함께 사용하는 데이터 선택은 흔히 하는 일이다. 다음은 Sector가 Health Care이며, Price가 100.00 이상인 모든 로우를 선택하는 예다.

```
In [38]: # price > 100 and in the Health Care Sector
         r = sp500[(sp500.Sector == 'Health Care') &
                   (sp500.Price > 100.00)] [['Price', 'Sector']]
         r

Out[38]:          Price       Sector
         Symbol
         ACT     213.77  Health Care
         ALXN    162.30  Health Care
         AGN     166.92  Health Care
         AMGN    114.33  Health Care
         BCR     146.62  Health Care
         ...        ...          ...
         REGN    297.77  Health Care
         TMO     115.74  Health Care
         WAT     100.54  Health Care
         WLP     108.82  Health Care
         ZMH     101.84  Health Care

         [19 rows x 2 columns]
```

## 로우와 칼럼의 동시 선택

여러 개의 로우와 칼럼으로 구성되는 데이터 서브셋을 가져오는 것도 흔히 하는 일이다. 다음은 로우를 먼저 슬라이싱한 다음, 원하는 칼럼만을 가져오는 예다.

```
In [39]: # select the price and sector columns for ABT and ZTS
         sp500.loc[['ABT', 'ZTS']][['Sector', 'Price']]

Out[39]:              Sector  Price
         Symbol
         ABT     Health Care  39.60
         ZTS     Health Care  30.53
```

## 정리

4장에서는 pandas의 DataFrame 객체를 만드는 방법과 인덱스와 값을 기준으로 여러 개의 칼럼에서 데이터를 선택하는 다양한 방법을 배웠다. Series의 경우와 궤를 같이 하는 예제들을 다뤘지만, DataFrame에는 칼럼과 칼럼명이 있으므로 Series에서의 문법과는 차이가 있음을 보여줬다.

5장에서는 DataFrame의 구조와 콘텐츠 조작에 초점을 맞춤으로써 데이터 가공에 대해 자세히 알아본다.

# 05

# DataFrame 구조 다루기

pandas는 데이터 탐색을 위한 강력한 조작 엔진을 제공한다. 그런 탐색에는 종종 불필요한 데이터 제거, 데이터 포맷 변경, 다른 로우나 칼럼으로부터의 데이터 파생 등 `DataFrame` 객체의 구조를 조작하는 일이 수반된다. 5장에서는 이러한 강력하고 중요한 작업을 수행하는 방법을 알아본다.

5장에서 다루는 내용은 다음과 같다.

- 칼럼명 변경
- `[]`와 `.insert()`를 사용한 칼럼 추가
- 확장[enlargement]을 통한 칼럼 추가
- 접합[concatenation]을 통한 칼럼 추가
- 칼럼 재배열

- 칼럼 콘텐츠 교체
- 칼럼 삭제
- 새 로우 추가
- 로우 접합
- 확장을 통한 로우 추가 및 교체
- .drop( )을 사용한 로우 삭제
- 불리언 선택을 통한 로우 삭제
- 슬라이싱을 통한 로우 삭제

## pandas 설정

다음은 예제를 위해 pandas 환경을 설정하는 코드며, 추가로 S&P 500 데이터셋도 로딩한다.

```
In [1]: # import numpy and pandas
        import numpy as np
        import pandas as pd

        # Set some pandas options controlling output format
        pd.set_option('display.notebook_repr_html', False)
        pd.set_option('display.max_columns', 7)
        pd.set_option('display.max_rows', 10)
        pd.set_option('display.width', 60)

        # read in the data and print the first five rows
        # use the Symbol column as the index, and
        # only read in columns in positions 0, 2, 3, 7
        sp500 = pd.read_csv("data/sp500.csv",
                            index_col='Symbol',
                            usecols=[0, 2, 3, 7])
```

## 칼럼명 변경

.rename() 메소드를 사용하면 칼럼의 이름을 바꿀 수 있다. 이 메소드는 변경할 칼럼 레이블(키)과 새 이름(값)으로 구성된 딕셔너리 객체를 받는다.

다음의 예는 칼럼명 'Book Value'를 'BookValue'로 변경하는 코드로, 공백을 제거함으로써 칼럼의 속성으로 데이터에 접근할 수 있게 된다.

```
In [2]: # rename the Book Value column to not have a space
        # this returns a copy with the column renamed
        newSP500 = sp500.rename(columns=
                                {'Book Value': 'BookValue'})
        # print first 2 rows
        newSP500[:2]

Out[2]:              Sector   Price  BookValue
        Symbol
        MMM     Industrials  141.14     26.668
        ABT     Health Care   39.60     15.573
```

이와 같이 .rename()을 사용하면 새 이름의 칼럼과 복사된 데이터를 갖는 새 데이터 프레임이 반환된다. 다음과 같이 원래의 데이터 프레임은 변경되지 않았음을 확인할 수 있다.

```
In [3]: # verify the columns in the original did not change
        sp500.columns

Out[3]: Index(['Sector', 'Price', 'Book Value'], dtype='object')
```

복사본을 만들지 않고 즉석에서 원래의 데이터 프레임을 수정하고 싶다면 inplace=True 파라미터를 사용하면 된다.

```
In [4]: # this changes the column in-place
        sp500.rename(columns=
                     {'Book Value': 'BookValue'},
                     inplace=True)
        # we can see the column is changed
        sp500.columns

Out[4]: Index(['Sector', 'Price', 'BookValue'], dtype='object')
```

이제 .BookValue 속성을 사용해 데이터에 접근할 수 있게 됐다.

```
In [5]: # and now we can use .BookValue
        sp500.BookValue[:5]

Out[5]: Symbol
        MMM     26.668
        ABT     15.573
        ABBV     2.954
        ACN      8.326
        ACE     86.897
        Name: BookValue, dtype: float64
```

## []와 .insert()를 사용한 칼럼 추가

[] 연산자를 사용해 데이터 프레임에 새 칼럼을 추가할 수 있다. 그럼 다음과 같이 Price 칼럼의 값에 반올림을 적용한 RoundedPrice라는 새 칼럼을 추가해보자.

```
In [6]: # make a copy so that we keep the original data unchanged
        sp500_copy = sp500.copy()
        # add the new column
        sp500_copy['RoundedPrice'] = sp500.Price.round()
        sp500_copy[:2]

Out[6]:               Sector   Price  BookValue  RoundedPrice
        Symbol
        MMM      Industrials  141.14     26.668         141.0
        ABT      Health Care   39.60     15.573          40.0
```

pandas는 먼저 sp500으로부터 Price 칼럼의 데이터를 선택하고, 그 Series의 모든 값에 반올림을 적용한다. 그다음엔 이 새 Series를 DataFrame의 복사본에 정렬시키고, RoundedPrice라는 이름의 새 칼럼을 추가한다. 새 칼럼은 기존 칼럼 인덱스의 마지막 다음에 추가된다.

.insert( ) 메소드를 사용해 특정 위치에 새 칼럼을 추가할 수도 있다. 다음은 Sector와 Price의 사이에 RoundedPrice 칼럼을 추가하는 예다.

```
In [7]: # make a copy so that we keep the original data unchanged
        copy = sp500.copy()
        # insert sp500.Price * 2 as the
        # second column in the DataFrame
        copy.insert(1, 'RoundedPrice', sp500.Price.round())
        copy[:2]

Out[7]:               Sector  RoundedPrice   Price  BookValue
        Symbol
        MMM      Industrials         141.0  141.14     26.668
        ABT      Health Care          40.0   39.60     15.573
```

## 확장을 통한 칼럼 추가

.loc[] 속성과 슬라이싱을 사용해 칼럼을 추가할 수 있다. 다음은 모든 값을 0으로 초기화한 PER이라는 새 칼럼을 sp500의 서브셋에 추가하는 예다.

```
In [8]: # copy of subset / slice
        ss = sp500[:3].copy()
        # add the new column initialized to 0
        ss.loc[:,'PER'] = 0
        # take a look at the results
        ss

Out[8]:               Sector   Price  BookValue  PER
        Symbol
        MMM      Industrials  141.14     26.668    0
        ABT      Health Care   39.60     15.573    0
        ABBV     Health Care   53.95      2.954    0
```

이와 같은 방식으로 이미 데이터가 존재하는 Series를 추가할 수도 있다. 다음은 무작위 데이터로 이뤄진 시리즈를 PER이라는 칼럼으로 추가하는 예다. 이 경우 정렬 작업이 발생하므로 대상 데이터 프레임과 동일한 인덱스를 사용해야 한다.

```
In [9]: # copy of subset / slice
        ss = sp500[:3].copy()
        # add the new column initialized with random numbers
        np.random.seed(123456)
        ss.loc[:,'PER'] = pd.Series(np.random.normal(size=3), index=ss.index)
        # take a look at the results
        ss
Out[9]:             Sector   Price  BookValue       PER
        Symbol
        MMM    Industrials  141.14     26.668  0.469112
        ABT    Health Care   39.60     15.573 -0.282863
        ABBV   Health Care   53.95      2.954 -1.509059
```

## 접합을 통한 칼럼 추가

[] 연산자와 .insert() 메소드는 대상 데이터 프레임을 즉석에서 직접 수정했었다. 그러나 원래의 데이터 프레임은 건드리지 않고 새 데이터 프레임에 칼럼을 추가하고 싶을 때에는 pd.concat() 함수를 사용하면 된다.

다음 예제에서는 반올림 주가를 갖는 단일 칼럼의 새 DataFrame을 만든다. 그다음엔 pd.concat() 함수에 axis=1을 지정함으로써 칼럼 축(axis=0이었다면 로우 축)을 기준으로 새 DataFrame을 기존 DataFrame에 접합[concatenation]한다.

```
In [10]: # create a DataFrame with only the RoundedPrice column
         rounded_price = pd.DataFrame({'RoundedPrice':
                                       sp500.Price.round()})
         # concatenate along the columns axis
         concatenated = pd.concat([sp500, rounded_price], axis=1)
         concatenated[:5]
Out[10]:                         Sector   Price  BookValue  \
         Symbol
         MMM                Industrials  141.14     26.668
         ABT                Health Care   39.60     15.573
         ABBV               Health Care   53.95      2.954
         ACN     Information Technology   79.79      8.326
         ACE                 Financials  102.91     86.897

                 RoundedPrice
         Symbol
         MMM            141.0
         ABT             40.0
         ABBV            54.0
         ACN             80.0
         ACE            103.0
```

접합에 대해서는 11장에서 더욱 자세히 다룬다.

접합을 한 결과에서는 칼럼명 중복이 가능하다. 이를 시험해보기 위해 다음과 같이 Price라는 이름의 칼럼으로 rounded_price를 다시 만들어보자.

```
In [11]: # create a DataFrame with only the RoundedPrice column
         rounded_price = pd.DataFrame({'Price': sp500.Price.round()})
         rounded_price[:5]

Out[11]:         Price
         Symbol
         MMM     141.0
         ABT      40.0
         ABBV     54.0
         ACN      80.0
         ACE     103.0
```

접합한 후의 결과는 다음과 같이 중복된 칼럼명이 포함된다.

```
In [12]: # this will result in duplicate Price column
         dups = pd.concat([sp500, rounded_price], axis=1)
         dups[:5]

Out[12]:                        Sector   Price  BookValue  Price
         Symbol
         MMM               Industrials  141.14     26.668  141.0
         ABT               Health Care   39.60     15.573   40.0
         ABBV              Health Care   53.95      2.954   54.0
         ACN    Information Technology   79.79      8.326   80.0
         ACE                Financials  102.91     86.897  103.0
```

여기서 재미있는 점은 .Price 속성을 사용하면 두 칼럼을 모두 가져온다는 사실이다.

```
In [13]: # retrieves both Price columns
         dups.Price[:5]

Out[13]:          Price  Price
         Symbol
         MMM     141.14  141.0
         ABT      39.60   40.0
         ABBV     53.95   54.0
         ACN      79.79   80.0
         ACE     102.91  103.0
```

따라서 두 Price 칼럼 중 하나만 선택하고 싶다면 칼럼명 대신 포지션을 사용해야 할 것이다.

## 칼럼 재배열

데이터 프레임의 사본에서는 원하는 순서로 칼럼을 재배열할 수 있다. 다음은 칼럼을 역순으로 재배열한 예다.

```
In [14]: # return a new DataFrame with the columns reversed
         reversed_column_names = sp500.columns[::-1]
         sp500[reversed_column_names][:5]

Out[14]:        BookValue   Price                  Sector
         Symbol
         MMM       26.668  141.14             Industrials
         ABT       15.573   39.60             Health Care
         ABBV       2.954   53.95             Health Care
         ACN        8.326   79.79  Information Technology
         ACE       86.897  102.91              Financials
```

사실상 원본 데이터 프레임에서 칼럼의 순서를 바꿀 방법은 없다.

https://stackoverflow.com/questions/25878198/change-pandas-dataframe-column-order-in-place를 참고하기 바란다.

## 칼럼의 콘텐츠 교체

[] 연산자를 사용해 기존 칼럼에 새 Series를 할당함으로써 DataFrame의 콘텐츠를 교체할 수 있다. 다음은 기존 Price 칼럼을 rounded_price의 Price 칼럼으로 교체하는 예다.

```
In [15]: # this occurs in-place so let's use a copy
         copy = sp500.copy()
         # replace the Price column data with the new values
         # instead of adding a new column
         copy.Price = rounded_price.Price
         copy[:5]

Out[15]:                      Sector  Price  BookValue
         Symbol
         MMM             Industrials  141.0     26.668
         ABT             Health Care   40.0     15.573
         ABBV            Health Care   54.0      2.954
         ACN  Information Technology   80.0      8.326
         ACE              Financials  103.0     86.897
```

또한 슬라이싱을 통해 즉석에서 칼럼의 데이터를 교체할 수도 있다.

```
In [16]: # this occurs in-place so let's use a copy
         copy = sp500.copy()
         # replace the Price column data wwith rounded values
         copy.loc[:,'Price'] = rounded_price.Price
         copy[:5]

Out[16]:                      Sector  Price  BookValue
         Symbol
         MMM             Industrials  141.0     26.668
         ABT             Health Care   40.0     15.573
         ABBV            Health Care   54.0      2.954
         ACN  Information Technology   80.0      8.326
         ACE              Financials  103.0     86.897
```

## 칼럼 삭제

DataFrame의 del 키워드, 또는 .pop()이나 .drop() 메소드를 사용하면 데이터 프레임으로부터 칼럼을 삭제할 수 있다. 이 세 가지 방법은 동작 방식이 약간씩 다르다.

- del은 DataFrame에서 Series를 즉석에서 삭제한다.
- pop() 역시 즉석에서 Series를 삭제한 후 삭제한 Series를 반환한다.
- drop(labels, axis=1)은 칼럼이 삭제된 새 데이터 프레임을 반환한다. 즉, 원래의 DataFrame은 변경되지 않는다.

다음은 del을 사용해 sp500의 사본으로부터 BookValue 칼럼을 삭제하는 예다.

```
In [17]: # Example of using del to delete a column
         # make a copy as this is done in-place
         copy = sp500.copy()
         del copy['BookValue']
         copy[:2]

Out[17]:              Sector   Price
         Symbol
         MMM     Industrials  141.14
         ABT     Health Care   39.60
```

다음은 .pop() 메소드를 사용해 Sector 칼럼을 삭제하는 예다.

```
In [18]: # Example of using pop to remove a column from a DataFrame
         # first make a copy of a subset of the data frame as
         # pop works in place
         copy = sp500.copy()
         # this will remove Sector and return it as a series
         popped = copy.pop('Sector')
         # Sector column removed in-place
         copy[:2]

Out[18]:          Price  BookValue
         Symbol
         MMM     141.14     26.668
         ABT      39.60     15.573
```

게다가 .pop() 메소드는 삭제한 칼럼을 반환해 줄 수 있다.

```
In [19]: # and we have the Sector column as the result of the pop
         popped[:5]

Out[19]: Symbol
         MMM                  Industrials
         ABT                  Health Care
         ABBV                 Health Care
         ACN       Information Technology
         ACE                   Financials
         Name: Sector, dtype: object
```

.drop() 메소드는 로우 삭제와 칼럼 삭제 모두에 사용할 수 있다. 따라서 칼럼을 삭제하려면 axis=1을 지정해야 한다.

```
In [20]: # Example of using drop to remove a column
         # make a copy of a subset of the data frame
         copy = sp500.copy()
         # this will return a new DataFrame with 'Sector' removed
         # the copy DataFrame is not modified
         afterdrop = copy.drop(['Sector'], axis = 1)
         afterdrop[:5]

Out[20]:          Price  BookValue
         Symbol
         MMM     141.14     26.668
         ABT      39.60     15.573
         ABBV     53.95      2.954
         ACN      79.79      8.326
         ACE     102.91     86.897
```

## 새 로우 추가

로우 추가는 DataFrame의 .append( ) 메소드를 사용해서 할 수 있다. 이 메소드는 원래 DataFrame의 마지막 로우 다음에 새 로우가 덧붙여진 새 DataFrame을 반환한다. 로우 추가에는 정렬 작업이 관여되지 않으므로 중복된 인덱스가 존재할 수 있다.

다음 코드는 sp500 데이터로부터 추출한 두 DataFrame 객체를 덧붙이는 방법을 보여준다. 첫 번째 DataFrame은 포지션이 0, 1, 2인 로우로, 두 번째 DataFrame은 포지션이 10, 11, 2인 로우로 이뤄진다. 이 둘을 붙였을 때 포지션 2에 해당됐던 로우(레이블 ABBV)가 중복해 존재함을 알 수 있다.

```
In [21]: # copy the first three rows of sp500
         df1 = sp500.iloc[0:3].copy()
         # copy 10th and 11th rows
         df2 = sp500.iloc[[10, 11, 2]]
         # append df1 and df2
         appended = df1.append(df2)
         # the result is the rows of the first followed by
         # those of the second
         appended

Out[21]:              Sector   Price  BookValue
         Symbol
         MMM     Industrials  141.14     26.668
         ABT     Health Care   39.60     15.573
         ABBV    Health Care   53.95      2.954
         A       Health Care   56.18     16.928
         GAS       Utilities   52.98     32.462
         ABBV    Health Care   53.95      2.954
```

붙이려는 두 DataFrame 객체의 칼럼 셋이 동일할 필요는 없다. 붙이고 난 후의 데이터프레임은 두 칼럼 셋을 모두 포함하며, 누락된 칼럼 데이터는 NaN으로 채워진다. 우선 다음과 같이 df1과 동일한 인덱스를 갖지만 df1에는 없는 하나의 칼럼만 갖는 데이터프레임을 만들어보자.

```
In [22]: # data frame using df1.index and just a PER column
         # also a good example of using a scalar value
         # to initialize multiple rows
         df3 = pd.DataFrame(0.0,
                            index=df1.index,
                            columns=['PER'])
         df3

Out[22]:         PER
         Symbol
         MMM     0.0
         ABT     0.0
         ABBV    0.0
```

이제 df3에 df1을 붙여 그 결과를 보자.

```
In [23]: # append df1 and df3
         # each has three rows, so 6 rows is the result
         # df1 had no PER column, so NaN from for those rows
         # df3 had no BookValue, Price or Sector, so NaN's
         df1.append(df3)

Out[23]:         BookValue  PER   Price        Sector
         Symbol
         MMM        26.668  NaN  141.14   Industrials
         ABT        15.573  NaN   39.60   Health Care
         ABBV        2.954  NaN   53.95   Health Care
         MMM           NaN  0.0     NaN           NaN
         ABT           NaN  0.0     NaN           NaN
         ABBV          NaN  0.0     NaN           NaN
```

ignore_index=True 파라미터를 사용하면 DataFrame의 인덱스를 보존하지 않고 붙여진다. 이는 인덱스 레이블의 의미가 그다지 중요하지 않은 경우에 유용하며, 대신 순차적으로 증가하는 정수가 인덱스로 사용된다.

```
In [24]: # ignore index labels, create default index
         df1.append(df3, ignore_index=True)
Out[24]:    BookValue  PER   Price       Sector
         0     26.668  NaN  141.14  Industrials
         1     15.573  NaN   39.60  Health Care
         2      2.954  NaN   53.95  Health Care
         3        NaN  0.0     NaN          NaN
         4        NaN  0.0     NaN          NaN
         5        NaN  0.0     NaN          NaN
```

보다시피 결과 데이터 프레임은 기본적으로 RangeIndex를 채용하게 되며, 원래의 인덱스(Symbol)는 완전히 배제됐음을 알 수 있다.

## 로우 접합

여러 DataFrame 객체의 로우는 axis=0 파라미터와 함께 pd.concat( ) 함수를 사용해 서로서로 접합시킬 수 있다. pd.concat( )의 옵션을 기본 값으로 사용하면 두 DataFrame 객체를 로우 기준으로 접합시키며, 따라서 .append( ) 메소드와 동일한 역할을 한다.

이전의 .append( ) 예제에서와 동일한 두 데이터셋을 이번에는 pd.concat( )을 사용해 다시 구성해보자.

```
In [25]: # copy the first three rows of sp500
         df1 = sp500.iloc[0:3].copy()
         # copy 10th and 11th rows
         df2 = sp500.iloc[[10, 11, 2]]
         # pass them as a list
         pd.concat([df1, df2])
Out[25]:              Sector   Price  BookValue
         Symbol
         MMM     Industrials  141.14     26.668
         ABT     Health Care   39.60     15.573
         ABBV    Health Care   53.95      2.954
         A       Health Care   56.18     16.928
         GAS       Utilities   52.98     32.462
         ABBV    Health Care   53.95      2.954
```

모든 DataFrame이 동일한 칼럼 셋을 갖고 있지 않다면 pandas는 누락된 값에 NaN을 채운다.

```
In [26]: # copy df2
         df2_2 = df2.copy()
         # add a column to df2_2 that is not in df1
         df2_2.insert(3, 'Foo', pd.Series(0, index=df2.index))
         # see what it looks like
         df2_2

Out[26]:              Sector  Price  BookValue  Foo
         Symbol
         A       Health Care  56.18     16.928    0
         GAS       Utilities  52.98     32.462    0
         ABBV    Health Care  53.95      2.954    0
```

```
In [27]: # now concatenate
         pd.concat([df1, df2_2])

Out[27]:         BookValue  Foo   Price       Sector
         Symbol
         MMM        26.668  NaN  141.14  Industrials
         ABT        15.573  NaN   39.60  Health Care
         ABBV        2.954  NaN   53.95  Health Care
         A          16.928  0.0   56.18  Health Care
         GAS        32.462  0.0   52.98    Utilities
         ABBV        2.954  0.0   53.95  Health Care
```

원래 객체의 로우가 있는 그대로 복사됨에 따라, 그 결과 인덱스 레이블은 중복될 수 있다.

keys 파라미터를 사용하면 로우의 셋이 어느 데이터 프레임으로부터 왔는지 구별하는 데 도움이 된다. 다음은 keys를 사용해 원래 객체의 이름을 인덱스에 추가로 표시하게 한 예다.

```
In [28]: # specify keys
         r = pd.concat([df1, df2_2], keys=['df1', 'df2'])
         r

Out[28]:             BookValue  Foo   Price       Sector
             Symbol
         df1 MMM        26.668  NaN  141.14  Industrials
             ABT        15.573  NaN   39.60  Health Care
             ABBV        2.954  NaN   53.95  Health Care
         df2 A          16.928  0.0   56.18  Health Care
             GAS        32.462  0.0   52.98    Utilities
             ABBV        2.954  0.0   53.95  Health Care
```

계층형 인덱스(hierarchical index)에 대한 더욱 자세한 내용은 6장에서 다룬다.

## 확장을 통한 로우 추가 및 교체

.loc 속성을 사용해 로우를 데이터 프레임에 추가할 수도 있다. .loc에는 로우가 위치해야 할 인덱스 레이블을 파라미터로 전달한다. 지정한 레이블이 존재하지 않을 경우에는 그 레이블을 사용해 마지막 로우 다음에 붙여진다. 지정한 레이블이 존재할 경우에는 기존 로우의 값이 교체된다.

다음은 sp500의 서브셋을 취해 FOO라는 레이블로 로우를 추가하는 예다.

```
In [29]: # get a small subset of the sp500
         # make sure to copy the slice to make a copy
         ss = sp500[:3].copy()
         # create a new row with index label FOO
         # and assign some values to the columns via a list
         ss.loc['FOO'] = ['the sector', 100, 110]
         ss
Out[29]:            Sector   Price  BookValue
         Symbol
         MMM     Industrials  141.14     26.668
         ABT     Health Care   39.60     15.573
         ABBV    Health Care   53.95      2.954
         FOO      the sector  100.00    110.000
```

로우의 추가나 교체는 원래 데이터 프레임을 즉석에서 변경시킨다는 점에 유의하기 바란다.

## .drop()을 사용한 로우 삭제

.drop( ) 메소드는 DataFrame의 로우를 삭제할 때 사용한다. .drop( ) 메소드는 삭제할 로우의 인덱스 레이블 목록을 받으며, 그 로우가 삭제된 DataFrame의 사본을 반환한다.

```
In [30]: # get a copy of the first 5 rows of sp500
         ss = sp500[:5]
         ss

Out[30]:                       Sector   Price  BookValue
         Symbol
         MMM              Industrials  141.14     26.668
         ABT              Health Care   39.60     15.573
         ABBV             Health Care   53.95      2.954
         ACN   Information Technology   79.79      8.326
         ACE               Financials  102.91     86.897
```

```
In [31]: # drop rows with labels ABT and ACN
         afterdrop = ss.drop(['ABT', 'ACN'])
         afterdrop[:5]

Out[31]:             Sector   Price  BookValue
         Symbol
         MMM    Industrials  141.14     26.668
         ABBV   Health Care   53.95      2.954
         ACE     Financials  102.91     86.897
```

## 불리언 선택을 통한 로우 삭제

불리언 선택으로도 DataFrame의 로우를 삭제할 수 있다. 불리언 선택은 논리식의 결과가 True인 로우의 사본을 반환한다. 로우를 삭제하려면 단순히 삭제하고자 하는 로우가 False가 되도록 논리식을 작성해 데이터 프레임에 적용하면 된다.

불리언 선택을 사용해 Price가 300을 초과하는 로우를 삭제해보자. 먼저 다음과 같이 논리식을 작성한다.

```
In [32]: # determine the rows where Price > 300
         selection = sp500.Price > 300
         # report number of rows and number that will be dropped
         (len(selection), selection.sum())

Out[32]: (500, 10)
```

이 결과를 통해 주가가 300보다 높은 로우는 10개임을 알 수 있다. 이제 그 로우들이 제거된 데이터 프레임을 얻으려면 selection을 뺀 서브셋을 가져오면 된다.

```
In [33]: # select the complement of the expression
         # note the use of the complement of the selection
         price_less_than_300 = sp500[~selection]
         price_less_than_300

Out[33]:                        Sector   Price  BookValue
         Symbol
         MMM               Industrials  141.14     26.668
         ABT               Health Care   39.60     15.573
         ABBV              Health Care   53.95      2.954
         ACN    Information Technology   79.79      8.326
         ACE                Financials  102.91     86.897
         ...                       ...     ...        ...
         YHOO   Information Technology   35.02     12.768
         YUM    Consumer Discretionary   74.77      5.147
         ZMH               Health Care  101.84     37.181
         ZION               Financials   28.43     30.191
         ZTS               Health Care   30.53      2.150

         [490 rows x 3 columns]
```

## 슬라이싱을 통한 로우 삭제

슬라이싱 역시 데이터 프레임의 레코드 삭제에 사용할 수 있다. 삭제하고자 하는 로우를 제외한 나머지 모두를 선택한다는 점에서 그 과정이 불리언 선택과 동일하다.

sp500에서 처음 세 개의 레코드를 제외한 나머지를 삭제하는 예를 살펴보자. 먼저 [:3]으로 슬라이싱하면 처음 세 개의 로우가 반환된다.

```
In [34]: # get only the first three rows
         only_first_three = sp500[:3]
         only_first_three

Out[34]:              Sector   Price  BookValue
         Symbol
         MMM     Industrials  141.14     26.668
         ABT     Health Care   39.60     15.573
         ABBV    Health Care   53.95      2.954
```

이 작업은 슬라이싱이므로, 그 결과는 원래 데이터 프레임의 뷰일 뿐이라는 점을 기억하기 바란다. 당연히 sp500에서 삭제된 로우는 없다. 그러나 이 세 개의 로우에 변경을 가하면 sp500의 데이터도 변경된다. 이를 방지하기 위한 올바른 방법은 슬라이싱의 결과를 복사한 새 데이터 프레임을 만들어 작업하는 것이다.

```
In [35]: # first three, but a copy of them
         only_first_three = sp500[:3].copy()
         only_first_three

Out[35]:              Sector   Price  BookValue
         Symbol
         MMM     Industrials  141.14     26.668
         ABT     Health Care   39.60     15.573
         ABBV    Health Care   53.95      2.954
```

## 정리

5장에서는 pandas의 DataFrame 객체를 사용해 데이터를 조작하는 여러 일반적인 방법, 특히 로우나 칼럼을 추가하거나 삭제함으로써 DataFrame의 구조를 변경하는 방법을 배웠다. 추가로 특정 로우나 칼럼의 데이터를 교체하는 방법도 알아봤다.

6장에서는 pandas 객체의 데이터를 효율적으로 가져오기 위한 인덱스의 사용 방법을 좀 더 자세하게 알아본다.

# 06

# 데이터 인덱싱

인덱스는 시리즈나 데이터 프레임으로부터 값을 검색하기 위한 최적화된 도구로, 관계형 데이터베이스에서의 키와는 다르지만 오히려 더 강력하다. 인덱스는 복수의 데이터셋에 대한 정렬 기능을 제공하며, 서로 다른 빈도의 재표집resampling과 같은 다양한 데이터 작업에 의미를 부여하는 역할을 한다.

pandas로 수행하는 모델링의 상당 부분은 인덱스를 어떻게 설정하느냐에 매우 의존적이다. 제대로 구축한 인덱스는 성능 최적화에 도움이 되며, 데이터 분석에 있어서 매우 가치 있는 도구가 된다.

앞에서 인덱스에 대해 간단히 다뤘지만, 6장에서는 좀 더 깊이 들어가 볼 예정이다. 그 과정에서 알아볼 내용은 다음과 같다.

- 인덱스의 중요성
- pandas의 인덱스 유형(RangeIndex, Int64Index, CategoricalIndex, Float64Index, Datetimeindex, PeriodIndex)
- 인덱스 설정과 재설정
- 계층형 인덱스 생성
- 계층형 인덱스를 사용한 데이터 선택

## pandas 설정

다음은 표준적인 pandas 설정과 더불어 여러 예제에서 사용하게 될 S&P 500 데이터를 로딩하는 코드다.

```
In [1]: # import numpy and pandas
        import numpy as np
        import pandas as pd

        # used for dates
        import datetime
        from datetime import datetime, date

        # Set some pandas options controlling output format
        pd.set_option('display.notebook_repr_html', False)
        pd.set_option('display.max_columns', 8)
        pd.set_option('display.max_rows', 10)
        pd.set_option('display.width', 60)

        # bring in matplotlib for graphics
        import matplotlib.pyplot as plt
        %matplotlib inline

        # read in the data and print the first five rows
        # use the Symbol column as the index, and
        # only read in columns in positions 0, 2, 3, 7
        sp500 = pd.read_csv("data/sp500.csv",
                            index_col='Symbol',
                            usecols=[0, 2, 3, 7])
```

## 인덱스의 중요성

pandas에서 인덱스는 값의 효율적인 검색을 가능하게 한다. 인덱스가 없다면 모든 데이터를 선형 검색linear search, 즉 순차적으로 검색해야 할 것이다. 인덱스는 특정 데이터 아이템에 대한 최적화된 단축키며, 순차적인 과정 없이 한 번에 검색을 수행한다.

지금부터 다음과 같이 10,000개의 난수로 이뤄진 데이터 프레임을 사용해 실습을 진행할 예정이다.

```
In [2]: # create DataFame of random numbers and a key column
        np.random.seed(123456)
        df = pd.DataFrame({'foo':np.random.random(10000), 'key':range(100,
        df[:5]

Out[2]:        foo  key
        0  0.126970  100
        1  0.966718  101
        2  0.260476  102
        3  0.897237  103
        4  0.376750  104
```

이제 key==10099인 난수 데이터를 찾고자 한다고 가정하자. 이는 DataFrame의 마지막 로우이며, 다음과 같이 불리언 선택을 통해 검색할 수 있다.

```
In [3]: # boolean select where key is 10099
        df[df.key==10099]

Out[3]:            foo    key
        9999  0.272283  10099
```

개념적으로는 간단한 작업이다. 그러나 이를 반복적으로 수행하고자 한다면 어떨까? 그럴 경우 파이썬의 %timeit 구문을 사용해 시뮬레이션해 볼 수 있다. 다음은 반복적으로 검색을 수행하고 그 성능 결과를 보여주는 코드다.

```
In [4]: # time the select
        %timeit df[df.key==10099]

        1000 loops, best of 3: 535 µs per loop
```

결과를 보면 1,000번의 루프를 실행하고, 그중 가장 빠른 세 루프의 평균이 0.000535초다. 즉, 이 구문을 1,000번 실행하는 데 걸리는 시간이 0.535초 정도임을 알 수 있다.

이제 인덱스를 활용해 직접 값을 검색해보자. 다음은 keys 칼럼의 값을 DataFrame의 인덱스로 설정한 예다.

```
In [5]: # move key to the index
        df_with_index = df.set_index(['key'])
        df_with_index[:5]

Out[5]:           foo
        key
        100  0.126970
        101  0.966718
        102  0.260476
        103  0.897237
        104  0.376750
```

이제 .loc[]을 사용해 인덱스로 값을 검색할 수 있다.

```
In [6]: # now can lookup with the index
        df_with_index.loc[10099]

Out[6]: foo    0.272283
        Name: 10099, dtype: float64
```

이는 단지 하나의 검색일 뿐이다. 그러면 %timeit로 실행 시간을 측정해보자.

```
In [7]: # and this is a lot faster
        %timeit df_with_index.loc[10099]

        10000 loops, best of 3: 112 µs per loop
```

보다시피 인덱스를 사용한 검색이 대략 5배는 빠르다. 이런 성능상의 이유로 가능하다면 언제나 인덱스를 사용해 검색하는 것이 가장 좋다. 인덱스를 사용하는 경우의 단점은 인덱스를 구성할 시간이 필요하며, 또한 메모리를 좀 더 사용한다는 점이다.

대부분의 경우 어떤 것이 인덱스가 돼야 하는지 본능적으로 알고 있을 것이며, 따라서 인덱스를 먼저 만들고 데이터 작업을 시작하면 된다. 그렇지 않은 경우에는 최선의 인덱스를 결정하기 위해 약간의 탐색을 먼저 해봐야 할 것이다. 때로는 충분한 데이터를 갖고 있지 않거나, 인덱스로 만들 적당한 필드가 없을 경우도 있다. 그런 경우 다소 모호한 복수의 결과를 반환하는 부분적인 인덱스를 사용할 수도 있는데, 그래도 여전히 불리언 선택을 통해 원하는 결과를 얻을 수 있다.

탐색적 데이터 분석을 수행할 때에는 먼저 데이터를 로딩하고 쿼리와 불리언 선택을 사용해 탐색하는 방법이 권장된다. 그다음에 자연스럽게 인덱스를 지원할 수 있는 데이터이거나 또는 성능 향상이 필요한 경우에 인덱스를 만들면 된다.

## 인덱스 유형

pandas는 다수의 내장 인덱스를 제공한다. 각 인덱스의 유형은 특정 데이터 타입이나 데이터의 패턴에 기초해 최적의 검색을 위해 설계됐다. 지금부터 흔히 사용되는 다양한 인덱스 유형들을 살펴보자.

### 기본 유형: Index

Index는 가장 포괄적인 인덱스이며, 순서가 있고 슬라이싱이 가능한 값들의 집합이다. 인덱스 자체는 반드시 해싱 가능한hashable 파이썬 객체여야 한다. 이는 인덱스가 그 해시를 이용해 값 검색을 효율적으로 하기 때문이다. 해시 검색이 선형 검색보다 선호되는 방식이지만, 더욱 최적화를 할 수 있는 다른 인덱스 유형들이 있다.

보통은 칼럼 인덱스에 Index 유형이 사용된다. 다음은 DataFrame의 칼럼에 이 유형이 적용되는 예다.

```
In [8]: # show that the columns are actually an index
        temps = pd.DataFrame({ "City": ["Missoula", "Philadelphia"],
                               "Temperature": [70, 80] })
        temps

Out[8]:           City  Temperature
        0     Missoula           70
        1  Philadelphia          80
```

```
In [9]: # we can see columns is an index
        temps.columns

Out[9]: Index(['City', 'Temperature'], dtype='object')
```

Index는 대개 영숫자 칼럼명에 잘 어울리지만, 원한다면 칼럼 인덱스에 다른 유형을 사용하는 일도 가능하다.

## 정수 유형: Int64Index와 RangeIndex

Int64Index는 값과 매핑되는 64비트 정수의 불변 배열immutable array을 나타낸다. 불과 얼마 전까지 Int64Index는 인덱스를 명시적으로 지정하지 않거나 인덱스로 정수를 사용할 때 적용되는 pandas의 기본 인덱스 유형이었다. 다음 예를 보자.

```
In [10]: # explicitly create an Int64Index
         df_i64 = pd.DataFrame(np.arange(10, 20), index=np.arange(0, 10))
         df_i64[:5]

Out[10]:     0
         0  10
         1  11
         2  12
         3  13
         4  14
```

이 인덱스 유형은 연속적인 인메모리in-memory 배열을 사용함으로써 DataFrame의 로우 검색에 있어서 높은 성능을 보여준다.

최근 버전의 pandas에는 Int64Index를 더욱 최적화한 RangeIndex가 추가됐다.

RangeIndex는 시작 값, 마지막 값, 그리고 각 값의 간격을 나타낼 수 있는 정수 기반의 인덱스다.

시작, 끝, 간격을 이용하는 것은 하위 인덱스 추가를 보장하는 일반적인 패턴이다. 이 세 값을 사용하면 메모리를 절약할 수 있으며, 실행 시간도 Int64Index와 동일하다.

RangeIndex는 pandas 객체를 위한 기본 인덱스 유형이 됐다. 다음은 기본으로 RangeIndex가 적용된 정수 값의 인덱스가 만들어진 예다.

```
In [12]: # by default we are given a RangeIndex
         df_range = pd.DataFrame(np.arange(10, 15))
         df_range[:5]

Out[12]:     0
         0  10
         1  11
         2  12
         3  13
         4  14
```

```
In [13]: df_range.index

Out[13]: RangeIndex(start=0, stop=5, step=1)
```

## 부동소수점 유형: Float64Index

부동소수점 수도 Float64Index를 통해 인덱스 레이블에 사용될 수 있다.

```
In [14]: # indexes using a Float64Index
         df_f64 = pd.DataFrame(np.arange(0, 1000, 5),
                               np.arange(0.0, 100.0, 0.5))
         df_f64.iloc[:5] # need iloc to slice first five

Out[14]:       0
         0.0   0
         0.5   5
         1.0  10
         1.5  15
         2.0  20
```

## 이산 간격 유형: IntervalIndex

명확한 간격으로 구분되는 레이블의 경우 IntervalIndex를 사용해 나타낼 수 있다. 이산 간격[discrete interval]은 왼쪽이나 오른쪽 끝에 닫혀 있는데, 이는 그 끝에 있는 인덱스가 간격에 포함됨을 의미한다. 다음은 이산 간격을 인덱스로 사용하는 DataFrame을 만드는 예다.

```
In [15]: df_f64.index

Out[15]: Float64Index([ 0.0,  0.5,  1.0,  1.5,  2.0,  2.5,  3.0,
                        3.5,  4.0,  4.5,
                       ...
                       95.0, 95.5, 96.0, 96.5, 97.0, 97.5, 98.0,
                       98.5, 99.0, 99.5],
                      dtype='float64', length=200)
```

```
In [16]: # a DataFrame with an IntervalIndex
         df_interval = pd.DataFrame({ "A": [1, 2, 3, 4]},
                             index = pd.IntervalIndex.from_breaks(
                                 [0, 0.5, 1.0, 1.5, 2.0]))
         df_interval

Out[16]:             A
         (0.0, 0.5]  1
         (0.5, 1.0]  2
         (1.0, 1.5]  3
         (1.5, 2.0]  4
```

```
In [17]: df_interval.index

Out[17]: IntervalIndex([(0.0, 0.5], (0.5, 1.0], (1.0, 1.5], (1.5, 2.0]]
                       closed='right',
                       dtype='interval[float64]')
```

## 범주형: CategoricalIndex

CategoricalIndex는 범주에 포함되지만 흩어져 있는 인덱스를 나타낸다. 다음은 하나의 칼럼을 범주로 지정할 예정인 DataFrame을 만드는 예다.

```
In [18]: # create a DataFrame with a Categorical coulmn
         df_categorical = pd.DataFrame({'A': np.arange(6),
                                        'B': list('aabbca')})
         df_categorical['B'] = df_categorical['B'].astype('category',
                                              categories=list('cab'))
         df_categorical

Out[18]:    A  B
         0  0  a
         1  1  a
         2  2  b
         3  3  b
         4  4  c
         5  5  a
```

범주형 칼럼(B)을 데이터 프레임의 인덱스로 변경함으로써 CategoricalIndex가 됐음을 알 수 있다.

```
In [19]: # shift the categorical column to the index
         df_categorical = df_categorical.set_index('B')
         df_categorical.index

Out[19]: CategoricalIndex(['a', 'a', 'b', 'b', 'c', 'a'], categories=
         ['c', 'a', 'b'], ordered=False, name='B', dtype='category')
```

이제 다음과 같이 범주 안에 있는 값을 사용해 검색을 수행할 수 있게 됐다.

```
In [20]: # lookup values in category 'a'
         df_categorical.loc['a']

Out[20]:    A
         B
         a  0
         a  1
         a  5
```

범주에 대해서는 7장에서 자세히 설명한다.

## 날짜 및 시간 유형: DatetimeIndex

DatetimeIndex는 일련의 날짜와 시간을 나타낸다. 이 유형은 특정 시간 인터벌의 표본으로 이뤄진 시계열 데이터에 매우 자주 사용된다. 이 유형에 대한 간단한 예제를 살펴보자. 다음은 한 시간 주기로 5회에 해당하는 범위를 만들어 시리즈의 인덱스로 사용하는 코드다.

```
In [21]: # create a DatetimeIndex from a date range
         rng = pd.date_range('5/1/2017', periods=5, freq='H')
         ts = pd.Series(np.random.randn(len(rng)), index=rng)
         ts

Out[21]: 2017-05-01 00:00:00    1.239792
         2017-05-01 01:00:00   -0.400611
         2017-05-01 02:00:00    0.718247
         2017-05-01 03:00:00    0.430499
         2017-05-01 04:00:00    1.155432
         Freq: H, dtype: float64
```

인덱스의 유형을 확인해보면 DatetimeIndex임을 알 수 있다.

```
In [22]: ts.index

Out[22]: DatetimeIndex(['2017-05-01 00:00:00',
                        '2017-05-01 01:00:00',
                        '2017-05-01 02:00:00',
                        '2017-05-01 03:00:00',
                        '2017-05-01 04:00:00'],
                       dtype='datetime64[ns]', freq='H')
```

이 날짜/시간의 표현은 64비트 정수를 기반으로 하며, 날짜와 시간 검색을 매우 효율적으로 만든다.

## 기간 유형: PeriodIndex

기간을 년, 월, 일로 표현하는 기능은 매우 중요하다. PeriodIndex는 이산 간격과 비슷해 보이지만 기간을 나타내기 위한 인덱스 유형이다. PeriodIndex를 사용하면 주어진 기간에 특정 빈도를 지정한 인덱스를 만들 수 있다.

다음은 2017-01부터 한 달씩 3개월로 이뤄진 인덱스를 만드는 예다.

```
In [23]: # explicily create a PeriodIndex
         periods = pd.PeriodIndex(['2017-1', '2017-2', '2017-3'], freq='M')
         periods

Out[23]: PeriodIndex(['2017-01', '2017-02', '2017-03'], dtype='period
         [M]', freq='M')
```

이제 이 인덱스를 Series나 DataFrame에서 사용할 수 있다.

```
In [24]: # use the index in a Series
         period_series = pd.Series(np.random.randn(len(periods)),
                                   index=periods)
         period_series

Out[24]: 2017-01   -0.449276
         2017-02    2.472977
         2017-03   -0.716023
         Freq: M, dtype: float64
```

## 인덱스로 작업

다양한 유형의 pandas 인덱스를 만드는 법을 배웠으니, 이제 그와 같은 인덱스를 이용해 여러 일반적인 패턴으로 작업하는 방법을 알아보자. 특히 다음과 같은 작업을 해 볼 예정이다.

- Series와 DataFrame에서의 인덱스 생성과 사용
- 인덱스로 값 선택
- 인덱스 사이의 데이터 이동
- pandas 객체의 리인덱싱

## 시리즈와 데이터 프레임에서의 인덱스 생성과 사용

인덱스는 명시적으로 만들 수도 있고, pandas로 하여금 암묵적으로 만들게 할 수도 있다. 인덱스를 명시적으로 생성하려면 해당 인덱스 유형의 생성자 메소드에 index 파라미터를 사용해 인덱스를 할당하면 된다.

다음은 독립적으로 DatetimeIndex를 만드는 예다.

```
In [25]: # create a DatetimeIndex
         date_times = pd.DatetimeIndex(pd.date_range('5/1/2017',
                                                      periods=5,
                                                      freq='H'))
         date_times

Out[25]: DatetimeIndex(['2017-05-01 00:00:00',
                        '2017-05-01 01:00:00',
                        '2017-05-01 02:00:00',
                        '2017-05-01 03:00:00',
                        '2017-05-01 04:00:00'],
                       dtype='datetime64[ns]', freq='H')
```

Series나 DataFrame을 만들 때 이 인덱스를 이용할 수 있다. 다음은 그 예다.

```
In [26]: # create a DataFrame using the index
         df_date_times = pd.DataFrame(np.arange(0, len(date_times)),
                                      index=date_times)
         df_date_times

Out[26]:
                             0
         2017-05-01 00:00:00  0
         2017-05-01 01:00:00  1
         2017-05-01 02:00:00  2
         2017-05-01 03:00:00  3
         2017-05-01 04:00:00  4
```

또한 .index 속성을 사용하면 이미 존재하는 DataFrame이나 Series에 인덱스를 직접 할당할 수 있다.

```
In [27]: # set the index of a DataFrame
         df_date_times.index = pd.DatetimeIndex(pd.date_range('6/1/2017',
                                                               periods=5,
                                                               freq='H'))
         df_date_times

Out[27]:                      0
         2017-06-01 00:00:00  0
         2017-06-01 01:00:00  1
         2017-06-01 02:00:00  2
         2017-06-01 03:00:00  3
         2017-06-01 04:00:00  4
```

## 인덱스로 값 선택

인덱스로 값을 검색하려면 [] 연산자를 사용하거나 다음과 같은 속성 인덱서[property indexer]들을 사용해야 한다.

| | |
|---|---|
| .loc[] | 포지션이 아닌 레이블로 검색을 수행한다. 그러나 정수로 된 레이블일 경우 전달하는 정수는 무조건 레이블로 취급되므로 포지션과 혼동하지 않게 주의해야 한다. |
| .at[] | 사용법은 .loc[]과 같으나 단일 값만 조회한다. |
| .iloc[] | 인덱스 레이블이 아닌 제로베이스 포지션을 기반으로 조회한다. |
| .ix[] | 레이블과 포지션 둘 다 가능하다. 정수가 주어진다면 제로베이스의 포지션 검색을 하며, 그 외에는 레이블 기반으로 검색한다. 다시 말하지만 이 속성은 권장되지 않으므로, 위의 세 가지 속성을 사용하기 바란다. |

다음과 같이 만든 DataFrame에서 [] 연산자를 사용해 Series의 값을 검색할 수 있다. 여기서는 b의 값을 가져오는 예다.

```
In [28]: # create a series
         s = pd.Series(np.arange(0, 5), index=list('abcde'))
         s
Out[28]: a    0
         b    1
         c    2
         d    3
         e    4
         dtype: int64
```

```
In [29]: # lookup by index label
         s['b']
Out[29]: 1
```

.loc[] 속성은 [] 연산자와 동일하게 사용할 수 있다.

```
In [30]: # explicit lookup by label
         s.loc['b']
Out[30]: 1
```

[] 연산자를 DataFrame에 사용하면 로우 대신 칼럼을 가져온다.

```
In [31]: # create a DataFrame with two columns
         df = pd.DataFrame([ np.arange(10, 12),
                             np.arange(12, 14)],
                           columns=list('ab'),
                           index=list('vw'))
         df
Out[31]:     a   b
         v  10  11
         w  12  13
```

```
In [32]: # this returns the column 'a'
         df['a']
Out[32]: v    10
         w    12
         Name: a, dtype: int64
```

로우 인덱스로 검색하려면 속성 인덱서 중의 하나를 사용해야 한다.

```
In [33]: # return the row 'w' by label
         df.loc['w']

Out[33]: a    12
         b    13
         Name: w, dtype: int64
```

속성 인덱서는 슬라이싱에도 이용할 수 있다.

```
In [34]: # slices the Series from index label b to d
         s['b':'d']

Out[34]: b    1
         c    2
         d    3
         dtype: int64
```

```
In [35]: # this explicitly slices from label b to d
         s.loc['b':'d']

Out[35]: b    1
         c    2
         d    3
         dtype: int64
```

또한 값 리스트를 전달할 수도 있다.

```
In [36]: # and this looks up rows by label
         s.loc[['a', 'c', 'e']]

Out[36]: a    0
         c    2
         e    4
         dtype: int64
```

## 인덱스 사이의 데이터 이동

.reset_index( )를 사용하면 DataFrame 객체의 인덱스를 재설정할 수 있다. 대개 인덱스 재설정을 사용하는 목적은 DataFrame의 인덱스 콘텐츠를 하나 이상의 칼럼으로 이동시키기 위함이다.

다음은 sp500의 인덱스인 주식 기호를 칼럼으로 이동시키고, 인덱스를 기본 정수 인덱스로 교체하는 코드다.

```
In [37]: # examine asome of the sp500 data
         sp500[:5]

Out[37]:                         Sector   Price  Book Value
         Symbol
         MMM                Industrials  141.14      26.668
         ABT                Health Care   39.60      15.573
         ABBV               Health Care   53.95       2.954
         ACN     Information Technology   79.79       8.326
         ACE                 Financials  102.91      86.897
```

```
In [38]: # reset the index which moves the values in the index to a column
         index_moved_to_col = sp500.reset_index()
         index_moved_to_col[:5]

Out[38]:   Symbol                  Sector   Price  Book Value
         0    MMM             Industrials  141.14      26.668
         1    ABT             Health Care   39.60      15.573
         2   ABBV             Health Care   53.95       2.954
         3    ACN  Information Technology   79.79       8.326
         4    ACE              Financials  102.91      86.897
```

.set_index( ) 메소드를 사용하면 데이터 칼럼을 DataFrame 객체의 인덱스로 만들 수 있다. 다음은 Sector 칼럼을 인덱스로 만드는 예다.

```
In [39]: # and now set the Sector column to be the index
         index_moved_to_col.set_index('Sector')[:5]

Out[39]:                        Symbol   Price  Book Value
         Sector
         Industrials               MMM  141.14      26.668
         Health Care               ABT   39.60      15.573
         Health Care              ABBV   53.95       2.954
         Information Technology    ACN   79.79       8.326
         Financials                ACE  102.91      86.897
```

복수의 칼럼을 인덱스로 이동시킴으로써 계층형의 다중 인덱스를 만드는 일도 가능하다. 계층형 인덱스에 대해서는 조금 후에 다룬다.

## pandas 객체의 리인덱싱

.reindex() 메소드를 사용하면 DataFrame을 리인덱싱할 수 있다. 리인덱싱은 DataFrame에 새 인덱스를 부여하고 거기에 기존 인덱스의 데이터를 채운다. 기존에 없던 인덱스에는 NaN을 할당한다.

다음은 sp500을 3개의 인덱스 레이블로 리인덱싱하는 예다.

```
In [40]: # reindex to have MMM, ABBV, and FOO index labels
         reindexed = sp500.reindex(index=['MMM', 'ABBV', 'FOO'])
         # note that ABT and ACN are dropped and FOO has NaN values
         reindexed

Out[40]:              Sector   Price  Book Value
         Symbol
         MMM     Industrials  141.14      26.668
         ABBV    Health Care   53.95       2.954
         FOO             NaN     NaN         NaN
```

이 과정을 통해 지정된 로우를 갖는 새 데이터 프레임이 만들어진다. 기존의 값을 찾을 수 없는 로우의 경우에는 'FOO' 레이블에서 볼 수 있듯이 값으로 NaN이 삽입된다.

리인덱싱은 칼럼에 대해서도 가능하다. 다음은 sp500을 세 개의 칼럼명으로 리인덱싱하는 예다.

```
In [41]: # reindex columns
         sp500.reindex(columns=['Price',
                               'Book Value',
                               'NewCol'])[:5]

Out[41]:          Price  Book Value  NewCol
         Symbol
         MMM     141.14      26.668     NaN
         ABT      39.60      15.573     NaN
         ABBV     53.95       2.954     NaN
         ACN      79.79       8.326     NaN
         ACE     102.91      86.897     NaN
```

기존의 값이 존재하지 않는 NewCol의 경우 NaN이 삽입된 것을 볼 수 있다.

## 계층형 인덱스

계층형 인덱스hierarchical index는 하나의 로우에 둘 이상의 인덱스를 조합해 사용할 수 있는 pandas의 기능이다. 계층형 인덱스에서 각 인덱스는 레벨level로서 참조된다. 인덱스의 다중 레벨은 각 레벨에서의 서로 다른 값 조합을 통해 데이터의 서로 다른 서브셋을 선택하는 효율적인 방법이다. 기술적으로 이런 계층형의 다중 레벨을 갖는 pandas의 인덱스는 MultIndex 객체다.

다음은 MultiIndex를 만들어 sp500 데이터에 접근하는 코드다. 두 변수 값의 조합을 사용해 효율적인 데이터 탐색을 할 수 있도록 이 데이터를 Sector와 Symbol 기준으로 재구성하고자 한다. 이는 다음 코드와 같이 Sector와 Symbol을 MultiIndex로 지정함으로써 가능하다.

```
In [42]: # first, push symbol into a column
         reindexed = sp500.reset_index()
         # and now index sp500 by sector and symbol
         multi_fi = reindexed.set_index(['Sector', 'Symbol'])
         multi_fi[:5]

Out[42]:                                  Price  Book Value
         Sector                 Symbol
         Industrials            MMM      141.14      26.668
         Health Care            ABT       39.60      15.573
                                ABBV      53.95       2.954
         Information Technology ACN       79.79       8.326
         Financials             ACE      102.91      86.897
```

.index 속성을 통해 이 인덱스가 MultiIndex 객체임을 확인할 수 있다.

```
In [43]: # the index is a MultiIndex
         type(multi_fi.index)

Out[43]: pandas.core.indexes.multi.MultiIndex
```

앞서 말했듯 MultiIndex 객체는 둘 이상의 레벨을 갖는다. 여기서의 레벨은 2다.

```
In [44]: # this has two levels
         len(multi_fi.index.levels)

Out[44]: 2
```

각 레벨은 별개의 Index 객체다.

```
In [45]: # each index level is an index
         multi_fi.index.levels[0]

Out[45]: Index(['Consumer Discretionary', 'Consumer Discretionary ',
                'Consumer Staples', 'Consumer Staples ', 'Energy',
                'Financials', 'Health Care', 'Industrials',
                'Industries', 'Information Technology', 'Materials',
                'Telecommunications Services', 'Utilities'],
               dtype='object', name='Sector')
```

```
In [46]: # each index level is an index
         multi_fi.index.levels[1]

Out[46]: Index(['A', 'AA', 'AAPL', 'ABBV', 'ABC', 'ABT', 'ACE',
                'ACN', 'ACT', 'ADBE',
                ...
                'XLNX', 'XOM', 'XRAY', 'XRX', 'XYL', 'YHOO', 'YUM',
                'ZION', 'ZMH', 'ZTS'],
               dtype='object', name='Symbol', length=500)
```

특정 레벨에서의 모든 로우에 대한 인덱스 자체의 값을 가져오려면 .get_level_values() 메소드를 사용하면 된다.

```
In [47]: # values of index level 0
         multi_fi.index.get_level_values(0)

Out[47]: Index(['Industrials', 'Health Care', 'Health Care',
                'Information Technology', 'Financials',
                'Health Care', 'Information Technology',
                'Utilities', 'Health Care', 'Financials',
                ...
                'Utilities', 'Information Technology',
                'Information Technology', 'Financials',
                'Industrials', 'Information Technology',
                'Consumer Discretionary', 'Health Care',
                'Financials', 'Health Care'],
               dtype='object', name='Sector', length=500)
```

계층형 인덱스로 DataFrame의 값에 접근하려면 .xs() 메소드를 사용하면 된다. 이 메소드는 .ix 속성과 유사하게 동작하지만, 인덱스의 다차원성을 파라미터로 지정할 수 있다.

다음은 0 레벨(Sector) 인덱스 레이블이 Industrials인 모든 아이템을 선택하는 코드다.

```
In [48]: # get all stocks that are Industrials
         # note the result drops level 0 of the index
         multi_fi.xs('Industrials')[:5]

Out[48]:          Price  Book Value
         Symbol
         MMM     141.14      26.668
         ALLE     52.46       0.000
         APH      95.71      18.315
         AVY      48.20      15.616
         BA      132.41      19.870
```

결과 DataFrame의 인덱스는 지정하지 않은 레벨의 인덱스(Symbol)로 구성된다. 지정한 레벨의 인덱스(Sector)는 결과에서 빠지게 된다.

특정 레벨의 특정 인덱스 값으로 로우를 선택하고 싶다면 level 파라미터를 사용할 수 있다. 다음은 Symbol 칼럼의 인덱스가 ALLE인 로우를 선택하는 코드다.

```
In [49]: # select rows where level 1 (Symbol) is ALLE
         # note that the Sector level is dropped from the result
         multi_fi.xs('ALLE', level=1)

Out[49]:              Price  Book Value
         Sector
         Industrials  52.46         0.0
```

drop_level=False 옵션을 사용하면 지정한 레벨이 결과에서 제외되는 일을 방지할 수 있다.

```
In [50]: # Industrials, without dropping the level
         multi_fi.xs('Industrials', drop_level=False)[:5]

Out[50]:                      Price  Book Value
         Sector      Symbol
         Industrials MMM     141.14      26.668
                     ALLE     52.46       0.000
                     APH      95.71      18.315
                     AVY      48.20      15.616
                     BA      132.41      19.870
```

서로 다른 레벨을 지정한 .xs()를 연쇄적으로 호출해 인덱스 계층으로부터 데이터를 선택할 수도 있다. 다음은 0 레벨이 Industrials이고, 1 레벨이 UPS인 로우를 선택하는 예다.

```
In [51]: # drill through the levels
         multi_fi.xs('Industrials').xs('UPS')

Out[51]: Price          102.73
         Book Value       6.79
         Name: UPS, dtype: float64
```

다음과 같이 계층형 인덱스의 각 레벨 값을 튜플로서 전달하는 또 다른 방법도 있다.

```
In [52]: # drill through using tuples
         multi_fi.xs(('Industrials', 'UPS'))

Out[52]: Price          102.73
         Book Value       6.79
         Name: (Industrials, UPS), dtype: float64
```

.xs()는 값을 가져올 수만 있으며, 변경하지는 못한다는 사실에 주의하기 바란다.

## 정리

6장에서는 데이터를 조직하거나 검색함에 있어서 pandas 인덱스의 활용 방법을 자세히 배웠다. 여러 유용한 인덱스의 유형을 알아봤으며, 데이터 쿼리 없이도 인덱스를 사용해 서로 다른 유형의 데이터를 검색하는 방법을 살펴봤다. 마지막으로 다중 인덱스의 데이터를 효율적으로 가져올 수 있는 방법을 알아봄으로써 계층형 인덱스가 데이터 서브셋을 선택하는 강력한 수단임을 확인했다.

지금까지 pandas의 기본 모델링과 관련해 상당 부분을 다뤘다. 7장에서는 pandas의 범주형 변수를 표현하는 방법을 알아본다.

# 07

# 범주형 데이터

범주형 변수categorical variable는 대개 제한되고 고정된 데이터셋을 표현하는 통계학에서의 변수 유형이다. 범주형 변수는 값을 무한히 표현할 수 있는 연속 변수continuous variable와 대비된다. 성별(남성, 여성)이나 혈액형(A, B, AB, O)이 범주형 변수의 예다.

pandas에서 범주형 변수는 `Categorical`이라는 pandas 객체를 사용해 표현한다. 이 객체는 각 범주를 나타내는 정수 코드의 그룹으로, 데이터를 효율적으로 표현하기 위해 설계됐다. 이로써 pandas는 범주 집합의 효율적인 표현뿐만 아니라 여러 범주형 변수를 정렬하거나 비교하는 능력을 갖추게 됐다.

7장에서는 `Categorical`과 관련해 다음과 같은 사항들을 다룬다.

- `Categorical` 생성

- 범주 이름 변경
- 새 범주 추가
- 범주 삭제
- 미사용 범주 삭제
- 범주 설정
- 기술 통계
- 값의 수 세기
- 최댓값, 최솟값, 최빈값
- Categorical을 사용해 학생의 숫자 등급에 문자 등급을 할당하는 방법

## pandas 설정

다음과 같이 임포트문과 설정문을 사용해 7장의 예제를 시작하자.

```
In [1]: # import numpy and pandas
        import numpy as np
        import pandas as pd

        # used for dates
        import datetime
        from datetime import datetime, date

        # Set some pandas options controlling output format
        pd.set_option('display.notebook_repr_html', False)
        pd.set_option('display.max_columns', 8)
        pd.set_option('display.max_rows', 10)
        pd.set_option('display.width', 80)

        # bring in matplotlib for graphics
        import matplotlib.pyplot as plt
        %matplotlib inline
```

## Categorical 생성

pandas의 Categorical은 범주형 변수를 표현하기 위해 사용된다. 범주형 변수는 한정된 값의 집합으로 구성되며, 종종 값을 범주에 매핑하거나 각 범주에 있는 값의

개수를 추적할 때 사용된다. 또 다른 목적은 연속적인 값들의 구획을 나눠 개별 레이블에 매핑시키기 위해서다. 예를 들면 숫자로 된 등급을 문자로 된 등급에 매핑시키는 일 등이다. 그런 매핑에 대해서는 7장의 후반부에서 다룬다.

pandas Categorical을 만드는 방법은 다양하다. 다음은 리스트로부터 직접 Categorical을 만드는 예다.

```
In [2]: # create a categorical directly from a list.
        lmh_values = ["low", "high", "medium", "medium", "high"]
        lmh_cat = pd.Categorical(lmh_values)
        lmh_cat

Out[2]: [low, high, medium, medium, high]
        Categories (3, object): [high, low, medium]
```

이 Categorical은 5개의 문자열 리스트로 이뤄지며, 여기에는 low, medium, high라는 세 개의 구분되는 값이 포함된다. Categorical이 생성될 때 pandas는 리스트에서 유일한 값들을 판별하고 이를 범주로 사용한다.

만들어진 범주는 .categories 속성을 사용해 확인할 수 있다.

```
In [3]: # examine the categories
        lmh_cat.categories

Out[3]: Index(['high', 'low', 'medium'], dtype='object')
```

보다시피 주어진 리스트로부터 유일한 세 개의 값으로 인덱스가 만들어졌음을 알 수 있다.

Categorical의 값은 .get_values()를 사용해 가져올 수 있다.

```
In [4]: # retreive the values
        lmh_cat.get_values()

Out[4]: array(['low', 'high', 'medium', 'medium', 'high'], dtype=object)
```

Categorical의 각 범주에는 정수 값이 할당되는데, 이를 코드code라고 한다. 할당된 코드는 .codes 속성을 통해 확인할 수 있다.

```
In [5]: # .codes shows the integer mapping for each value of the categorical
        lmh_cat.codes

Out[5]: array([1, 0, 2, 2, 0], dtype=int8)
```

이들 코드는 범주형 인덱스의 포지션을 효과적으로 나타낸다. 여기서는 low = 1, high = 0, medium = 2다. 이 순서는 특별한 논리적 의미가 있는 것이 아니라, 단지 pandas가 lmh_values 배열의 문자열을 순차적으로 처리하면서 결정한 것이다.

이 순서는 categories 파라미터를 통해 범주를 지정함으로써 통제할 수 있다.

```
In [6]: # create from list but explicitly state the categories
        lmh_cat = pd.Categorical(lmh_values,
                                 categories=["low", "medium", "high"])
        lmh_cat

Out[6]: [low, high, medium, medium, high]
        Categories (3, object): [low, medium, high]
```

생성자에서 지정한 범주의 순서로 인해 코드는 다음과 같이 변경된다.

```
In [7]: # the codes are...
        lmh_cat.codes

Out[7]: array([0, 2, 1, 1, 2], dtype=int8)
```

이제 low = 0, medium = 1, high = 2가 됐다. 즉, 각 범주의 의미와 상통하는 순서로 값이 정렬sorting됐으므로 훨씬 유용하게 됐다. Categorical의 정렬은 실제 값이 아닌 코드를 기준으로 수행된다. 다음은 lmh_cat을 정렬하는 예다.

```
In [8]: # sorting is done using the codes underlying each value
        lmh_cat.sort_values()

Out[8]: [low, medium, medium, high, high]
        Categories (3, object): [low, medium, high]
```

범주형 변수는 dtype이 category인 하나의 시리즈로 표현될 수 있다. 다음은 범주의 배열을 받아 dtype이 category인 Series를 만드는 예다.

```
In [9]: # create a categorical using a Series and dtype
        cat_series = pd.Series(lmh_values, dtype="category")
        cat_series

Out[9]: 0       low
        1      high
        2    medium
        3    medium
        4      high
        dtype: category
        Categories (3, object): [high, low, medium]
```

범주형 Series를 만드는 또 다른 방법은 먼저 Series를 하나 만든 다음 .astype('category') 메소드를 사용해 범주형으로 바꿔주는 것이다. 다음은 그런 방법으로 범주형 Series를 만드는 예다.

```
In [10]: # create a categorical using .astype()
         s = pd.Series(lmh_values)
         as_cat = s.astype('category')
         cat_series

Out[10]: 0       low
         1      high
         2    medium
         3    medium
         4      high
         dtype: category
         Categories (3, object): [high, low, medium]
```

범주형 Series에는 CategoricalAccessor를 반환하는 .cat이라는 속성이 있다.

```
In [11]: # a categorical has a .cat property that lets you access various info
         cat_series.cat

Out[11]: <pandas.core.categorical.CategoricalAccessor object at 0x10aca1e48>
```

CategoricalAccessor는 범주형의 여러 정보에 접근할 수 있게 하는 객체다. 예를 들어 다음과 같이 범주를 가져올 수 있다.

```
In [12]: # get the index for the categorical
         cat_series.cat.categories

Out[12]: Index(['high', 'low', 'medium'], dtype='object')
```

Categorical을 반환해주는 여러 pandas 함수들이 있다. 그중 하나는 pd.cut()인데, 이 함수는 특정 범위에 포함되는 객체의 구간[bins]을 만든다. 다음은 0부터 100 사이에 있는 5개의 난수를 정수 10만큼의 크기를 갖는 10개의 범주형 구간으로 분류시킨 예다.

```
In [13]: # create a DataFrame of 100 values
         np.random.seed(123456)
         values = np.random.randint(0, 100, 5)
         bins = pd.DataFrame({ "Values": values})
         bins

Out[13]:    Values
         0      65
         1      49
         2      56
         3      43
         4      43
```

```
In [14]: # cut the values into
         bins['Group'] = pd.cut(values, range(0, 101, 10))
         bins

Out[14]:    Values     Group
         0      65  (60, 70]
         1      49  (40, 50]
         2      56  (50, 60]
         3      43  (40, 50]
         4      43  (40, 50]
```

pd.cut( ) 함수로 생성된 범주형 변수가 Group 칼럼이며, 각 인덱스 레이블의 값은 특정 범주와 연결된다.

```
In [15]: # examine the categorical that was created
         bins.Group

Out[15]: 0    (60, 70]
         1    (40, 50]
         2    (50, 60]
         3    (40, 50]
         4    (40, 50]
         Name: Group, dtype: category
         Categories (10, interval[int64]): [(0, 10] < (10, 20] < (20, 30] < (30, 40] ... (60, 70] < (7
         0, 80] < (80, 90] < (90, 100]]
```

ordered = True를 사용하면 명시적으로 범주의 순서를 정렬할 수 있다. 이는 범주의 순서가 중요한 의미를 가진다는 점을 나타내며, 범주형 변수의 여러 시리즈 사이의 값 비교를 가능하게 해준다. 다음은 세 종류의 금속을 나타내는 순서를 갖는 Categorical 을 생성하는 예다.

```
In [16]: # create an ordered categorical of precious metals
         # order is important for determining relative value
         metal_values = ["bronze", "gold", "silver", "bronze"]
         metal_categories = ["bronze", "silver", "gold"]
         metals = pd.Categorical(metal_values,
                                 categories=metal_categories,
                                 ordered = True)
         metals

Out[16]: [bronze, gold, silver, bronze]
         Categories (3, object): [bronze < silver < gold]
```

이 Categorical은 청동(bronze)이 은(silver)보다 가치가 낮으며, 은(silver)은 금(gold)보다 가치가 낮다는 엄격한 순서를 갖는다.

이와 같은 순서는 Categorical끼리 정렬하거나 비교하는 용도로 사용될 수 있다. 이를 시험하기 위해 다음과 같이 원래의 값을 거꾸로 나열한 Categorical을 만들어 보자.

```
In [17]: # reverse the metals
         metals_reversed_values = pd.Categorical(metals.get_values()[::-1],
                                                 categories = metals.categories,
                                                 ordered=True)
         metals_reversed_values

Out[17]: [bronze, silver, gold, bronze]
         Categories (3, object): [bronze < silver < gold]
```

이제 두 범주형 변수를 서로 비교할 수 있다. 다음은 동일한 인덱스 레이블에 해당하는 금속의 가치를 각각 비교하는 예다.

```
In [18]: # compare the two categoricals
         metals <= metals_reversed_values

Out[18]: array([ True, False,  True,  True], dtype=bool)
```

pandas는 각 값이 갖는 코드를 일치시킴으로써 이와 같은 비교를 수행한다. 다음은 metals 변수의 코드다.

```
In [19]: # codes are the integer value assocaited with each item
         metals.codes

Out[19]: array([0, 2, 1, 0], dtype=int8)
```

그리고 다음은 metals_reserved_values의 코드다.

```
In [20]: # and for metals2
         metals_reversed_values.codes

Out[20]: array([0, 1, 2, 0], dtype=int8)
```

여기에 논리 연산자가 적용돼 앞의 결과를 볼 수 있었다.

마지막으로 다음은 어떤 범주에도 속하지 않는 값(copper)을 지정한 상황을 보여준다. 이 경우 pandas는 그 값을 NaN으로 대체한다.

```
In [21]: # creating a categorical with a value that is not in the cat gives a NaN (copper in this case)
         pd.Categorical(["bronze", "copper"],
                        categories=metal_categories)

Out[21]: [bronze, NaN]
         Categories (3, object): [bronze, silver, gold]
```

이는 카테고리컬 생성 당시에 어떤 범주에도 속하지 않는 값을 제외시킬 때 사용할 수 있는 기법이다.

## 범주 이름 변경

Categorical은 .categories 속성이나 .rename_categories() 메소드를 통해 범주 이름을 변경할 수 있게 해준다. 다음은 .categories 속성을 사용한 예다.

```
In [22]: # create a categorical with 3 categories
         cat = pd.Categorical(["a","b","c","a"],
                              categories=["a", "b", "c"])
         cat

Out[22]: [a, b, c, a]
         Categories (3, object): [a, b, c]
```

```
In [23]: # renames the categories (and also the values)
         cat.categories = ["bronze", "silver", "gold"]
         cat

Out[23]: [bronze, silver, gold, bronze]
         Categories (3, object): [bronze, silver, gold]
```

.categories 속성을 사용하면 즉석 변경이 이뤄진다는 점에 주의해야 한다. 즉석 변경을 원하지 않을 경우엔 .rename_categories() 메소드를 사용하면 된다.

```
In [24]: # this also renames
         cat.rename_categories(["x", "y", "z"])

Out[24]: [x, y, z, x]
         Categories (3, object): [x, y, z]
```

다음과 같이 원래 Categorical은 변경되지 않았음을 확인할 수 있다.

```
In [25]: # the rename is not done in-place
         cat
Out[25]: [bronze, silver, gold, bronze]
         Categories (3, object): [bronze, silver, gold]
```

## ▌새 범주 추가

.add_categories() 메소드를 사용해 범주를 추가할 수 있다. 다음은 metals에 copper라는 범주를 추가하는 예다. 이 경우 역시 즉석 변경이 일어나지는 않는다.

```
In [26]: # add a new platimnum category
         with_platinum = metals.add_categories(["platinum"])
         with_platinum
Out[26]: [bronze, gold, silver, bronze]
         Categories (4, object): [bronze < silver < gold < platinum]
```

## ▌범주 삭제

범주의 삭제는 .remove_categories() 메소드를 통해 가능하다. 삭제된 범주는 np.NaN으로 대체된다. 다음은 bronze 범주를 삭제하는 예다.

```
In [27]: # remove bronze category
         no_bronze = metals.remove_categories(["bronze"])
         no_bronze
Out[27]: [NaN, gold, silver, NaN]
         Categories (2, object): [silver < gold]
```

## 미사용 범주 삭제

사용되지 않는 범주의 경우 .remove_unused_categories()를 사용해 삭제할 수 있다.

```
In [28]: # remove any unused categories (in this case, platinum)
         with_platinum.remove_unused_categories()

Out[28]: [bronze, gold, silver, bronze]
         Categories (3, object): [bronze < silver < gold]
```

## 범주 설정

.set_categories() 메소드를 사용하면 범주를 삭제하고 추가하는 작업을 한 번에 할 수 있다. 이를 시험하기 위해 다음과 같은 Series를 만들자.

```
In [29]: # sample Series
         s = pd.Series(["one","two","four", "five"], dtype="category")
         s

Out[29]: 0     one
         1     two
         2    four
         3    five
         dtype: category
         Categories (4, object): [five, four, one, two]
```

이제 다음과 같이 "one"과 "four"만을 범주로 설정한다.

```
In [30]: # remove the "two" and "-" category - leaves NaNs
         s = s.cat.set_categories(["one","four"])
         s

Out[30]: 0     one
         1     NaN
         2    four
         3     NaN
         dtype: category
         Categories (2, object): [one, four]
```

지정한 두 범주를 제외한 나머지 범주는 NaN으로 대체됐다.

## Categorical의 기술 통계 정보

Categorical의 .describe( ) 메소드는 Series나 DataFrame에서와 마찬가지로 기술 통계[descriptive statistics] 정보를 출력한다.

```
In [31]: # get descriptive info on the metals categorical
         metals.describe()
Out[31]:             counts  freqs
         categories
         bronze           2   0.50
         silver           1   0.25
         gold             1   0.25
```

이 결과를 통해 각 범주에 해당하는 인스턴스의 수와 도수 분포[frequency distribution]를 알 수 있다.

각 범주에 포함되는 값의 개수는 .value_counts( )를 통해서도 알 수 있다.

```
In [32]: # count the values in the categorical
         metals.value_counts()
Out[32]: bronze    2
         silver    1
         gold      1
         dtype: int64
```

또한 다음과 같이 범주의 최솟값, 최댓값, 최빈값도 같은 이름의 메소드(min, max, mode)를 통해 알 수 있다.

```
In [33]: # find the min, max and mode of the metals categorical
         (metals.min(), metals.max(), metals.mode())
Out[33]: ('bronze', 'gold', [bronze]
          Categories (3, object): [bronze < silver < gold])
```

## 성적 데이터 가공

이제 숫자 대신 범주를 기반으로 정보를 조직화하기 위해 Categorical을 적용해보자. 여기서 풀 문제는 숫자로 된 학생들의 성적에 문자로 된 등급을 할당하는 일이다.

```
In [34]: # 10 students with random grades
         np.random.seed(123456)
         names = ['Ivana', 'Norris', 'Ruth', 'Lane', 'Skye', 'Sol', 'Dylan', 'Katina', 'Alissa', "Marc"]
         grades = np.random.randint(50, 101, len(names))
         scores = pd.DataFrame({'Name': names, 'Grade': grades})
         scores

Out[34]:    Grade    Name
         0     51   Ivana
         1     92  Norris
         2    100    Ruth
         3     99    Lane
         4     93    Skye
         5     97     Sol
         6     93   Dylan
         7     77  Katina
         8     82  Alissa
         9     73    Marc
```

이 데이터 프레임은 학생들의 원래 점수를 나타낸다. 이제 숫자로 된 이 점수들을 문자 코드로 분류해야 한다. 다음은 각 점수에 대한 구간을 정의하고 각 구간별로 문자 등급을 연관시키는 코드다.

```
In [35]: # bins and their mappings to letter grades
         score_bins =    [ 0,  59,   62,  66,   69,   72,  76,   79,   82,  86,   89,   92,  99, 100]
         letter_grades = ['F', 'D-', 'D', 'D+', 'C-', 'C', 'C+', 'B-', 'B', 'B+', 'A-', 'A', 'A+']
```

다음은 pd.cut()을 사용해 각 점수에 문자 등급을 할당하는 코드다.

```
In [36]: # cut based upon the bins and assign the letter grade
         letter_cats = pd.cut(scores.Grade, score_bins, labels=letter_grades)
         scores['Letter'] = letter_cats
         scores

Out[36]:    Grade    Name Letter
         0     51   Ivana      F
         1     92  Norris     A-
         2    100    Ruth     A+
         3     99    Lane      A
         4     93    Skye      A
         5     97     Sol      A
         6     93   Dylan      A
         7     77  Katina     C+
         8     82  Alissa     B-
         9     73    Marc      C
```

다음과 같이 이 Categorical에서 생성된 코드와 그에 연결된 문자 등급을 확인할 수 있다.

```
In [37]: # examine the underlying categorical
         letter_cats

Out[37]: 0     F
         1    A-
         2    A+
         3     A
         4     A
         5     A
         6     A
         7    C+
         8    B-
         9     C
         Name: Grade, dtype: category
         Categories (13, object): [F < D- < D < D+ ... B+ < A- < A < A+]
```

각 등급별 학생 수를 알고 싶다면 .value_counts()를 사용하면 된다.

```
In [38]: # how many of each grade occurred?
         scores.Letter.value_counts()

Out[38]: A     4
         A+    1
         A-    1
         B-    1
         C+    1
              ..
         B     0
         C-    0
         D+    0
         D     0
         D-    0
         Name: Letter, Length: 13, dtype: int64
```

문자 등급 Categorical에는 논리적인 순서가 있으므로, Categorical이 적용된 칼럼을 정렬해 학생들을 성적순으로 나열시킬 수 있다.

```
In [39]: # and sort by letter grade instead of numeric grade
         scores.sort_values(by=['Letter'], ascending=False)

Out[39]:    Grade    Name Letter
         2    100    Ruth     A+
         6     93   Dylan      A
         5     97     Sol      A
         4     93    Skye      A
         3     99    Lane      A
         1     92  Norris     A-
         8     82  Alissa     B-
         7     77  Katina     C+
         9     73    Marc      C
         0     51   Ivana      F
```

## 정리

7장에서는 pandas `Categorical`을 사용해 범주형 변수를 모델링하는 방법을 배웠다. 먼저 `Categorical`을 만드는 방법을 시작으로 정수 코드를 각 범주로 분류하는 다양한 예제를 살펴봤다. 그다음엔 이미 존재하는 `Categorical`을 변경하는 여러 방법도 알아봤다. 마지막으로 `Categorical`을 통해 이름이 있는 각 구간으로 데이터를 분류하는 방법을 배웠다.

8장에서는 pandas 데이터의 수치 해석과 통계 분석을 수행해본다.

08

# 수치 해석과 통계 기법

pandas는 데이터 모델링과 조작에 있어서도 매우 효과적이지만, 수치 해석과 통계 분석을 위한 다양하고 강력한 도구들도 제공한다. 그 도구들은 pandas의 데이터 구조와 밀접하게 연계됨으로써 모델링된 데이터의 복잡한 계산을 간단하게 만들어준다.

8장에서는 먼저 여러 객체에 걸친 산술 연산 등의 기본적인 수치 계산과, 최솟값이나 최댓값과 같은 특정 값을 찾는 방법을 알아본다. 그다음엔 분위수quantile, 값 순위ranking, 분산, 상관관계 등 다수의 pandas 통계 기능을 살펴본다.

마지막에서는 롤링 윈도우rolling window라고 하는 pandas의 매우 강력한 기능을 확인할 것이다. 롤링 윈도우는 여러 데이터 서브셋에 걸친 평균을 계산하는 등 다양한 기법을 수행할 수 있는 수단을 제공한다. 이런 유형의 연산은 시간 변화에 따른 주식 데이터의 특성을 결정하는 작업과 같은 다양한 분석에 있어서 필수적이다. 8장에서는 우선 그런 개념을 소개하고, 그 이후에 좀 더 자세한 내용을 다룬다.

8장에서 다루는 내용은 다음과 같다.

- pandas 객체에 대한 산술 연산
- 값의 개수 세기
- 고윳값과 그 개수 판별
- 최솟값과 최댓값 찾기
- n개 최솟값과 n개 최댓값 찾기
- 누적 값 계산
- 약식 기술 통계 내용 가져오기
- 중심 경향성 측정(평균, 중위수, 최빈수)
- 분산, 표준 편차, 공분산, 상관관계 계산
- 이산화와 분위수 계산
- 값 순위 계산
- 각 표본의 변동률 계산
- 롤링 윈도우 작업
- 무작위 표집

## pandas 설정

다음과 같이 표준적인 pandas 설정을 적용한 예제로 시작하자. 추가로 S&P 500 데이터와 월별 주식 데이터도 임포트했다.

```
In [1]: # import numpy and pandas
        import numpy as np
        import pandas as pd

        # used for dates
        import datetime
        from datetime import datetime, date

        # Set formattign options
        pd.set_option('display.notebook_repr_html', False)
        pd.set_option('display.max_columns', 7)
        pd.set_option('display.max_rows', 10)
        pd.set_option('display.width', 60)

        # bring in matplotlib for graphics
        import matplotlib.pyplot as plt
        %matplotlib inline

        # read in the data and print the first five rows
        # use the Symbol column as the index, and
        # only read in columns in positions 0, 2, 3, 7
        sp500 = pd.read_csv("data/sp500.csv",
                            index_col='Symbol',
                            usecols=[0, 2, 3, 7])

        # one month of stock history data
        omh = pd.read_csv("data/omh.csv")
```

## 수치 계산법

pandas는 데이터 산술 연산과 여러 수치적 특성을 계산할 수 있는 풍부한 함수를 제공한다. 이 절에서는 다음과 같은 작업을 수행해본다.

- DataFrame과 Series의 산술 연산
- 값의 개수 세기
- 고윳값과 그 개수 판별
- 최솟값과 최댓값 찾기
- n개 최솟값과 n개 최댓값 찾기
- 누적 값 계산

## DataFrame과 Series의 산술 연산

DataFrame과 Series의 산술 연산에는 +, -, /, *와 같은 연산자를 사용한다. 이는 당연한 일이라서 별것 아니게 보일 수 있지만, pandas는 방정식의 좌변 값과 우변 값을 정렬시키는 강력함을 추가했다. 따라서 인덱스가 산술 연산에 있어서 큰 역할을 하며, 그에 따른 결과에 대한 영향을 이해할 필요가 있다.

pandas는 표준적인 산술 연산자뿐만 아니라, .add( ), .sub( ), .mul( ), .div( ) 등과 같은 고성능과 유연함을 갖는 다양한 메소드를 제공한다.

스칼라 값의 산술 연산은 DataFrame의 어떤 요소에도 적용할 수 있다. 이제 다음과 같이 난수로 이뤄진 4개 칼럼의 DataFrame으로 시작해보자.

```
In [2]: # set the seed to allow replicatable results
        np.random.seed(123456)
        # create the DataFrame
        df = pd.DataFrame(np.random.randn(5, 4),
                          columns=['A', 'B', 'C', 'D'])
        df

Out[2]:
                  A         B         C         D
        0  0.469112 -0.282863 -1.509059 -1.135632
        1  1.212112 -0.173215  0.119209 -1.044236
        2 -0.861849 -2.104569 -0.494929  1.071804
        3  0.721555 -0.706771 -1.039575  0.271860
        4 -0.424972  0.567020  0.276232 -1.087401
```

기본적으로 어떤 산술 연산이라도 데이터 프레임의 모든 로우와 칼럼에 걸쳐 적용이 가능하며, 그 결과로 새 DataFrame 객체가 반환된다. 즉, 원래의 데이터 프레임은 변경되지 않는다.

```
In [3]: # multiply everything by 2
        df * 2

Out[3]:
                  A         B         C         D
        0  0.938225 -0.565727 -3.018117 -2.271265
        1  2.424224 -0.346429  0.238417 -2.088472
        2 -1.723698 -4.209138 -0.989859  2.143608
        3  1.443110 -1.413542 -2.079150  0.543720
        4 -0.849945  1.134041  0.552464 -2.174801
```

DataFrame과 Series 사이의 산술 연산에 있어서 pandas는 Series의 인덱스를 DataFrame 칼럼에 정렬시키며, 이를 로우 우선 브로드캐스팅row-wise broadcasting이라고 한다. 약간 직관에 어긋난다고 생각할 수도 있겠지만, 이는 각 칼럼의 서로 다른 값을 로우 단위에 적용할 수 있는 매우 강력한 방법이다.

이를 시험하기 위해 다음과 같이 데이터 프레임의 첫 번째 로우(즉, Series)를 가져와 이를 각 로우에서 뺀 다음, 각 로우의 값이 달라진 결과를 확인해보자.

```
In [4]: # get first row
        s = df.iloc[0]
        # subtract first row from every row of the DataFrame
        diff = df - s
        diff

Out[4]:           A         B         C         D
        0  0.000000  0.000000  0.000000  0.000000
        1  0.743000  0.109649  1.628267  0.091396
        2 -1.330961 -1.821706  1.014129  2.207436
        3  0.252443 -0.423908  0.469484  1.407492
        4 -0.894085  0.849884  1.785291  0.048232
```

반대로 Series로부터 DataFrame을 빼는 일도 가능하다. pandas는 그런 작업을 올바로 수행할 만큼 영리하기 때문이다.

```
In [5]: # subtract DataFrame from Series
        diff2 = s - df
        diff2

Out[5]:           A         B         C         D
        0  0.000000  0.000000  0.000000  0.000000
        1 -0.743000 -0.109649 -1.628267 -0.091396
        2  1.330961  1.821706 -1.014129 -2.207436
        3 -0.252443  0.423908 -0.469484 -1.407492
        4  0.894085 -0.849884 -1.785291 -0.048232
```

산술 연산은 Series의 인덱스 레이블과 DataFrame의 칼럼 인덱스를 모두 정렬해 결합union한 결과를 반환한다. 결과 칼럼이 Series나 DataFrame 객체에 없는 경우엔 그 값은 NaN으로 채워진다. 다음은 DataFrame의 서브셋 칼럼과 신규 칼럼으로 만든 Series의 예다.

```
In [6]: # B, C
        s2 = s[1:3]
        # add E
        s2['E'] = 0
        # see how alignment is applied in math
        df + s2

Out[6]:      A          B          C   D   E
        0 NaN -0.565727 -3.018117 NaN NaN
        1 NaN -0.456078 -1.389850 NaN NaN
        2 NaN -2.387433 -2.003988 NaN NaN
        3 NaN -0.989634 -2.548633 NaN NaN
        4 NaN  0.284157 -1.232826 NaN NaN
```

pandas는 df의 인덱스 레이블을 s2의 인덱스 레이블에 정렬시킨다. s2에는 레이블 A와 D 칼럼이 없으므로 NaN이 할당된다. 또한 df에는 레이블 E가 없으므로 마찬가지로 NaN이 할당된다.

두 DataFrame 객체끼리의 산술 연산에서는 칼럼과 인덱스 레이블에 대한 정렬이 수행된다. 다음은 df의 일부분을 추출해 전체 DataFrame에서 빼는 코드다. 정렬된 값들은 0이, 그 외에는 NaN이 할당되는 모습을 볼 수 있다.

```
In [7]: # get rows 1 through three, and only B, C columns
        subframe = df[1:4][['B', 'C']]
        # we have extracted a little square in the middle of df
        subframe

Out[7]:           B         C
        1 -0.173215  0.119209
        2 -2.104569 -0.494929
        3 -0.706771 -1.039575
```

```
In [8]: # demonstrate the alignment of the subtraction
        df - subframe

Out[8]:      A    B    C   D
        0 NaN  NaN  NaN NaN
        1 NaN  0.0  0.0 NaN
        2 NaN  0.0  0.0 NaN
        3 NaN  0.0  0.0 NaN
        4 NaN  NaN  NaN NaN
```

DataFrame 객체가 제공하는 메소드를 사용해 특정 축을 기준으로 산술 연산을 수행할 수도 있다. 다음은 모든 칼럼 값에서 A 칼럼 값을 빼는 예다.

```
In [9]: # get the A column
        a_col = df['A']
        df.sub(a_col, axis=0)

Out[9]:      A         B         C         D
        0  0.0 -0.751976 -1.978171 -1.604745
        1  0.0 -1.385327 -1.092903 -2.256348
        2  0.0 -1.242720  0.366920  1.933653
        3  0.0 -1.428326 -1.761130 -0.449695
        4  0.0  0.991993  0.701204 -0.662428
```

## 값의 개수 세기

.count( ) 메소드를 사용하면 Series에서 NaN이 아닌 아이템의 개수를 얻을 수 있다.

```
In [10]: s = pd.Series(['a', 'a', 'b', 'c', np.NaN])
         # number of occurrences of each unique value
         s.count()

Out[10]: 4
```

## 고윳값과 그 개수

Series 안의 고윳값 목록은 .unique( )를 사용해 얻을 수 있다.

```
In [11]: # return a list of unique items
         s.unique()

Out[11]: array(['a', 'b', 'c', nan], dtype=object)
```

.nunique( )를 사용하면 NaN을 제외한 고윳값의 개수를 얻을 수 있다.

```
In [12]: s.nunique()

Out[12]: 3
```

결과에 NaN을 포함시키고 싶다면 파라미터로 dropna=False를 사용하면 된다.

```
In [13]: s.nunique(dropna=False)

Out[13]: 4
```

고윳값 각각의 개수를 알고 싶다면 .value_counts()를 사용할 수 있으며, 이와 같은 과정을 히스토그래밍histogramming이라고 한다.

```
In [14]: # get summary stats on non-numeric data
         s.value_counts(dropna=False)

Out[14]: a      2
         c      1
         b      1
         NaN    1
         dtype: int64
```

### 최솟값과 최댓값 찾기

최솟값과 최댓값은 각각 .min()과 .max()로 찾을 수 있다.

```
In [15]: # location of min price for both stocks
         omh[['MSFT', 'AAPL']].min()

Out[15]: MSFT     45.16
         AAPL    106.75
         dtype: float64
```

```
In [16]: # and location of the max
         omh[['MSFT', 'AAPL']].max()

Out[16]: MSFT     48.84
         AAPL    115.93
         dtype: float64
```

일부 pandas 통계 메소드는 실제 값이 아닌 간접적으로 관련된 값을 반환한다는 의미에서 간접 통계indirect statistics라고 한다. 예를 들어 .idxmin()과 .idxmax()는 각각 최솟값과 최댓값이 위치하는 인덱스 포지션을 반환한다.

```
In [17]: # location of min price for both stocks
         omh[['MSFT', 'AAPL']].idxmin()

Out[17]: MSFT    11
         AAPL    11
         dtype: int64
```

```
In [18]: # and location of the max
         omh[['MSFT', 'AAPL']].idxmax()

Out[18]: MSFT    3
         AAPL    2
         dtype: int64
```

### n개 최솟값과 n개 최댓값 찾기

때로는 데이터셋에서 n개의 최솟값이나 n개의 최댓값을 알아야 할 경우가 있는데, 그런 경우에는 .nsmallest()나 .nlargest()를 사용한다. 다음은 MSFT 칼럼에서 가장 작은 값 4개를 조회하는 예다.

```
In [19]: # get the 4 smallest values
         omh.nsmallest(4, ['MSFT'])['MSFT']

Out[19]: 11    45.16
         12    45.74
         21    46.45
         10    46.67
         Name: MSFT, dtype: float64
```

마찬가지로 가장 큰 값 4개를 조회할 수도 있다.

```
In [20]: # get the 4 largest values
         omh.nlargest(4, ['MSFT'])['MSFT']

Out[20]: 3     48.84
         0     48.62
         1     48.46
         16    48.45
         Name: MSFT, dtype: float64
```

Series의 경우에는 지정할 칼럼이 없으므로 형태가 약간 다르다.

```
In [21]: # nsmallest on a Series
         omh.MSFT.nsmallest(4)

Out[21]: 11    45.16
         12    45.74
         21    46.45
         10    46.67
         Name: MSFT, dtype: float64
```

## 누적 값 계산

누적accumulation은 Series의 어떤 값을 그다음 값에 연속으로 적용하는 통계 방법으로, 누적 곱cumulative product과 누적 합cumulative sum이 대표적인 예다. 다음은 누적 곱을 계산하는 코드다.

```
In [22]: # calculate a cumulative product
         pd.Series([1, 2, 3, 4]).cumprod()

Out[22]: 0     1
         1     2
         2     6
         3    24
         dtype: int64
```

보다시피 각 포지션에 누적된 값을 보여주는 별도의 Series가 반환됐다. 다음은 동일한 Series에 대한 누적합이다.

```
In [23]: # calculate a cumulative sum
         pd.Series([1, 2, 3, 4]).cumsum()

Out[23]: 0     1
         1     3
         2     6
         3    10
         dtype: int64
```

## pandas 객체의 통계 처리

기술 통계는 기초 데이터의 구체적인 특성을 설명해주는 다양한 데이터 측정치를 연구하는 분야다. pandas에는 Series나 DataFrame에 적용할 수 있는 그런 기술 통계 작업을 위한 다수의 클래스가 내장돼 있다.

이제 다음과 같이 pandas가 제공하는 통계 분석과 기법의 여러 측면을 살펴보자.

- 약식 기술 통계
- 중심 경향성 측정: 평균, 중위수, 최빈수
- 분산과 표준 편차

### 약식 기술 통계

pandas 객체는 데이터의 약식 통계summary statistics를 반환하는 .describe( ) 메소드를 제공한다. 이 메소드를 DataFrame에 사용하면 각 칼럼의 통계를 요약해 보여준다. 다음은 omh에 있는 두 주식의 약식 통계를 계산하는 예다.

```
In [24]: # get summary statistics for the stock data
         omh.describe()

Out[24]:             MSFT        AAPL
         count  22.000000   22.000000
         mean   47.493182  112.411364
         std     0.933077    2.388772
         min    45.160000  106.750000
         25%    46.967500  111.660000
         50%    47.625000  112.530000
         75%    48.125000  114.087500
         max    48.840000  115.930000
```

한 번의 메소드 호출로 두 주식 데이터의 개수, 평균, 표준 편차, 최솟값, 최댓값, 심지어 25, 50, 75 백분위수까지 볼 수 있다.

.describe() 메소드는 Series 하나에도 사용할 수 있다. 다음은 MSFT에만 해당하는 약식 통계 정보를 보여주는 코드다.

```
In [25]: # just the stats for MSFT
         omh.MSFT.describe()

Out[25]: count    22.000000
         mean     47.493182
         std       0.933077
         min      45.160000
         25%      46.967500
         50%      47.625000
         75%      48.125000
         max      48.840000
         Name: MSFT, dtype: float64
```

예를 들어 평균만 보고 싶다면 다음과 같이 하면 된다.

```
In [26]: # only the mean for MSFT
         omh.MSFT.describe()['mean']

Out[26]: 47.493181818181817
```

숫자가 아닌 데이터의 경우에는 약식 통계의 결과가 약간 다르다. 이 경우 다음과 같이 아이템의 총 개수(count), 고윳값의 개수(unique), 최다 발생 값(top)과 그 빈도수(freq)를 볼 수 있다.

```
In [27]: # get summary stats on non-numeric data
         s = pd.Series(['a', 'a', 'b', 'c', np.NaN])
         s.describe()

Out[27]: count     4
         unique    3
         top       a
         freq      2
         dtype: object
```

## 중심 경향성 측정: 평균, 중위수, 최빈수

평균, 중위수median, 최빈수mode는 데이터의 분포와 분포 모양을 이해할 수 있게 하는 다양하고 유용한 측정치를 보여준다. 이 세 값의 관계는 다음 다이어그램의 모양을 통해 그 개념을 요약할 수 있다.

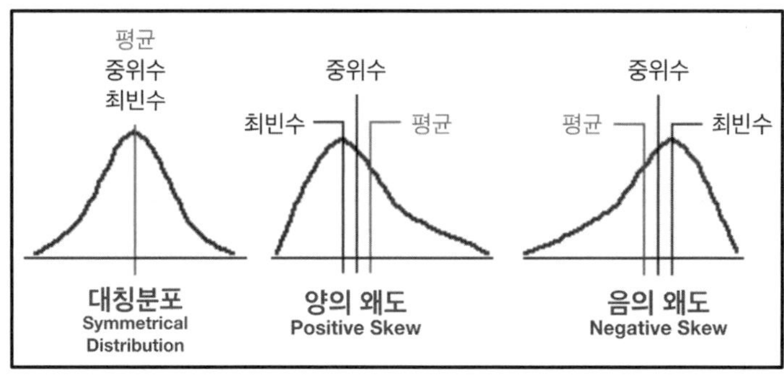


이제 pandas를 이용해 각각의 값을 찾아보자.

### 평균 계산

일반적으로 애버리지average라고도 부르는 평균mean은 중심 경향성central tendency의 측정 방법 중 하나다. 평균은 모든 측정치를 더한 다음 측정치의 개수로 나눔으로써 계산된다.

pandas에서는 .mean()을 사용해 평균을 계산할 수 있다. 다음은 AAPL과 MSFT의 주가 평균을 계산하는 예다.

```
In [28]: # the mean of all the columns in omh
         omh.mean()

Out[28]: MSFT     47.493182
         AAPL    112.411364
         dtype: float64
```

보다시피 각 칼럼의 평균을 개별적으로 계산해 칼럼명을 인덱스로 하는 하나의 Series를 반환한다. .mean() 메소드의 기본 값은 axis=0인데, 이는 각 칼럼의 평균을 계산한다는 의미다. 다음은 축을 전환함으로써 모든 주가의 일별 평균을 계산한 예다.

```
In [29]: # calc the mean of the values in each row
         omh.mean(axis=1)[:5]

Out[29]: 0    81.845
         1    81.545
         2    82.005
         3    82.165
         4    81.710
         dtype: float64
```

### 중위수 찾기

중위수(또는 중앙값, 중간값)는 일련의 값들에서 중앙에 위치한 값을 말하는데, 정의상으로는 큰 값의 개수와 작은 값의 개수를 일치시키는 위치에 있는 값을 말한다. 중위수는 평균에 비해 이상치outlier나 비대칭 데이터에 대한 영향을 적게 받으므로 중요성이 있다.

중위수는 .median()을 사용해 얻을 수 있다.

```
In [30]: # calc the median of the values in each column
         omh.median()

Out[30]: MSFT     47.625
         AAPL    112.530
         dtype: float64
```

### 최빈수 찾기

최빈수는 Series 안에 가장 많이 존재하는 값을 말하며, .mode()로 알아낼 수 있다. 다음은 주어진 Series에서 최빈수를 찾는 예다.

```
In [31]: # find the mode of this Series
         s = pd.Series([1, 2, 3, 3, 5])
         s.mode()

Out[31]: 0    3
         dtype: int64
```

최빈수를 나타내는 스칼라 값이 아닌 Series가 반환된 점을 주목하기 바란다. 그 이유는 다음의 예처럼 최빈수가 하나가 아닐 수도 있기 때문이다.

```
In [32]: # there can be more than one mode
         s = pd.Series([1, 2, 3, 3, 5, 1])
         s.mode()

Out[32]: 0    1
         1    3
         dtype: int64
```

## 분산과 표준 편차 계산

확률론과 통계학에 있어서 분산과 표준 편차는 데이터가 평균으로부터 얼마나 퍼져있는지를 알게 해준다. 이제 분산과 표준 편차에 대해 간단히 살펴보자.

### 분산 측정

분산은 모든 값이 평균으로부터 떨어져 있는 정도를 측정한다. 다음은 분산을 구하는 공식이다.

$$s^2 = \frac{1}{N-1} \sum_{i=1}^{N} (x_i - \bar{x})^2$$

이는 근본적으로 각 값과 평균과의 차이를 측정한 것이다. 다만 그 차이가 음수일 수도 있으므로 제곱을 함으로써 음수의 누적 효과도 결과에 반영되게 한다. 그다음엔 이를 모두 합하고 측정치의 개수에서 1을 뺀 수로 나누면 각 차이의 대략적인 평균에 도달하게 된다.

pandas에서 분산은 .var() 메소드를 사용해 계산할 수 있다. 다음은 두 주가의 분산을 계산하는 예다.

```
In [33]: # calc the variance of the values in each column
         omh.var()

Out[33]: MSFT     0.870632
         AAPL     5.706231
         dtype: float64
```

**표준 편차 계산**

표준 편차는 분산과 동일한 의미를 가지며, 다만 다음과 같이 분산의 제곱근을 계산한 것이다.

$$s=\sqrt{\frac{1}{N-1}\sum_{i=1}^{N}(x_i-\bar{x})^2}$$

분산에서는 개별 값과 평균의 차이를 모두 제곱했었다. 따라서 분산은 실제 값과 그 규모가 다르다. 표준 편차는 분산에 제곱근을 함으로써 원래 데이터셋의 값과 동일한 규모로 조정된 결과다.

표준 편차는 다음과 같이 .std() 메소드를 사용해 계산한다.

```
In [34]: # standard deviation
         omh.std()

Out[34]: MSFT     0.933077
         AAPL     2.388772
         dtype: float64
```

## 공분산과 상관관계

공분산과 상관관계는 두 개의 변수가 어떤 관계인지 설명한다. 그 관계는 다음 둘 중 하나일 것이다.

- 두 변수가 같은 방향으로 움직인다. 즉, 양의 관계를 가진다.
- 두 변수가 반대 방향으로 움직인다. 즉, 음의 관계를 가진다.

공분산과 상관관계는 모두 두 변수의 관계가 양인지 음인지를 나타낸다. 또한 상관관계는 두 변수가 함께 움직이는 경향의 정도까지 보여준다.

### 공분산 계산

공분산은 두 변수의 관계를 나타낸다. 공분산의 값이 양수이면 두 변수는 양의 관계이며, 공분산의 값이 음수이면 두 변수는 음의 관계다.

$$cov_{x,y} = \frac{\sum_{i=1}^{N}(x_i - \bar{x})(y_i - \bar{y})}{N-1}$$

공분산은 .cov( ) 메소드로 계산할 수 있다. 다음은 MSFT와 APPL 사이의 공분산을 계산한 예다.

```
In [35]: # covariance of MSFT vs AAPL
         omh.MSFT.cov(omh.AAPL)

Out[35]: 1.9261240259740264
```

### 상관관계 계산

공분산은 두 변수가 어떤 관계인지는 알려주지만, 그 관계의 크기에 대해서는 설명하지 못한다. 두 변수가 함께 움직이는 정도를 측정하려면 상관관계를 알아야 한다. 상관관계는 공분산을 두 표준 편차의 곱으로 나눔으로써 계산할 수 있다.

$$r(x,y)=\frac{cov_{x,y}}{s_x s_y}$$

상관관계는 두 변수의 상호의존성 측정을 표준화해 결과적으로 두 변수가 얼마나 가깝게 움직이는지를 알려준다. 상관관계의 측정치를 상관계수correlation coefficient라고 하며, 그 값은 항상 -1과 1을 포함한 그 사이에 존재한다. 상관계수는 다음과 같이 해석할 수 있다.

- 상관계수가 1.0이면 완전한 양의 상관관계를 나타낸다. 이는 한 변수가 특정 크기로 움직일 때 나머지 변수도 같은 비율의 크기와 같은 방향으로 움직인다는 의미다. 상관계수가 0.0보다 크고 1.0보다 작은 경우를 불완전한 양의 상관관계라고 하며, 1.0에 가까울수록 상관관계의 크기는 커진다.
- 상관계수가 0.0이면 두 변수 사이의 상관관계가 없음을 나타낸다. 즉, 한 변수가 움직일 때 나머지 변수의 움직임을 예측할 수는 없다는 의미다.
- 상관계수가 -1.0이면 완전한 음의 상관관계(또는 역상관관계)를 나타낸다. 이는 한 변수가 움직일 때 나머지 변수는 같은 비율의 크기로, 그러나 반대 방향으로 움직인다는 의미다. 상관계수가 -1.0보다 크고 0.0보다 작은 경우를 불완전한 음의 상관관계라고 하며, -1.0에 가까울수록 상관관계의 크기는 커진다.

pandas에서 상관관계는 `.corr()` 메소드를 사용해 계산할 수 있다. 다음은 `AAPL`에 대한 `MSFT`의 상관관계를 계산하는 예다.

```
In [36]: # correlation of MSFT relative to AAPL
         omh.MSFT.corr(omh.AAPL)

Out[36]: 0.8641560684381171
```

이 결과는 주어진 기간 동안 MSFT와 APPL의 주가가 높은 수준의 상관관계가 있음을 보여준다. 이는 한 주가가 다른 주가에 영향을 주는 인과관계가 있다는 의미가 아니며, 해당 분야의 시장 상황 등과 같이 두 주가에 동일한 영향을 주는 어떤 요소가 있음을 짐작할 수 있다.

## 이산화와 분위수

이산화discretization는 연속적인 데이터를 일련의 '구간bin'으로 분할하는 방법이다. 각 구간에 속한 값 개수의 분포는 서로 다른 구간에 걸친 데이터의 상대 분포를 이해하는 데 사용된다.

pandas에서 이산화는 pd.cut()과 pd.qcut() 함수를 통해 수행된다. 이를 시험하기 위해 다음과 같이 정규 분포를 따르는 10,000개의 난수로 이뤄진 데이터셋으로 시작해보자.

```
In [37]: # generate 10000 normal random #'s
         np.random.seed(123456)
         dist = np.random.normal(size = 10000)
         dist

Out[37]: array([ 0.4691123 , -0.28286334, -1.5090585 , ...,  0.26296448,
                -0.83377412, -0.10418135])
```

이 데이터셋의 평균과 표준 편차는 다음과 같다. 데이터셋이 정규 분포를 따르므로 그 크기가 클수록 평균은 0에, 표준 편차는 1에 근접하게 될 것이다.

```
In [38]: # show the mean and std
         (dist.mean(), dist.std())

Out[38]: (-0.0028633240409066509, 1.0087162031998911)
```

이제 pd.cut()을 사용해 데이터를 동일한 크기의 구간으로 분할해보자. 다음은 5개의 구간을 만들고 값을 할당하는 예다.

```
In [39]: # cut into 5 equally sized bins
         bins = pd.cut(dist, 5)
         bins

Out[39]: [(-0.633, 0.81], (-0.633, 0.81], (-2.077, -0.633], (-2.077, -0.6
         33], (0.81, 2.254], ..., (-2.077, -0.633], (-0.633, 0.81], (-0.6
         33, 0.81], (-2.077, -0.633], (-0.633, 0.81]]
         Length: 10000
         Categories (5, interval[float64]): [(-3.528, -2.077] < (-2.077,
          -0.633] < (-0.633, 0.81] < (0.81, 2.254] < (2.254, 3.698]]
```

생성된 구간은 pandas의 Categorical이며, 데이터가 어떻게 쪼개졌는지를 보여주는 레이블과 인덱스로 구성된다. .categories 속성은 인덱스를 반환하는데, 주어진 값의 범위와 구간의 개수를 감안해 pandas가 결정한 구간 크기를 보여준다.

```
In [40]: # just the categories
         bins.categories

Out[40]: IntervalIndex([(-3.528, -2.077], (-2.077, -0.633], (-0.633, 0.8
         1], (0.81, 2.254], (2.254, 3.698]]
                       closed='right',
                       dtype='interval[float64]')
```

.codes 속성은 각 아이템이 어느 구간에 속하는지 보여주는 배열을 반환한다.

```
In [41]: # codes tells us which bin each item is in
         bins.codes

Out[41]: array([2, 2, 1, ..., 2, 1, 2], dtype=int8)
```

구간의 표현은 수학에서의 표준 구간 표기법을 따른다. 즉, 괄호는 열린구간open interval을 나타내며, 대괄호는 닫힌구간closed interval을 나타낸다. 닫힌구간의 경우 그 끝의 값이 구간에 포함된다. pandas는 우측 닫힌구간을 기본으로 하지만, pd.cut()의 right=False 파라미터를 사용하면 좌측 닫힌구간으로 바꿀 수 있다.

```
In [42]: # move the closed side of the interval to the left
         pd.cut(dist, 5, right=False).categories

Out[42]: IntervalIndex([[-3.521, -2.077), [-2.077, -0.633), [-0.633, 0.8
         1), [0.81, 2.254), [2.254, 3.705)]
                       closed='left',
                       dtype='interval[float64]')
```

구간의 개수를 지정하는 대신에 구간의 범위를 지정할 수도 있다. 흔한 예로 특정 연령 범위 안에 나이를 매핑시키는 경우를 들 수 있다. 다음은 6세에서 45세 사이의 나이 50개를 생성하는 예다.

```
In [43]: # generate 50 ages between 6 and 45
         np.random.seed(123456)
         ages = np.random.randint(6, 45, 50)
         ages

Out[43]: array([ 7, 33, 38, 29, 42, 14, 16, 16, 18, 17, 26, 28, 44, 40, 2
         0, 12,  8,
                10, 36, 29, 26, 26, 11, 29, 42, 17, 41, 35, 22, 40, 24, 2
         1, 38, 33,
                26, 23, 16, 34, 26, 20, 18, 42, 27, 13, 37, 37, 10,  7, 1
         0, 23])
```

구간의 범위를 각 구간의 경계에 해당하는 값의 배열로 지정할 수도 있다. 다음은 지정한 4개 구간으로 데이터를 분류한 후 연령 분포를 확인하는 예다.

```
In [44]: # cut into ranges and then get descriptive stats
         ranges = [6, 12, 18, 35, 50]
         agebins = pd.cut(ages, ranges)
         agebins.describe()

Out[44]:             counts  freqs
         categories
         (6, 12]          8   0.16
         (12, 18]         9   0.18
         (18, 35]        21   0.42
         (35, 50]        12   0.24
```

수학적 표기법과 달리 각 구간에 이름을 부여하려면 `labels` 파라미터를 사용하면 된다.

```
In [45]: # add names for the bins
         ranges = [6, 12, 18, 35, 50]
         labels = ['Youth', 'Young Adult', 'Adult', 'Middle Aged']
         agebins = pd.cut(ages, ranges, labels=labels)
         agebins.describe()
Out[45]:              counts  freqs
         categories
         Youth             8   0.16
         Young Adult       9   0.18
         Adult            21   0.42
         Middle Aged      12   0.24
```

구간에 레이블을 할당하면 텍스트 출력뿐만 아니라 구간의 플로팅에 있어서도 편리하다. pandas가 레이블을 전달해 구간 이름이 차트에 플로팅되기 때문이다.

또한 pd.qcut( )을 사용하면 특정 분위수 구간에 맞게 데이터를 분할할 수 있다. 이 함수는 아이템의 개수가 동일하게 구간을 나눠 값을 할당한다. 이를 통해 값들이 균등하게 분포된 상태에서 각 구간의 범위를 알아낼 수 있다.

다음은 무작위 값을 5 분위수quintile로 나눈 구간으로 분류하는 예다.

```
In [46]: # cut into quantiles
         # 5 bins with an equal quantity of items
         qbin = pd.qcut(dist, 5)
         # this will tell us the range of values in each quantile
         qbin.describe()
Out[46]:                  counts  freqs
         categories
         (-3.522, -0.861]   2000    0.2
         (-0.861, -0.241]   2000    0.2
         (-0.241, 0.261]    2000    0.2
         (0.261, 0.866]     2000    0.2
         (0.866, 3.698]     2000    0.2
```

구간의 개수를 지정하는 대신에 분위수의 범위를 지정하는 일도 가능하다. 다음은 +/- 3, 2, 1 표준 편차를 기준으로 구간을 나눈 예다. 이 데이터는 정규 분포를 따르므로 평균을 기준으로 양쪽으로 0.1%, 2.1%, 13.6%, 34.1%에 해당하는 값들이 할당될 것임을 예상할 수 있다.

```
In [47]: # make the quantiles at the +/- 3, 2 and 1 std deviations
         quantiles = [0,
                      0.001,
                      0.021,
                      0.5-0.341,
                      0.5,
                      0.5+0.341,
                      1.0-0.021,
                      1.0-0.001,
                      1.0]
         qbin = pd.qcut(dist, quantiles)
         # this data should be a perfect normal distribution
         qbin.describe()
```

```
Out[47]:                        counts  freqs
         categories
         (-3.522, -3.131]           10  0.001
         (-3.131, -2.056]          200  0.020
         (-2.056, -1.033]         1380  0.138
         (-1.033, -0.00363]       3410  0.341
         (-0.00363, 1.011]        3410  0.341
         (1.011, 2.043]           1380  0.138
         (2.043, 3.062]            200  0.020
         (3.062, 3.698]             10  0.001
```

보다시피 정확히 우리가 예상한 결과를 볼 수 있다.

## 값 순위 계산

순위ranking는 두 아이템 중 하나가 다른 아이템보다 순서가 앞인지 또는 뒤인지를 결정하게 해준다. 순위는 복잡한 기준을 쉽게 평가할 수 있게 측정치를 일련의 순서 번호로 바꿔준다.

랭킹을 시험하기 위해 다음과 같은 Series를 사용하기로 하자.

```
In [48]: # random data
         np.random.seed(12345)
         s = pd.Series(np.random.np.random.randn(5), index=list('abcde'))
         s

Out[48]: a   -0.204708
         b    0.478943
         c   -0.519439
         d   -0.555730
         e    1.965781
         dtype: float64
```

Series에 .rank( )를 사용하면 기본적으로 가장 작은 값부터 가장 큰 값까지의 순위가 부여된다.

```
In [49]: # rank the values
         s.rank()

Out[49]: a    3.0
         b    4.0
         c    2.0
         d    1.0
         e    5.0
         dtype: float64
```

이 결과는 가장 작은 값부터 가장 큰 값까지의 순위를 보여준다. 즉, -0.555730인 d에서부터 1.965781인 e까지의 순서가 숫자로 매겨진다.

기본 동작 외에도 .rank( )에 사용할 수 있는 다양한 옵션이 있다. 예를 들어 동점이 있을 경우의 순위를 결정하는 등의 기능을 추가로 지정할 수 있다.

## 각 표본의 변동률 계산

주어진 기간의 백분율 변화량은 .pct_change( ) 메소드로 계산할 수 있다. 백분율 변화량의 대표적인 예는 주가 변동률이다. 다음은 MSFT의 주가 변동률을 보여주는 예다.

```
In [50]: # calculate % change on MSFT
         omh[['MSFT']].pct_change()[:5]

Out[50]:        MSFT
         0       NaN
         1 -0.003291
         2 -0.007842
         3  0.015807
         4 -0.008600
```

## 롤링 윈도우 작업

pandas는 이동[moving](또는 롤링[rolling]) 통계량을 계산하는 여러 함수를 제공한다. 롤링 윈도우는 주어진 데이터 구간에서의 특정 통계량을 계산한다. 그다음엔 윈도우가 데이터를 따라 지정한 간격으로 움직이며 다시 계산을 수행한다. 이는 윈도우가 데이터셋 전체를 이동할 때까지 계속된다.

이를 시험하기 위해 다음과 같이 1,000개의 난수를 누적합을 해 랜덤워크[random walk]가 형성되는 Series 하나를 만들자.

```
In [51]: # create a random walk
         np.random.seed(123456)
         s = pd.Series(np.random.randn(1000)).cumsum()
         s[:5]

Out[51]: 0    0.469112
         1    0.186249
         2   -1.322810
         3   -2.458442
         4   -1.246330
         dtype: float64
```

먼저 처음 100개의 값을 확대해보면 다음 플롯과 같은 데이터의 이동선을 볼 수 있다.

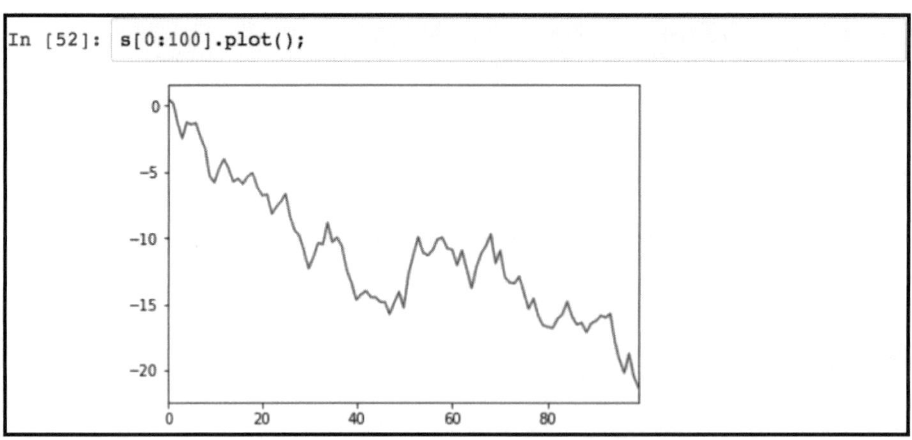


이제 롤링 윈도우를 만들기 위해 .rolling() 메소드에 윈도우의 크기를 전달해 Rolling 객체 하나를 생성한다.

```
In [53]: # calculate rolling window of three days
         r = s.rolling(window=3)
         r

Out[53]: Rolling [window=3,center=False,axis=0]
```

이 롤링 객체는 윈도우의 크기는 지정하지만, 그 자체로 어떤 계산을 수행하지는 않는다. 그렇게 하려면 통계 작업을 위해 롤링 객체가 제공하는 다양한 메소드 중 하나를 선택해야 한다. 다음 그림은 그 메소드 중 일부다.

다음은 이 데이터의 이동 평균rolling mean을 계산한 예다.

```
In [54]: # the rolling mean at three days
         means = r.mean()
         means[:7]

Out[54]: 0         NaN
         1         NaN
         2   -0.222483
         3   -1.198334
         4   -1.675860
         5   -1.708105
         6   -1.322070
         dtype: float64
```

윈도우의 크기가 N=3이므로 인덱스 레이블 2에 가장 처음의 평균값이 나타났다. 이는 다음과 같이 처음 세 개의 평균을 계산해 검증할 수 있다.

```
In [55]: # check the mean of the first 3 numbers
         s[0:3].mean()

Out[55]: -0.22248276403642672
```

윈도우는 데이터를 따라 그다음 한 칸을 이동한다. 레이블 3에 있는 값은 레이블 1, 2, 3의 평균이며, 역시 다음과 같이 검증할 수 있다.

```
In [56]: # mean of 1 through 3
         s[1:4].mean()

Out[56]: -1.1983341702095498
```

처음 100개의 이동 평균을 플로팅한 결과는 다음과 같다.

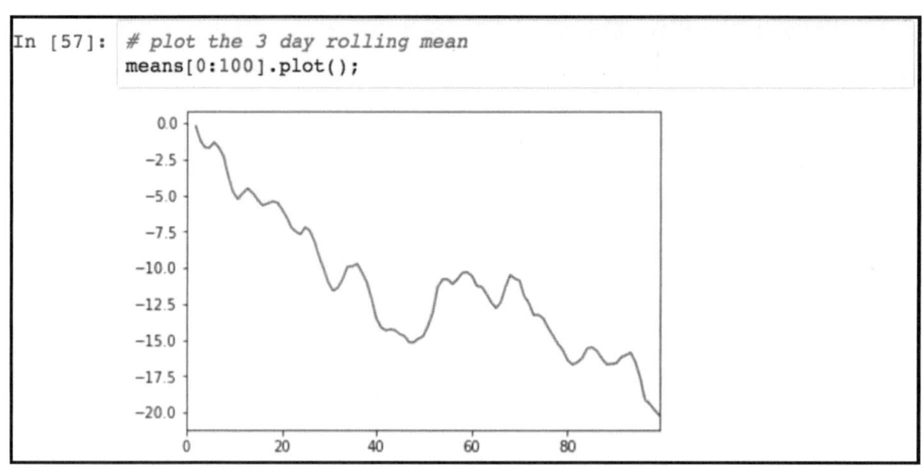

```
In [57]: # plot the 3 day rolling mean
         means[0:100].plot();
```



이동 평균을 통해 이전의 플롯에 비해 데이터가 매끄럽게(평활화smoothing) 됐음을 알 수 있다.

## 무작위 표집

무작위 표집random sampling이란 무작위의 위치에 있는 표본으로부터 값을 선택하는 과정을 말한다. pandas 버전 0.19.2부터 시리즈와 데이터 프레임에 무작위 표집 기능이 추가됐으며, 그 전까지는 직접 코딩이 필요했었다.

무작위 표집을 시험하기 위해 다음과 같이 난수로 이뤄진 50개 로우와 4개 칼럼의 DataFrame을 만들자.

```
In [58]: # create a random sample of four columns of 50 items
         np.random.seed(123456)
         df = pd.DataFrame(np.random.randn(50, 4))
         df[:5]

Out[58]:           0         1         2         3
         0  0.469112 -0.282863 -1.509059 -1.135632
         1  1.212112 -0.173215  0.119209 -1.044236
         2 -0.861849 -2.104569 -0.494929  1.071804
         3  0.721555 -0.706771 -1.039575  0.271860
         4 -0.424972  0.567020  0.276232 -1.087401
```

무작위 표본을 얻으려면 `.sample()` 메소드에 표본의 개수를 전달하면 된다. 다음은 무작위 표본으로 세 개의 로우를 가져오는 예다.

```
In [59]: # sample three random rows
         df.sample(n=3)

Out[59]:            0         1         2         3
         15 -0.076467 -1.187678  1.130127 -1.436737
         28 -2.182937  0.380396  0.084844  0.432390
         48 -0.693921  1.613616  0.464000  0.227371
```

개수 대신 무작위 표집을 할 비율을 지정하는 방법도 있다. 다음은 전체 로우의 10%만큼 무작위 표집을 하는 예다.

```
In [60]: # sample 10% of the rows
         df.sample(frac=0.1)

Out[60]:            0         1         2         3
         37  1.126203 -0.977349  1.474071 -0.064034
         10 -1.294524  0.413738  0.276662 -0.472035
         4  -0.424972  0.567020  0.276232 -1.087401
         14  0.410835  0.813850  0.132003 -0.827317
         48 -0.693921  1.613616  0.464000  0.227371
```

pandas에서의 표집은 기본적으로 비복원[without replacement], 즉 선택된 표본은 다시 선택하지 않는 방식이다. 이를 복원[with replacement], 즉 선택된 표본이 다시 선택될 수도 있는 방식으로 바꾸려면 `replace=True` 파라미터를 사용하면 된다.

```
In [61]: # 10% with replacement
         df.sample(frac=0.1, replace=True)

Out[61]:            0         1         2         3
         27 -1.236269  0.896171 -0.487602 -0.082240
         9   0.357021 -0.674600 -1.776904 -0.968914
         27 -1.236269  0.896171 -0.487602 -0.082240
         15 -0.076467 -1.187678  1.130127 -1.436737
         9   0.357021 -0.674600 -1.776904 -0.968914
```

## 정리

8장에서는 pandas 객체에 대한 수치 계산과 통계 분석에 대해 배웠으며, 그와 관련해 매우 빈번히 사용되는 메소드들을 실습했다. 먼저 기본적인 산술 연산을 수행했으며, 그 결과에 영향을 주는 여러 요소를 알아봤다. 그다음엔 기술 통계로부터 이산화, 롤링 윈도우, 무작위 표집에 이르기까지 pandas가 제공하는 여러 통계 작업을 다뤘다. 이로써 현실에서의 다양한 데이터 분석을 수행하기 위한 준비가 됐을 것이다.

9장에서는 로컬 파일, 데이터베이스, 원격 웹 서비스 등 다양한 데이터 소스로부터 데이터를 로딩하는 방법을 살펴본다.

# 09

# 데이터 접근

현실에서의 데이터 분석에 있어서 거의 대부분은 외부로부터의 데이터 로딩이 필요하다. pandas는 파이썬을 기반으로 구현됐으므로, 데이터를 가져오기 위해 파이썬이 제공하는 모든 수단을 이용할 수 있다. 또한 엑셀 스프레드시트, 웹 사이트, 웹 서비스, 데이터베이스, 클라우드 서비스 등 거의 제약 없이 어떤 소스의 데이터라도 접근이 가능하다.

그러나 파이썬의 표준 데이터 로딩 함수를 사용하는 경우에는 파이썬 객체를 pandas의 `Series`나 `DataFrame` 객체로 변환하는 작업이 필요하며, 이는 소스코드의 복잡도를 증가시킨다. 그런 복잡함을 경감해주기 위해 pandas는 다양한 소스로부터의 데이터를 곧바로 pandas 객체로 로딩하는 다양한 기능을 제공한다. 9장에서는 그런 여러 방법을 알아본다.

9장에서 다루는 내용은 다음과 같다.

- CSV를 데이터 프레임으로 로딩
- CSV 로딩 시 인덱스 칼럼 지정
- 데이터 타입의 추론과 지정
- 칼럼명 지정
- 특정 칼럼의 로딩
- 데이터를 CSV로 저장
- 필드 구분 데이터로 작업
- 필드 구분 데이터의 다양한 형식 다루기
- 엑셀 데이터의 읽기와 쓰기
- JSON 파일의 읽기와 쓰기
- HTML 데이터 읽기
- HDF5 파일의 읽기와 쓰기
- 웹을 통한 CSV 데이터 접근
- 데이터베이스의 읽기와 쓰기
- 야후!와 구글로부터 주식 데이터 읽기
- 구글 파이낸스의 옵션 데이터 가져오기
- 세인트루이스 연방준비은행의 FRED 데이터 가져오기
- 케네스 프렌치 데이터에 접근
- 세계은행의 데이터 읽기

## pandas 설정

9장에서도 pandas의 표준 설정으로 예제를 만들어 시작한다.

```
In [1]: # import numpy and pandas
        import numpy as np
        import pandas as pd

        # used for dates
        import datetime
        from datetime import datetime, date

        # Set some pandas options controlling output format
        pd.set_option('display.notebook_repr_html', False)
        pd.set_option('display.max_columns', 8)
        pd.set_option('display.max_rows', 10)
        pd.set_option('display.width', 90)

        # bring in matplotlib for graphics
        import matplotlib.pyplot as plt
        %matplotlib inline
```

## CSV, 텍스트, 테이블 형식의 데이터

CSV는 pandas로 작업할 때 가장 흔히 다루게 될 포맷 중 하나다. 많은 웹 기반의 서비스가 데이터를 CSV 형식으로 제공하며, 이는 기업 내 정보시스템의 경우도 마찬가지다. CSV는 사용하기 쉬운 포맷이며, 엑셀Excel 등과 같은 스프레드시트에서 내보내기 형식으로도 자주 사용된다.

CSV는 여러 줄을 가질 수 있는 텍스트 기반의 데이터며, 각 값은 쉼표로 구분된다. 마치 스프레드시트에서 하나의 시트처럼 CSV를 하나의 데이터 테이블로 생각할 수도 있다. 즉, 각각의 줄이 데이터의 로우이며, 쉼표로 구분된 텍스트 값들이 해당 로우의 각 칼럼 값이 된다.

CSV 명세에 관한 자세한 사항은 https://en.wikipedia.org/wiki/Comma-separated_values를 참고하기 바란다.

CSV는 매우 일반적으로 사용되며 이해하기도 쉬우므로, 이를 가지고 pandas 데이터의 읽기와 쓰기 방법에 대해 충분히 설명할 것이다. CSV를 통해 배운 내용은 이후의 다른 포맷을 다룰 때에도 적용될 뿐만 아니라 약간의 편의성도 더해준다.

## CSV 데이터셋 예제 확인

이 책에서 제공하는 파일 중 data 폴더에 있는 mstf.csv라는 간단한 CSV 파일로 시작해보자. 이 파일은 MSFT 티커[ticker](시황)의 주가 현황 데이터다. 다음과 같이 `!head` 명령어를 사용하면 원하는 수의 줄을 읽을 수 있다(마이크로소프트 윈도우라면 `type` 명령어를 사용해야 한다).

```
In [2]: # view the first five lines of data/msft.csv
        !head -n 5 data/msft.csv # mac or Linux
        # type data/msft.csv # on windows, but shows the entire file

        Date,Open,High,Low,Close,Volume
        7/21/2014,83.46,83.53,81.81,81.93,2359300
        7/18/2014,83.3,83.4,82.52,83.35,4020800
        7/17/2014,84.35,84.63,83.33,83.63,1974000
        7/16/2014,83.77,84.91,83.66,84.91,1755600
```

첫째 로우는 쉼표로 구분된 칼럼명으로 구성되며, 이후 각 로우는 특정 날짜에서의 주가 데이터로 이뤄져 있다.

## CSV를 데이터 프레임으로 로딩

msft.csv의 데이터는 완벽하게 데이터 프레임으로 읽어 들일 수 있다. 모든 데이터가 완전하며, 첫 번째 로우는 칼럼명으로 돼 있기 때문이다. 이 데이터를 `DataFrame`으로 로딩하기 위해 해야 할 일은 pandas의 `pd.read_csv()` 함수를 사용하는 것이 전부다.

```
In [3]: # read in msft.csv into a DataFrame
        msft = pd.read_csv("data/msft.csv")
        msft[:5]

Out[3]:
        Date   Open   High    Low  Close   Volume
0  7/21/2014  83.46  83.53  81.81  81.93  2359300
1  7/18/2014  83.30  83.40  82.52  83.35  4020800
2  7/17/2014  84.35  84.63  83.33  83.63  1974000
3  7/16/2014  83.77  84.91  83.66  84.91  1755600
4  7/15/2014  84.30  84.38  83.20  83.58  1874700
```

정말 쉽다! pandas는 첫째 줄을 칼럼명으로 인식하며, 데이터를 통째로 DataFrame으로 읽어 들인다.

## CSV 로딩 시 인덱스 칼럼 지정

앞의 예제에서는 날짜가 아닌 0에서 시작하는 숫자가 인덱스였다. 이는 pandas가 파일의 특정 칼럼 하나를 반드시 인덱스로 사용해야 한다고 제약하지 않기 때문이다. read_csv( )를 호출할 때 index_col 파라미터를 전달함으로써 원하는 칼럼을 인덱스로 사용할 수 있다. 이 파라미터에 원하는 칼럼의 제로베이스 포지션을 지정하면 된다.

다음은 CSV 데이터를 읽을 때 포지션 0의 칼럼(Date)을 인덱스로 사용하게 지정하는 예다.

```
In [4]: # use column 0 as the index
        msft = pd.read_csv("data/msft.csv", index_col=0)
        msft[:5]

Out[4]:
            Open   High    Low  Close   Volume
Date
7/21/2014  83.46  83.53  81.81  81.93  2359300
7/18/2014  83.30  83.40  82.52  83.35  4020800
7/17/2014  84.35  84.63  83.33  83.63  1974000
7/16/2014  83.77  84.91  83.66  84.91  1755600
7/15/2014  84.30  84.38  83.20  83.58  1874700
```

### 데이터 타입의 추론과 지정

다음과 같이 칼럼의 데이터 타입을 확인해보면 pandas가 콘텐츠를 통해 추론한 각 칼럼의 타입을 알 수 있다.

```
In [5]: # examine the types of the columns in this DataFrame
        msft.dtypes

Out[5]: Open      float64
        High      float64
        Low       float64
        Close     float64
        Volume      int64
        dtype: object
```

칼럼의 타입을 강제로 지정하려면 pd.read_csv( )에 dtype 파라미터를 사용하면 된다. 다음은 Volume 칼럼을 float64로 지정하는 예다.

```
In [6]: # specify that the Volume column should be a float64
        msft = pd.read_csv("data/msft.csv",
                           dtype = { 'Volume' : np.float64})
        msft.dtypes

Out[6]: Date       object
        Open      float64
        High      float64
        Low       float64
        Close     float64
        Volume    float64
        dtype: object
```

### 칼럼명 지정

names 파라미터를 사용하면 CSV 데이터를 읽을 때 칼럼명도 함께 지정할 수 있다.

```
In [7]: # specify a new set of names for the columns
        # all lower case, remove space in Adj Close
        # also, header=0 skips the header row
        df = pd.read_csv("data/msft.csv",
                         header=0,
                         names=['date', 'open', 'high', 'low',
                                'close', 'volume'])
        df[:5]

Out[7]:
        date   open   high    low  close   volume
0  7/21/2014  83.46  83.53  81.81  81.93  2359300
1  7/18/2014  83.30  83.40  82.52  83.35  4020800
2  7/17/2014  84.35  84.63  83.33  83.63  1974000
3  7/16/2014  83.77  84.91  83.66  84.91  1755600
4  7/15/2014  84.30  84.38  83.20  83.58  1874700
```

칼럼명을 직접 지정하기 때문에 header=0을 사용해 파일에 있는 첫 번째 로우는 건너뛰어야 한다. 그렇게 하지 않으면 pandas가 첫 번째 로우도 데이터의 일부로 간주하므로 추후 데이터 처리에 문제가 될 수 있다.

## 특정 칼럼의 로딩

파일을 읽을 때 로딩하고자 하는 칼럼을 지정할 수도 있다. 이는 분석 대상이 아닌 칼럼이 파일에 너무 많은 경우 로딩과 저장에 필요한 시간과 메모리를 절약할 수 있는 유용한 방법이다. 읽어 들이고자 하는 칼럼은 usecols 파라미터를 통해 지정할 수 있으며, 이 파라미터에는 칼럼 이름이나 오프셋(제로베이스 포지션)의 리스트를 전달하면 된다.

다음은 Date와 Close 칼럼만을 읽어 들이며, Date를 인덱스로 지정하는 예다.

```
In [8]: # read in data only in the Date and Close columns
        # and index by the Date column
        df2 = pd.read_csv("data/msft.csv",
                          usecols=['Date', 'Close'],
                          index_col=['Date'])
        df2[:5]
Out[8]:            Close
        Date
        7/21/2014  81.93
        7/18/2014  83.35
        7/17/2014  83.63
        7/16/2014  84.91
        7/15/2014  83.58
```

## 데이터 프레임을 CSV 파일로 저장

.to_csv() 메소드를 사용하면 DataFrame을 CSV 파일로 저장할 수 있다. 다음은 칼럼명이 변경된 df2 객체를 msft_modified.csv라는 이름의 새 CSV 파일로 저장하는 예다.

```
In [9]: # save df2 to a new csv file
        # also specify naming the index as date
        df2.to_csv("data/msft_modified.csv", index_label='date')
```

앞에서 사용한 index_label='date'와 같이 특정 칼럼을 인덱스 레이블로 지정하는 것이 좋다. 그렇지 않으면 파일의 첫 번째 로우에 인덱스 이름이 포함되지 않으므로, 나중에 이 파일을 읽을 때 어려움이 있을 수 있다.

이 파일이 제대로 저장됐는지 알기 위해 다음과 같이 !head 명령어를 사용해 콘텐츠의 일부를 확인해보자.

```
In [10]: # view the start of the file just saved
         !head -n 5 data/msft_modified.csv
         #type data/msft_modified.csv # windows

         date,Close
         7/21/2014,81.93
         7/18/2014,83.35
         7/17/2014,83.63
         7/16/2014,84.91
```

## 필드 구분 데이터로 작업

사실 CSV는 필드 구분field-delimited 데이터의 특정 형태 중 하나다. 필드 구분 데이터에서 각 아이템은 어떤 기호(구분자)에 의해 구분되며, CSV의 경우 그 기호는 쉼표다. 예를 들어 쉼표 대신 |(파이프) 기호를 사용할 수 있으며, 그렇게 구분한 데이터를 파이프 구분pipe-delimited 데이터라고 부른다.

pandas는 필드 구분 데이터를 읽기 위한 pd.read_table()이라는 함수를 제공한다. 다음은 이 함수에 sep 파라미터로 쉼표를 지정해 msft.csv 파일을 읽는 예다.

```
In [11]: # use read_table with sep=',' to read a CSV
         df = pd.read_table("data/msft.csv", sep=',')
         df[:5]

Out[11]:
        Date   Open   High    Low  Close   Volume
0  7/21/2014  83.46  83.53  81.81  81.93  2359300
1  7/18/2014  83.30  83.40  82.52  83.35  4020800
2  7/17/2014  84.35  84.63  83.33  83.63  1974000
3  7/16/2014  83.77  84.91  83.66  84.91  1755600
4  7/15/2014  84.30  84.38  83.20  83.58  1874700
```

pandas는 .to_csv()와 같은 식인 .to_table()이라는 메소드를 별도로 제공하지는 않는다. 대신 .to_csv() 메소드에 쉼표 대신 다른 구분자를 지정해 필드 구분 데이터를 저장할 수 있다. 다음은 파이프를 구분자로 사용해 데이터를 저장하는 예다.

```
In [12]: # save as pipe delimited
         df.to_csv("data/msft_piped.txt", sep='|')
         # check that it worked
         !head -n 5 data/msft_piped.txt # osx or Linux
         # type data/psft_piped.txt # on windows

         |Date|Open|High|Low|Close|Volume
         0|7/21/2014|83.46|83.53|81.81|81.93|2359300
         1|7/18/2014|83.3|83.4|82.52|83.35|4020800
         2|7/17/2014|84.35|84.63|83.33|83.63|1974000
         3|7/16/2014|83.77|84.91|83.66|84.91|1755600
```

## 필드 구분 데이터의 다양한 형식 다루기

필드 구분 데이터에는 헤더와 푸터가 추가로 포함될 수 있다. 예컨대 헤더에는 기업 정보가 있을 수 있고, 푸터에는 접수 번호, 주소, 요약 내용이 있을 수 있다. 또는 줄 사이사이에 그런 데이터가 들어 있을 수도 있다. pandas의 pd.read_csv( )와 pd.read_table( ) 메소드에는 그와 같은 상황에 대처할 수 있는 유용한 파라미터들이 있다.

이를 시험하기 위해 다음과 같이 불필요한 정보가 포함돼 있는 또 다른 MSFT 데이터를 읽어 들여 보자.

```
In [13]: # messy file
         !head -n 6 data/msft2.csv # osx or Linux
         # type data/msft2.csv # windows

         This is fun because the data does not start on the first line,,,,,
         Date,Open,High,Low,Close,Volume
         ,,,,,
         And there is space between the header row and data,,,,,
         7/21/2014,83.46,83.53,81.81,81.93,2359300
         7/18/2014,83.3,83.4,82.52,83.35,4020800
```

이와 같은 상황에서는 skiprows 파라미터를 사용할 수 있으며, 다음과 같이 0, 2, 3번째 로우를 건너뛰게 지정할 수 있다.

```
In [14]: # read, but skip rows 0, 2 and 3
         df = pd.read_csv("data/msft2.csv", skiprows=[0, 2, 3])
         df[:5]

Out[14]:         Date   Open   High    Low  Close   Volume
         0  7/21/2014  83.46  83.53  81.81  81.93  2359300
         1  7/18/2014  83.30  83.40  82.52  83.35  4020800
         2  7/17/2014  84.35  84.63  83.33  83.63  1974000
         3  7/16/2014  83.77  84.91  83.66  84.91  1755600
         4  7/15/2014  84.30  84.38  83.20  83.58  1874700
```

또 다른 흔한 상황은 파일의 끝에 콘텐츠가 포함된 경우다. 다음과 같이 다른 MSFT 데이터를 읽어보자.

```
In [15]: # another messy file, with the mess at the end
         !cat data/msft_with_footer.csv # osx or Linux
         # type data/msft_with_footer.csv # windows

         Date,Open,High,Low,Close,Volume,Adj Close
         2014-07-21,83.46,83.53,81.81,81.93,2359300,81.93
         2014-07-18,83.30,83.40,82.52,83.35,4020800,83.35

         Uh oh, there is stuff at the end.
```

이 파일을 그대로 로딩하면 에러가 발생할 것이다. 이 경우 skipfooter 파라미터에 파일의 마지막 몇 줄을 건너뛸 것인지 지정함으로써 해결할 수 있다(지원이 중단된 skip_footer 대신 skipfooter를 사용하자).

```
In [16]: # skip only two lines at the end
         df = pd.read_csv("data/msft_with_footer.csv",
                          skipfooter=2,
                          engine = 'python')
         df

Out[16]:         Date   Open   High    Low  Close   Volume
         0  7/21/2014  83.46  83.53  81.81  81.93  2359300
         1  7/18/2014  83.30  83.40  82.52  83.35  4020800
```

engine = 'python'이라고 지정한 부분에 주목하자. pandas에서 engine 옵션의 기본값은 'c'인데, 아나콘다는 C 엔진을 구현하지 않았다. 따라서 이 옵션을 지정하지 않으면 차선책인 파이썬 엔진이 사용되지만, 그와 동시에 경고 메시지도 나타나게 된다.

어떤 큰 파일에서 처음 몇 개의 로우만 필요하므로 데이터 전체를 메모리에 로딩하고 싶지 않다고 가정하자. 그런 경우엔 다음과 같이 nrows 파라미터를 사용하면 된다.

```
In [17]: # only process the first three rows
         pd.read_csv("data/msft.csv", nrows=3)

Out[17]:         Date   Open   High    Low  Close   Volume
         0  7/21/2014  83.46  83.53  81.81  81.93  2359300
         1  7/18/2014  83.30  83.40  82.52  83.35  4020800
         2  7/17/2014  84.35  84.63  83.33  83.63  1974000
```

또한 skiprows 파라미터를 사용하면 지정한 개수의 로우를 건너뛰고 그다음부터의 로우만 로딩할 수 있다. 다음은 100개의 로우를 건너뛰고 그다음 5개의 로우를 읽어 들이는 예다.

```
In [18]: # skip 100 lines, then only process the next five
         pd.read_csv("data/msft.csv", skiprows=100, nrows=5,
                     header=0,
                     names=['date', 'open', 'high', 'low',
                            'close', 'vol'])

Out[18]:         date   open   high    low  close      vol
         0   3/3/2014  80.35  81.31  79.91  79.97  5004100
         1  2/28/2014  82.40  83.42  82.17  83.42  2853200
         2  2/27/2014  84.06  84.63  81.63  82.00  3676800
         3  2/26/2014  82.92  84.03  82.43  83.81  2623600
         4  2/25/2014  83.80  83.80  81.72  83.08  3579100
```

앞의 예에서는 헤더 로우도 건너뛰게 되므로, 기존의 어떤 로우도 헤더로 인식하지 말고 직접 지정한 칼럼명을 사용하게 했다.

## 엑셀 데이터의 읽기와 쓰기

pandas는 `pd.read_excel()` 함수나 `ExcelFile` 클래스를 통해 엑셀 2003과 그 이후 버전의 엑셀 데이터 로딩을 지원한다. 내부적으로 두 기술 모두 XLRD나 OpenPyXL 패키지를 사용하므로 파이썬 환경에 둘 중 하나가 설치돼 있어야 한다.

이 예제에 사용할 데이터는 stocks.xlsx 파일에 있다. 이 엑셀 파일을 열면 다음과 같은 내용이 보일 것이다.

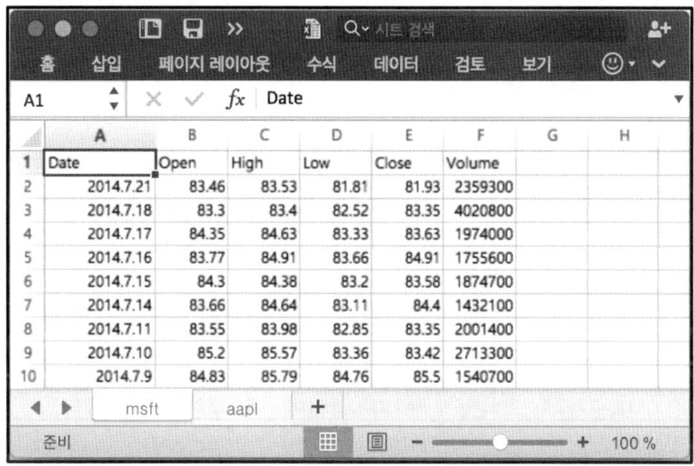

| | A | B | C | D | E | F |
|---|---|---|---|---|---|---|
| 1 | Date | Open | High | Low | Close | Volume |
| 2 | 2014.7.21 | 83.46 | 83.53 | 81.81 | 81.93 | 2359300 |
| 3 | 2014.7.18 | 83.3 | 83.4 | 82.52 | 83.35 | 4020800 |
| 4 | 2014.7.17 | 84.35 | 84.63 | 83.33 | 83.63 | 1974000 |
| 5 | 2014.7.16 | 83.77 | 84.91 | 83.66 | 84.91 | 1755600 |
| 6 | 2014.7.15 | 84.3 | 84.38 | 83.2 | 83.58 | 1874700 |
| 7 | 2014.7.14 | 83.66 | 84.64 | 83.11 | 84.4 | 1432100 |
| 8 | 2014.7.11 | 83.55 | 83.98 | 82.85 | 83.35 | 2001400 |
| 9 | 2014.7.10 | 85.2 | 85.57 | 83.36 | 83.42 | 2713300 |
| 10 | 2014.7.9 | 84.83 | 85.79 | 84.76 | 85.5 | 1540700 |

이 워크북에는 msft와 aapl이라는 두 개의 시트가 있으며, 각 시트에는 해당 종목의 주가 데이터가 포함돼 있다.

다음은 stocks.xlsx 파일을 데이터 프레임으로 로딩한 결과다.

```
In [19]: # read excel file
         # only reads first sheet (msft in this case)
         df = pd.read_excel("data/stocks.xlsx")
         df[:5]

Out[19]:          Date   Open   High    Low  Close   Volume
         0 2014-07-21  83.46  83.53  81.81  81.93  2359300
         1 2014-07-18  83.30  83.40  82.52  83.35  4020800
         2 2014-07-17  84.35  84.63  83.33  83.63  1974000
         3 2014-07-16  83.77  84.91  83.66  84.91  1755600
         4 2014-07-15  84.30  84.38  83.20  83.58  1874700
```

여기서는 엑셀 파일의 첫 번째 워크시트(msft)의 콘텐츠만 로딩됐으며, 첫 번째 로우가 칼럼명으로 사용됐다. 다른 워크시트를 로딩하려면 sheetname 파라미터에 해당 워크시트의 이름을 전달하면 된다.

```
In [20]: # read from the aapl worksheet
         aapl = pd.read_excel("data/stocks.xlsx", sheetname='aapl')
         aapl[:5]

Out[20]:          Date   Open   High    Low  Close    Volume
         0 2014-07-21  94.99  95.00  93.72  93.94  38887700
         1 2014-07-18  93.62  94.74  93.02  94.43  49898600
         2 2014-07-17  95.03  95.28  92.57  93.09  57152000
         3 2014-07-16  96.97  97.10  94.74  94.78  53396300
         4 2014-07-15  96.80  96.85  95.03  95.32  45477900
```

pd.read_csv( )에서와 마찬가지로 여기서도 pandas는 칼럼명, 데이터 타입, 인덱스 등을 추론해 적용했다. 그러나 pd.read_csv( )에서 사용했던 모든 옵션은 pd.read_excel( ) 함수에도 적용할 수 있다.

엑셀 파일은 데이터 프레임의 .to_excel( ) 메소드를 사용해 작성할 수 있다. XLS 포맷의 작성을 위해서는 XLWT 패키지가 파이썬 환경에 포함돼 있어야 한다.

다음은 이미 보유한 데이터를 stocks2.xls라는 새 파일에 저장하는 예다. 기본적으로는 DataFrame을 Sheet1 워크시트에 저장한다.

```
In [21]: # save to an .XLS file, in worksheet 'Sheet1'
         df.to_excel("data/stocks2.xls")
```

이 엑셀 파일을 열어 본 모습은 다음과 같다.

| | Date | Open | High | Low | Close | Volume |
|---|---|---|---|---|---|---|
| 0 | 2014-07-21 00:00:00 | 83.46 | 83.53 | 81.81 | 81.93 | 2359300 |
| 1 | 2014-07-18 00:00:00 | 83.3 | 83.4 | 82.52 | 83.35 | 4020800 |
| 2 | 2014-07-17 00:00:00 | 84.35 | 84.63 | 83.33 | 83.63 | 1974000 |
| 3 | 2014-07-16 00:00:00 | 83.77 | 84.91 | 83.66 | 84.91 | 1755600 |
| 4 | 2014-07-15 00:00:00 | 84.3 | 84.38 | 83.2 | 83.58 | 1874700 |
| 5 | 2014-07-14 00:00:00 | 83.66 | 84.64 | 83.11 | 84.4 | 1432100 |
| 6 | 2014-07-11 00:00:00 | 83.55 | 83.98 | 82.85 | 83.35 | 2001400 |
| 7 | 2014-07-10 00:00:00 | 85.2 | 85.57 | 83.36 | 83.42 | 2713300 |
| 8 | 2014-07-09 00:00:00 | 84.83 | 85.79 | 84.76 | 85.5 | 1540700 |
| 9 | 2014-07-08 00:00:00 | 86.29 | 86.57 | 84.69 | 84.69 | 2164000 |
| 10 | 2014-07-07 00:00:00 | 86.97 | 87.13 | 85.82 | 86.07 | 1644600 |

저장되는 워크시트의 이름을 지정하려면 다음과 같이 sheet_name 파라미터를 사용한다.

```
In [22]: # write making the worksheet name MSFT
         df.to_excel("data/stocks_msft.xls", sheet_name='MSFT')
```

이 엑셀 파일을 열어보면 다음과 같이 MSFT라는 이름의 시트를 볼 수 있다.

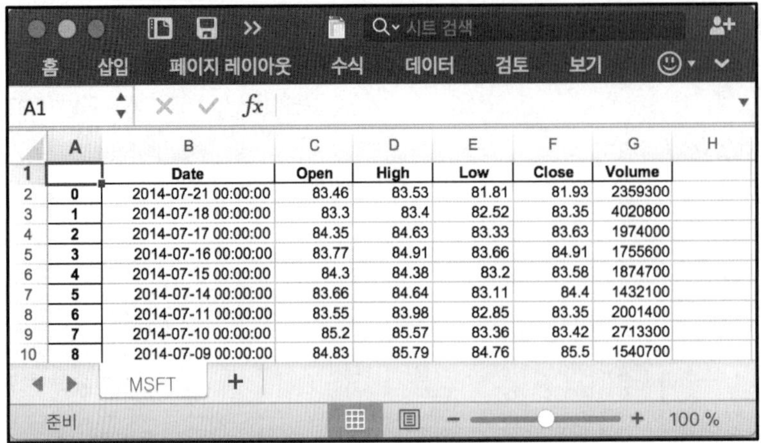

| | Date | Open | High | Low | Close | Volume |
|---|---|---|---|---|---|---|
| 0 | 2014-07-21 00:00:00 | 83.46 | 83.53 | 81.81 | 81.93 | 2359300 |
| 1 | 2014-07-18 00:00:00 | 83.3 | 83.4 | 82.52 | 83.35 | 4020800 |
| 2 | 2014-07-17 00:00:00 | 84.35 | 84.63 | 83.33 | 83.63 | 1974000 |
| 3 | 2014-07-16 00:00:00 | 83.77 | 84.91 | 83.66 | 84.91 | 1755600 |
| 4 | 2014-07-15 00:00:00 | 84.3 | 84.38 | 83.2 | 83.58 | 1874700 |
| 5 | 2014-07-14 00:00:00 | 83.66 | 84.64 | 83.11 | 84.4 | 1432100 |
| 6 | 2014-07-11 00:00:00 | 83.55 | 83.98 | 82.85 | 83.35 | 2001400 |
| 7 | 2014-07-10 00:00:00 | 85.2 | 85.57 | 83.36 | 83.42 | 2713300 |
| 8 | 2014-07-09 00:00:00 | 84.83 | 85.79 | 84.76 | 85.5 | 1540700 |

둘 이상의 DataFrame을 하나의 엑셀 파일에 개별 워크시트로 저장하려면 with 키워드와 함께 ExcelWriter를 사용해야 한다. ExcelWriter는 pandas의 일부이긴 하지만 최상위 네임스페이스에는 속하지 않으므로 반드시 임포트를 해야 한다. 다음은 두 개의 DataFrame 객체를 하나의 엑셀 파일에 각각의 워크시트로 저장하는 예다.

```
In [23]: # write multiple sheets
         # requires use of the ExcelWriter class
         from pandas import ExcelWriter
         with ExcelWriter("data/all_stocks.xls") as writer:
             aapl.to_excel(writer, sheet_name='AAPL')
             df.to_excel(writer, sheet_name='MSFT')
```

이제 엑셀 파일을 열면 두 개의 워크시트가 생성됐음을 확인할 수 있다.

| | A | B | C | D | E | F | G |
|---|---|---|---|---|---|---|---|
| 1 | | Date | Open | High | Low | Close | Volume |
| 2 | 0 | 2014-07-21 00:00:00 | 94.99 | 95 | 93.72 | 93.94 | 38887700 |
| 3 | 1 | 2014-07-18 00:00:00 | 93.62 | 94.74 | 93.02 | 94.43 | 49898600 |
| 4 | 2 | 2014-07-17 00:00:00 | 95.03 | 95.28 | 92.57 | 93.09 | 57152000 |
| 5 | 3 | 2014-07-16 00:00:00 | 96.97 | 97.1 | 94.74 | 94.78 | 53396300 |
| 6 | 4 | 2014-07-15 00:00:00 | 96.8 | 96.85 | 95.03 | 95.32 | 45477900 |
| 7 | 5 | 2014-07-14 00:00:00 | 95.86 | 96.89 | 95.65 | 96.45 | 42731000 |
| 8 | 6 | 2014-07-11 00:00:00 | 95.36 | 95.89 | 94.86 | 95.22 | 33988800 |
| 9 | 7 | 2014-07-10 00:00:00 | 93.76 | 95.55 | 93.52 | 95.04 | 39662200 |
| 10 | 8 | 2014-07-09 00:00:00 | 95.44 | 95.95 | 94.76 | 95.39 | 36290200 |

XLSX 파일을 만드는 경우도 지금까지와 동일하며, 다만 파일 확장자로 .xlsx를 지정하기만 하면 된다.

```
In [24]: # write to xlsx
         df.to_excel("data/msft2.xlsx")
```

## JSON 파일의 읽기와 쓰기

pandas는 JSON[JavaScript Object Notation] 포맷으로 저장된 데이터도 읽거나 쓸 수 있다. JSON은 거의 모든 플랫폼과 프로그래밍 언어에서 사용이 가능하므로 매우 인기 있는 데이터 포맷 중 하나다.

JSON 데이터를 다뤄보기 위해 먼저 이미 갖고 있는 엑셀 데이터를 JSON 파일로 저장해보자.

```
In [25]: # wirite the excel data to a JSON file
         df[:5].to_json("data/stocks.json")
         !cat data/stocks.json # osx or Linux
         #type data/stocks.json # windows

         {"Date":{"0":1405900800000,"1":1405641600000,"2":140555520000
         0,"3":1405468800000,"4":1405382400000},"Open":{"0":83.46,"1":83.
         3,"2":84.35,"3":83.77,"4":84.3},"High":{"0":83.53,"1":83.4,"2":8
         4.63,"3":84.91,"4":84.38},"Low":{"0":81.81,"1":82.52,"2":83.3
         3,"3":83.66,"4":83.2},"Close":{"0":81.93,"1":83.35,"2":83.6
         3,"3":84.91,"4":83.58},"Volume":{"0":2359300,"1":4020800,"2":197
         4000,"3":1755600,"4":1874700},"Adj Close":{"0":81.93,"1":83.3
         5,"2":83.63,"3":84.91,"4":83.58}}
```

JSON 기반의 데이터는 pd.read_json() 함수를 사용해 읽어 들일 수 있다.

```
In [26]: # read data in from JSON
         df_from_json = pd.read_json("data/stocks.json")
         df_from_json[:5]

Out[26]:    Adj Close  Close        Date   High    Low   Open   Volume
         0      81.93  81.93  2014-07-21  83.53  81.81  83.46  2359300
         1      83.35  83.35  2014-07-18  83.40  82.52  83.30  4020800
         2      83.63  83.63  2014-07-17  84.63  83.33  84.35  1974000
         3      84.91  84.91  2014-07-16  84.91  83.66  83.77  1755600
         4      83.58  83.58  2014-07-15  84.38  83.20  84.30  1874700
```

JSON 데이터를 로딩한 결과에 약간의 차이가 있음을 발견할 수 있다. 칼럼이 알파벳 순으로 다시 정렬된다는 점이다. 이를 조치할 수 있는 방법이 있지만, 여기서는 편의상 생략한다.

## HTML 데이터 읽기

pandas는 HTML 파일이나 URL로부터의 데이터 로딩을 지원한다. 이를 위해 내부적으로는 LXML, Html5Lib, BeautiflSoup4 패키지를 활용하며, 이들 패키지는 HTML 테이블을 읽거나 쓰는 데 있어서 탁월한 기능을 제공한다.

혹시 아나콘다 기본 설치 시 이들 패키지가 포함되지 않았을 수 있다. HTML 관련 함수를 사용할 때 에러가 발생한다면 아나콘다 내비게이터Anaconda Navigator를 통해 필요한 라이브러리를 설치할 수 있다.

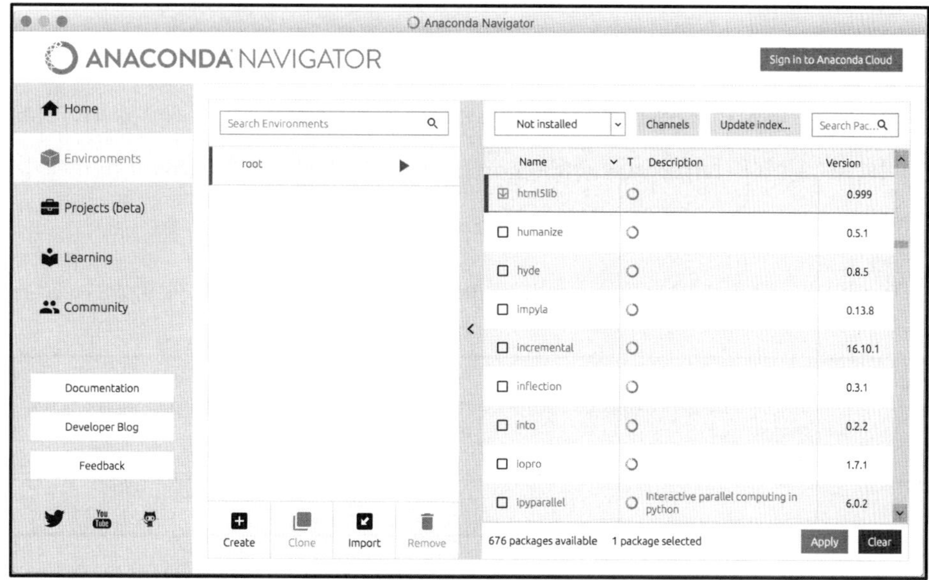


또는 아나콘다의 패키지 매니저인 pip를 사용해 설치할 수도 있다.

```
taesang — -bash — 80×24
Leeui-MacBook-Pro:~ taesang$ pip install html5lib
Collecting html5lib
  Downloading html5lib-0.999999999-py2.py3-none-any.whl (112kB)
    100% |████████████████████████████████| 122kB 1.2MB/s
Collecting webencodings (from html5lib)
  Downloading webencodings-0.5.1-py2.py3-none-any.whl
Requirement already satisfied: setuptools>=18.5 in ./anaconda/lib/python3.6/site
-packages/setuptools-27.2.0-py3.6.egg (from html5lib)
Requirement already satisfied: six in ./anaconda/lib/python3.6/site-packages (fr
om html5lib)
Installing collected packages: webencodings, html5lib
Successfully installed html5lib-0.999999999 webencodings-0.5.1
Leeui-MacBook-Pro:~ taesang$ 
```

pd.read_html() 함수는 파일이나 URL로부터 HTML을 읽어 콘텐츠에 포함된 모든 HTML 테이블을 파싱해 하나 이상의 pandas DataFrame 객체로 만들어준다. 따라서 이 함수는 항상 DataFrame 객체 리스트를 반환한다(HTML에 포함된 테이블의 개수에 따라 데이터 프레임은 없거나 하나 이상이다).

이제 실습을 위해 미국 연방예금보험공사의 파산 은행 목록으로부터 테이블 데이터를 읽어와 볼 것이다. https://www.fdic.gov/bank/individual/failed/banklist.html에 들어가 보면 상당수의 파산한 은행 목록을 볼 수 있다.

실제 데이터 구조는 단순하므로 pandas의 pd.read_html() 함수로 쉽게 읽을 수 있다.

```
In [27]: # the URL to read
         url = "http://www.fdic.gov/bank/individual/failed/banklist.html"
         # read it
         banks = pd.read_html(url)
```

```
In [28]: # examine a subset of the first table read
         banks[0][0:5].iloc[:,0:2]

Out[28]:
                                           Bank Name                City
         0                          Fayette County Bank          Saint Elmo
         1  Guaranty Bank, (d/b/a BestBank in Georgia & Mi...    Milwaukee
         2                               First NBC Bank         New Orleans
         3                                Proficio Bank  Cottonwood Heights
         4                Seaway Bank and Trust Company             Chicago
```

다시 말하지만 너무 쉽다!

.to_html() 메소드를 사용해 DataFrame을 HTML 파일로 저장할 수 있다. 이 메소드는 전체 HTML 문서가 아닌 <table> 태그만을 포함하는 파일을 생성한다. 다음은 앞서 읽었던 주식 데이터를 HTML 파일로 작성하는 예다.

```
In [29]: # read the stock data
         df = pd.read_excel("data/stocks.xlsx")
         # write the first two rows to HTML
         df.head(2).to_html("data/stocks.html")
         # check the first 28 lines of the output
         !head -n 10 data/stocks.html # max or Linux
         # type data/stocks.html # window, but prints the entire file

         <table border="1" class="dataframe">
           <thead>
             <tr style="text-align: right;">
               <th></th>
               <th>Date</th>
               <th>Open</th>
               <th>High</th>
               <th>Low</th>
               <th>Close</th>
               <th>Volume</th>
```

이 파일을 브라우저에서 열어본 모습은 다음 스크린샷과 같다.

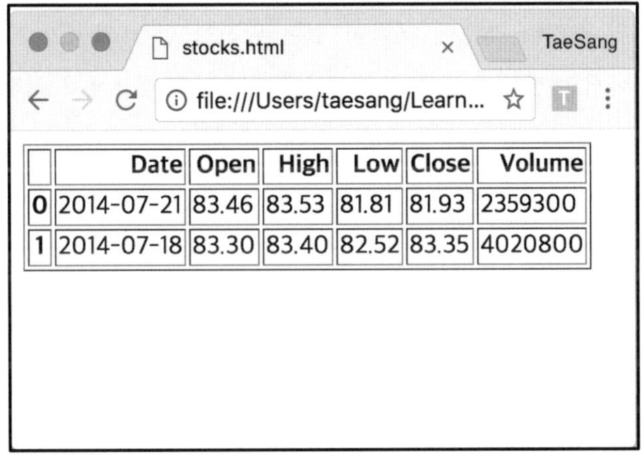


| | Date | Open | High | Low | Close | Volume |
|---|---|---|---|---|---|---|
| 0 | 2014-07-21 | 83.46 | 83.53 | 81.81 | 81.93 | 2359300 |
| 1 | 2014-07-18 | 83.30 | 83.40 | 82.52 | 83.35 | 4020800 |

이는 HTML 프래그먼트[fragment]를 pandas로 작성하고 필요할 때 다시 수행함으로써 복잡한 쿼리나 서비스 호출 대신 간편하게 새 데이터로 웹 사이트를 갱신할 수 있다는 점에서 유용하다.

## HDF5 파일의 읽기와 쓰기

HDF5는 데이터를 저장하고 관리하기 위한 데이터 모델이자 라이브러리이며, 파일 포맷이다. HDF5는 특히 계산 과학scientific computing 분야에서 자주 사용된다. 거의 무제한의 데이터 타입을 지원하며, 유연하고 효율적인 I/O와 대용량의 복잡한 데이터를 위해 설계됐기 때문이다.

HDF5의 높은 이식성과 확장성으로 인해 HDF5의 적용 분야는 더욱 발전했다. HDF5 테크놀로지 스위트Technology Suite에는 HDF5 포맷으로 된 데이터의 관리, 조작, 보기, 분석을 위한 도구와 애플리케이션이 포함돼 있다. HDF5의 정체는 다음과 같다.

- 매우 복잡한 데이터 객체와 매우 다양한 메타데이터를 표현할 수 있는 다목적의 데이터 모델이다.
- 데이터의 크기나 개수에 제한이 없는 완전히 이식 가능한 파일 포맷이다.
- 노트북에서 병렬 시스템까지 광범위한 컴퓨터 플랫폼에서 실행될 수 있으며, C, C++, 포트란 90Fortran 90, 자바 등 다양한 언어로 고수준 API를 구현한 소프트웨어 라이브러리다.
- 데이터 접근 시간의 단축이나 저장 공간의 최적화 등 성능과 관련한 통합된 기능을 제공한다.
- 데이터의 관리, 조작, 보기, 분석을 위한 도구와 애플리케이션을 제공한다.

`HDFStore`는 HDF5 포맷을 읽거나 쓰기 위한 딕셔너리와 비슷하며, 계층 구조를 갖는 pandas 객체다. `HDFStore`는 내부적으로 `PyTables` 라이브러리를 사용하므로 파이썬 환경에 설치돼 있어야 한다.

다음은 `DataFrame`을 HDF5 포맷으로 작성하는 예다. 출력 결과를 보면 HDF5 스토어에는 `df`라는 이름의 루트 객체가 있고, 이는 데이터 프레임을 의미하며, 그 모양은 8개의 로우와 3개의 칼럼이라는 정보를 보여준다.

```
In [30]: # seed for replication
         np.random.seed(123456)
         # create a DataFrame of dates and random numbers in three columns
         df = pd.DataFrame(np.random.randn(8, 3),
                           index=pd.date_range('1/1/2000', periods=8),
                           columns=['A', 'B', 'C'])

         # create HDF5 store
         store = pd.HDFStore('data/store.h5')
         store['df'] = df # persisting happened here
         store

Out[30]: <class 'pandas.io.pytables.HDFStore'>
         File path: data/store.h5
         /df            frame        (shape->[8,3])
```

다음은 HDF5 스토어를 DataFrame에 로딩하는 예다.

```
In [31]: # read in data from HDF5
         store = pd.HDFStore("data/store.h5")
         df = store['df']
         df[:5]

Out[31]:
                   A         B         C
         2000-01-01  0.469112 -0.282863 -1.509059
         2000-01-02 -1.135632  1.212112 -0.173215
         2000-01-03  0.119209 -1.044236 -0.861849
         2000-01-04 -2.104569 -0.494929  1.071804
         2000-01-05  0.721555 -0.706771 -1.039575
```

DataFrame은 스토어 객체에 할당되는 순간 HDF5 파일로 작성된다. 따라서 그 이후의 DataFrame에 대한 변경 사항은 저장되지 않는다. DataFrame을 스토어에 다시 할당하기 전까지는 말이다. 다음은 데이터 프레임을 변경하고 HDF5 스토어에 다시 할당함으로써 데이터 스토어를 갱신하는 예를 보여준다.

```
In [32]: # this changes the DataFrame, but did not persist
         df.iloc[0].A = 1
         # to persist the change, assign the DataFrame to the
         # HDF5 store object
         store['df'] = df
         # it is now persisted
         # the following loads the store and
         # shows the first two rows, demonstrating
         # the the persisting was done
         pd.HDFStore("data/store.h5")['df'][:5] # it's now in there

Out[32]:                    A         B         C
         2000-01-01  1.000000 -0.282863 -1.509059
         2000-01-02 -1.135632  1.212112 -0.173215
         2000-01-03  0.119209 -1.044236 -0.861849
         2000-01-04 -2.104569 -0.494929  1.071804
         2000-01-05  0.721555 -0.706771 -1.039575
```

## 웹을 통한 CSV 데이터 접근

인터넷을 통해 웹으로부터 데이터를 읽어 들이는 일은 매우 흔한 작업이다. pandas는 그 작업을 쉽게 할 수 있게 지원한다. 지금까지 봤던 모든 pandas 함수는 로컬 파일 경로 대신 HTTP URL, FTP 주소, 심지어 아마존 S3Amazon S3 주소까지 받아들일 수 있다. 또한 모든 작업은 로컬 파일로 작업할 때와 동일하다.

다음 예제는 기존의 `pd.read_csv()` 함수를 사용해 HTTP 요청을 만드는 일이 얼마나 쉬운지 보여준다. 여기서는 HTTP 쿼리 문자열query string 방식으로 구글 파이낸스Google Finance 웹 서비스로부터 2017년 4월의 마이크로소프트 주식 데이터를 직접 가져온다.

```
In [33]: # read csv directly from Yahoo! Finance from a URL
         msft_hist = pd.read_csv(
             "http://www.google.com/finance/historical?" +
             "q=NASDAQ:MSFT&startdate=Apr+01%2C+2017&" +
             "enddate=Apr+30%2C+2017&output=csv")
         msft_hist[:5]

Out[33]:         Date   Open   High    Low  Close    Volume
         0  28-Apr-17  68.91  69.14  67.69  68.46  39548818
         1  27-Apr-17  68.15  68.38  67.58  68.27  34970953
         2  26-Apr-17  68.08  68.31  67.62  67.83  26190770
         3  25-Apr-17  67.90  68.04  67.60  67.92  30242730
         4  24-Apr-17  67.48  67.66  67.10  67.53  29769976
```

## 데이터베이스의 읽기와 쓰기

pandas는 파이썬 DB-API 호환 어댑터를 지원하는 모든 SQL 데이터베이스로부터 데이터를 읽을 수 있다. 데이터를 읽는 경우에는 `pandas.io.sql.read_sql()` 함수를 사용하며, SQL 데이터베이스에 데이터를 쓰는 경우에는 데이터 프레임의 `.to_sql()` 메소드를 사용한다.

다음 예제에서는 먼저 msft.csv와 aapl.csv로부터 주식 데이터를 읽어 들인다. 그다음엔 SQLite3 데이터베이스 파일에 연결한다. 파일이 없으면 즉석에서 만든다. 그다음엔 MSFT 데이터를 STOCK_DATA라는 테이블에 작성하는데, 테이블이 없다면 테이블을 만든다. 테이블이 있다면 그 테이블의 데이터는 모두 MSFT 데이터로 대체된다. 마지막으로 AAPL 주식 데이터가 그 테이블에 추가된다.

```
In [34]: # reference SQLite
         import sqlite3

         # read in the stock data from CSV
         msft = pd.read_csv("data/msft.csv")
         msft["Symbol"]="MSFT"
         aapl = pd.read_csv("data/aapl.csv")
         aapl["Symbol"]="AAPL"

         # create connection
         connection = sqlite3.connect("data/stocks.sqlite")
         # .to_sql() will create SQL to store the DataFrame
         # in the specified table.  if_exists specifies
         # what to do if the table already exists
         msft.to_sql("STOCK_DATA", connection, if_exists="replace")
         aapl.to_sql("STOCK_DATA", connection, if_exists="append")

         # commit the SQL and close the connection
         connection.commit()
         connection.close()
```

데이터가 제대로 생성됐는지 확인하려면 DB Browser for SQLite(https://sqlitebrowser.org)와 같은 프로그램으로 데이터베이스 파일을 열어보면 된다. 다음 스크린샷은 데이터베이스 파일에서 데이터의 일부 로우를 확인한 모습이다.

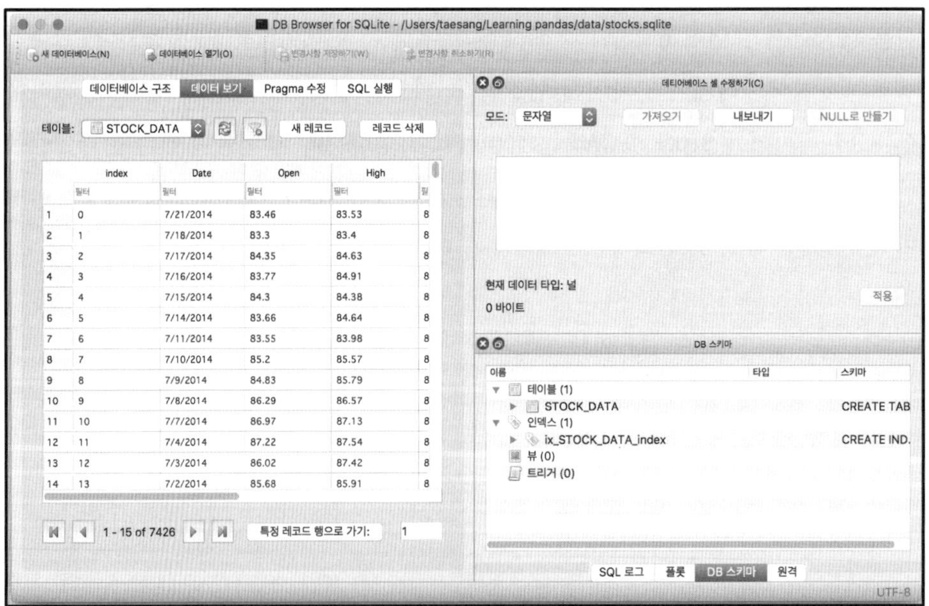

`pd.io.sql.read_sql()` 함수를 통해 SQL을 사용해 데이터베이스를 읽을 수도 있다. 다음은 SQL을 사용해 `stocks.sqlite`로부터 데이터를 조회하는 예다.

```
In [35]: # connect to the database file
         connection = sqlite3.connect("data/stocks.sqlite")

         # query all records in STOCK_DATA
         # returns a DataFrame
         # inde_col specifies which column to make the DataFrame index
         stocks = pd.io.sql.read_sql("SELECT * FROM STOCK_DATA;",
                                     connection, index_col='index')

         # close the connection
         connection.close()

         # report the head of the data retrieved
         stocks[:5]

Out[35]:              Date   Open   High    Low  Close   Volume Symbol
         index
         0       7/21/2014  83.46  83.53  81.81  81.93  2359300   MSFT
         1       7/18/2014  83.30  83.40  82.52  83.35  4020800   MSFT
         2       7/17/2014  84.35  84.63  83.33  83.63  1974000   MSFT
         3       7/16/2014  83.77  84.91  83.66  84.91  1755600   MSFT
         4       7/15/2014  84.30  84.38  83.20  83.58  1874700   MSFT
```

물론 SQL에 WHERE 절도 사용할 수 있다. 다음은 MSFT 주식 거래량이 29,200,100건보다 많은 경우의 레코드를 조회하는 예다.

```
In [36]: # open the connection
         connection = sqlite3.connect("data/stocks.sqlite")
         # construct the query string
         query = "SELECT * FROM STOCK_DATA WHERE " + \
                 "Volume>29200100 AND Symbol='MSFT';"
         # execute and close connection
         items = pd.io.sql.read_sql(query, connection, index_col='index')
         connection.close()
         # report the query result
         items

Out[36]:              Date   Open   High    Low  Close    Volume Symbol
         index
         1081    5/21/2010  42.22  42.35  40.99  42.00  33610800   MSFT
         1097    4/29/2010  46.80  46.95  44.65  45.92  47076200   MSFT
         1826    6/15/2007  89.80  92.10  89.55  92.04  30656400   MSFT
         3455    3/16/2001  47.00  47.80  46.10  45.33  40806400   MSFT
         3712    3/17/2000  49.50  50.00  48.29  50.00  50860500   MSFT
```

마지막으로 짚고자 하는 것은 지금까지의 예제 코드 대부분이 SQLite3를 위한 코드라는 점이다. pandas와 관련된 부분은 `.to_sql()`과 `.read_sql()` 메소드를 사용하는 코드뿐이다. 이들 함수에 전달하는 커넥션 객체는 파이썬 DB-API를 준수하는 어떤 데이터 어댑터도 가능하다. 적절한 커넥션 객체를 만들기만 한다면 데이터베이스의 데이터로 크고 작은 일들을 얼마든지 할 수 있다. 그러나 어떤 데이터베이스인지와 관계없이 pandas 수준에서의 코드는 여전히 동일할 것이다.

## 원격 데이터 서비스로부터 데이터 읽기

과거의 pandas에서는 웹 기반의 다양한 데이터 소스 클래스를 `pandas.io.data` 네임스페이스에서 직접 지원했다. 그러나 버전 0.19.0부터는 그 부분이 따로 떨어져 나와 `pandas-datareader` 패키지로 리팩토링됐다.

이 패키지는 다음과 같은 여러 유용한 데이터 소스로의 접근을 지원한다.

- 야후! 파이낸스Yahoo! Finance나 구글 파이낸스의 일별 주가
- 야후! 옵션Option과 구글 옵션
- 이니그마Enigma가 제공하는 정형 데이터
- 연방준비은행 경제 데이터FRED, Federal Reserve Economic Data 라이브러리
- 케네스 프렌치Kenneth French의 데이터 라이브러리
- 세계은행The World Bank
- 경제협력개발기구OECD
- 유럽연합 통계청Eurostat
- 미국증권거래위원회의 에드가 인덱스EDGAR Index
- 미국 연방퇴직저축투자위원회의 TSP 펀드 데이터
- 오안다Oanda의 과거 환율 데이터
- 나스닥Nasdaq 종목 기호

이와 같은 데이터는 외부 데이터 소스에서 가져오므로 실제 데이터는 수시로 바뀐다. 따라서 여러분이 코드를 실행한 결과 값과 이 책에서 보여주는 값은 다를 수 있다.

## 야후!와 구글로부터 주식 데이터 읽기

불행히도 이 책을 쓰는 시점에서 야후! API는 변경됐다. pandas-datareader에서 야후! API를 사용해 구현된 내용은 더 이상 유효하지 않게 됐으므로, 여기서는 구글 파이낸스만 이용하게 하겠다. 아마도 머지않아 야후! 파이낸스도 다시 이용할 수 있게 될 것이다.

pandas-datareader 패키지를 사용하려면 다음과 같이 임포트해야 한다.

```
In [37]: # import data reader package
         import pandas_datareader as pdr
```

그다음엔 DataReader 함수에 종목 기호, 데이터 소스(여기서는 'google'), 시작일과 종료일을 전달해 구글 파이낸스의 주식 데이터를 가져와 데이터 프레임으로 객체화할 수 있다.

```
In [38]: # read from google and display the head of the data
         start = datetime(2017, 4, 1)
         end = datetime(2017, 4, 30)
         goog = pdr.data.DataReader("MSFT", 'google', start, end)
         goog[:5]

Out[38]:              Open   High    Low  Close    Volume
         Date
         2017-04-03  65.81  65.94  65.19  65.55  20400871
         2017-04-04  65.39  65.81  65.28  65.73  12997449
         2017-04-05  66.30  66.35  65.44  65.56  21448594
         2017-04-06  65.60  66.06  65.48  65.73  18103453
         2017-04-07  65.85  65.96  65.44  65.68  14108533
```

## 구글 파이낸스의 옵션 데이터 가져오기

pandas는 구글 파이낸스의 옵션 데이터를 가져올 수 있게 Options라는 클래스를 실험적으로 제공한다. 다음은 구글로부터 MSFT의 옵션 데이터를 가져오는 예다.

```
In [39]: # read options for MSFT
         options = pdr.data.Options('MSFT', 'google')
```

.expiry_dates 속성을 사용해 이 옵션의 만기일을 확인할 수 있다.

```
In [40]: options.expiry_dates

Out[40]: [datetime.date(2018, 1, 19)]
```

실제 데이터는 .get_options_data( )를 사용해 확인할 수 있다.

```
In [41]: data = options.get_options_data(expiry=options.expiry_dates[0])
         data.iloc[:5,:3]

Out[41]:
                                                         Last    Bid    Ask
         Strike Expiry     Type Symbol
         23.0   2018-01-19 call MSFT180119C00023000     45.34  45.55  48.85
                           put  MSFT180119P00023000      0.02   0.01   0.04
         25.0   2018-01-19 call MSFT180119C00025000     43.25  43.80  46.70
                           put  MSFT180119P00025000      0.04   0.03   0.05
         28.0   2018-01-19 call MSFT180119C00028000     41.55  42.00  42.80
```

결과 DataFrame에는 특정 데이터 서브셋을 쉽게 추출할 수 있게 하는 계층형 인덱스가 포함돼 있다. 이 인덱스로 다양한 슬라이싱 방법을 통해 데이터를 확인할 수 있다.

다음은 행사 가격(Strike)이 $30인 모든 풋옵션(put)을 조회하는 예다. slice(None)을 사용함으로써 Expiry 인덱스에 모든 만기일이 포함되게 했다.

```
In [42]: # get all puts at strike price of $30 (first four columns only)
         data.loc[(30, slice(None), 'put'), :].iloc[0:5, 0:3]

Out[42]:
                                                        Last   Bid   Ask
         Strike Expiry     Type Symbol
         30.0   2018-01-19 put  MSFT180119P00030000     0.06  0.05  0.08
```

slice(None) 대신 날짜 슬라이스를 지정함으로써 결과의 범위를 좁힐 수 있다. 다음은 2015년 1월 17일부터 동년 4월 17일 사이에 만기일이 존재하는 결과만을 조회하는 예다.

```
In [43]: # put options at strike of $80, between 2017-06-01 and 2017-06-30
         data.loc[(30, slice('20180119','20180130'), 'put'), :].iloc[:, 0:3]

Out[43]:
                                                  Last   Bid   Ask
         Strike Expiry     Type Symbol
         30.0   2018-01-19 put  MSFT180119P00030000  0.06  0.05  0.08
```

## 세인트루이스 연방준비은행의 FRED 데이터 가져오기

세인트루이스[St. Louis] 연방준비은행 경제 데이터[FRED, Federal Reserve Economic Data]는 80개 이상의 데이터 소스로부터 50만 개 이상의 미국과 국제 시계열 데이터를 제공하고 있으며, 이는 꾸준히 늘어나고 있다(https://fred.stlouisfed.org/).

FRED 데이터는 FredReader 클래스에 원하는 데이터의 태그와 기간을 전달해 가져올 수 있다. 다음은 특정 기간의 GDP 정보를 가져오는 예다.

```
In [44]: # read GDP data from FRED
         gdp = pdr.data.FredReader("GDP",
                                   date(2012, 1, 1),
                                   date(2014, 1, 27))
         gdp.read()[:5]
```

```
Out[44]:                 GDP
         DATE
         2012-01-01  15973.9
         2012-04-01  16121.9
         2012-07-01  16227.9
         2012-10-01  16297.3
         2013-01-01  16475.4
```

다른 시계열 데이터를 가져오고 싶다면 첫 번째 파라미터에 식별자를 지정하면 된다. FRED 사이트는 각종 시계열 데이터에 대한 편리한 검색과 사이트상에서의 시각화를 제공한다. 예를 들어 다음은 '근로자 보수 - 임금 및 급여Compensation of employees: Wages and salaries' 데이터를 조회한 화면이다.

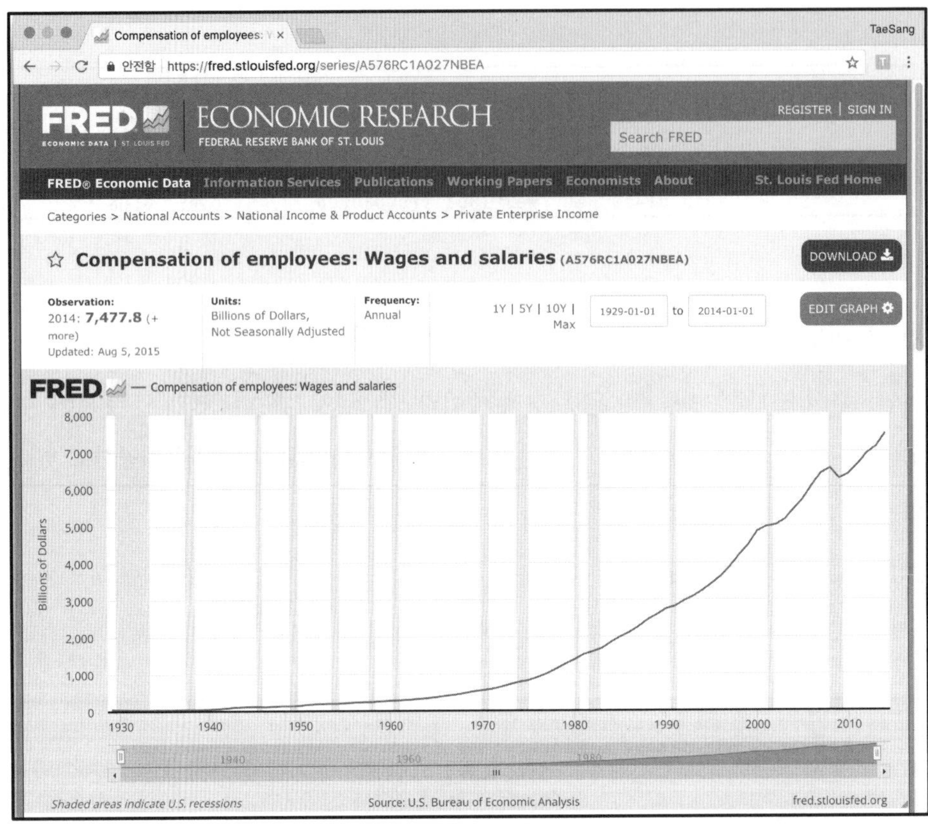


이 데이터의 ID는 A576RC1A027NBEA이며, 다음과 같은 방법으로 데이터를 다운로드할 수 있다.

```
In [45]: # Get Compensation of employees: Wages and salaries
         pdr.data.FredReader("A576RC1A027NBEA",
                             date(1929, 1, 1),
                             date(2013, 1, 1)).read()[:5]
```

```
Out[45]:             A576RC1A027NBEA
         DATE
         1929-01-01             50.5
         1930-01-01             46.2
         1931-01-01             39.2
         1932-01-01             30.5
         1933-01-01             29.0
```

## 케네스 프렌치 데이터에 접근

케네스 프렌치Kenneth R. French는 다트머스 대학Dartmouth College 경영대학원Tuck School of Business의 교수이며, 파마-프렌치 3요인 모델Fama-French 3-factor model을 개발한 장본인이다. 케네스는 방대한 경제 데이터 라이브러리를 구축해 웹을 통해 접근할 수 있게 했는데, http://mba.tuck.dartmouth.edu/pages/faculty/ken.french/data_library.html 에서 각종 데이터를 자세한 설명과 함께 다운로드할 수 있다.

데이터는 ZIP 파일로 돼 있는데, 이는 `FamaFrenchReader` 함수에 데이터셋의 파일명(.zip 확장자를 뺀 이름)을 지정해 `DataFrame`으로 직접 로딩할 수 있다. 예를 들어 다음은 Global Factors 데이터를 읽어 들이는 경우다.

```
In [46]: # read from Kenneth French fama global factors data set
         factors = pdr.data.FamaFrenchReader("Global_Factors").read()
         factors[0][:5]

Out[46]:          Mkt-RF   SMB    HML    WML    RF
         Date
         2010-01   -3.70  2.70  -0.29  -2.23  0.00
         2010-02    1.24  0.14   0.10   1.59  0.00
         2010-03    6.30 -0.26   3.18   4.26  0.01
         2010-04    0.44  3.78   0.77   1.60  0.01
         2010-05   -9.52  0.17  -2.54  -0.56  0.01
```

## 세계은행의 데이터 읽기

세계은행The World Bank은 수천 개의 데이터셋을 제공하며, 이를 pandas `DataFrame` 객체로 직접 읽어 들일 수 있다. 세계은행의 데이터 카탈로그는 https://datacatalog.

worldbank.org/에서 검색할 수 있다.

세계은행의 데이터셋은 지시자indicator라고 하는 각 데이터셋을 나타내는 텍스트 코드를 통해 식별된다. wb.get_indicators() 함수를 사용하면 지시자의 전체 목록을 가져올 수 있다. 이 책을 쓰는 시점에서는 17,000개 가량의 지시자가 존재했다. 다음은 처음 5개의 지시자를 가져오는 예다.

```
In [47]: # get all indicators
         from pandas_datareader import wb
         all_indicators = pdr.wb.get_indicators()
         all_indicators.iloc[:5,:2]

Out[47]:                       id                                    name
         0     1.0.HCount.1.90usd            Poverty Headcount ($1.90 a day)
         1      1.0.HCount.2.5usd            Poverty Headcount ($2.50 a day)
         2   1.0.HCount.Mid10to50    Middle Class ($10-50 a day) Headcount
         3        1.0.HCount.Ofcl  Official Moderate Poverty Rate-National
         4     1.0.HCount.Poor4uds              Poverty Headcount ($4 a day)
```

이들 지시자가 의미하는 바는 세계은행 웹 사이트에서 확인할 수 있지만, 직접 검색을 통해 원하는 지시자를 찾아 볼 수도 있다. 다음은 wb.search() 함수를 사용해 평균 수명(life expectancy)과 관련된 지시자들을 검색한 예다.

```
In [48]: # search of life expectancy indicators
         le_indicators = pdr.wb.search("life expectancy")
         # report first three rows, first two columns
         le_indicators.iloc[:5,:2]

Out[48]:                        id
              name
         8413        SE.SCH.LIFE  School life expectancy, primary to terti
         ary, b...
         9626  SP.DYN.LE00.FE.IN          Life expectancy at birth, femal
         e (years)
         9627     SP.DYN.LE00.IN          Life expectancy at birth, tota
         l (years)
         9628  SP.DYN.LE00.MA.IN           Life expectancy at birth, mal
         e (years)
         9629  SP.DYN.LE60.FE.IN                Life expectancy at age 6
         0, female
```

각 지시자는 국가별로 구분돼 있다. 모든 국가 데이터의 목록을 얻고 싶다면 wb.get_countries() 함수를 사용하면 된다.

```
In [49]: # get countries and show the 3 digit code and name
         countries = pdr.wb.get_countries()
         # show a subset of the country data
         countries.loc[0:5,['name', 'capitalCity', 'iso2c']]

Out[49]:          name        capitalCity iso2c
         0        Aruba         Oranjestad    AW
         1  Afghanistan              Kabul    AF
         2       Africa                       A9
         3       Angola             Luanda    AO
         4      Albania             Tirane    AL
         5      Andorra  Andorra la Vella    AD
```

원하는 데이터는 wb.download() 함수에 indicator 파라미터를 전달해 다운로드할 수 있다. 다음은 1980년부터 2014년까지의 평균 수명 데이터를 다운로드하는 예다.

```
In [50]: # get life expectancy at birth for all countries from 1980 to 2014
         le_data_all = pdr.wb.download(indicator="SP.DYN.LE00.IN",
                                       start='1980',
                                       end='2014')
         le_data_all

Out[50]:                     SP.DYN.LE00.IN
         country       year
         Canada        2014       81.956610
                       2013       81.765049
                       2012       81.562439
                       2011       81.448780
                       2010       81.197561
         ...                            ...
         United States 1984       74.563415
                       1983       74.463415
                       1982       74.360976
                       1981       74.009756
                       1980       73.609756

         [105 rows x 1 columns]
```

기본적으로는 미국, 캐나다, 멕시코의 데이터만 반환된다. 이는 반환된 결과의 인덱스를 확인해보면 알 수 있다.

```
In [51]: # only US, CAN, and MEX are returned by default
         le_data_all.index.levels[0]

Out[51]: Index(['Canada', 'Mexico', 'United States'], dtype='object', name
         ='country')
```

3개국 이외의 국가에 대한 데이터를 얻고 싶다면 country 파라미터를 사용해야 한다. 다음은 알려진 모든 국가의 데이터를 가져오는 예다.

```
In [52]: # retrieve life expectancy at birth for all countries
         # from 1980 to 2014
         le_data_all = wb.download(indicator="SP.DYN.LE00.IN",
                                   country = countries['iso2c'],
                                   start='1980',
                                   end='2012')
         le_data_all
```

```
Out[52]:                   SP.DYN.LE00.IN
         country  year
         Aruba    2012       75.205756
                  2011       75.081390
                  2010       74.953537
                  2009       74.818146
                  2008       74.675732
         ...                       ...
         Zimbabwe 1984       61.583951
                  1983       61.148171
                  1982       60.605512
                  1981       60.004829
                  1980       59.388024

         [8679 rows x 1 columns]
```

이제 이 데이터로 몇 가지 재미있는 일을 할 수 있다. 예를 들어 연도별 평균 수명이 가장 낮은 국가를 판별해보자. 그렇게 하려면 먼저 이 데이터를 피벗(회전)해 국가명을 인덱스로 하고 연도를 칼럼으로 만들어야 한다. 피버팅[pivoting]에 대해서는 나중에 자세히 다룰 예정이므로, 지금은 다음과 같이 국가와 연도를 인덱스와 칼럼으로 재조직하는 작업만 해보자. 물론 각 국가의 연도별 개별 데이터는 평균 수명을 나타낸다.

```
In [53]: #le_data_all.pivot(index='country', columns='year')
         le_data = le_data_all.reset_index().pivot(index='country',
                                                   columns='year')
         # examine pivoted data
         le_data.iloc[:5,0:3]

Out[53]:                 SP.DYN.LE00.IN
         year                      1980       1981       1982
         country
         Afghanistan          41.867537  42.526927  43.230732
         Albania              70.235976  70.454463  70.685122
         Algeria              58.164024  59.486756  60.786341
         American Samoa             NaN        NaN        NaN
         Andorra                    NaN        NaN        NaN
```

이 포맷의 데이터에서 .idxmin(axis=0)을 사용해 연도별로 최저 평균 수명을 기록한 국가를 알아낼 수 있다.

```
In [54]: # ask what is the name of country for each year
         # with the least life expectancy
         country_with_least_expectancy = le_data.idxmin(axis=0)
         country_with_least_expectancy[:5]

Out[54]:                 year
         SP.DYN.LE00.IN  1980        Cambodia
                         1981        Cambodia
                         1982     Timor-Leste
                         1983     South Sudan
                         1984     South Sudan
         dtype: object
```

연도별 최저 평균 수명의 실제 값은 .min(axis=0)을 사용해 알아낼 수 있다.

```
In [55]: # and what is the minimum life expectancy for each year
         expectancy_for_least_country = le_data.min(axis=0)
         expectancy_for_least_country[:5]

Out[55]:                 year
         SP.DYN.LE00.IN  1980    27.738976
                         1981    33.449927
                         1982    38.186220
                         1983    39.666488
                         1984    39.999537
         dtype: float64
```

이 두 결과를 조합함으로써 각 국가의 연도별 최저 평균 수명과 그 값을 보여주는 새 DataFrame을 만들 수 있다.

```
In [56]: # this merges the two frames together and gives us
         # year, country and expectancy where there minimum exists
         least = pd.DataFrame(
             data = {'Country': country_with_least_expectancy.values,
                     'Expectancy': expectancy_for_least_country.values},
             index = country_with_least_expectancy.index.levels[1])
         least[:5]

Out[56]:           Country  Expectancy
         year
         1980     Cambodia   27.738976
         1981     Cambodia   33.449927
         1982  Timor-Leste   38.186220
         1983  South Sudan   39.666488
         1984  South Sudan   39.999537
```

## 정리

9장에서는 pandas DataFrame 객체로의 자동 매핑을 통해 다양한 위치와 다양한 포맷을 가진 데이터를 얼마나 쉽게 이용할 수 있는지 확인했다. 먼저 CSV, HTML, JSON, HDF5, 엑셀 포맷의 로컬 파일로부터 데이터를 읽고 쓰는 방법을 배웠다. 특히 그런 다양한 포맷의 데이터를 DataFrame과 어떻게 매핑할지 걱정할 필요 없이 서로 간에 직접 변환되는 원리를 알았다.

그다음엔 원격 소스의 데이터에 접근하는 방법을 알아봤다. 먼저 로컬 파일을 대상으로 했던 모든 기능이 웹과 클라우드 데이터 소스에도 그대로 적용된다는 사실을 알았다. 그다음엔 구글 파이낸스나 세계은행과 같은 다양한 형식의 웹 기반 데이터에 접근할 수 있는 pandas의 기능을 살펴봤다.

이로써 어떤 데이터든 로딩할 수 있는 능력을 갖췄으니, 다음 단계는 그 데이터의 정제 작업을 수행하는 일이다. 그렇게 수집한 데이터에 누락된 정보가 있거나 잘못된 형식의 콘텐츠가 포함돼 있는 경우는 흔하기 때문이다. 10장에서는 그와 같은 이슈를 다루는, 소위 데이터 정돈data tidying이라고 하는 과정에 초점을 맞춘다.

# 10

# 데이터 정돈

우리는 이제 데이터 처리의 파이프라인에서 우리가 수집한 데이터를 들여다보고, 분석 중에 나타날 수 있는 비정상적인 부분에 대해 고심해야 할 지점에 왔다. 그런 비정상이 존재하는 원인은 다양하다. 때로는 데이터의 특정 부분이 기록되지 않았거나 유실됐을 수 있다. 데이터의 단위가 우리 시스템의 단위와 맞지 않을 수도 있다. 또는 많은 경우에 특정 데이터 지점이 중복됐을 수도 있다.

그와 같은 비정상 데이터를 다루는 과정을 데이터 정돈data tidying이라고 하는데, 데이터 분석에 있어서 자주 사용되는 용어다. 데이터 정돈은 아무리 간단한 분석 작업이라 할지라도 그 전에 상당한 시간을 쏟아야 하는 매우 중요한 단계다.

데이터 정돈은 지루한 작업이 될 수 있다. 특히 사용하고 있는 프로그래밍 툴이 데이터 정제와 관련된 특정 작업을 지원하지 않는 경우에 더욱 그렇다. 다행히 pandas는 그런 이슈를 다룰 수 있는 다양한 도구를 제공하며, 게다가 매우 효율적으로 작업할 수 있게 해준다. 10장에서는 데이터 정돈과 관련된 다양한 작업을 알아본다. 특히 다음과 같은 사항을 다룬다.

- 데이터 정돈의 개념
- 결측 데이터 다루기
- NaN 찾기
- 결측 데이터 거르기(삭제)
- pandas가 결측 값을 다루는 방법
- 알 수 없는 값의 판별, 삭제, 수정
- 보간법을 사용한 결측 값 채우기
- 중복 데이터의 식별과 삭제
- 매핑, 대체, 함수 적용을 통한 데이터 변형

## pandas 설정

이제 다음과 같은 pandas 설정으로 10장에서 사용할 예제를 준비하자.

```
In [1]: # import numpy and pandas
        import numpy as np
        import pandas as pd

        # used for dates
        import datetime
        from datetime import datetime, date

        # Set some pandas options controlling output format
        pd.set_option('display.notebook_repr_html', False)
        pd.set_option('display.max_columns', 8)
        pd.set_option('display.max_rows', 10)
        pd.set_option('display.width', 60)

        # bring in matplotlib for graphics
        import matplotlib.pyplot as plt
        %matplotlib inline
```

## 데이터 정돈이란?

타이디(정돈된) 데이터[tidy data]라는 말은 해들리 위컴[Hadley Wickham]의 논문인 <Tidy Data>에서 만들어진 용어다. 이 논문은 따로 다운로드(http://vita.had.co.nz/papers/tidy-data.pdf)해 읽어보기를 강력히 추천한다.

이 논문은 타이디 데이터를 만드는 과정을 상세히 설명한다. 타이디 데이터란 어떤 뜻밖의 상황에도 안전하며 즉시 분석 준비가 된 완전히 정돈된 최종 데이터를 말한다.

이제부터 데이터 정돈을 위한 pandas의 여러 도구를 다뤄볼 예정인데, 이는 다음과 같은 상황에 대처하기 위해서다.

- 요청했던 변수와는 다른 이름의 변수가 얻어졌다.
- 결측 데이터가 존재한다.
- 요청했던 단위의 값이 아니다.
- 원하는 기간의 표본이 아니다.
- 양적 데이터가 필요하지만 변수가 범주형이다.
- 데이터에 잡음[noise]이 존재한다.
- 정보의 데이터 타입이 잘못돼 있다.
- 데이터가 잘못된 축을 기준으로 조직돼 있다.
- 데이터의 정규화 수준이 잘못돼 있다.
- 데이터가 중복된다.

어지간한 내용은 다 말했으나 분명 전부는 아닐 것이다. 그러나 모두 필자가 개인적으로 마주쳤던, 그리고 분명히 여러분도 마주칠 이슈들이다. 이런 이슈들은 이를 명시적으로 지원하지 않는 툴이나 언어를 사용할 경우에는 해결하기가 매우 곤란하다. 이제부터 pandas를 사용해 얼마나 쉽게 이들 문제를 해결할 수 있는지 확인해보자.

## ▌결측 데이터 다루기

pandas에서는 NaN(NumPy에서는 np.nan)의 값을 갖는 데이터를 누락된 데이터, 즉 결측missing 데이터라고 한다. 이 NaN 값은 Series의 특정 인덱스 레이블에 할당된 값이 없음을 의미한다.

결측 데이터는 어떻게 발생할까? NaN 값을 갖게 되는 원인은 다음과 같이 다양하다.

- 조인하는 두 데이터셋에 서로 대응되는 값이 없다.
- 외부 소스로부터 가져온 데이터가 불완전하다.
- 나중에 채워질 값이므로, 주어진 시점에서는 값이 없다.
- 값을 가져오는 데 오류가 있으나, 이벤트는 계속 발생해 기록됐다.
- 리인덱싱을 한 결과로 값이 없는 인덱스가 만들어졌다.
- 데이터 재형성reshape 당시에는 확인되지 않았으나, 새 칼럼이나 로우가 추가돼 데이터의 모양이 바뀌었다.

이 외에도 더 많은 원인이 있겠지만, 중요한 점은 이런 상황들은 어쨌든 발생할 것이며 효과적인 데이터 분석을 위해서는 그에 대처할 수 있어야 한다는 점이다.

결측 데이터를 다루는 실습을 위해 다음과 같은 DataFrame을 만들어 시작해보자.

```
In [2]: # create a DataFrame with 5 rows and 3 columns
        df = pd.DataFrame(np.arange(0, 15).reshape(5, 3),
                          index=['a', 'b', 'c', 'd', 'e'],
                          columns=['c1', 'c2', 'c3'])
        df

Out[2]:     c1  c2  c3
        a    0   1   2
        b    3   4   5
        c    6   7   8
        d    9  10  11
        e   12  13  14
```

여기에는 어떤 결측 데이터도 없으므로, 다음과 같이 일부 데이터를 변경하자.

```
In [3]: # add some columns and rows to the DataFrame
        # column c4 with NaN values
        df['c4'] = np.nan
        # row 'f' with 15 through 18
        df.loc['f'] = np.arange(15, 19)
        # row 'g' will all NaN
        df.loc['g'] = np.nan
        # column 'C5' with NaN's
        df['c5'] = np.nan
        # change value in col 'c4' row 'a'
        df['c4']['a'] = 20
        df

Out[3]:      c1    c2    c3    c4  c5
        a   0.0   1.0   2.0  20.0 NaN
        b   3.0   4.0   5.0   NaN NaN
        c   6.0   7.0   8.0   NaN NaN
        d   9.0  10.0  11.0   NaN NaN
        e  12.0  13.0  14.0   NaN NaN
        f  15.0  16.0  17.0  18.0 NaN
        g   NaN   NaN   NaN   NaN NaN
```

이제 이 DataFrame에는 결측 데이터가 존재하며, 다음과 같은 특징을 보여준다.

- 오직 NaN 값으로만 된 로우 하나가 있다.
- 오직 NaN 값으로만 된 칼럼 하나가 있다.
- 숫자 값과 NaN 값이 혼합된 로우와 칼럼이 여럿 있다.

이제 다양한 기법을 사용해 결측 데이터를 처리해보자.

## NaN 값 찾기

데이터 프레임 객체에서의 NaN 값은 `.isnull()` 메소드로 찾아낼 수 있다. 이 메소드가 True를 반환한 해당 위치의 아이템은 NaN 값이라는 의미다.

```
In [4]: # which items are NaN?
        df.isnull()
Out[4]:       c1     c2     c3     c4    c5
        a  False  False  False  False  True
        b  False  False  False   True  True
        c  False  False  False   True  True
        d  False  False  False   True  True
        e  False  False  False   True  True
        f  False  False  False  False  True
        g   True   True   True   True  True
```

.sum() 메소드가 True와 False를 각각 1과 0으로 취급한다는 사실을 이용해 다음과 같이 DataFrame 안 NaN 값의 개수를 세어볼 수 있다.

```
In [5]: # count the number of NaN's in each column
        df.isnull().sum()
Out[5]: c1    1
        c2    1
        c3    1
        c4    5
        c5    7
        dtype: int64
```

결과 시리즈에 다시 한 번 .sum()을 적용하면 이 DataFrame에 있는 NaN 값의 총 개수를 알 수 있다.

```
In [6]: # total count of NaN values
        df.isnull().sum().sum()
Out[6]: 15
```

훌륭하다. 이는 누락된 데이터를 초기에 식별하는 편리한 방법이다. 완전한 데이터가 필요한 경우에 이 간편한 방법으로 확인해 0이 아닌 값이 나온다면 좀 더 깊이 들여다봐야 하는 상황임을 알게 될 것이다.

결측 데이터의 개수를 확인하는 또 다른 방법으로 Series와 DataFrame의 .count() 메소드가 있다. Series에서 이 메소드는 NaN이 아닌 값의 개수를 반환한다.

그러나 DataFrame의 경우에는 각 칼럼별로 NaN이 아닌 값의 개수를 반환한다.

```
In [7]: # number of non-NaN values in each column
        df.count()

Out[7]: c1    6
        c2    6
        c3    6
        c4    2
        c5    0
        dtype: int64
```

그다음엔 거꾸로 이를 전체에서 뺀 다음 모두 합하면 NaN 값의 개수를 알 수 있다.

```
In [8]: # and this counts the number of NaN's too
        (len(df) - df.count()).sum()

Out[8]: 15
```

.notnull() 메소드를 사용해도 NaN이 아닌 아이템을 식별할 수 있다. 이 메소드의 반환 값이 True이면 해당 값이 NaN이 아니라는 의미며, False이면 그 반대다.

```
In [9]: # which items are not null?
        df.notnull()

Out[9]:
              c1     c2     c3     c4     c5
        a   True   True   True   True  False
        b   True   True   True  False  False
        c   True   True   True  False  False
        d   True   True   True  False  False
        e   True   True   True  False  False
        f   True   True   True   True  False
        g  False  False  False  False  False
```

## 결측 데이터의 판별과 삭제

결측 데이터를 처리하는 한 가지 방법은 단순히 데이터셋에서 삭제하는 것이다. 이는 정기적으로 표본을 수집하지만 기기가 일시적으로 오프라인이 돼 일부 데이터가 기록되지 못하는 상황에서 가능한 시나리오다.

pandas에서는 이와 관련해 다양한 기법을 사용할 수 있다. 그중 하나는 .isnull()이나 .notnull()을 사용해 NaN이나 NaN이 아닌 값을 추출하는 불리언 선택이다. 다음은 현재 DataFrame의 c4 칼럼에서 NaN이 아닌 값을 선택하는 예다.

```
In [10]: # select the non-NaN items in column c4
         df.c4[df.c4.notnull()]

Out[10]: a    20.0
         f    18.0
         Name: c4, dtype: float64
```

pandas는 .dropna()라고 하는 편리한 함수를 제공하는데, 이는 Series로부터 값이 NaN인 아이템을 삭제한다.

```
In [11]: # .dropna will also return non NaN values
         # this gets all non NaN items in column c4
         df.c4.dropna()

Out[11]: a    20.0
         f    18.0
         Name: c4, dtype: float64
```

.dropna()는 실제로는 DataFrame의 사본을 반환한다. 다음에서 알 수 있듯 원래의 DataFrame은 변경되지 않는다.

```
In [12]: # dropna returns a copy with the values dropped
         # the source DataFrame / column is not changed
         df.c4

Out[12]: a    20.0
         b     NaN
         c     NaN
         d     NaN
         e     NaN
         f    18.0
         g     NaN
         Name: c4, dtype: float64
```

.dropna()가 DataFrame에 사용될 경우에는 NaN 값이 최소한 하나라도 있는 로우는 모두 삭제된다. 다음은 그와 같은 상황을 보여주는데, 각 로우가 최소 하나 이상의

NaN 값을 갖고 있으므로 그 결과 모든 로우가 삭제된 것을 볼 수 있다.

```
In [13]: # on a DataFrame this will drop entire rows
         # where there is at least one NaN
         # in this case, that is all rows
         df.dropna()

Out[13]: Empty DataFrame
         Columns: [c1, c2, c3, c4, c5]
         Index: []
```

모든 값이 NaN인 로우만 삭제하고 싶다면 how='all' 파라미터를 사용하면 된다. 다음은 NaN 값만 존재하는 로우인 g를 삭제하는 예다.

```
In [14]: # using how='all', only rows that have all values
         # as NaN will be dropped
         df.dropna(how = 'all')

Out[14]:      c1    c2    c3    c4  c5
         a   0.0   1.0   2.0  20.0 NaN
         b   3.0   4.0   5.0   NaN NaN
         c   6.0   7.0   8.0   NaN NaN
         d   9.0  10.0  11.0   NaN NaN
         e  12.0  13.0  14.0   NaN NaN
         f  15.0  16.0  17.0  18.0 NaN
```

이 메소드는 로우 대신 칼럼에도 적용할 수 있는데, 이 경우 axis=1 파라미터를 전달하면 된다. 다음은 NaN 값만 포함하는 칼럼인 c5를 삭제하는 예다.

```
In [15]: # flip to drop columns instead of rows
         df.dropna(how='all', axis=1) # say goodbye to c5

Out[15]:      c1    c2    c3    c4
         a   0.0   1.0   2.0  20.0
         b   3.0   4.0   5.0   NaN
         c   6.0   7.0   8.0   NaN
         d   9.0  10.0  11.0   NaN
         e  12.0  13.0  14.0   NaN
         f  15.0  16.0  17.0  18.0
         g   NaN   NaN   NaN   NaN
```

이제 조금 다른 DataFrame 객체를 다뤄보자. 칼럼 c1과 c3에는 NaN 값이 전혀 없으며, 이 두 칼럼을 제외한 모든 칼럼을 삭제해보자.

```
In [16]: # make a copy of df
         df2 = df.copy()
         # replace two NaN cells with values
         df2.loc['g'].c1 = 0
         df2.loc['g'].c3 = 0
         df2

Out[16]:      c1    c2    c3    c4  c5
         a   0.0   1.0   2.0  20.0 NaN
         b   3.0   4.0   5.0   NaN NaN
         c   6.0   7.0   8.0   NaN NaN
         d   9.0  10.0  11.0   NaN NaN
         e  12.0  13.0  14.0   NaN NaN
         f  15.0  16.0  17.0  18.0 NaN
         g   0.0   NaN   0.0   NaN NaN
```

```
In [17]: # now drop columns with any NaN values
         df2.dropna(how='any', axis=1)

Out[17]:      c1    c3
         a   0.0   2.0
         b   3.0   5.0
         c   6.0   8.0
         d   9.0  11.0
         e  12.0  14.0
         f  15.0  17.0
         g   0.0   0.0
```

.dropna( ) 메소드에는 thresh라는 파라미터가 있다. 이 파라미터에는 삭제 대상의 최소 NaN 값 개수를 지정한다. 다음은 적어도 5개 이상의 NaN 값이 있는 칼럼(c4와 c5)을 모두 삭제하는 예다.

```
In [18]: # only drop columns with at least 5 NaN values
         df.dropna(thresh=5, axis=1)

Out[18]:      c1    c2    c3
         a   0.0   1.0   2.0
         b   3.0   4.0   5.0
         c   6.0   7.0   8.0
         d   9.0  10.0  11.0
         e  12.0  13.0  14.0
         f  15.0  16.0  17.0
         g   NaN   NaN   NaN
```

다시 말하지만 .dropna( ) 메소드는 DataFrame의 사본을 반환하므로, 데이터는 그 사본에서 삭제된다. 원래의 DataFrame에서 데이터를 삭제하고 싶다면 inplace=True 파라미터를 사용하면 된다.

## 수학 연산에서의 NaN 처리 방식

pandas의 NaN 처리 방식은 NumPy와 다르다. 이를 확인하기 위해 이전에 살펴봤던 예제를 다시 가져와보자.

```
In [19]: # create a NumPy array with one NaN value
         a = np.array([1, 2, np.nan, 3])
         # create a Series from the array
         s = pd.Series(a)
         # the mean of each is different
         a.mean(), s.mean()

Out[19]: (nan, 2.0)
```

보다시피 NumPy는 NaN 값을 만나면 NaN을 반환한다. 반면에 pandas는 NaN 값을 Series의 일부로 취급하지 않고 무시하면서 연산을 진행한다.

앞에서 pandas가 평균을 계산한 식은 (1+2+3)/3이지, (1+2+3)/4나 (1+2+0+4)/4가 아니다. 이는 NaN 값이 무시될 뿐만 아니라 아예 카운팅조차 안 된다는 사실을 의미한다.

좀 더 구체적으로 pandas는 다음과 같은 방식으로 NaN 값을 처리한다.

- 합산에 있어서는 NaN을 0으로 취급한다.
- 모든 값이 NaN일 경우에만 결과가 NaN이다.
- .cumsum( )이나 .cumprod( )와 같은 메소드는 계산 시에 NaN 값을 무시하지만, 그 결과 목록에는 유지시킨다.

다음은 그와 같은 개념들을 직접 확인해본 예다.

```
In [20]: # demonstrate sum, mean and cumsum handling of NaN
         # get one column
         s = df.c4
         s.sum(), # NaN's treated as 0
Out[20]: (38.0,)
```

```
In [21]: s.mean() # NaN also treated as 0
Out[21]: 19.0
```

```
In [22]: # as 0 in the cumsum, but NaN's preserved in result Series
         s.cumsum()
Out[22]: a    20.0
         b     NaN
         c     NaN
         d     NaN
         e     NaN
         f    38.0
         g     NaN
         Name: c4, dtype: float64
```

그러나 전통적인 수학 기호를 사용할 경우에는 NaN이 0으로 취급되지 않고 그대로 유지된다.

```
In [23]: # in arithmetic, a NaN value will result in NaN
         df.c4 + 1
Out[23]: a    21.0
         b     NaN
         c     NaN
         d     NaN
         e     NaN
         f    19.0
         g     NaN
         Name: c4, dtype: float64
```

## 결측 데이터 보강

NaN 값을 무시하거나 유지하는 대신 특정 값으로 대체하고 싶다면 .fillna() 메소드를 사용하면 된다. 다음은 모든 NaN 값을 0으로 대체하는 예다.

```
In [24]: # return a new DataFrame with NaN's filled with 0
         filled = df.fillna(0)
         filled

Out[24]:      c1    c2    c3    c4   c5
         a   0.0   1.0   2.0  20.0  0.0
         b   3.0   4.0   5.0   0.0  0.0
         c   6.0   7.0   8.0   0.0  0.0
         d   9.0  10.0  11.0   0.0  0.0
         e  12.0  13.0  14.0   0.0  0.0
         f  15.0  16.0  17.0  18.0  0.0
         g   0.0   0.0   0.0   0.0  0.0
```

이렇게 할 경우 수학 연산의 결과가 달라짐을 유의해야 한다. 다음은 NaN 값을 갖는 DataFrame과 NaN 값을 0으로 대체한 DataFrame에 대해 각각 .mean() 메소드를 적용해 비교한 예다.

```
In [25]: # NaN's don't count as an item in calculating
         # the means
         df.mean()

Out[25]: c1     7.5
         c2     8.5
         c3     9.5
         c4    19.0
         c5     NaN
         dtype: float64
```

```
In [26]: # having replaced NaN with 0 can make
         # operations such as mean have different results
         filled.mean()

Out[26]: c1    6.428571
         c2    7.285714
         c3    8.142857
         c4    5.428571
         c5    0.000000
         dtype: float64
```

### 결측 값 채우기

Series 안의 NaN이 아닌 값을 결측 데이터에 정방향이나 역방향으로 채울 수 있다. 다음은 c4 칼럼에 정방향 채우기forward filling를 적용한 예다.

```
In [27]: # extract the c4 column and fill NaNs forward
         df.c4.fillna(method="ffill")

Out[27]: a    20.0
         b    20.0
         c    20.0
         d    20.0
         e    20.0
         f    18.0
         g    18.0
         Name: c4, dtype: float64
```

시계열 데이터에 대한 이와 같은 기법을 흔히 '마지막 유효 값(last known value)'이라고 한다. 이 내용은 13장에서 다시 살펴본다.

역방향 채우기backward filling를 하려면 method='bfill'을 사용하면 된다.

```
In [28]: # perform a backwards fill
         df.c4.fillna(method="bfill")

Out[28]: a    20.0
         b    18.0
         c    18.0
         d    18.0
         e    18.0
         f    18.0
         g     NaN
         Name: c4, dtype: float64
```

타이핑 수를 줄이기 위해 pandas가 제공하는 전역 함수인 pd.ffill()과 pd.bfill()을 사용할 수도 있다. 이는 각각 .fillna(method='ffill')과 .fillna(method='bfill')에 해당한다.

### 인덱스 레이블을 사용한 채우기

Series의 레이블이나 파이썬 딕셔너리의 키를 사용해 데이터를 채울 수 있다. 이 경우 인덱스 레이블에 기초해 각 요소에 서로 다른 값을 지정할 수 있다.

```
In [29]: # create a new Series of values to be
         # used to fill NaN's where index label matches
         fill_values = pd.Series([100, 101, 102], index=['a', 'e', 'g'])
         fill_values

Out[29]: a    100
         e    101
         g    102
         dtype: int64
```

```
In [30]: # using c4, fill using fill_values
         # a, e and g will be filled with matching values
         df.c4.fillna(fill_values)

Out[30]: a     20.0
         b      NaN
         c      NaN
         d      NaN
         e    101.0
         f     18.0
         g    102.0
         Name: c4, dtype: float64
```

보다시피 레이블 a의 값은 바뀌지 않았다. 즉, 오직 NaN인 요소에만 값이 채워진다는 의미다.

흔히 사용되는 또 다른 방법은 NaN을 칼럼의 평균값으로 채우는 것이다.

```
In [31]: # fill NaN values in each column with the
         # mean of the values in that column
         df.fillna(df.mean())

Out[31]:      c1    c2    c3    c4  c5
         a   0.0   1.0   2.0  20.0 NaN
         b   3.0   4.0   5.0  19.0 NaN
         c   6.0   7.0   8.0  19.0 NaN
         d   9.0  10.0  11.0  19.0 NaN
         e  12.0  13.0  14.0  19.0 NaN
         f  15.0  16.0  17.0  18.0 NaN
         g   7.5   8.5   9.5  19.0 NaN
```

이는 결측 값을 0으로 채울 때보다 통계적으로 덜 왜곡되게 만들 수 있는 편리한 방법이다. 또한 통계 분석에서 0 값 때문에 너무 커진 편차로 인한 거짓 오류[false failure], 즉 실제로는 오류가 아니지만 오류로 인식될 수 있는 상황에 특히 유용하다.

## 보간법을 사용한 결측 값 채우기

DataFrame과 Series에 있는 .interpolate( ) 메소드는 기본적으로 결측 값에 대해 선형 보간법을 사용한다.

```
In [32]: # linear interpolate the NaN values from 1 through 2
         s = pd.Series([1, np.nan, np.nan, np.nan, 2])
         s.interpolate()

Out[32]: 0    1.00
         1    1.25
         2    1.50
         3    1.75
         4    2.00
         dtype: float64
```

보간법은 연속된 NaN의 앞의 값과 뒤의 값을 통해 계산된 차이 값을 차례로 더해 NaN을 대체하는 방식이다. 이 예에서는 NaN을 둘러싼 값이 1.0과 2.0이므로 (2.0-1.0)/(5-1)인 0.25를 차례로 증가시켜 NaN을 채웠다.

보간법은 중요한 기법이다. 예를 들어 낮 동안 올라가는 시간별 기온을 나타내는 데이터가 있다고 가정하자. 중간에 센서 고장으로 데이터가 기록되지 않았다면 보간법을 사용해 추측되는 기온으로 데이터를 채울 수 있다. 이는 분명히 0으로 채우는 것보다 의미가 있다.

.interpolate( ) 메소드는 보간법의 특정 방식을 지정할 수 있는 기능을 제공한다. 흔히 사용되는 방식 중 하나는 시간에 기반을 둔 보간법이다. 예를 들어 다음과 같이 날짜와 값으로 이뤄진 Series를 생각해보자.

```
In [33]: # create a time series, but missing one date in the Series
         ts = pd.Series([1, np.nan, 2],
                        index=[datetime(2014, 1, 1),
                               datetime(2014, 2, 1),
                               datetime(2014, 4, 1)])
         ts

Out[33]: 2014-01-01    1.0
         2014-02-01    NaN
         2014-04-01    2.0
         dtype: float64
```

보간법을 그대로 사용한다면 그 결과는 다음과 같을 것이다.

```
In [34]: # linear interpolate based on number of items in the Series
         ts.interpolate()

Out[34]: 2014-01-01    1.0
         2014-02-01    1.5
         2014-04-01    2.0
         dtype: float64
```

2014-02-01의 값은 1.0 + (2.0-1.0)/2로 계산돼 1.5가 채워졌다.

여기서 중요한 점은 2014-03-01의 데이터도 누락됐다는 사실이다. 따라서 값을 추측해야 할 대상은 두 날짜(2014-02-01과 2014-03-01)에 대한 데이터이므로 계산식에서의 분모는 3이 됐어야 한다.

이런 상황은 보간법 방식을 time으로 지정해 해결할 수 있다.

```
In [35]: # this accounts for the fact that we don't have
         # an entry for 2014-03-01
         ts.interpolate(method="time")

Out[35]: 2014-01-01    1.000000
         2014-02-01    1.344444
         2014-04-01    2.000000
         dtype: float64
```

이제 2014-02-01에 대한 데이터가 좀 더 바람직하게 됐다. 그렇다고 이 결과에 2014-03-01의 데이터가 추가된 것은 아니라는 점에 유의하기 바란다. 2014-03-01은 오직 보간법 계산에만 관여됐을 뿐이다.

인덱스 레이블이 숫자인 경우라면 그 인덱스 레이블에 따라 상대적으로 값이 계산되는 보간법을 사용할 수도 있다. 예를 들어 다음과 같은 Series가 있다고 하자.

```
In [36]: # a Series to demonstrate index label based interpolation
         s = pd.Series([0, np.nan, 100], index=[0, 1, 10])
         s

Out[36]: 0       0.0
         1       NaN
         10    100.0
         dtype: float64
```

선형 보간법을 사용한다면 다음과 같은 결과가 나온다.

```
In [37]: # linear interpolate
         s.interpolate()

Out[37]: 0       0.0
         1      50.0
         10    100.0
         dtype: float64
```

그러나 인덱스 값에 따라 상대적으로 값을 부여하고 싶다면 method="values"를 지정하면 된다.

```
In [38]: # interpolate based upon the values in the index
         s.interpolate(method="values")

Out[38]: 0       0.0
         1      10.0
         10    100.0
         dtype: float64
```

보다시피 인덱스 레이블에 따라 상대적인 위치에 맞게 값이 계산됐다. 레이블 1은 0에서 10 사이에서 1/10의 위치이므로 0 + (100-0)/10으로 계산돼 그 값이 10.0이 됐다.

## 중복 데이터 다루기

표본 데이터에는 종종 중복된 로우가 존재하기도 한다. 이는 자동으로 수집된 데이터뿐만 아니라 수동으로 수집한 데이터에 있어서도 실제로 발생한다. 종종 중복 데이터의 존재는 결측 데이터가 있는 경우보다는 나은 상황으로 여겨진다. 특히 데이터가 멱등성idempotence을 갖는 경우, 즉 계산 결과에 영향이 없는 상황에서는 더욱 그렇다. 그러나 중복 데이터는 데이터셋의 크기를 증가시키며, 멱등성이 없는 데이터의 경우에 중복 데이터를 그대로 두는 일은 적절하지 않다.

pandas는 중복 데이터를 찾아주는 `.duplicate()` 메소드를 제공한다. 이 메소드는 중복된 로우인지의 여부를 나타내는 불리언 값으로 된 `Series`를 반환한다. 반환 값이 True라면 현재 데이터 프레임 안에서 완전히 동일한 로우가 이전에 있었다는 의미다.

다음과 같이 중복된 로우를 갖는 데이터 프레임을 만들어 시작해보자.

```
In [39]: # a DataFrame with lots of duplicate data
         data = pd.DataFrame({'a': ['x'] * 3 + ['y'] * 4,
                              'b': [1, 1, 2, 3, 3, 4, 4]})
         data

Out[39]:    a  b
         0  x  1
         1  x  1
         2  x  2
         3  y  3
         4  y  3
         5  y  4
         6  y  4
```

이제 다음과 같이 중복 데이터를 찾을 수 있다.

```
In [40]: # reports which rows are duplicates based upon
         # if the data in all columns was seen before
         data.duplicated()

Out[40]: 0    False
         1     True
         2    False
         3    False
         4     True
         5    False
         6     True
         dtype: bool
```

중복된 로우는 .drop_duplicates() 메소드를 사용해 삭제할 수 있다. 이 메소드는 중복된 로우가 제거된 DataFrame의 사본을 반환한다.

```
In [41]: # drop duplicate rows retaining first row of the duplicates
         data.drop_duplicates()

Out[41]:    a  b
         0  x  1
         2  x  2
         3  y  3
         5  y  4
```

이 메소드에 inplace=True 파라미터를 지정하면 사본 대신 원본의 중복 로우를 즉석에서 삭제한다.

중복 데이터를 삭제함으로써 그 결과에 영향이 있음을 알아야 한다. 중복된 레코드는 다른 인덱스 레이블을 가졌을 것이며, 그 인덱스 레이블은 중복 데이터를 판별할 때 고려되지 않는다. 따라서 어떤 데이터가 유지되는지에 따라 결과 DataFrame의 레이블이 달라질 수 있다.

기본적으로는 중복된 로우 중 가장 첫 로우만 유지된다. 마지막 로우를 유지하고 싶다면 keep='last' 파라미터를 사용하면 된다. 다음은 이 파라미터를 사용해 중복 데이터를 삭제한 결과다.

```
In [42]: # drop duplicate rows, only keeping the first
         # instance of any data
         data.drop_duplicates(keep='last')

Out[42]:    a  b
         1  x  1
         2  x  2
         4  y  3
         6  y  4
```

일부 칼럼에 대해서만 중복 데이터를 확인하고 싶다면 칼럼명 리스트를 전달하면 된다. 다음은 중복된 로우가 없게 c 칼럼을 추가한 후 다시 칼럼 a와 b에 대해서만 중복 데이터를 삭제하는 예다.

```
In [43]: # add a column c with values 0..6
         # this makes .duplicated() report no duplicate rows
         data['c'] = range(7)
         data.duplicated()

Out[43]: 0    False
         1    False
         2    False
         3    False
         4    False
         5    False
         6    False
         dtype: bool
```

```
In [44]: # but if we specify duplicates to be dropped only in columns a & b
         # they will be dropped
         data.drop_duplicates(['a', 'b'])

Out[44]:    a  b  c
         0  x  1  0
         2  x  2  2
         3  y  3  3
         5  y  4  5
```

## 데이터 변형

데이터 정돈에 있어서 또 다른 한 부분은 기존 데이터를 다른 모양으로 변형하는 일이다. 보통 다음과 같은 경우가 데이터 변형을 하는 이유다.

- 값의 단위가 올바르지 않은 경우
- 질적 데이터를 적당한 숫자 값으로 변환해야 하는 경우
- 메모리나 처리 시간을 소비하는, 또는 단지 포함되는 것만으로도 결과에 영향을 줄 수 있는 불필요한 데이터가 있을 경우

그런 상황을 바로 잡기 위해서는 다음과 같은 작업들이 하나 이상 필요할 수 있다.

- 테이블 검색을 사용해 데이터를 다른 인덱스에 매핑한다.
- 명시적으로 특정 값을 다른 값으로, 또는 다른 데이터 타입으로 대체한다.
- 알고리즘에 기초해 값을 변형시키는 메소드를 적용한다.
- 단순히 불필요한 칼럼이나 로우를 삭제한다.

칼럼이나 로우를 삭제하는 방법은 이미 배웠으므로 다시 반복하지는 않을 것이다. 여기서는 콘텐츠에 따라 데이터를 변형하기 위해 pandas가 제공하는 데이터 매핑, 대체, 함수 적용 기능을 알아본다.

### 데이터를 다른 인덱스에 매핑

데이터 변형에 있어서 기본적인 작업 중 하나는 한 데이터셋을 다른 데이터셋에 매핑하는 일이다. pandas는 파이썬 딕셔너리나 pandas `Series`를 통한 테이블 검색으로 값을 매핑해주는 `.map()` 메소드를 제공한다.

이 메소드는 먼저 외부 `Series`의 값을 내부 `Series`의 인덱스 레이블에 일치시킨다. 그 후 외부 `Series`의 인덱스 레이블과 내부 `Series`의 값을 갖는 새로운 `Series`를 반환한다.

다음 예제는 y(내부 Series)의 값을 x(외부 Series)의 인덱스 레이블에 매핑하는 방법을 보여준다.

```
In [45]: # create two Series objects to demonstrate mapping
         x = pd.Series({"one": 1, "two": 2, "three": 3})
         y = pd.Series({1: "a", 2: "b", 3: "c"})
         x

Out[45]: one      1
         three    3
         two      2
         dtype: int64
```

```
In [46]: y

Out[46]: 1    a
         2    b
         3    c
         dtype: object
```

```
In [47]: # map values in x to values in y
         x.map(y)

Out[47]: one      a
         three    c
         two      b
         dtype: object
```

다른 정렬 작업에서와 마찬가지로 외부 Series의 값을 내부 Series의 인덱스 레이블에 일치시키지 못하는 경우에는 NaN을 할당한다. 다음은 외부 Series의 3과 일치하는 내부 Series의 인덱스 레이블이 없으므로 그 자리에 NaN이 삽입된 모습이다.

```
In [48]: # three in x will not align / map to a value in y
         x = pd.Series({"one": 1, "two": 2, "three": 3})
         y = pd.Series({1: "a", 2: "b"})
         x.map(y)

Out[48]: one        a
         three    NaN
         two        b
         dtype: object
```

## 데이터 대체

우리는 이미 .fillna() 메소드를 사용해 NaN을 원하는 값으로 대체하는 방법을 알고 있다. 따라서 .fillna() 메소드는 특정 값을 NaN의 인덱스에 매핑해주는 .map() 메소드의 특수한 형태라고 생각해도 된다.

더 넓게 보자면 .fillna() 자체는 .replace() 메소드가 제공하는 대체 기능을 특별하게 구현한 메소드라고 봐도 좋다. .replace() 메소드는 단지 NaN뿐만 아니라 어떤 값이든 다른 값으로 대체할 수 있는 유연함을 제공한다.

.replace() 메소드의 가장 기초적인 활용법은 개별 값 하나를 다른 값으로 대체하는 것이다.

```
In [49]: # create a Series to demonstrate replace
         s = pd.Series([0., 1., 2., 3., 2., 4.])
         s

Out[49]: 0    0.0
         1    1.0
         2    2.0
         3    3.0
         4    2.0
         5    4.0
         dtype: float64
```

```
In [50]: # replace all items with index label 2 with value 5
         s.replace(2, 5)

Out[50]: 0    0.0
         1    1.0
         2    5.0
         3    3.0
         4    5.0
         5    4.0
         dtype: float64
```

여러 개의 아이템을 대체하는 일도 가능하다. .replace() 메소드에 두 개의 리스트를 전달하면 첫 번째 리스트의 값들이 두 번째 리스트의 값들로 대체된다.

```
In [51]: # replace all items with new values
         s.replace([0, 1, 2, 3, 4], [4, 3, 2, 1, 0])

Out[51]: 0    4.0
         1    3.0
         2    2.0
         3    1.0
         4    2.0
         5    0.0
         dtype: float64
```

다음과 같이 딕셔너리를 전달해 대체 작업을 할 수도 있다.

```
In [52]: # replace using entries in a dictionary
         s.replace({0: 10, 1: 100})

Out[52]: 0     10.0
         1    100.0
         2      2.0
         3      3.0
         4      2.0
         5      4.0
         dtype: float64
```

DataFrame에 .replace( )를 사용할 때에는 각 칼럼에 서로 다른 대체 값을 지정할 수 있다. 이는 .replace( ) 메소드의 파라미터로 파이썬 딕셔너리를 전달함으로써 가능하다. 첫 번째 파라미터인 딕셔너리에서 키는 대체할 대상의 칼럼명이며, 값은 대체할 대상의 값이다. 이렇게 딕셔너리로 지정한 대상은 두 번째 파라미터로 전달한 값으로 대체된다.

다음은 DataFrame 하나를 만들어 각 칼럼에서의 특정 값을 100으로 대체하는 예다.

```
In [53]: # DataFrame with two columns
         df = pd.DataFrame({'a': [0, 1, 2, 3, 4], 'b': [5, 6, 7, 8, 9]})
         df

Out[53]:    a  b
         0  0  5
         1  1  6
         2  2  7
         3  3  8
         4  4  9
```

```
In [54]: # specify different replacement values for each column
         df.replace({'a': 1, 'b': 8}, 100)

Out[54]:      a    b
         0    0    5
         1  100    6
         2    2    7
         3    3  100
         4    4    9
```

각 칼럼에 있는 특정 값의 대체는 매우 편리한 기능으로, 이 기능이 없었다면 모든 칼럼에 대해 루프를 돌며 대상을 찾는 코딩을 해야 했을 것이다.

마치 결측 값을 채우는 경우처럼 특정 인덱스 포지션의 아이템을 대체할 수도 있다. 다음은 인덱스 포지션 0의 값을 1, 2, 3의 위치에 정방향으로 채우는 예다.

```
In [55]: # demonstrate replacement with pad method
         # set first item to 10, to have a distinct replacement value
         s[0] = 10
         s

Out[55]: 0    10.0
         1     1.0
         2     2.0
         3     3.0
         4     2.0
         5     4.0
         dtype: float64
```

```
In [56]: # replace items with index label 1, 2, 3, using fill from the
         # most recent value prior to the specified labels (10)
         s.replace([1, 2, 3], method='pad')

Out[56]: 0    10.0
         1    10.0
         2    10.0
         3    10.0
         4    10.0
         5     4.0
         dtype: float64
```

method에 ffill이나 bfill을 지정해 정방향이나 역방향 채우기를 할 수도 있다. 이는 직접 실습해보기 바란다.

## 데이터 변형을 위한 함수 적용

데이터를 직접 매핑하거나 대체하는 방법으로 충분하지 않은 상황이라면 특정 알고리즘을 수행하는 함수를 데이터에 적용하는 방법이 있다. pandas는 개별 아이템이나 칼럼 또는 로우에 통째로 함수를 적용할 수 있는 놀랍게 유연한 데이터 변형 기능을 제공한다.

함수는 .apply( ) 메소드를 사용해 적용할 수 있다. Series의 경우엔 주어진 파이썬 함수에 각 값이 전달된다. DataFrame의 경우엔 각 칼럼이 Series로 전달되며, axis=1을 사용한다면 각 로우가 Series로 전달된다.

다음은 Series의 각 아이템에 람다 함수(익명 함수)를 적용한 예다.

```
In [57]: # demonstrate applying a function to every item of a Series
         s = pd.Series(np.arange(0, 5))
         s.apply(lambda v: v * 2)

Out[57]: 0    0
         1    2
         2    4
         3    6
         4    8
         dtype: int64
```

Series의 아이템에 함수를 적용하는 경우 인덱스 레이블이나 인덱스 값이 아닌 각 아이템의 값만 함수에 전달된다.

DataFrame에 함수를 적용하는 경우 기본적으로 각 칼럼에 함수가 적용된다. pandas는 모든 칼럼을 돌며 각각을 Series로 함수에 전달한다. 그 결과 칼럼명과 동일한 인덱스 레이블, 그리고 함수의 결과를 값으로 갖는 Series 객체를 반환한다.

```
In [58]: # demonstrate applying a sum on each column
         df = pd.DataFrame(np.arange(12).reshape(4, 3),
                           columns=['a', 'b', 'c'])
         df

Out[58]:    a   b   c
         0  0   1   2
         1  3   4   5
         2  6   7   8
         3  9  10  11
```

```
In [59]: # calculate cumulative sum of items in each column
         df.apply(lambda col: col.sum())

Out[59]: a    18
         b    22
         c    26
         dtype: int64
```

칼럼 대신 각 로우에 동일한 방식으로 함수를 적용하려면 axis=1을 지정하면 된다.

```
In [60]: # calculate sum of items in each row
         df.apply(lambda row: row.sum(), axis=1)

Out[60]: 0     3
         1    12
         2    21
         3    30
         dtype: int64
```

일반적인 활용 사례는 함수의 적용 결과를 새 칼럼으로 데이터 프레임에 추가하는 것이다. 이는 한 번 이상의 연이은 계산 결과를 DataFrame에 계속 덧붙임으로써 각 결과가 점진적으로 변화된 모습을 확인할 수 있다는 점에서 유용하다.

다음은 그와 같은 작업의 예다. 첫 번째 단계에서는 칼럼 a와 b를 곱한 결과를 interim이라는 이름의 새 칼럼으로 만들었다. 두 번째 단계에서는 interim과 c를 더한 결과를 result라는 이름의 새 칼럼으로 만들었다.

```
In [61]: # create a new column 'interim' with a * b
         df['interim'] = df.apply(lambda r: r.a * r.b, axis=1)
         df

Out[61]:    a   b   c  interim
         0  0   1   2        0
         1  3   4   5       12
         2  6   7   8       42
         3  9  10  11       90
```

```
In [62]: # and now a 'result' column with 'interim' + 'c'
         df['result'] = df.apply(lambda r: r.interim + r.c, axis=1)
         df

Out[62]:    a   b   c  interim  result
         0  0   1   2        0       2
         1  3   4   5       12      17
         2  6   7   8       42      50
         3  9  10  11       90     101
```

기존의 칼럼 값을 바꾸고 싶다면 단순히 계산 결과를 그 칼럼에 할당하면 된다. 다음은 칼럼 a의 값을 각 로우의 합으로 바꾸는 예다.

```
In [63]: # replace column a with the sum of columns a, b and c
         df.a = df.a + df.b + df.c
         df

Out[63]:     a   b   c  interim  result
         0   3   1   2        0       2
         1  12   4   5       12      17
         2  21   7   8       42      50
         3  30  10  11       90     101
```

관례상 기존 칼럼을 완전히 새로운 값으로 대체하는 일은 좋은 방법이 아니며, 잃어버린 데이터로 인해 디버깅을 곤란하게 만듦으로써 종종 일시적이거나 지속적인 문제를 야기할 수 있다. 따라서 pandas에서는 그냥 새 로우나 칼럼, 또는 완전히 새로운 객체로 추가하는 것이 일반적이며 더 나은 관행이다. 나중에 메모리나 성능의 이슈가 생긴다면 그에 따른 최적화를 수행하면 된다.

유념해야 할 또 다른 사항은 pandas의 `DataFrame`은 스프레드시트가 아니라는 점이다. 스프레드시트에서는 수식 자체도 셀에 할당되며, 참조하는 셀의 값이 바뀔 경우

수식이 자동으로 다시 계산된다. pandas에서는 데이터가 바뀌어 다시 계산하고 싶으면 일일이 수동으로 실행해야 한다. 뒤집어 생각하면 이게 성능상 나을 수 있는데, 어떤 데이터의 변경이라도 그에 따른 모든 계산 작업을 연쇄적으로 일으키지 않기 때문이다.

.apply() 메소드는 Series, 칼럼, 로우의 모든 아이템에 대해 함수를 적용한다. 특정 데이터 서브셋에만 함수를 적용하고 싶다면 먼저 불리언 선택을 통해 처리 대상을 추려야 한다.

다음은 두 번째 로우에 NaN 하나를 삽입한 DataFrame을 만든 다음, NaN이 아닌 모든 값에 함수를 적용하는 예다.

```
In [64]: # create a 3x5 DataFrame
         # only second row has a NaN
         df = pd.DataFrame(np.arange(0, 15).reshape(3,5))
         df.loc[1, 2] = np.nan
         df

Out[64]:     0   1     2   3   4
         0   0   1   2.0   3   4
         1   5   6   NaN   8   9
         2  10  11  12.0  13  14
```

```
In [65]: # demonstrate applying a function to only rows having
         # a count of 0 NaN values
         df.dropna().apply(lambda x: x.sum(), axis=1)

Out[65]: 0    10.0
         2    60.0
         dtype: float64
```

10장에서 마지막으로 다룰 메소드는 .applymap()이다. .apply() 메소드가 항상 로우나 칼럼에 통째로 함수를 적용하는 반면 .applymap() 메소드는 모든 개별 값에 함수를 적용한다.

다음은 .applymap() 메소드를 사용해 DataFrame의 각 값에 소수점 자리를 적용하는 예다.

```
In [66]: # use applymap to format all items of the DataFrame
         df.applymap(lambda x: '%.2f' % x)

Out[66]:
       0      1      2      3      4
0   0.00   1.00   2.00   3.00   4.00
1   5.00   6.00    nan   8.00   9.00
2  10.00  11.00  12.00  13.00  14.00
```

## 정리

10장에서는 데이터 정돈에 관한 다양한 기법을 살펴봤다. 먼저 결측 데이터를 식별하고, 다른 값으로 대체하거나 삭제하는 방법을 다뤘다. 그다음엔 나중의 분석에 더 적합하게 데이터를 변형하는 방법을 알아봤다.

DataFrame이나 Series의 데이터를 정돈했으니 이제 더욱 정교하게 데이터의 구조를 변경하는 일로 초점을 옮길 차례다. 여기에는 데이터의 접합, 병합, 조인, 피버팅이 포함되며, 이는 11장에서 다룰 주제다.

# 11

# 데이터의 조합, 연관, 재형성

데이터는 흔히 이름(속성/변수)으로 참조되는 관련 값들의 논리적 구조인 엔티티[entity]의 집합으로 모델링되며, 여러 로우로 조직화된 다수의 표본이나 인스턴스를 포함한다. 엔티티는 사람이나 사물 인터넷[IoT, Internet of Things]에서의 센서 등 실제 세계의 개체를 대변한다. 각 특정 엔티티와 측정치는 하나의 `DataFrame`을 사용해 모델링된다.

보통은 모델 안의 엔티티들에 대한 갖가지 작업이 필요하다. 예를 들어 여러 지역의 여러 고객 엔티티를 조합해 하나의 pandas 객체로 만들어야 할 수 있다. 고객과 주문 엔티티는 배송 주소를 찾기 위해 연결될 수 있다. 또한 하나의 모델에 저장된 데이터를 다른 모델로 재형성시킬 필요도 있는데, 동일한 타입의 엔티티라도 소스가 다르다면 다르게 모델링돼야 하기 때문이다.

11장에서는 모델 안에서의 데이터 조합, 연관, 재형성과 관련된 작업을 알아본다. 특히 다음과 같은 개념들을 다룬다.

- 복수 객체의 데이터 접합
- 복수 객체의 데이터 병합
- 병합 시 조인 유형 지정
- 인덱스와 값 사이의 피버팅pivoting
- 데이터 스태킹stacking과 언스태킹unstacking
- 넓은 포맷과 긴 포맷 사이의 데이터 멜팅melting

## pandas 설정

11장에서도 다음과 같은 pandas 설정을 갖는 예제로 시작한다.

```
In [1]: # import numpy and pandas
        import numpy as np
        import pandas as pd

        # used for dates
        import datetime
        from datetime import datetime, date

        # Set some pandas options controlling output format
        pd.set_option('display.notebook_repr_html', False)
        pd.set_option('display.max_columns', 8)
        pd.set_option('display.max_rows', 10)
        pd.set_option('display.width', 60)

        # bring in matplotlib for graphics
        import matplotlib.pyplot as plt
        %matplotlib inline
```

## 복수 객체의 데이터 접합

pandas에서 접합[concatenation]은 둘 이상의 pandas 객체로부터 가져온 데이터를 연결해 새 객체로 만드는 과정을 말한다. Series 접합의 경우 단순히 두 Series의 값이 연결된 새 Series가 만들어진다.

DataFrame 객체의 접합은 조금 복잡하다. DataFrame의 어느 축을 기준으로 하든 접합할 수 있으며, pandas는 그 축에 따라 인덱스 레이블에 관계형 조인 로직을 수행한다. 그다음엔 나머지 축을 따라 레이블을 정렬하고 결측 값을 채운다.

접합의 경우 고려해야 할 요소가 많으므로 예제를 다음과 같은 주제로 나눠 살펴보기로 하자.

- 접합의 기본 의미
- 정렬을 위한 기준 축 전환
- 조인 유형 지정
- 데이터 덧붙이기
- 인덱스 레이블의 무시

### 접합의 기본 의미

접합은 pandas의 `pd.concat()` 함수를 통해 가능하며, 이 함수에 접합하고자 하는 객체의 리스트를 전달하는 것이 기본적인 문법이다. 다음은 두 Series 객체인 s1과 s2를 단순히 접합하는 예다.

```
In [2]: # two Series objects to concatenate
        s1 = pd.Series(np.arange(0, 3))
        s2 = pd.Series(np.arange(5, 8))
        s1

Out[2]: 0    0
        1    1
        2    2
        dtype: int64
```

```
In [3]: s2

Out[3]: 0    5
        1    6
        2    7
        dtype: int64
```

```
In [4]: # concatenate them
        pd.concat([s1, s2])

Out[4]: 0    0
        1    1
        2    2
        0    5
        1    6
        2    7
        dtype: int64
```

보다시피 s2의 인덱스 레이블과 값이 s1의 끝에 붙여졌다. 정렬 작업이 일어나지 않았으므로 인덱스 레이블이 중복된 결과를 보여준다.

두 DataFrame 객체도 마찬가지 방식으로 접합할 수 있다.

```
In [5]: # create two DataFrame objects to concatenate
        # using the same index labels and column names,
        # but different values
        df1 = pd.DataFrame(np.arange(9).reshape(3, 3),
                           columns=['a', 'b', 'c'])
        #df2 has 9 .. 18
        df2 = pd.DataFrame(np.arange(9, 18).reshape(3, 3),
                           columns=['a', 'b', 'c'])
        df1
Out[5]:    a  b  c
        0  0  1  2
        1  3  4  5
        2  6  7  8
```

```
In [6]: df2
Out[6]:     a   b   c
        0   9  10  11
        1  12  13  14
        2  15  16  17
```

```
In [7]: # do the concat
        pd.concat([df1, df2])
Out[7]:     a   b   c
        0   0   1   2
        1   3   4   5
        2   6   7   8
        0   9  10  11
        1  12  13  14
        2  15  16  17
```

여기서도 기본적으로 로우가 연결됨으로써 인덱스 레이블이 중복된 결과를 볼 수 있다.

이 결과에서 칼럼 레이블은 두 DataFrame 객체의 칼럼 레이블이 통합된 것이다. 두 개 이상이 될 수 있는 모든 소스 객체에 대해 정렬 작업이 일어나기 때문이다. pandas는 통합된 결과에 현재 처리하고 있는 DataFrame에는 없었던 칼럼이 존재할 경우에는 NaN 값을 삽입한다.

다음은 공통의 칼럼(a와 c)과 그렇지 않은 칼럼(df1의 b와 df2의 d)이 존재하는 두 DataFrame 객체를 접합한 결과다.

```
In [8]: # demonstrate concatenating two DataFrame objects with
        # different columns
        df1 = pd.DataFrame(np.arange(9).reshape(3, 3),
                           columns=['a', 'b', 'c'])
        df2 = pd.DataFrame(np.arange(9, 18).reshape(3, 3),
                           columns=['a', 'c', 'd'])
        df1
```

```
Out[8]:    a  b  c
        0  0  1  2
        1  3  4  5
        2  6  7  8
```

```
In [9]: df2
```

```
Out[9]:     a   c   d
        0   9  10  11
        1  12  13  14
        2  15  16  17
```

```
In [10]: # do the concat, NaN's will be filled in for
         # the d column for df1 and b column for df2
         pd.concat([df1, df2])
```

```
Out[10]:     a    b   c     d
         0   0  1.0   2   NaN
         1   3  4.0   5   NaN
         2   6  7.0   8   NaN
         0   9  NaN  10  11.0
         1  12  NaN  13  14.0
         2  15  NaN  16  17.0
```

df1에는 칼럼 d가 없으므로 그 부분이 NaN으로 채워졌으며, df2의 칼럼 b도 마찬가지다.

접합된 데이터를 구분할 수 있게 keys 파라미터를 사용해 각 그룹에 이름을 지정할 수 있다. 이 파라미터는 계층형 인덱스를 생성함으로써 DataFrame의 .loc 속성을 통해 각 데이터 그룹을 개별적으로 참조할 수 있게 해준다. 이는 나중에 결과 DataFrame에서 어느 데이터가 어느 소스에서 왔는지를 판별할 수 있게 하는 편리한 방법이다.

다음은 원래의 각 DataFrame 객체에 이름을 부여하고 접합한 다음, df2 객체로부터 유래한 로우만을 확인하는 예다.

```
In [11]: # concat the two objects, but create an index using the
         # given keys
         c = pd.concat([df1, df2], keys=['df1', 'df2'])
         # note in the labeling of the rows in the output
         c

Out[11]:
              a    b   c     d
         df1 0   0  1.0   2   NaN
             1   3  4.0   5   NaN
             2   6  7.0   8   NaN
         df2 0   9  NaN  10  11.0
             1  12  NaN  13  14.0
             2  15  NaN  16  17.0
```

다음과 같이 부여했던 키를 사용해 특정 데이터 서브셋만 조회할 수 있다.

```
In [12]: # we can extract the data originating from
         # the first or second source DataFrame
         c.loc['df2']

Out[12]:
             a    b   c     d
         0   9  NaN  10  11.0
         1  12  NaN  13  14.0
         2  15  NaN  16  17.0
```

## 정렬 기준 축의 전환

pd.concat() 함수에는 접합 시의 정렬 기준이 되는 축을 지정할 수 있다. 다음은 두 DataFrame 객체를 칼럼 축을 기준으로 접합시킴으로써 로우 인덱스에 대해 정렬이 되게 만든 예다.

```
In [13]: # concat df1 and df2 along columns
         # aligns on row labels, has duplicate columns
         pd.concat([df1, df2], axis=1)

Out[13]:
            a  b  c   a   c   d
         0  0  1  2   9  10  11
         1  3  4  5  12  13  14
         2  6  7  8  15  16  17
```

이 결과에는 이제 칼럼이 중복돼 존재한다. 이는 먼저 각 DataFrame이 로우 인덱스 레이블을 기준으로 정렬되고, 첫 번째 DataFrame의 칼럼 다음에 두 번째 DataFrame의 칼럼이 붙여졌기 때문이다.

다음은 공통의 로우 인덱스 레이블(2)과 그렇지 않은 인덱스 레이블(df1의 0, 1과 df3의 3, 4)을 포함하는 두 DataFrame 객체를 칼럼 축을 기준으로 접합시킨 예다.

```
In [14]: # a new DataFrame to merge with df1
         # this has two common row labels (2, 3)
         # common columns (a) and one disjoint column
         # in each (b in df1 and d in df2)
         df3 = pd.DataFrame(np.arange(20, 26).reshape(3, 2),
                            columns=['a', 'd'],
                            index=[2, 3, 4])
         df3

Out[14]:     a   d
         2  20  21
         3  22  23
         4  24  25
```

```
In [15]: # concat them. Alignment is along row labels
         # columns first from df1 and then df3, with duplicates.
         # NaN filled in where those columns do not exist in the source
         pd.concat([df1, df3], axis=1)

Out[15]:      a    b    c     a     d
         0  0.0  1.0  2.0   NaN   NaN
         1  3.0  4.0  5.0   NaN   NaN
         2  6.0  7.0  8.0  20.0  21.0
         3  NaN  NaN  NaN  22.0  23.0
         4  NaN  NaN  NaN  24.0  25.0
```

로우 인덱스 레이블을 기준으로 정렬되므로 칼럼은 중복돼 나타났다. 원래 객체에 없던 칼럼은 NaN으로 채워졌다.

## 조인 유형 지정

접합의 조인 유형은 기본적으로 인덱스 레이블을 따라 수행되는 외부 조인[outer join] 방식이다. 이는 인덱스 레이블의 합집합이 데이터셋에 포함되는 것과 마찬가지다.

조인 유형을 내부 조인inner join으로 바꾸고 싶다면 join='inner' 파라미터를 지정하면 된다. 내부 조인은 논리적으로 인덱스 레이블의 합집합이 아닌 교집합에 대해서 접합이 수행된다는 의미다. 다음은 df1과 df3를 내부 조인으로 접합한 결과며, 공통의 인덱스 레이블인 2에 해당하는 하나의 로우만 남았음을 알 수 있다.

```
In [16]: # do an inner join instead of outer
         # results in one row
         pd.concat([df1, df3], axis=1, join='inner')

Out[16]:    a  b  c   a   d
         2  6  7  8  20  21
```

또한 axis=1을 지정하면서 keys 파라미터도 사용하면 레이블을 칼럼 그룹에 붙이는 일이 가능하다.

```
In [17]: # add keys to the columns
         df = pd.concat([df1, df2],
                        axis=1,
                        keys=['df1', 'df2'])
         df

Out[17]:   df1        df2
             a  b  c   a   c   d
         0   0  1  2   9  10  11
         1   3  4  5  12  13  14
         2   6  7  8  15  16  17
```

그다음엔 .loc 속성과 슬라이싱을 이용해 원하는 칼럼 그룹을 조회할 수 있다.

```
In [18]: # retrieve the data that originated from the
         # DataFrame with key 'df2'
         df.loc[:, 'df2']

Out[18]:     a   c   d
         0   9  10  11
         1  12  13  14
         2  15  16  17
```

## 데이터 덧붙이기

DataFrame(또는 Series)에도 데이터를 덧붙일 수 있는 .append( ) 메소드가 있다. 이 메소드는 지정한 두 DataFrame을 로우 인덱스 레이블을 따라 덧붙인다.

```
In [19]: # append does a concatenate along axis=0
         # duplicate row index labels can result
         df1.append(df2)

Out[19]:     a    b   c     d
         0   0  1.0   2   NaN
         1   3  4.0   5   NaN
         2   6  7.0   8   NaN
         0   9  NaN  10  11.0
         1  12  NaN  13  14.0
         2  15  NaN  16  17.0
```

이는 pandas의 메소드인 pd.concat( )과 마찬가지로 중복 발생과 관계없이 인덱스 레이블을 따라 로우를 덧붙이며, 칼럼 레이블은 중복이 발생하지 않게 통합된다.

## 인덱스 레이블의 무시

두 DataFrame을 합친 결과에 인덱스를 중복시키지 않고 싶다면 ignore_index=True 파라미라를 사용하면 된다. 이는 이 파라미터를 지정하지 않은 경우와 동일한 결과를 반환하지만, Int64Index 타입의 새 인덱스를 갖는다.

```
In [20]: # remove duplicates in the result index by ignoring the
         # index labels in the source DataFrame objects
         df1.append(df2, ignore_index=True)

Out[20]:     a    b   c     d
         0   0  1.0   2   NaN
         1   3  4.0   5   NaN
         2   6  7.0   8   NaN
         3   9  NaN  10  11.0
         4  12  NaN  13  14.0
         5  15  NaN  16  17.0
```

이 파라미터는 접합(pd.concat( ))에도 동일하게 적용된다.

## 데이터 병합과 조인

pandas는 pd.merge( )나 DataFrame의 .merge( )를 통해 데이터베이스 식의 조인을 사용하는 병합merging 기능을 지원한다. 병합이란 두 pandas 객체 사이에 일치하는 하나 이상의 칼럼이나 로우 인덱스를 찾아 통합시키는 작업을 말한다. 그다음엔 관계형 데이터베이스 식의 조인 방식을 기준으로 두 객체의 데이터가 조합된 새 객체를 반환한다.

병합은 서로 다른 DataFrame 객체에 동일하게 존재하는 값을 통해 양쪽 데이터를 연관 지어 하나의 DataFrame으로 모델링할 수 있는 유용한 방법이다.

### 여러 pandas 객체로부터의 데이터 병합

병합에 대한 실전 예제로 주문 데이터로부터 고객을 찾아내는 작업을 해보자. 이를 위해 다음과 같은 두 DataFrame을 사용할 것이다. 하나는 고객 정보를 나타내며, 나머지 하나는 주문 정보를 나타낸다. 두 객체는 CustomerID라는 칼럼을 통해 서로 연관될 것이다.

```
In [21]: # these are our customers
         customers = {'CustomerID': [10, 11],
                      'Name': ['Mike', 'Marcia'],
                      'Address': ['Address for Mike',
                                  'Address for Marcia']}
         customers = pd.DataFrame(customers)
         customers

Out[21]:               Address  CustomerID    Name
         0    Address for Mike          10    Mike
         1  Address for Marcia          11  Marcia
```

```
In [22]: # and these are the orders made by our customers
         # they are related to customers by CustomerID
         orders = {'CustomerID': [10, 11, 10],
                   'OrderDate': [date(2014, 12, 1),
                                 date(2014, 12, 1),
                                 date(2014, 12, 1)]}
         orders = pd.DataFrame(orders)
         orders

Out[22]:    CustomerID   OrderDate
         0          10  2014-12-01
         1          11  2014-12-01
         2          10  2014-12-01
```

이제 고객이 주문한 제품을 발송해야 한다고 가정하자. 그러려면 orders 데이터와 customers 데이터를 병합해 각 주문별 수령지 주소를 찾아야 한다. 이는 다음과 같이 .merge( ) 메소드를 사용해 쉽게 할 수 있다.

```
In [23]: # merge customers and orders so we can ship the items
         customers.merge(orders)

Out[23]:                Address  CustomerID    Name   OrderDate
         0     Address for Mike          10    Mike  2014-12-01
         1     Address for Mike          10    Mike  2014-12-01
         2   Address for Marcia          11  Marcia  2014-12-01
```

pandas는 아주 간단한 코드 하나로 이와 같은 작업이 가능하도록 마법과 같은 일을 했다. 먼저 customers와 orders 객체를 파악해 공통의 칼럼인 CustomerID를 알아냈으며, 이 칼럼의 값을 통해 두 DataFrame 객체를 연관시켜 내부 조인 방식으로 데이터를 병합했다.

좀 더 자세하게 살펴보자면 pandas는 다음과 같은 순서로 작업을 진행했다.

1. customers와 orders에 모두 존재하는 공통의 칼럼이 있는지 파악한다. 이 칼럼은 조인을 수행하기 위한 키로 취급된다.
2. 1단계에서 식별한 키에 해당하는 칼럼과 두 객체의 나머지 칼럼을 모두 포함하는 새 DataFrame 객체를 만든다.
3. 두 객체의 키 칼럼에 속한 값들을 일치시킨다.

4. 일치된 값에 따른 각 로우를 생성시킨다.
5. 두 객체로부터 일치되는 로우의 데이터를 복사해 해당 로우와 칼럼에 할당한다.
6. int64Index 타입의 새 인덱스를 할당한다.

키 칼럼이 여러 개일 경우에는 그 키 칼럼의 값이 모두 일치하지 않는 로우는 병합에서 제외된다. 이를 확인하기 위해 다음과 같이 key1과 key2 칼럼을 모두 갖는 두 DataFrame을 병합한 결과를 보자.

```
In [24]: # data to be used in the remainder of this section's examples
         left_data = {'key1': ['a', 'b', 'c'],
                      'key2': ['x', 'y', 'z'],
                      'lval1': [ 0, 1, 2]}
         right_data = {'key1': ['a', 'b', 'c'],
                       'key2': ['x', 'a', 'z'],
                       'rval1': [ 6, 7, 8 ]}
         left = pd.DataFrame(left_data, index=[0, 1, 2])
         right = pd.DataFrame(right_data, index=[1, 2, 3])
         left

Out[24]:   key1 key2  lval1
         0    a    x      0
         1    b    y      1
         2    c    z      2
```

```
In [25]: right

Out[25]:   key1 key2  rval1
         1    a    x      6
         2    b    a      7
         3    c    z      8
```

```
In [26]: # demonstrate merge without specifying columns to merge
         # this will implicitly merge on all common columns
         left.merge(right)

Out[26]:   key1 key2  lval1  rval1
         0    a    x      0      6
         1    c    z      2      8
```

이 경우 두 DataFrame에 공통으로 존재하는 칼럼인 key1과 key2가 식별됐을 것이다. 그러나 두 DataFrame에 있어서 키 칼럼의 값이 모두 일치하는 로우는 (a, x)와 (c, z)이므로, 그 결과에는 두 개의 로우만 포함됐다.

값을 일치시킬 칼럼, 즉 객체 사이의 연관 칼럼을 명시적으로 지정하고 싶다면 on 파라미터를 사용하면 된다. 다음은 두 DataFrame에서 key1 칼럼만 연관시켜 병합을 수행하는 예다.

```
In [27]: # demonstrate merge using an explicit column
         # on needs the value to be in both DataFrame objects
         left.merge(right, on='key1')

Out[27]:   key1 key2_x  lval1 key2_y  rval1
         0    a      x      0      x      6
         1    b      y      1      a      7
         2    c      z      2      z      8
```

이전 결과와 다르게 세 개의 로우가 모두 포함됐음을 알 수 있다. 이는 두 객체의 key1 칼럼 값인 a, b, c가 모두 일치하기 때문이다.

on 파라미터에 연관 칼럼의 리스트를 전달해도 된다. 다음은 key1과 key2 칼럼을 모두 지정한 예인데, 그 결과는 이전에 pandas가 기본적으로 병합을 수행했을 때의 결과와 동일하다.

```
In [28]: # merge explicitly using two columns
         left.merge(right, on=['key1', 'key2'])

Out[28]:   key1 key2  lval1  rval1
         0    a    x      0      6
         1    c    z      2      8
```

on 파라미터에 전달하는 칼럼은 병합할 객체 모두에 존재하는 칼럼이어야 한다. 서로 다른 이름의 칼럼을 기준으로 병합하고 싶다면 left_on이나 right_on 파라미터에 해당 칼럼명을 전달해 호출하면 된다.

두 DataFrame을 로우 인덱스 레이블을 기준으로 병합하고 싶다면 left_index=True와 right_index=True 파라미터를 사용하면 된다. 이 경우 두 파라미터를 모두 지정해야 한다.

```
In [29]: # join on the row indices of both matrices
         pd.merge(left, right, left_index=True, right_index=True)

Out[29]:   key1_x key2_x  lval1 key1_y key2_y  rval1
         1      b      y      1      a      x      6
         2      c      z      2      b      a      7
```

여기서 두 DataFrame에 있어서 공통의 인덱스 레이블은 1과 2이므로, 그 인덱스와 해당 값을 갖는 두 개의 로우가 만들어졌다.

두 DataFrame에 key로 시작하는 같은 이름의 칼럼이 존재하므로, 어느 DataFrame에서 유래했는지 식별할 수 있게 칼럼명에 _x와 _y라는 접미사가 자동으로 붙여졌다. 접미사를 직접 지정하고 싶으면 suffixes 파라미터를 사용해 두 접미사를 전달하면 된다.

## 병합의 조인 유형 지정

pd.merge( )는 기본적으로 내부 조인을 사용한다. 다른 조인 유형을 사용하고 싶다면 pd.merge( )(또는 DataFrame의 .merge( ))에 how 파라미터를 전달하면 된다. 이 파라미터에 지정할 수 있는 조인 유형은 다음과 같다.

- **inner**: 두 DataFrame 객체의 동일한 키(교집합)만 사용한다.
- **outer**: 두 DataFrame 객체의 모든 키(합집합)를 사용한다.
- **left**: 왼쪽 DataFrame의 키만 사용한다.
- **right**: 오른쪽 DataFrame의 키만 사용한다.

이미 앞에서 봤듯이 병합의 기본 값은 내부 조인이며, 이 경우 두 DataFrame의 키 칼럼 값이 일치되는 로우의 데이터만 반환된다.

그에 반해 외부 조인의 경우에는 왼쪽과 오른쪽 DataFrame에 있어서 일치하는 로우와 그렇지 않은 로우가 모두 병합된다. 다음은 외부 조인으로 두 객체를 병합한 예다.

```
In [30]: # outer join, merges all matched data,
         # and fills unmatched items with NaN
         left.merge(right, how='outer')

Out[30]:   key1 key2  lval1  rval1
         0    a    x    0.0    6.0
         1    b    y    1.0    NaN
         2    c    z    2.0    8.0
         3    b    a    NaN    7.0
```

왼쪽 조인left join의 경우 왼쪽 DataFrame의 키 칼럼만을 기준으로 병합된다.

```
In [31]: # left join, merges all matched data, and only fills unmatched
         # items from the left dataframe with NaN filled for the
         # unmatched items in the result
         # rows with labels 0 and 2
         # match on key1 and key2 the row with label 1 is from left

         left.merge(right, how='left')

Out[31]:   key1 key2  lval1  rval1
         0    a    x      0    6.0
         1    b    y      1    NaN
         2    c    z      2    8.0
```

오른쪽 조인right join의 경우 오른쪽 DataFrame의 키 칼럼만을 기준으로 병합된다.

```
In [32]: # right join, merges all matched data, and only fills unmatched
         # item from the right with NaN filled for the unmatched items
         # in the result
         # rows with labels 0 and 2 match on key1 and key2
         # the row with label 1 is from right
         left.merge(right, how='right')

Out[32]:   key1 key2  lval1  rval1
         0    a    x    0.0      6
         1    c    z    2.0      8
         2    b    a    NaN      7
```

pandas 라이브러리는 두 DataFrame 객체의 칼럼 값이 아닌 인덱스 레이블을 사용해 조인을 수행하는 .join()이라는 메소드도 제공한다. 단, 두 DataFrame 객체에 동일한 칼럼명이 존재한다면 반드시 lsuffix와 rsuffix 파라미터를 사용해 접미사를 지정해야 한다. 병합의 경우와는 달리 조인에서는 자동으로 접미사를 붙여주지 않기 때문이다. 다음은 접미사 지정과 함께 두 객체의 조인을 수행하는 예다.

```
In [33]: # join left with right (default method is outer)
         # and since these DataFrame objects have duplicate column names
         # we just specify lsuffix and rsuffix
         left.join(right, lsuffix='_left', rsuffix='_right')
```

Out[33]:

| | key1_left | key2_left | lval1 | key1_right | key2_right | rval1 |
|---|---|---|---|---|---|---|
| 0 | a | x | 0 | NaN | NaN | NaN |
| 1 | b | y | 1 | a | x | 6.0 |
| 2 | c | z | 2 | b | a | 7.0 |

.join()은 기본 조인 유형은 외부 조인이다. 기본 조인 유형이 내부 조인인 .merge() 메소드의 경우와 상반됨을 유의하기 바란다. 조인 유형을 내부 조인으로 바꾸고 싶다면 how='inner'를 지정하면 된다.

```
In [34]: # join left with right with an inner join
         left.join(right, lsuffix='_left', rsuffix='_right', how='inner')
```

Out[34]:

| | key1_left | key2_left | lval1 | key1_right | key2_right | rval1 |
|---|---|---|---|---|---|---|
| 1 | b | y | 1 | a | x | 6 |
| 2 | c | z | 2 | b | a | 7 |

이 결과는 이전의 병합 예제에서 Out[29]의 결과와 동일하다는 점에 주목하기 바란다. 다만 칼럼명만 조금 다를 뿐이다.

이 외에도 왼쪽 조인과 오른쪽 조인도 사용할 수 있는데, 그 결과는 이전의 병합 예제에서와 동일하므로 설명은 생략한다.

## 데이터 피버팅

데이터는 흔히 스택 양식stacked format으로 저장된다. 이를 레코드 양식record format이라고도 하는데, 데이터베이스, .csv 파일, 엑셀 스프레드시트 등에서 일반적인 방식이다. 스택 양식의 데이터는 종종 정규화돼 있지 못하며, 여러 칼럼에서 값이 반복되거나 또는 논리적으로 다른 테이블에 있어야 할 값이 존재하기도 한다. 이는 이전에 설명했던 타이디 데이터의 개념에도 위배된다.

다음은 가속도계의 데이터 스트림을 나타내는 데이터다.

```
In [35]: # read in accelerometer data
         sensor_readings = pd.read_csv("data/accel.csv")
         sensor_readings

Out[35]:     interval axis  reading
         0          0    X      0.0
         1          0    Y      0.5
         2          0    Z      1.0
         3          1    X      0.1
         4          1    Y      0.4
         ..       ...  ...      ...
         7          2    Y      0.3
         8          2    Z      0.8
         9          3    X      0.3
         10         3    Y      0.2
         11         3    Z      0.7

         [12 rows x 3 columns]
```

이 데이터의 구조상 이슈가 하나 있을 수 있다. X, Y, Z 중에 특정한 한 축의 데이터 스트림만을 보고 싶다면 어떻게 해야 할까? 단순한 방법은 다음과 같이 불리언 선택을 하는 것이다.

```
In [36]: # extract X-axis readings
         sensor_readings[sensor_readings['axis'] == 'X']

Out[36]:    interval axis  reading
         0         0    X      0.0
         3         1    X      0.1
         6         2    X      0.2
         9         3    X      0.3
```

그런데 단지 x축뿐만 아니라 모든 축에 대한 각각의 시간별 데이터 변화를 보고 싶다면 어떻게 해야 할까? 물론 각 축에 대해 불리언 선택을 개별적으로 수행할 수도 있다. 그러나 그렇게 하면 반복적인 코드가 만들어질 뿐만 아니라, DataFrame에 새로운 축의 값이 추가될 때마다 코드를 수정해야 하는 문제가 생긴다.

이런 경우 좀 더 나은 방법은 각 고윳값 자체를 칼럼으로 표현하는 것이다. 다음과 같이 DataFrame의 .pivot( ) 함수를 사용하면 그와 같은 칼럼 변환이 가능하다.

```
In [37]: # pivot the data.  Interval becomes the index, the columns are
         # the current axes values, and use the readings as values
         sensor_readings.pivot(index='interval',
                               columns='axis',
                               values='reading')

Out[37]: axis        X    Y    Z
         interval
         0         0.0  0.5  1.0
         1         0.1  0.4  0.9
         2         0.2  0.3  0.8
         3         0.3  0.2  0.7
```

여기서는 axis 칼럼에 있는 모든 고윳값을 새 DataFrame의 칼럼으로 피벗시켰으며, 원래 DataFrame의 값을 적절한 칼럼에 채웠다. 이로써 새 DataFrame을 통해 시간별로 X, Y, Z 센서 값을 쉽게 읽을 수 있게 됐다.

## 스태킹과 언스태킹

피벗 함수와 유사한 .stack( )과 .unstack( )이라는 메소드가 있다. 스태킹stacking은 칼럼 레이블과 그 값이 로우 인덱스와 값으로 회전됨을 의미한다. 언스태킹unstacking은 그 반대로, 로우 인덱스와 그 값이 칼럼 레이블과 값으로 회전됨을 의미한다.

스태킹과 언스태킹이 피버팅과 다른 점 중 하나는, 스태킹과 언스태킹은 계층형 인덱스의 특정 수준도 회전시킬 수 있다는 점이다. 또한 피버팅의 경우 인덱스 레벨 수가 유지되는 반면, 스태킹과 언스태킹은 항상 한 축의 인덱스 레벨 수를 증가시키고 다른 축의 인덱스 레벨 수는 감소시킨다.

### 비계층형 인덱스에서의 스태킹

스태킹을 실습해보기 위해 먼저 비계층형 인덱스non-hierarchical index의 DataFrame 객체를 사용해 볼 것이다. 다음과 같은 데이터 프레임으로 시작하자.

```
In [38]: # simple DataFrame with one column
         df = pd.DataFrame({'a': [1, 2]}, index={'one', 'two'})
         df

Out[38]:      a
         one  1
         two  2
```

.stack( )을 수행하면 칼럼 인덱스의 한 레벨이 로우 인덱스의 한 레벨로 이동된다. 따라서 레벨이 하나밖에 없었던 이 DataFrame은 계층형 로우 인덱스를 갖는 Series로 전락한다.

```
In [39]: # push the column to another level of the index
         # the result is a Series where values are looked up through
         # a multi-index
         stacked1 = df.stack()
         stacked1

Out[39]: one  a    1
         two  a    2
         dtype: int64
```

이제 이 Series의 값에 접근하려면 각 레벨 값을 튜플로 전달하면 된다.

```
In [40]: # lookup one / a using just the index via a tuple
         stacked1[('one', 'a')]

Out[40]: 1
```

DataFrame이 여러 개의 칼럼을 갖고 있다면 모든 칼럼은 새 Series 객체의 동일한 인덱스 레벨로 이동된다.

```
In [41]: # DataFrame with two columns
         df = pd.DataFrame({'a': [1, 2],
                            'b': [3, 4]},
                           index={'one', 'two'})
         df
Out[41]:      a  b
         one  1  3
         two  2  4
```

```
In [42]: # push the two columns into a single level of the index
         stacked2 = df.stack()
         stacked2
Out[42]: one  a    1
              b    3
         two  a    2
              b    4
         dtype: int64
```

이 경우에도 마찬가지로 튜플을 사용해 값에 접근할 수 있다.

```
In [43]: # lookup value with index of one / b
         stacked2[('one', 'b')]
Out[43]: 3
```

언스태킹은 스태킹과는 반대 방향으로, 즉 로우 인덱스의 레벨을 칼럼 레벨로 이동시킨다. 언스태킹은 대개 계층형 인덱스를 가정하는데, 이를 다음 절에서 다뤄보자.

### 계층형 인덱스에서의 언스태킹

계층형 인덱스에서의 언스태킹을 실습하기 위해 이전의 센서 데이터를 다시 가져와보자. 이번에는 측정한 사람이 여럿이라고 가정할 것이다. 그럼 다음과 같이 데이터를 준비하자.

```
In [44]: # make two copies of the sensor data, one for each user
         user1 = sensor_readings.copy()
         user2 = sensor_readings.copy()
         # add names to the two copies
         user1['who'] = 'Mike'
         user2['who'] = 'Mikael'
         # for demonstration, lets scale user2's readings
         user2['reading'] *= 100
         # and reorganize this to have a hierarchical row index
         multi_user_sensor_data = pd.concat([user1, user2]) \
                    .set_index(['who', 'interval', 'axis'])
         multi_user_sensor_data
```

```
Out[44]:                          reading
         who    interval axis
         Mike   0        X         0.0
                         Y         0.5
                         Z         1.0
                1        X         0.1
                         Y         0.4
         ...                       ...
         Mikael 2        Y        30.0
                         Z        80.0
                3        X        30.0
                         Y        20.0
                         Z        70.0

         [24 rows x 1 columns]
```

이와 같은 데이터 구조에서 특정 사람이 측정한 데이터를 보고 싶다면 다음과 같이 인덱스를 사용하는 방법이 있을 것이다.

```
In [45]: # lookup user data for Mike using just the index
         multi_user_sensor_data.loc['Mike']

Out[45]:                    reading
         interval axis
         0        X             0.0
                  Y             0.5
                  Z             1.0
         1        X             0.1
                  Y             0.4
         ...                    ...
         2        Y             0.3
                  Z             0.8
         3        X             0.3
                  Y             0.2
                  Z             0.7

         [12 rows x 1 columns]
```

또한 구간 1에서 모든 사람이 측정한 모든 축의 데이터를 알고 싶다면 .xs( )를 사용해 다음과 같이 할 수 있다.

```
In [46]: # readings for all users and axes at interval 1
         multi_user_sensor_data.xs(1, level='interval')

Out[46]:               reading
         who    axis
         Mike   X          0.1
                Y          0.4
                Z          0.9
         Mikael X         10.0
                Y         40.0
                Z         90.0
```

언스태킹은 로우 인덱스의 마지막 레벨을 새 칼럼 인덱스로 이동시킴으로써 결과적으로 다중 인덱스를 갖는 칼럼을 만든다. 다음은 인덱스의 마지막 레벨인 axis가 언스태킹돼 칼럼으로 이동된 모습을 보여준다.

```
In [47]: # unstack the who level
         multi_user_sensor_data.unstack()
```

```
Out[47]:                  reading
         axis                   X     Y      Z
         who    interval
         Mikael 0             0.0  50.0  100.0
                1            10.0  40.0   90.0
                2            20.0  30.0   80.0
                3            30.0  20.0   70.0
         Mike   0             0.0   0.5    1.0
                1             0.1   0.4    0.9
                2             0.2   0.3    0.8
                3             0.3   0.2    0.7
```

특정 레벨에 대해 언스태킹하고 싶다면 level 파라미터를 사용하면 된다. 다음은 첫 번째 인덱스 레벨(level=0)인 who를 언스태킹하는 예다.

```
In [48]: # unstack at level=0
         multi_user_sensor_data.unstack(level=0)
```

```
Out[48]:                reading
         who             Mikael Mike
         interval axis
         0        X         0.0  0.0
                  Y        50.0  0.5
                  Z       100.0  1.0
         1        X        10.0  0.1
                  Y        40.0  0.4
         ...                ...  ...
         2        Y        30.0  0.3
                  Z        80.0  0.8
         3        X        30.0  0.3
                  Y        20.0  0.2
                  Z        70.0  0.7

         [12 rows x 2 columns]
```

.unstack()에 레벨 리스트를 전달함으로써 여러 레벨에 대해 동시에 언스태킹을 수행할 수 있다. 또한 레벨에 이름이 있는 한 레벨 포지션 대신 이름을 지정할 수 있다. 다음은 who와 axis 레벨을 이름으로 지정해 언스태킹하는 예다.

```
In [49]: # unstack who and axis levels
         unstacked = multi_user_sensor_data.unstack(['who', 'axis'])
         unstacked

Out[49]:          reading
         who      Mike                 Mikael
         axis        X    Y    Z        X     Y      Z
         interval
         0         0.0  0.5  1.0      0.0  50.0  100.0
         1         0.1  0.4  0.9     10.0  40.0   90.0
         2         0.2  0.3  0.8     20.0  30.0   80.0
         3         0.3  0.2  0.7     30.0  20.0   70.0
```

완벽함을 위해 이 데이터를 다시 스태킹할 수 있다. 다음은 스태킹을 통해 칼럼의 who 레벨을 다시 로우 인덱스의 레벨로 되돌리는 예다.

```
In [50]: # and we can of course stack what we have unstacked
         # this re-stacks who
         unstacked.stack(level='who')

Out[50]:                 reading
         axis               X     Y      Z
         interval who
         0        Mikael   0.0  50.0  100.0
                  Mike     0.0   0.5    1.0
         1        Mikael  10.0  40.0   90.0
                  Mike     0.1   0.4    0.9
         2        Mikael  20.0  30.0   80.0
                  Mike     0.2   0.3    0.8
         3        Mikael  30.0  20.0   70.0
                  Mike     0.3   0.2    0.7
```

이 결과에서 주목해야 할 두 가지 사항이 있다. 첫째, 스태킹과 언스태킹은 항상 마지막 레벨로 이동시킨다는 점이다. 앞의 예에서 원래는 가장 첫 번째 레벨이었던 who 레벨이 지금은 로우 인덱스의 마지막 레벨인 점을 보면 알 수 있을 것이다. 레벨의 위치가 바뀌기 때문에 이는 인덱스를 통해 데이터에 접근하는 코드에 영향을 줄 것이다. 레벨을 원하는 위치로 옮기고 싶다면 스태킹과 언스태킹이 아닌 다른 수단을 사용해 인덱스를 재구성해야 한다.

둘째, 스태킹과 언스태킹(그리고 피버팅)으로 아무리 데이터가 이리저리 이동되더라도 정보의 유실은 일어나지 않는다. 오직 데이터의 구조와 접근 방법만 달라질 뿐이기 때문이다.

## 데이터 멜팅

멜팅melting은 언피버팅unpivoting의 일종이며, 보통은 DataFrame 객체를 이른바 넓은 포맷wide format에서 긴 포맷long format으로 바꾸는 작업을 말한다. 이는 다양한 통계 분석에 있어서 일반적으로 통용되는 포맷이므로, 우리가 수집한 데이터가 이미 멜팅된 상태일 가능성이 높다. 그렇지 않다면 멜팅 작업을 직접 해야 할 필요가 있다.

기술적으로 멜팅은 둘 이상의 칼럼에서 레이블은 variable 칼럼으로, 데이터는 value 칼럼으로 이동(언피버팅)시킴으로써 하나의 DataFrame을 재형성시키는 과정이다. 언피버팅 대상이 아닌 나머지 칼럼들은 데이터의 설명을 도와주는 식별자 칼럼이 된다.

멜팅의 개념을 이해하려면 간단한 예제를 다뤄보는 방법이 가장 좋다. 다음은 두 변수의 측정치를 데이터로 갖는 DataFrame 객체다. 두 변수는 Height와 Weight라는 칼럼으로 표현되며, 사람을 나타내는 Name이라는 칼럼이 추가로 포함된다.

```
In [51]: # we will demonstrate melting with this DataFrame
         data = pd.DataFrame({'Name' : ['Mike', 'Mikael'],
                              'Height' : [6.1, 6.0],
                              'Weight' : [220, 185]})
         data

Out[51]:    Height    Name  Weight
         0     6.1    Mike     220
         1     6.0  Mikael     185
```

다음은 이 DataFrame의 Name 칼럼은 식별자 칼럼으로, Height와 Weight 칼럼은 측정된 변수 칼럼으로서 멜팅하는 예다. 그 결과 Name 칼럼은 남아 있으며, Height와 Weight 칼럼은 variable 칼럼으로 언피버팅된다. 그다음엔 원래 그 두 칼럼에 있던 값이 Name과 variable 칼럼 값의 조합에 맞는 value 칼럼 안의 적합한 위치로 재배치된다.

```
In [52]: # melt it, use Name as the id's,
         # Height and Weight columns as the variables
         pd.melt(data,
                 id_vars=['Name'],
                 value_vars=['Height', 'Weight'])

Out[52]:      Name variable  value
         0    Mike   Height    6.1
         1  Mikael   Height    6.0
         2    Mike   Weight  220.0
         3  Mikael   Weight  185.0
```

이와 같이 데이터가 재구성됨으로써 이제 variable과 Name의 어떤 조합으로도 쉽게 값을 추출할 수 있게 됐다. 게다가 새 변수와 측정치를 추가하는 일도 쉬워졌다. 새 칼럼을 만듦으로써 데이터 프레임의 구조를 변경할 필요 없이 단순히 데이터를 새 로우로 추가하면 되기 때문이다.

## 스택 데이터의 성능상 이점

마지막은 왜 데이터를 스태킹하는지, 즉 스택 양식의 데이터를 사용하려는 이유에 대한 얘기다. 스택 데이터는 단일 레벨의 인덱스를 통한 검색보다 더욱 효율적인 칼럼 검색이 가능하며, 심지어는 로우와 칼럼의 위치를 지정하는 .iloc 검색에 비해서도 크게 나쁘지 않다. 다음은 이를 확인해본 결과다.

```
In [53]: # stacked scalar access can be a lot faster than
         # column access

         # time the different methods
         import timeit
         t = timeit.Timer("stacked1[('one', 'a')]",
                          "from __main__ import stacked1, df")
         r1 = timeit.timeit(lambda: stacked1.loc[('one', 'a')],
                            number=10000)
         r2 = timeit.timeit(lambda: df.loc['one']['a'],
                            number=10000)
         r3 = timeit.timeit(lambda: df.iloc[1, 0],
                            number=10000)

         # and the results are...  Yes, it's the fastest of the three
         r1, r2, r3
Out[53]: (0.5042991369991796, 1.2535194699958083, 0.1478830999985803)
```

이는 특히 DataFrame 안에 있는 대량의 스칼라 값에 반복적으로 접근하는 경우에 있어서 극대화된 성능상의 이점을 보여준다.

## 정리

11장에서는 하나 또는 그 이상의 DataFrame 객체에서 다양한 데이터의 조합과 재형성 기법을 공부했다. 먼저 다수의 pandas 객체로부터 데이터를 조합하는 방법을 알아보는 것으로 시작했다. 그다음엔 로우나 칼럼 축을 기준으로 DataFrame을 접합하는 방법을 배웠다. 또한 값에 기반을 둔 병합과 데이터베이스 식의 조인도 실습해봤다.

그다음엔 피버팅, 스태킹, 멜팅을 사용하는 데이터 재형성 방법을 배웠다. 이를 통해 인덱스를 변형시키고 데이터를 이리저리 이동시키는 다양한 기법을 알게 됐다. 또한 데이터의 생산자 입장에서 더 편했었을 여러 데이터 구조로부터 효율적인 검색을 위한 구조로 데이터를 조직화하는 방법도 알게 됐다.

12장에서는 데이터의 또래 값[like-values]을 기반으로 결과를 도출하기 위해 데이터의 그룹화와 그 그룹에 대한 집계 분석 방법을 알아본다.

# 12

# 데이터 집계

데이터 집계data aggregation는 정보의 유의미한 범주를 기준으로 데이터를 그룹화하는 과정이다. 그다음엔 각 그룹에 대해 하나 이상의 요약 통계를 리포팅하기 위한 분석이 이뤄질 것이다. 그런 맥락에서의 요약은 일반적인 용어라고 할 수 있다. 요약summarization이라는 말이 문자 그대로 총합summation(예를 들어 총판매량)도 의미하지만, 평균이나 표준편차와 같은 통계적 계산도 의미하기 때문이다.

12장에서는 pandas로 데이터 집계를 수행하는 방법을 배운다. 여기에는 강력한 분할-적용-조합split-apply-combine 패턴을 통한 그룹화, 그룹 단위의 변형과 분석 수행, 각 그룹의 결과를 하나의 요약 객체로 리포팅하는 내용이 포함된다. 또한 그와 같은 프레임워크 안에서 데이터 그룹화, 그룹 단위의 함수 적용, 데이터 필터링과 같은 여러 기법을 시험해본다.

12장에서 다루는 내용은 다음과 같다.

- 데이터 분석을 위한 분할-적용--조합 패턴의 개요
- 단일 칼럼의 그룹화
- 그룹화된 결과 접근
- 복수 칼럼의 그룹화
- 인덱스 레벨을 이용한 그룹화
- 그룹화된 데이터에 집계 함수 적용
- 데이터 변형의 개요
- 데이터 변형의 실전 예제: 평균과 표준 점수z-score
- 데이터 그룹의 선택적 제거를 위한 필터링
- 이산화와 구간화binning

## pandas 설정

다음과 같은 pandas 설정으로 12장에서 사용할 예제를 준비하자.

```
In [1]: # import numpy and pandas
        import numpy as np
        import pandas as pd

        # used for dates
        import datetime
        from datetime import datetime, date

        # Set formattign options
        pd.set_option('display.notebook_repr_html', False)
        pd.set_option('display.max_columns', 7)
        pd.set_option('display.max_rows', 10)
        pd.set_option('display.width', 60)

        # bring in matplotlib for graphics
        import matplotlib.pyplot as plt
        %matplotlib inline
```

## 분할-적용-조합(SAC) 패턴

분할-적용-조합(SAC, split-apply-combine) 패턴은 여러 데이터 분석에 있어서 자주 활용되는 데이터 처리 패턴이다. 이 패턴에는 다음과 같은 데이터 분석의 3단계가 있다.

- 어떤 기준에 따라 데이터셋을 작은 조각으로 분할한다.
- 각 조각에 대해 독립적으로 연산을 수행한다.
- 모든 결과를 다시 하나의 단위로 조합한다.

예를 들어 보자. 다음은 문자 기준의 키(a와 b)로 그룹화된 값들의 평균을 계산하는 SAC 과정을 보여주는 다이어그램이다.

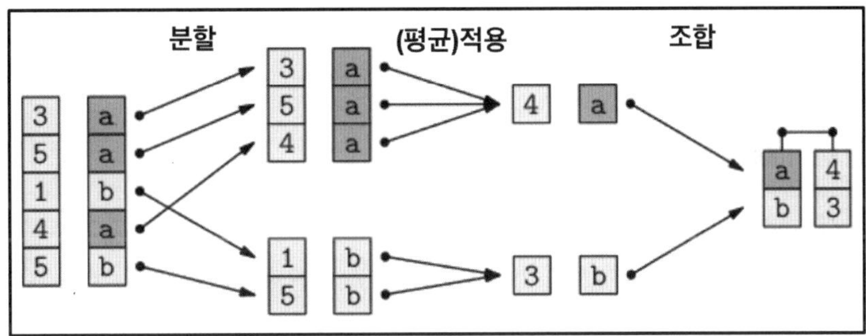


이 데이터는 먼저 인덱스 레이블(a와 b)에 따라 두 그룹으로 분할된다. 그다음엔 각 그룹의 평균이 계산된다. 각 그룹의 결과는 인덱스 레이블과 함께 다시 하나의 pandas 객체로 조합된다.

pandas에서 분할 작업은 `Series`나 `DataFrame`의 `.groupby()` 메소드로 수행할 수 있다. 이 메소드에는 하나 이상의 인덱스 레이블이나 칼럼명을 지정할 수 있으며, 이에 기초해 연관된 값들이 그룹화된다.

데이터가 분할된 다음에는 각 그룹에 대해 다음과 같은 작업들이 가능하다.

- **집계:** 각 그룹의 아이템에 대한 평균이나 개수와 같은 요약 평균을 계산한다.

- **변형**: 그룹이나 아이템에 특정적인 계산을 수행한다.
- **필터링**: 그룹 단위의 계산에 기초해 불필요한 데이터 그룹을 제거한다.

마지막 조합 단계는 pandas에 의해 자동으로 수행되며, 적용 단계의 각 결과를 모아 하나의 통합된 결과를 만들어낸다.

SAC에 대한 자세한 내용은 〈통계 소프트웨어 저널(Journal of Statistical Software)〉의 '데이터 분석을 위한 SAC 전략(The Split-Apply-Combine Strategy for Data Analysis)'이라는 논문을 참고하기 바란다. R을 사용하는 예제로 SAC 패턴을 설명하고는 있지만, pandas를 배우는 입장에서도 읽을 가치가 충분하다. 이 논문은 http://www.jstatsoft.org/v40/i01/paper에서 다운로드할 수 있다.

## 예제 데이터 준비

12장에서 사용할 예제 데이터는 두 기기의 센서에서 얻은 측정치로 된 데이터셋이다. 여기에는 가속도계와 방향 센서 각각의 X, Y, Z축 측정 데이터가 포함돼 있다.

```
In [2]: # load the sensors data
        sensor_data = pd.read_csv("data/sensors.csv")
        sensor_data[:5]

Out[2]:    interval sensor axis  reading
        0         0  accel    Z      0.0
        1         0  accel    Y      0.5
        2         0  accel    X      1.0
        3         1  accel    Z      0.1
        4         1  accel    Y      0.4
```

## 데이터 분할

분할 단계는 몇 가지로 나눠서 실습할 예정이다. 먼저 칼럼을 기준으로 그룹화를 수행하고, 만들어진 그룹의 몇 가지 속성을 사용해본다. 그다음엔 그룹화된 결과와 속성들에 접근함으로써 만들어진 그룹의 다양한 속성에 대해 배워본다. 마지막으로 칼럼 대신 인덱스 레이블을 사용하는 그룹화를 수행한다.

### 단일 칼럼의 그룹화

이 센서 데이터는 세 개의 범주형 변수(sensor, interval, axis)와 하나의 연속 변수(reading)로 구성돼 있다. .groupby( )에 변수 이름을 전달하면 해당 범주형 변수로 그룹화가 가능하다. 다음은 sensor 칼럼의 값으로 센서 데이터를 그룹화하는 예다.

```
In [3]: # group this data by the sensor column / variable
        # returns a DataFrameGroupBy object
        grouped_by_sensor = sensor_data.groupby('sensor')
        grouped_by_sensor

Out[3]: <pandas.core.groupby.DataFrameGroupBy object at 0x1086282b0>
```

DataFrame에 대한 .groupby( )의 결과는 GroupBy의 서브클래스로, 결과가 DataFrame인 경우에는 DataFrameGroupBy이며 Series인 경우에는 SeriesGroupBy다. 이 객체는 그룹화가 수행되기 전의 임시 객체로, pandas가 데이터와 관련된 그룹화를 미리 검증할 수 있게 해준다. 또한 이는 최적화와 오류 식별에 도움이 되며, 값비싼 계산 작업에 앞서 특정 속성들을 확인해볼 수 있는 지점이 된다.

이 임시 객체에는 유용한 속성이 여럿 포함돼 있다. 예를 들어 .ngroups 속성은 결과를 이루고 있는 그룹의 개수를 반환한다.

```
In [4]: # get the number of groups that this will create
        grouped_by_sensor.ngroups

Out[4]: 2
```

.groups 속성은 각 그룹의 이름을 키로 갖는 파이썬 딕셔너리를 반환하며, 여러 칼럼을 지정한 경우에는 그룹 이름의 튜플을 반환한다. 딕셔너리의 값은 각 그룹에 속하는 인덱스 레이블의 배열이다.

```
In [5]: # what are the groups that were found?
        grouped_by_sensor.groups

Out[5]: {'accel': Int64Index([0, 1, 2, 3, 4, 5, 6, 7, 8, 9, 10, 11], dtype
        ='int64'),
         'orientation': Int64Index([12, 13, 14, 15, 16, 17, 18, 19, 20, 21,
        22,
                    23],
                   dtype='int64')}
```

## 그룹화된 결과 접근

grouped_by_sensor 변수는 명명된 그룹들의 집합이며, 그룹 안의 콘텐츠에 접근하기 위해 사용될 수 있다. 이를 시험하기 위해 먼저 다음과 같이 그룹 내용을 출력하는 함수 하나를 정의하자.

```
In [6]: # a helper function to print the contents of the groups
        def print_groups (group_object):
            # loop over all groups, printing the group name
            # and group details
            for name, group in group_object:
                print name
                print (group[:5])
```

이 함수는 루프를 돌면 각 그룹의 이름과 첫 5개의 로우를 출력한다.

```
In [7]: # examine the content of the groups we created
        print_groups(grouped_by_sensor)

        accel
           interval sensor axis  reading
        0         0  accel    Z      0.0
        1         0  accel    Y      0.5
        2         0  accel    X      1.0
        3         1  accel    Z      0.1
        4         1  accel    Y      0.4
        orientation
            interval       sensor axis  reading
        12         0  orientation    Z      0.0
        13         0  orientation    Y      0.1
        14         0  orientation    X      0.0
        15         1  orientation    Z      0.0
        16         1  orientation    Y      0.2
```

그룹이 만들어졌으며, 각 그룹은 그룹명과 일치하는 센서 값의 로우들로 구성된 DataFrame을 하나씩 포함하고 있다.

.size() 메소드는 각 그룹의 크기를 요약된 형태로 반환한다.

```
In [8]: # get how many items are in each group
        grouped_by_sensor.size()

Out[8]: sensor
        accel          12
        orientation    12
        dtype: int64
```

.count() 메소드는 각 그룹의 각 칼럼별 아이템의 개수를 반환한다.

```
In [9]: # get the count of items in each column of each group
        grouped_by_sensor.count()

Out[9]:              interval  axis  reading
        sensor
        accel              12    12       12
        orientation        12    12       12
```

.get_group() 메소드를 사용하면 원하는 특정 그룹만 조회할 수 있다. 다음은 accel 그룹을 조회하는 예다.

```
In [10]: # get the data in one specific group
         grouped_by_sensor.get_group('accel')[:5]

Out[10]:    interval sensor axis  reading
         0         0  accel    Z      0.0
         1         0  accel    Y      0.5
         2         0  accel    X      1.0
         3         1  accel    Z      0.1
         4         1  accel    Y      0.4
```

.head()와 .tail()은 각 그룹의 아이템을 지정한 개수만큼 조회할 수 있는 메소드다. 다음은 각 그룹에서 처음 세 개의 로우를 조회하는 예다.

```
In [11]: # get the first three items in each group
         grouped_by_sensor.head(3)

Out[11]:     interval       sensor axis  reading
         0          0        accel    Z      0.0
         1          0        accel    Y      0.5
         2          0        accel    X      1.0
         12         0  orientation    Z      0.0
         13         0  orientation    Y      0.1
         14         0  orientation    X      0.0
```

.nth() 메소드는 각 그룹의 n번째 아이템을 반환한다. 다음은 이 메소드를 사용해 각 그룹의 두 번째 로우를 가져오는 예다.

```
In [12]: # get the 2nd item in each group
         grouped_by_sensor.nth(1)

Out[12]:             axis  interval  reading
         sensor
         accel          Y         0      0.5
         orientation    Y         0      0.1
```

.describe() 메소드는 각 그룹의 약식 기술 통계를 계산해 반환한다.

```
In [13]: # get descriptive statistics for each group
         grouped_by_sensor.describe()

Out[13]:            interval                    ...  reading         \
                       count mean       std ...      50%    75%
         sensor                                 ...
         accel          12.0  1.5  1.167748 ...     0.35  0.725
         orientation    12.0  1.5  1.167748 ...     0.10  0.225


                      max
         sensor
         accel        1.0
         orientation  0.4

         [2 rows x 16 columns]
```

그룹은 그룹명에 대해 오름차순으로 정렬된다. 그룹화 과정에서 순서 정렬을 하고 싶지 않다면 sort=False 옵션을 사용하면 된다.

## 복수 칼럼의 그룹화

.groupby( ) 메소드에 그룹명의 리스트를 전달하면 여러 칼럼에 대해 그룹화를 할 수 있다. 다음은 두 칼럼 sensor와 axis에 대해 그룹화를 수행하는 예다.

```
In [14]: # group by both sensor and axis values
         mcg = sensor_data.groupby(['sensor', 'axis'])
         print_groups(mcg)

         ('accel', 'X')
             interval sensor axis  reading
         2          0  accel    X      1.0
         5          1  accel    X      0.9
         8          2  accel    X      0.8
         11         3  accel    X      0.7
         ('accel', 'Y')
             interval sensor axis  reading
         1          0  accel    Y      0.5
         4          1  accel    Y      0.4
         7          2  accel    Y      0.3
         10         3  accel    Y      0.2
         ('accel', 'Z')
            interval sensor axis  reading
         0         0  accel    Z      0.0
         3         1  accel    Z      0.1
         6         2  accel    Z      0.2
         9         3  accel    Z      0.3
```

```
('orientation', 'X')
    interval       sensor axis  reading
14         0  orientation    X      0.0
17         1  orientation    X      0.1
20         2  orientation    X      0.2
23         3  orientation    X      0.3
('orientation', 'Y')
    interval       sensor axis  reading
13         0  orientation    Y      0.1
16         1  orientation    Y      0.2
19         2  orientation    Y      0.3
22         3  orientation    Y      0.4
('orientation', 'Z')
    interval       sensor axis  reading
12         0  orientation    Z      0.0
15         1  orientation    Z      0.0
18         2  orientation    Z      0.0
21         3  orientation    Z      0.0
```

복수의 칼럼을 지정하면 sensor와 axis 값의 개별 조합을 나타내는 각 그룹의 이름이 튜플로 표시된다.

### 인덱스 레벨을 이용한 그룹화

칼럼 대신 인덱스의 값을 사용해 그룹화를 할 수 있다. 센서 데이터는 계층형 인덱스로 잘 어울리므로 인덱스를 이용한 그룹화를 실습하기 좋은 대상이다. 다음과 같이 sensor와 axis 칼럼을 포함하는 계층형 인덱스를 갖도록 데이터를 구성하자.

```
In [15]: # make a copy of the data and reindex the copy
         mi = sensor_data.copy()
         mi = mi.set_index(['sensor', 'axis'])
         mi

Out[15]:                     interval  reading
         sensor      axis
         accel       Z              0      0.0
                     Y              0      0.5
                     X              0      1.0
                     Z              1      0.1
                     Y              1      0.4
         ...                      ...      ...
         orientation Y              2      0.3
                     X              2      0.2
                     Z              3      0.0
                     Y              3      0.4
                     X              3      0.3

         [24 rows x 2 columns]
```

이제 계층형 인덱스에 대해 원하는 레벨을 사용해 그룹화를 할 수 있다. 다음은 레벨 0(센서 이름)을 사용해 그룹화를 한 결과다.

```
In [16]: # group by the first level of the index
         print_groups(mi.groupby(level=0))

         accel
                     interval  reading
         sensor axis
         accel  Z           0      0.0
                Y           0      0.5
                X           0      1.0
                Z           1      0.1
                Y           1      0.4
         orientation
                               interval  reading
         sensor      axis
         orientation Z                0      0.0
                     Y                0      0.1
                     X                0      0.0
                     Z                1      0.0
                     Y                1      0.2
```

레벨을 리스트로 전달하면 복수의 레벨에 대한 그룹화를 수행할 수 있으며, 각 인덱스에 이름이 있다면 숫자 대신 그 이름을 사용할 수 있다. 다음은 sensor와 axis 인덱스 레벨로 그룹화를 수행한 예다.

```
In [17]: # group by multiple levels of the index
         print_groups(mi.groupby(level=['sensor', 'axis']))

('accel', 'X')
             interval  reading
sensor axis
accel  X            0      1.0
       X            1      0.9
       X            2      0.8
       X            3      0.7
('accel', 'Y')
             interval  reading
sensor axis
accel  Y            0      0.5
       Y            1      0.4
       Y            2      0.3
       Y            3      0.2
('accel', 'Z')
             interval  reading
sensor axis
accel  Z            0      0.0
       Z            1      0.1
       Z            2      0.2
       Z            3      0.3
```

```
('orientation', 'X')
                  interval  reading
sensor      axis
orientation X            0      0.0
            X            1      0.1
            X            2      0.2
            X            3      0.3
('orientation', 'Y')
                  interval  reading
sensor      axis
orientation Y            0      0.1
            Y            1      0.2
            Y            2      0.3
            Y            3      0.4
('orientation', 'Z')
                  interval  reading
sensor      axis
orientation Z            0      0.0
            Z            1      0.0
            Z            2      0.0
            Z            3      0.0
```

## 집계 함수 적용, 변형, 필터링

적용 단계에서는 각 데이터 그룹에 대해 다음과 같은 별개의 세 가지 작업이 가능하다.

- 집계 함수의 적용
- 데이터 변형 수행
- 결과로부터 그룹 전체의 필터링

이제 각 작업에 대해 알아보자.

### 집계 함수의 적용

각 그룹에 대해 집계 함수를 적용하려면 GroupBy 객체의 .aggregate( ), 또는 짧은 형태인 .agg( ) 메소드를 사용하면 된다. .agg( )에는 각 그룹에 적용할 함수의 참조를 파라미터로 전달한다. DataFrame의 경우 이 함수는 그룹 안의 각 칼럼 데이터에 적용된다.

다음은 sensor와 axis에 대한 각 칼럼 데이터의 평균을 계산하는 예다.

```
In [18]: # calculate the mean for each sensor/axis
         sensor_axis_grouping = mi.groupby(level=['sensor', 'axis'])
         sensor_axis_grouping.agg(np.mean)

Out[18]:                     interval  reading
         sensor      axis
         accel       X            1.5     0.85
                     Y            1.5     0.35
                     Z            1.5     0.15
         orientation X            1.5     0.15
                     Y            1.5     0.25
                     Z            1.5     0.00
```

.agg( )는 집계 함수를 각 그룹의 모든 칼럼에 적용하기 때문에 큰 관심의 대상이 아닌 interval 칼럼 값의 평균도 계산됐다.

집계의 결과는 원래의 데이터에서와 같은 구조화된 인덱스로 돼 있다. 그러나 as_index=False를 사용하면 숫자 인덱스가 생성되며, 원래의 인덱스 레벨은 칼럼으로 전환된다.

```
In [19]: # do not create an index matching the original object
         sensor_data.groupby(['sensor', 'axis'], as_index=False).agg(np.mean)

Out[19]:        sensor axis  interval  reading
         0       accel    X       1.5     0.85
         1       accel    Y       1.5     0.35
         2       accel    Z       1.5     0.15
         3 orientation    X       1.5     0.15
         4 orientation    Y       1.5     0.25
         5 orientation    Z       1.5     0.00
```

GroupBy 객체에는 다양한 집계 함수가 내장돼 있는데, 구체적으로는 다음과 같다.

```
gb.agg         gb.boxplot     gb.cummin      gb.describe  gb.filter
gb.get_group   gb.height      gb.last        gb.median    gb.ngroups
gb.plot        gb.rank        gb.std         gb.transform
gb.aggregate   gb.count       gb.cumprod     gb.dtype     gb.first
gb.groups      gb.hist        gb.max         gb.min       gb.nth
gb.prod        gb.resample    gb.sum         gb.var       gb.apply
gb.cummax      gb.cumsum      gb.fillna      gb.gender    gb.head
gb.indices     gb.mean        gb.name        gb.ohlc      gb.quantile
gb.size        gb.tail        gb.weight
```

예를 들어 다음은 sensor와 axis의 조합별로 평균을 계산하는 예다.

```
In [20]: # can simply apply the agg function to the group by object
         sensor_axis_grouping.mean()

Out[20]:                  interval  reading
         sensor      axis
         accel       X         1.5     0.85
                     Y         1.5     0.35
                     Z         1.5     0.15
         orientation X         1.5     0.15
                     Y         1.5     0.25
                     Z         1.5     0.00
```

.agg( )에 함수의 리스트를 전달하면 복수의 집계 함수를 적용할 수 있다.

```
In [21]: # apply multiple aggregation functions at once
         sensor_axis_grouping.agg([np.sum, np.std])

Out[21]:                  interval             reading
                               sum       std     sum       std
         sensor      axis
         accel       X           6  1.290994     3.4  0.129099
                     Y           6  1.290994     1.4  0.129099
                     Z           6  1.290994     0.6  0.129099
         orientation X           6  1.290994     0.6  0.129099
                     Y           6  1.290994     1.0  0.129099
                     Z           6  1.290994     0.0  0.000000
```

.agg()에 파이썬 딕셔너리를 전달함으로써 각 칼럼에 서로 다른 함수를 적용할 수 있다. 딕셔너리의 키는 적용 대상에 해당하는 칼럼명이며, 값은 그 칼럼에 적용할 함수다. 다음은 reading 칼럼의 평균과 interval 칼럼 값의 개수를 반환하는 예다.

```
In [22]: # apply a different function to each column
         sensor_axis_grouping.agg({'interval' : len,
                                   'reading': np.mean})

Out[22]:                  interval  reading
         sensor      axis
         accel       X           4     0.85
                     Y           4     0.35
                     Z           4     0.15
         orientation X           4     0.15
                     Y           4     0.25
                     Z           4     0.00
```

또한 GroupBy 객체의 [] 연산자를 사용해 특정 칼럼에 대해 집계 연산을 수행하는 방법도 있다. 다음은 reading 칼럼에 대해서만 평균을 계산하는 예다.

```
In [23]: # calculate the mean of the reading column
         sensor_axis_grouping['reading'].mean()

Out[23]: sensor       axis
         accel        X       0.85
                      Y       0.35
                      Z       0.15
         orientation  X       0.15
                      Y       0.25
                      Z       0.00
         Name: reading, dtype: float64
```

## 데이터 그룹의 변형

GroupBy 객체는 각 그룹 안에 있는 DataFrame의 모든 값에 함수를 적용할 수 있는 .transform( )이라는 메소드를 제공한다. 먼저 일반적인 변형 작업의 과정을 살펴본 다음, 두 개의 실전 예제로 데이터 그룹 변형을 실습해보자.

### 데이터 변형의 일반적인 과정

GroupBy 객체의 .transform( ) 메소드는 DataFrame의 모든 값에 함수를 적용하며, 다음과 같은 특성을 갖는 새 DataFrame을 반환한다.

- 모든 그룹의 인덱스가 합쳐진 인덱스를 갖는다.
- 로우의 개수는 모든 그룹의 로우 개수의 총합과 같다.
- 그룹화 대상이 아닌 칼럼도 함수가 성공적으로 적용된다면 결과에 포함된다 (그렇지 않은 칼럼은 삭제될 수 있다).

이를 시험하기 위해 다음과 같은 DataFrame을 준비하자.

```
In [24]: # a DataFrame to use for examples
         transform_data = pd.DataFrame({ 'Label': ['A', 'C', 'B', 'A', 'C'],
                                         'Values': [0, 1, 2, 3, 4],
                                         'Values2': [5, 6, 7, 8, 9],
                                         'Other': ['foo', 'bar', 'baz',
                                                   'fiz', 'buz']},
                                       index = list('VWXYZ'))
         transform_data
```

Out[24]:

| | Label | Other | Values | Values2 |
|---|---|---|---|---|
| V | A | foo | 0 | 5 |
| W | C | bar | 1 | 6 |
| X | B | baz | 2 | 7 |
| Y | A | fiz | 3 | 8 |
| Z | C | buz | 4 | 9 |

이제 다음과 같이 Label 칼럼으로 그룹화를 한다.

```
In [25]: # group by label
         grouped_by_label = df.groupby('Label')
         print_groups(grouped_by_label)

         A
           Label Other  Values  Values2
         V     A   foo       0        5
         Y     A   fiz       3        8
         B
           Label Other  Values  Values2
         X     B   baz       2        7
         C
           Label Other  Values  Values2
         W     C   bar       1        6
         Z     C   buz       4        9
```

다음은 각 값에 10을 더하는 함수를 적용해 변형을 수행하는 예다.

```
In [26]: # add ten to all values in all columns
         grouped_by_label.transform(lambda x: x + 10)

Out[26]:    Values  Values2
         V      10       15
         W      11       16
         X      12       17
         Y      13       18
         Z      14       19
```

pandas는 모든 칼럼에 함수 적용을 시도한다. 그러나 Label과 Other 칼럼의 값은 문자열이므로 함수 적용에 실패할 것이다. 그 때문에 그 두 칼럼은 결과에서 제외된다.

또한 변형된 결과는 그룹화된 구조를 갖지 않으며, 원래 DataFrame 객체의 인덱스와 일치하는 인덱스(여기서는 V, W, X, Y, Z)를 갖게 된다.

### 그룹의 평균으로 결측 값 채우기

그룹 데이터의 통계 분석에 있어서 일반적인 변형 작업 중 하나는 결측 데이터를 그룹의 평균값으로 채우는 일이다. 이를 실습하기 위해 다음과 같이 두 가지 값(A와 B)을 갖는 Label 칼럼과 일련의 정수로 이뤄진(그러나 하나의 NaN이 포함된) Values 칼럼을 갖는 DataFrame을 준비하자. 그다음에는 이 데이터를 Label 칼럼으로 그룹화한다.

```
In [27]: # data to demonstrate replacement on NaN
         df = pd.DataFrame({ 'Label': list("ABABAB"),
                             'Values': [10, 20, 11, np.nan, 12, 22]})
         grouped = df.groupby('Label')
         print_groups(grouped)

         A
           Label  Values
         0     A    10.0
         2     A    11.0
         4     A    12.0
         B
           Label  Values
         1     B    20.0
         3     B     NaN
         5     B    22.0
```

그다음엔 .mean()을 사용해 각 그룹의 평균을 계산한다.

```
In [28]: # calculate the mean of the two groups
         grouped.mean()

Out[28]:        Values
         Label
         A        11.0
         B        21.0
```

이제 NaN이 있으면 곤란한 상황을 막기 위해 B 그룹의 모든 NaN 값을 채워야 한다고 가정하자. 이는 다음과 같이 간단하게 처리할 수 있다.

```
In [29]: # use transform to fill the NaNs with the mean of the group
         filled_NaNs = grouped.transform(lambda x: x.fillna(x.mean()))
         filled_NaNs

Out[29]:    Values
         0    10.0
         1    20.0
         2    11.0
         3    21.0
         4    12.0
         5    22.0
```

### 정규 표준 점수의 계산

데이터 변형의 또 다른 일반적인 예는 데이터 그룹의 정규 표준 점수normalized z-score를 생성하는 일이다. 이를 시험하기 위해 평균이 0.5이고 표준 편차가 2인 정규 분포를 사용하는 무작위 값의 시리즈를 사용할 것이다. 이 데이터의 인덱스는 날짜이며, 이동 평균은 100일짜리 윈도우를 사용해 계산된다.

```
In [31]: # generate a rolling mean time series
         np.random.seed(123456)
         data = pd.Series(np.random.normal(0.5, 2, 365*3),
                          pd.date_range('2013-01-01', periods=365*3))
         rolling = data.rolling(
             window=100,
             min_periods=100,
             center=False).mean().dropna()
         rolling[:5]

Out[31]: 2013-04-10    0.073603
         2013-04-11    0.057313
         2013-04-12    0.089255
         2013-04-13    0.133248
         2013-04-14    0.175876
         Freq: D, dtype: float64
```

이동 평균의 모양은 다음과 같다.

```
In [32]: # visualize the series
         rolling.plot();
```

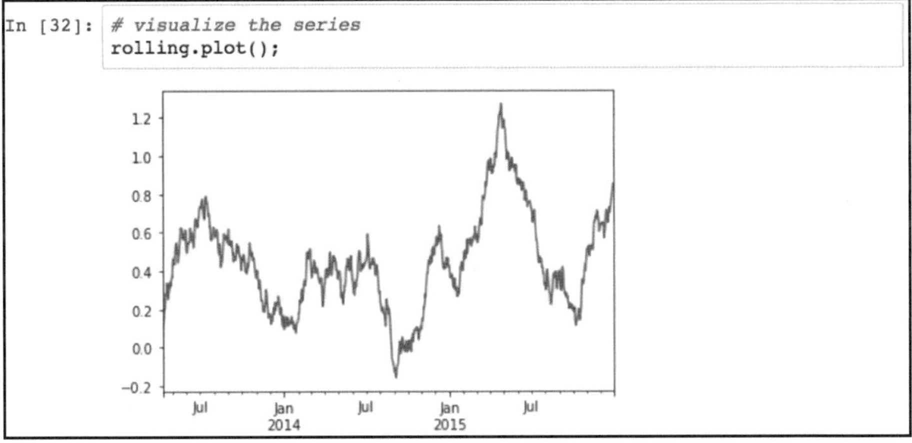


여기서 우리는 각 연도의 이동 평균을 정규화하려고 한다. 그렇게 하기 위해 다음과 같이 연도 기준으로 그룹화하고 각 그룹의 평균과 표준 편차를 집계할 수 있다.

```
In [33]: # calculate mean and std by year
         group_key = lambda x: x.year
         groups = rolling.groupby(group_key)
         groups.agg([np.mean, np.std])

Out[33]:          mean       std
         2013  0.454233  0.171988
         2014  0.286502  0.182040
         2015  0.599447  0.275786
```

이제 정규화를 위해 표준 점수를 계산하는 함수를 만들고, 이를 각 그룹에 적용해 새로운 평균과 표준 편차를 집계하자.

```
In [34]: # normalize to the z-score
         zscore = lambda x: (x - x.mean()) / x.std()
         normed = rolling.groupby(groupkey).transform(zscore)
         normed.groupby(groupkey).agg([np.mean, np.std])

Out[34]:              mean  std
         2013 -3.172066e-17  1.0
         2014 -1.881296e-15  1.0
         2015 -1.492261e-15  1.0
```

다음과 같이 기존 데이터와 변형된 데이터를 비교할 수도 있다.

```
In [35]: # plot original vs normalize
         compared = pd.DataFrame({ 'Original': rolling,
                                   'Normed': normed })
         compared.plot();
```

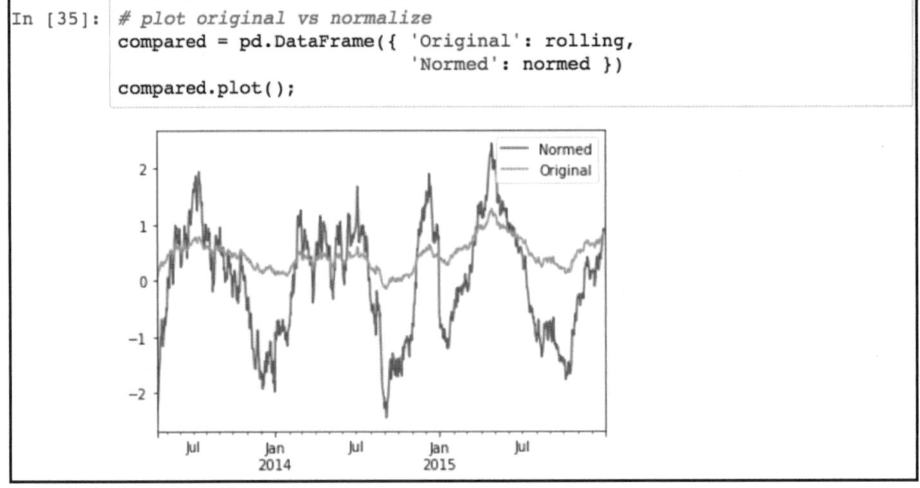

### 그룹 필터링

`.filter()`를 사용하면 데이터 그룹을 선택적으로 삭제할 수 있다. 이 메소드에는 조합 이후의 결과에 특정 그룹의 포함 여부를 판단하는 함수를 전달한다. 해당 그룹이 결과에 포함되려면 그 함수는 `True`를 반환해야 하며, 그렇지 않으면 `False`를 반환해야 한다.

다음과 같은 데이터로 이를 시험해보자.

```
In [36]: # data for our examples
         df = pd.DataFrame({'Label': list('AABCCC'),
                            'Values': [1, 2, 3, 4, np.nan, 8]})
         df

Out[36]:   Label  Values
         0     A     1.0
         1     A     2.0
         2     B     3.0
         3     C     4.0
         4     C     NaN
         5     C     8.0
```

다음은 아이템의 개수가 지정한 최소한의 수(여기서는 1개)를 넘지 않는 그룹을 제외하는 예다.

```
In [37]: # drop groups with one or fewer non-NaN values
         f = lambda x: x.Values.count() > 1
         df.groupby('Label').filter(f)

Out[37]:   Label  Values
         0     A     1.0
         1     A     2.0
         3     C     4.0
         4     C     NaN
         5     C     8.0
```

다음은 NaN 값이 하나라도 존재하는 그룹을 제외시키는 예다.

```
In [38]: # drop any groups with NaN values
         f = lambda x: x.Values.isnull().sum() == 0
         df.groupby('Label').filter(f)

Out[38]:   Label  Values
         0     A     1.0
         1     A     2.0
         2     B     3.0
```

다음은 전체 데이터셋 평균과의 차이가 2.0이 넘는 그룹 평균을 가진 그룹만 조회하는 예다. 이는 전체 데이터에 비해 어느 정도 예외적인 데이터를 갖는 그룹을 가려낼 때 사용하는 기본적인 방법이다.

```
In [39]: # select groups with a mean of 2.0 or greater
         grouped = df.groupby('Label')
         group_mean = grouped.mean().mean()
         f = lambda x: abs(x.Values.mean() - group_mean) > 2.0
         df.groupby('Label').filter(f)

Out[39]:   Label  Values
         3     C     4.0
         4     C     NaN
         5     C     8.0
```

## 정리

12장에서는 그룹화와 집계 분석을 위한 기법들을 살펴봤다. 먼저 분할-적용-조합SAC 패턴에 대한 개념과 pandas에 구현된 방식에 대해 개략적으로 알아봤다. 그다음엔 칼럼이나 인덱스를 기준으로 데이터를 그룹으로 분할하는 방법을 배웠다. 그리고 각 그룹에 대한 집계 함수나 변형을 통해 데이터를 처리하는 실습도 했다. 마지막으로 콘텐츠에 기초해 그룹을 필터링하는 방법까지 알아봤다.

13장에서는 pandas의 가장 강력한 능력 중 하나인 시계열 데이터의 모델링에 대해 자세히 알아본다.

# 13

# 시계열 모델링

시계열time-series은 특정 인터벌로 일정 기간에 걸쳐 측정된 하나 이상의 변수에 대한 데이터다. 일단 시계열 데이터가 획득되면 보통은 시계열 안에서의 패턴을 식별하기 위한 분석, 쉽게 말해 시간의 흐름에 따라 무슨 일이 벌어지는지에 대한 분석이 수행된다. 금융 정보의 분석이나 웨어러블 기기wearable device의 사용자 데이터 관리 등 오늘날에 시계열 데이터의 분석은 필수적인 능력이다.

pandas는 시계열 데이터의 모델링을 위한 방대한 기능을 제공한다. 13장에서는 그 중에서 특히 다음과 같은 사항들을 다룬다.

- 날짜, 시간, 인터벌의 표현
- `Timestamp`로 특정 시점 나타내기
- `Timedelta`로 인터벌 표현

- DatetimeIndex를 사용한 인덱싱
- 특정 빈도의 시계열 생성
- 시간 오프셋으로 인터벌 표현
- 고정 오프셋으로 특정 날짜 지정
- Period로 시간 인터벌 모델링
- PeriodIndex를 사용한 인덱싱
- 캘린더를 사용한 휴일 다루기
- 시간대를 사용한 타임스탬프 정규화
- 시프팅shifting과 래깅lagging
- 시계열 데이터의 빈도 변환
- 업샘플링과 다운샘플링
- 시계열 데이터의 롤링 윈도우

## pandas 설정

13장에서 사용할 예제를 위해 다음과 같은 pandas 설정으로 시작하자.

```
In [1]: # import numpy and pandas
        import numpy as np
        import pandas as pd

        # used for dates
        import datetime
        from datetime import datetime, date

        # Set formattign options
        pd.set_option('display.notebook_repr_html', False)
        pd.set_option('display.max_columns', 7)
        pd.set_option('display.max_rows', 10)
        pd.set_option('display.width', 60)

        # bring in matplotlib for graphics
        import matplotlib.pyplot as plt
        %matplotlib inline
```

## 날짜, 시간, 인터벌의 표현

시계열 데이터를 이해하기 위해 먼저 알아야 할 것은 pandas가 날짜, 시간, 인터벌을 표현하는 방법이다. 파이썬이나 NumPy가 시계열 데이터를 다루기에 충분할 만큼의 시간 관련 개념을 구현하지 않은 반면 pandas는 그런 개념을 표현할 수 있는 폭넓은 기능을 제공한다.

그런 기능에는 서로 다른 빈도의 데이터 변형이나, 재무적 계산을 위해 영업일과 휴일이 반영된 서로 다른 캘린더를 적용하는 등의 기능이 포함된다.

### datetime, date, time 객체

datetime 객체는 pandas가 아닌 파이썬 datetime 라이브러리의 일부다. 이 클래스는 날짜와 시간을 모두 사용해 특정 시점을 나타내거나, 시간 부분을 빼고 날짜만 나타내거나, 혹은 날짜 없이 시간만 나타내는 등의 일반적이고 다양한 패턴 표현에 사용된다.

datetime 객체는 시계열 데이터에 대한 엄청난 계산을 수행하는, 수학에서 요구되는 만큼의 정확도를 갖고 있지는 않다. 그러나 pandas 객체를 초기화할 때 일반적으로 사용되며, pandas는 내부적으로 datetime 객체를 자신의 Timestamp 객체로 변환시킨다. 따라서 여기서 datetime 객체에 대해 간략히 알아보는 것이 좋겠다.

datetime 객체의 초기화에는 최소한 년, 월, 일에 해당하는 세 개의 파라미터가 필요하다.

```
In [2]: # datetime object for Dec 15 2014
        datetime(2014, 12, 15)

Out[2]: datetime.datetime(2014, 12, 15, 0, 0)
```

보다시피 시간과 분은 기본적으로 0으로 설정된다. 초기화할 때 시간과 분을 추가로 지정할 수 있다. 다음은 datetime 객체에 오후 5시 30분을 추가로 지정한 예다.

```
In [3]: # specific date and also with a time of 5:30 pm
        datetime(2014, 12, 15, 17, 30)

Out[3]: datetime.datetime(2014, 12, 15, 17, 30)
```

현재의 날짜와 시각을 확인하려면 지역 시간을 가져오는 함수인 datetime.now( )를 사용하면 된다.

```
In [4]: # get the local "now" (date and time)
        # can take a timezone, but that's not demonstrated here
        datetime.now()

Out[4]: datetime.datetime(2017, 6, 21, 10, 13, 59, 303740)
```

datetime.date 객체는 시간 정보 없이 특정 날짜만을 나타낸다. date 객체를 만들려면 date의 생성자에 datetime 객체를 전달하면 된다.

```
In [5]: # a date without time can be represented
        # by creating a date using a datetime object
        datetime.date(datetime(2014, 12, 15))

Out[5]: datetime.date(2014, 12, 15)
```

현재의 날짜만 가져오려면 다음과 같이 하면 된다.

```
In [6]: # get just the current date
        datetime.now().date()

Out[6]: datetime.date(2017, 6, 21)
```

날짜 정보 없는 시간을 나타내는 time 객체는 datetime 객체를 time 생성자에 전달해 만들 수 있다.

```
In [7]: # get just a time from a datetime
        datetime.time(datetime(2014, 12, 15, 17, 30))
Out[7]: datetime.time(17, 30)
```

마찬가지로 현재의 지역 시간만 가져오려면 다음과 같이 하면 된다.

```
In [8]: # get the current local time
        datetime.now().time()
Out[8]: datetime.time(10, 13, 59, 525234)
```

## Timestamp로 특정 시점 나타내기

날짜와 시간은 pandas.tslib.Timestamp 클래스를 사용해서도 표현할 수 있다. pandas Timestamp의 데이터 타입은 datetime64이며, 파이썬 datetime 객체보다 정밀도가 높다. pandas에서는 Timestamp를 datetime 객체로 자유롭게 바꿀 수 있으므로, datetime 객체가 필요한 곳에서 일상적으로 사용할 수 있다.

Timestamp 객체는 pandas.tslib.Timestamp의 축약형인 pd.Timestamp를 통해 만들 수 있으며, 생성 시에 날짜, 시간, 또는 둘 모두를 지정할 수 있다.

```
In [9]: # a timestamp representing a specific date
        pd.Timestamp('2014-12-15')
Out[9]: Timestamp('2014-12-15 00:00:00')
```

시간 요소를 지정하려면 다음과 같이 하면 된다.

```
In [10]: # a timestamp with both date and time
         pd.Timestamp('2014-12-15 17:30')
Out[10]: Timestamp('2014-12-15 17:30:00')
```

시간만을 지정해 만든 Timestamp에는 기본적으로 현재 날짜가 할당된다.

```
In [11]: # timestamp with just a time
         # which adds in the current local date
         pd.Timestamp('17:30')

Out[11]: Timestamp('2017-06-21 17:30:00')
```

다음은 Timestamp를 사용해 현재의 날짜와 시간을 가져오는 방법이다.

```
In [12]: # get the current date and time (now)
         pd.Timestamp("now")

Out[12]: Timestamp('2017-06-21 10:13:59.788432')
```

pandas 사용자는 보통의 경우 Timestamp 객체를 직접 만들지 않는다. 다수의 pandas 함수가 datetime 객체나 시간/날짜 텍스트를 그대로 전달받을 수 있으며, 함수 자신이 내부적으로 Timestamp 변환을 수행한다.

## Timedelta로 인터벌 표현

인터벌(시간 간격)을 표현하고자 할 때에는 pandas의 Timedelta 객체를 사용할 수 있다. 이는 경과된 일수를 파악하거나 특정 인터벌을 계산할 때 일반적으로 사용된다.

다음은 Timedelta 객체를 사용해 특정일로부터 하루가 경과한 날짜를 알아내는 예다.

```
In [13]: # what is one day from 2014-11-30?
         today = datetime(2014, 11, 30)
         tomorrow = today + pd.Timedelta(days=1)
         tomorrow

Out[13]: datetime.datetime(2014, 12, 1, 0, 0)
```

이번에는 두 날짜 사이의 일수를 계산하는 예다.

```
In [14]: # how many days between these two dates?
         date1 = datetime(2014, 12, 2)
         date2 = datetime(2014, 11, 28)
         date1 - date2

Out[14]: datetime.timedelta(4)
```

## 시계열 데이터

pandas는 시계열 데이터를 다루는 데에 매우 탁월한데, 그도 그럴 것이 pandas의 근원이 금융 정보의 처리에 있기 때문이다. 따라서 시계열 데이터를 조작하는 능력은 이전 버전을 거치면서 꾸준히 개선돼왔다.

### DatetimeIndex를 사용한 인덱싱

pandas에서 시계열 관련 기능의 핵심은 하나 이상 타임스탬프에서의 측정치를 나타내는 특수한 인덱스의 사용을 중심으로 한다. 그 인덱스는 DatetimeIndex 객체다. DatetimeIndex는 믿기 어려울 정도로 강력한 객체로, 날짜와 시간을 기반으로 데이터를 자동으로 정렬해준다.

DatetimeIndex 객체를 만드는 방법은 다양하다. 그중에서 다음은 datetime 리스트를 전달해 DatetimeIndex를 만드는 예다.

```
In [15]: # create a very simple time-series with two index labels
         # and random values
         dates = [datetime(2014, 8, 1), datetime(2014, 8, 2)]
         ts = pd.Series(np.random.randn(2), dates)
         ts

Out[15]: 2014-08-01   -1.067196
         2014-08-02    0.106145
         dtype: float64
```

보다시피 이 시리즈는 datetime 객체를 받아 그 날짜 값으로 DatetimeIndex를 만든다. 또한 각 인덱스 값 자체는 Timestamp 객체다.

다음은 인덱스와 그 인덱스 레이블의 타입을 확인하는 예다.

```
In [16]: # what is the type of the index?
         type(ts.index)

Out[16]: pandas.core.indexes.datetimes.DatetimeIndex
```

```
In [17]: # and we can see it is a collection of timestamps
         type(ts.index[0])

Out[17]: pandas._libs.tslib.Timestamp
```

시계열 데이터를 만들 때 반드시 datetime 객체를 전달해야 하는 것은 아니다. Series 객체는 날짜와 시간을 나타내는 문자열을 인식해 스스로 변환할 만큼 똑똑하다. 다음은 앞서 datetime을 사용했던 경우와 동일한 예다.

```
In [18]: # create from just a list of dates as strings!
         np.random.seed(123456)
         dates = ['2014-08-01', '2014-08-02']
         ts = pd.Series(np.random.randn(2), dates)
         ts

Out[18]: 2014-08-01    0.469112
         2014-08-02   -0.282863
         dtype: float64
```

pandas는 동일하거나 비슷한 유형의 객체 리스트를 받아 Timestamp 객체로 변환하고 DatetimeIndex를 적용하는 pd.to_datetime()이라는 유틸리티 함수를 제공한다. 리스트 중에 결측 값이 있으면 시간이 아님[not-a-time]이라는 뜻의 NaT()로 대체된다.

```
In [19]: # convert a sequence of objects to a DatetimeIndex
         dti = pd.to_datetime(['Aug 1, 2014',
                               '2014-08-02',
                               '2014.8.3',
                               None])
         for l in dti: print (l)

         2014-08-01 00:00:00
         2014-08-02 00:00:00
         2014-08-03 00:00:00
         NaT
```

Timestamp 변환을 할 수 없는 값이라면 에러가 발생한다.

```
In [20]: # this is a list of objects, not timestamps...
         # Throws an error in 0.20.1
         # pd.to_datetime(['Aug 1, 2014', 'foo'])
```

에러를 발생시키지 않고 강제로 변환 작업을 시키려면 errors='coerce' 파라미터를 지정하면 된다. 그러면 변환될 수 없는 인덱스 값에는 NaT이 할당된다.

```
In [21]: # force the conversion, NaT for items that dont work
         pd.to_datetime(['Aug 1, 2014', 'foo'], errors="coerce")

Out[21]: DatetimeIndex(['2014-08-01', 'NaT'], dtype='datetime64[ns]', freq=N
         one)
```

특정 빈도의 시간 범위는 pd.date_range( )로 쉽게 만들 수 있다. 다음은 연이은 열흘간의 DatetimeIndex로부터 Series 하나를 만드는 예다.

```
In [22]: # create a range of dates starting at a specific date
         # and for a specific number of days, creating a Series
         np.random.seed(123456)
         periods = pd.date_range('8/1/2014', periods=10)
         date_series = pd.Series(np.random.randn(10), index=periods)
         date_series

Out[22]: 2014-08-01    0.469112
         2014-08-02   -0.282863
         2014-08-03   -1.509059
         2014-08-04   -1.135632
         2014-08-05    1.212112
         2014-08-06   -0.173215
         2014-08-07    0.119209
         2014-08-08   -1.044236
         2014-08-09   -0.861849
         2014-08-10   -2.104569
         Freq: D, dtype: float64
```

DatetimeIndex는 데이터 정렬, 선택, 슬라이싱 등과 같은 다양한 인덱스 작업에 사용할 수 있다. 다음은 포지션을 기준으로 슬라이싱하는 예다.

```
In [23]: # slice by location
         subset = date_series[3:7]
         subset

Out[23]: 2014-08-04   -1.135632
         2014-08-05    1.212112
         2014-08-06   -0.173215
         2014-08-07    0.119209
         Freq: D, dtype: float64
```

데이터 정렬을 시험해보기 위해 위 서브셋의 인덱스를 사용해 새 Series를 만들자.

```
In [24]: # a Series to demonstrate alignment
         s2 = pd.Series([10, 100, 1000, 10000], subset.index)
         s2

Out[24]: 2014-08-04       10
         2014-08-05      100
         2014-08-06     1000
         2014-08-07    10000
         Freq: D, dtype: int64
```

이제 s2와 date_series를 더하면 정렬 작업이 수행되며, 정렬되지 않는 아이템에는 NaN이 할당된다.

```
In [25]: # demonstrate alignment by date on a subset of items
         date_series + s2

Out[25]: 2014-08-01             NaN
         2014-08-02             NaN
         2014-08-03             NaN
         2014-08-04        8.864368
         2014-08-05      101.212112
         2014-08-06      999.826785
         2014-08-07    10000.119209
         2014-08-08             NaN
         2014-08-09             NaN
         2014-08-10             NaN
         Freq: D, dtype: float64
```

DatetimeIndex로 된 Series에서는 datetime 객체를 지정하지 않아도 날짜를 표현하는 문자열만으로 데이터를 가져올 수 있다.

```
In [26]: # lookup item by a string representing a date
         date_series['2014-08-05']

Out[26]: 1.2121120250208506
```

또한 다음과 같이 날짜 문자열로 슬라이싱도 가능하다.

```
In [27]: # slice between two dates specified by string representing dates
         date_series['2014-08-05':'2014-08-07']

Out[27]: 2014-08-05    1.212112
         2014-08-06   -0.173215
         2014-08-07    0.119209
         Freq: D, dtype: float64
```

pandas가 제공하는 또 다른 편리한 기능은 DatetimeIndex를 부분 특화partial specification된 날짜, 즉 날짜 문자열의 일부분을 사용해 슬라이싱할 수 있다는 점이다. 예를 들어 다음은 2개 년도에 걸친 모든 날짜를 인덱스로 갖는 Series에서 2013년도의 아이템만 선택하는 예다.

```
In [28]: # a two year range of daily data in a Series
         # only select those in 2013
         s3 = pd.Series(0, pd.date_range('2013-01-01', '2014-12-31'))
         s3['2013']

Out[28]: 2013-01-01    0
         2013-01-02    0
         2013-01-03    0
         2013-01-04    0
         2013-01-05    0
                      ..
         2013-12-27    0
         2013-12-28    0
         2013-12-29    0
         2013-12-30    0
         2013-12-31    0
         Freq: D, Length: 365, dtype: int64
```

특정 연도와 달의 아이템만 선택하는 일도 가능하다. 다음은 2014년 5월의 아이템만 선택하는 예다.

```
In [29]: # 31 items for May 2014
         s3['2014-05']

Out[29]: 2014-05-01    0
         2014-05-02    0
         2014-05-03    0
         2014-05-04    0
         2014-05-05    0
                      ..
         2014-05-27    0
         2014-05-28    0
         2014-05-29    0
         2014-05-30    0
         2014-05-31    0
         Freq: D, Length: 31, dtype: int64
```

여기에 슬라이싱도 적용할 수 있다. 다음은 2014년 8월에서 9월까지의 아이템을 선택하는 예다.

```
In [30]: # items between two months
         s3['2014-08':'2014-09']

Out[30]: 2014-08-01    0
         2014-08-02    0
         2014-08-03    0
         2014-08-04    0
         2014-08-05    0
                      ..
         2014-09-26    0
         2014-09-27    0
         2014-09-28    0
         2014-09-29    0
         2014-09-30    0
         Freq: D, Length: 61, dtype: int64
```

## 특정 빈도의 시계열 생성

시계열 데이터는 일 단위뿐만 아니라 특정 시간 간격을 기준으로 만들 수도 있다. pd.date_range( )에 freq 파라미터를 사용하면 다양한 빈도를 설정할 수 있다. 이 파라미터의 기본 값은 'D'로, 일 단위를 나타낸다.

다음은 freq='T'를 지정함으로써 분 단위의 DatetimeIndex를 만드는 예다.

```
In [31]: # generate a Series at one minute intervals
         np.random.seed(123456)
         bymin = pd.Series(np.random.randn(24*60*90),
                           pd.date_range('2014-08-01',
                                         '2014-10-29 23:59',
                                         freq='T'))
         bymin[:5]

Out[31]: 2014-08-01 00:00:00    0.469112
         2014-08-01 00:01:00   -0.282863
         2014-08-01 00:02:00   -1.509059
         2014-08-01 00:03:00   -1.135632
         2014-08-01 00:04:00    1.212112
         Freq: T, dtype: float64
```

이와 같은 시계열 데이터는 좀 더 세밀한 해상도로 슬라이싱할 수 있다. 다음은 분 단위로 슬라이싱하는 예다.

```
In [32]: # slice down to the minute
         bymin['2014-08-01 00:02':'2014-08-01 00:07']

Out[32]: 2014-08-01 00:02:00   -1.509059
         2014-08-01 00:03:00   -1.135632
         2014-08-01 00:04:00    1.212112
         2014-08-01 00:05:00   -0.173215
         2014-08-01 00:06:00    0.119209
         2014-08-01 00:07:00   -1.044236
         Freq: T, dtype: float64
```

다음 표는 freq 파라미터에 사용할 수 있는 빈도의 종류다.

| 기호 | 설명 |
|---|---|
| B | 매 영업일 |
| C | 매 커스텀 영업일 |
| D | 매일(기본 값) |
| W | 매주 |
| M | 매월 마지막 날 |
| BM | 매월 마지막 영업일 |
| CBM | 매월 마지막 커스텀 영업일 |
| MS | 매월 첫째 날 |
| BMS | 매월 첫째 영업일 |
| CBMS | 매월 첫째 커스텀 영업일 |
| Q | 매 분기 마지막 날 |
| BQ | 매 분기 마지막 영업일 |
| QS | 매 분기 첫째 날 |
| BQS | 매 분기 첫 영업일 |
| A | 매년 마지막 날 |
| BA | 매년 마지막 영업일 |

(이어짐)

| 기호 | 설명 |
| --- | --- |
| AS | 매년 첫째 날 |
| BAS | 매년 첫 영업일 |
| H | 매시간 |
| T | 매분 |
| S | 매초 |
| L | 밀리초 |
| U | 마이크로초 |

예를 들어 'B' 빈도를 사용하면 오직 영업일 단위의 시계열 데이터를 만들 수 있다.

```
In [33]: # generate a series based upon business days
         days = pd.date_range('2014-08-29', '2014-09-05', freq='B')
         days

Out[33]: DatetimeIndex(['2014-08-29', '2014-09-01', '2014-09-02',
                        '2014-09-03', '2014-09-04', '2014-09-05'],
                       dtype='datetime64[ns]', freq='B')
```

보다시피 주말 이틀은 건너뛰었음을 알 수 있다.

특정 시각부터 특정 빈도로, 특정 기간(periods 파라미터)의 날짜 범위를 만들 수 있다. 다음은 2014-08-01 12:10:01부터 매초 단위로 시작하는 5개 아이템의 DatetimeIndex를 만드는 예다.

```
In [34]: # periods will use the frequency as the increment
         pd.date_range('2014-08-01 12:10:01', freq='S', periods=5)

Out[34]: DatetimeIndex(['2014-08-01 12:10:01',
                        '2014-08-01 12:10:02',
                        '2014-08-01 12:10:03',
                        '2014-08-01 12:10:04',
                        '2014-08-01 12:10:05'],
                       dtype='datetime64[ns]', freq='S')
```

## 오프셋을 사용한 날짜 계산

pandas에서 빈도수는 시간 오프셋[offset]을 사용해 표현할 수 있다. 그와 같은 개념은 앞서 Timedelta 객체를 설명할 때 살짝 다뤘었다. pandas는 DateOffset을 사용해 그 기능을 더욱 확장시켰다. DateOffset 객체는 DatetimeIndex 객체와는 달리 시간 오프셋과 빈도를 어떻게 결합하는지를 보여준다.

### 시간 오프셋으로 인터벌 표현

DatetimeIndex 객체는 pd.date_range( )의 freq 파라미터에 'M', 'W', 'BM' 등과 같은 문자열을 전달함으로써 다양한 빈도를 설정할 수 있게 만들어졌다. 그런데 내부적으로는 그런 문자열이 pandas의 DateOffset 객체의 인스턴스로 번역된다.

DateOffset은 정기적인 빈도의 증가를 표현한다. 월, 영업일, 시간과 같은 특정 시간 오프셋 로직은 DateOffset의 다양한 서브클래스에 의해 표현된다. DateOffset은 pandas가 날짜와 시간에 대한 특정 인터벌의 계산 방법을 결정하게 함으로써 더욱 지능적으로 만들어준다. 따라서 pandas 사용자는 날짜/시간 오프셋 표현에 있어서 단순히 고정된 숫자 인터벌을 사용할 때보다 훨씬 큰 유연성을 갖게 된다.

유용하면서도 실전에서 사용할 수 있는 대표적인 예는 다음 영업일을 계산하는 것이다. 이는 단순히 datetime에 하루를 더해서 해결할 수 있는 일이 아니다. 금요일이 기준이라면 다음 영업일은 토요일이 아닌 월요일이기 때문이다. 가끔은 월요일이 휴일인 경우도 있으므로, 그런 경우 금요일의 다음 영업일은 화요일이 될 것이다. pandas는 그런 까다로운 종류의 시나리오를 다룰 때 필요한 모든 도구를 제공한다.

이제 빈도를 'B'로 하는 날짜 범위를 만들어 시작해보자.

```
In [35]: # get all business days between and inclusive of these two dates
         dti = pd.date_range('2014-08-29', '2014-09-05', freq='B')
         dti.values

Out[35]: array(['2014-08-29T00:00:00.000000000', '2014-09-01T00:00:00.000000
         000',
                '2014-09-02T00:00:00.000000000', '2014-09-03T00:00:00.000000
         000',
                '2014-09-04T00:00:00.000000000', '2014-09-05T00:00:00.000000
         000'], dtype='datetime64[ns]')
```

토요일과 일요일은 영업일이 아니므로, 이 시계열 데이터에는 2014년 8월 30일과 31일이 포함돼 있지 않다.

DatetimeIndex에는 인덱스의 빈도 종류를 보여주는 .freq 속성이 있다.

```
In [36]: # check the frequency is BusinessDay
         dti.freq

Out[36]: <BusinessDay>
```

보다시피 pandas는 이 인덱스의 날짜 오프셋을 표현하기 위해 BusinessDay라는 클래스의 인스턴스를 만들었다. 앞서 말했듯 pandas는 여러 종류의 시간 오프셋을 DateOffset의 서브클래스로 표현하기 때문이다. 다음은 pandas에 내장된 다양한 시간 오프셋 클래스다.

| 클래스 | 설명 |
| --- | --- |
| DateOffset | 기본 오프셋(하루) |
| BDay | 영업일 |
| CDay | 커스텀 영업일 |
| Week | 1주일(추가로 요일을 나타내는 고정 값 존재) |
| WeekOfMonth | y번째 주(week)의 x요일(weekday) |
| LastWeekOfMonth | 마지막 주의 x요일(weekday) |

(이어짐)

| 클래스 | 설명 |
|---|---|
| MonthEnd | 해당 월의 마지막 날 |
| MonthBegin | 해당 월의 첫째 날 |
| BMonthEnd | 해당 월의 마지막 영업일 |
| BMonthBegin | 해당 월의 첫째 영업일 |
| CBMonthEnd | 해당 월의 마지막 커스텀 영업일 |
| CBMonthBegin | 해당 월의 첫째 커스텀 영업일 |
| QuarterEnd | 해당 분기의 마지막 날 |
| QuarterBegin | 해당 분기의 첫째 날 |
| BQuarterEnd | 해당 분기의 마지막 영업일 |
| BQuarterBegin | 해당 분기의 첫째 영업일 |
| FY5253Quarter | 리테일 회계연도(52-53주) 기준의 분기 |
| YearEnd | 해당 연도의 마지막 날 |
| YearBegin | 해당 연도의 첫째 날 |
| BYearEnd | 해당 연도의 마지막 영업일 |
| BYearBegin | 해당 연도의 첫째 영업일 |
| FY5253 | 리테일 회계연도(52-53주) 기준의 연도 |
| Hour | 1시간 |
| Minute | 1분 |
| Second | 1초 |
| Milli | 1밀리초 |
| Micro | 1마이크로초 |

pandas는 `DateOffset`과 그 특징을 사용하는 전략으로 다음 날을 계산하는 로직을 코드화한다. 이는 강력하면서도 매우 유연한 방법이다. `DateOffset` 객체는 다음과

같은 여러 시나리오에서 사용될 수 있다.

- 시프트(이동)된 날짜를 얻기 위해 DateOffset을 더하거나 뺄 수 있다.
- DateOffset에 양수나 음수를 곱함으로써 곱한 수만큼 증감이 계산되게 할 수 있다.
- 이전이나 다음 오프셋 날짜로 이동시킬 수 있는 rollforward와 rollback이라는 메소드를 제공한다.

DateOffset 객체는 고정된 기간을 나타내는 datetime 객체에 전달되거나, 또는 몇 가지 키워드 인자를 사용해 만들 수 있다. 키워드 인자는 두 가지 범주로 나뉜다. 하나는 절대 시간을 표현하는 키워드의 범주이며, 다른 하나는 양수나 음수일 수 있는 상대 기간을 표현하는 범주다. 여기서 절대 시간이나 상대 기간에는 연, 월, 일, 시간, 분, 초, 밀리초 단위가 사용된다.

다음은 하루짜리 오프셋을 만들어 datetime에 더하는 예다.

```
In [37]: # calculate a one day offset from 2014-8-29
         d = datetime(2014, 8, 29)
         do = pd.DateOffset(days = 1)
         d + do

Out[37]: Timestamp('2014-08-30 00:00:00')
```

다음은 주어진 날짜의 다음 영업일을 계산하는 예다.

```
In [38]: # import the data offset types
         from pandas.tseries.offsets import *
         # calculate one business day from 2014-8-31
         d + BusinessDay()

Out[38]: Timestamp('2014-09-01 00:00:00')
```

곱하기를 해 특정 DateOffset의 배수 단위를 사용할 수도 있다.

```
In [39]: # determine 2 business days from 2014-8-29
         d + 2 * BusinessDay()

Out[39]: Timestamp('2014-09-02 00:00:00')
```

다음은 BMonthEnd 객체를 사용해 주어진 날짜의 해당 월에서 가장 마지막 영업일을 계산하는 예다.

```
In [40]: # what is the next business month end
         # from a specific date?
         d + BMonthEnd()

Out[40]: Timestamp('2014-09-30 00:00:00')
```

다음은 BMonthEnd의 .rollforward( ) 메소드를 사용해 다음 차례의 월 마지막 영업일을 계산하는 예다.

```
In [41]: # calculate the next month end by
         # rolling forward from a specific date
         BMonthEnd().rollforward(datetime(2014, 9, 15))

Out[41]: Timestamp('2014-09-30 00:00:00')
```

대다수의 오프셋 클래스는 오프셋 동작의 세밀한 제어를 위한 파라미터를 받을 수 있다. 예를 들어 다음은 2014년 8월 31일의 직전 화요일(weekday = 1)을 찾는 예다.

```
In [42]: # calculate the date of the Tuesday previous
         # to a specified date
         d - Week(weekday = 1)

Out[42]: Timestamp('2014-08-26 00:00:00')
```

## 고정 오프셋

고정 오프셋anchored offset은 특정 날짜를 기준으로 하는 빈도를 나타내며, 정해진 약어(준말)를 사용하는 명명법을 가진다. 예를 들어 다음은 한 주의 특정 요일을 나타내는 약어들이다.

| 약어 | 설명 |
|---|---|
| W-SUN | 매주 일요일('W'와 동일) |
| W-MON | 매주 월요일 |
| W-TUE | 매주 화요일 |
| W-WED | 매주 수요일 |
| W-THU | 매주 목요일 |
| W-FRI | 매주 금요일 |
| W-SAT | 매주 토요일 |

다음은 두 날짜 사이의 모든 수요일에 해당하는 날짜로 이뤄진 인덱스를 만드는 예다.

```
In [43]: # calculate all Wednesdays between 2014-06-01
         # and 2014-08-31
         wednesdays = pd.date_range('2014-06-01',
                                    '2014-07-31', freq="W-WED")
         wednesdays.values

Out[43]: array(['2014-06-04T00:00:00.000000000', '2014-06-11T00:00:00.000000
         000',
                '2014-06-18T00:00:00.000000000', '2014-06-25T00:00:00.000000
         000',
                '2014-07-02T00:00:00.000000000', '2014-07-09T00:00:00.000000
         000',
                '2014-07-16T00:00:00.000000000', '2014-07-23T00:00:00.000000
         000',
                '2014-07-30T00:00:00.000000000'], dtype='datetime64[ns]')
```

고정 오프셋은 연도별이나 분기별 빈도를 사용해 만들 수도 있다. 빈도의 형태는 [B][A|Q][S]-[MON]이다. 여기서 B(영업일)와 S(시작일)는 선택 사항이고, A와 Q는 각각 연도별과 분기별을 말하며, MON은 각 달 이름을 나타내는 세 자리의 약어(JAN, FEB, ...)다.

다음은 6월로 고정한 2014년의 분기별 첫 영업일로 인덱스를 만드는 예다.

```
In [44]: # what are all of the business quarterly end
         # dates in 2014?
         qends = pd.date_range('2014-01-01', '2014-12-31',
                               freq='BQS-JUN')
         qends.values

Out[44]: array(['2014-03-03T00:00:00.000000000', '2014-06-02T00:00:00.000000
         000',
                '2014-09-01T00:00:00.000000000', '2014-12-01T00:00:00.000000
         000'], dtype='datetime64[ns]')
```

## Period로 기간 표현

시계열 데이터에 대한 유용한 분석 작업에는 많은 경우 특정 시간 인터벌에 속하는 이벤트의 분석이 필요하다. 간단한 예로 특정 기간 동안 발생한 금융거래 건수를 파악하는 일 등이 그렇다.

그런 종류의 분석은 Timestamp와 DateOffset을 사용해 수행할 수 있는데, 먼저 범위를 계산하고 그 범위에 기초해 아이템을 필터링해야 한다. 그러나 복수의 기간으로 그룹화돼야 하는 이벤트를 다루기 시작하면 일이 힘들어진다. Timestamp와 DateOffset 객체 집합들을 관리해야 하기 때문이다.

pandas는 Period라는 클래스를 통해 정형화된 시간 인터벌을 제공함으로써 그런 종류의 데이터 조직화와 계산을 용이하게 해준다. 또한 PeriodIndex를 사용해 Period의 Series도 정형화해준다. PeriodIndex는 Period 객체와 연결된 인덱스에 기초해 데이터 아이템을 정렬하는 기능을 제공한다.

### Period로 시간 인터벌 모델링

pandas는 Period 객체를 사용해 시간 인터벌의 개념을 공식화한다. Period는 매일, 매주, 매월, 매년, 매분기 등 지정한 빈도를 기준으로 기간을 만들며, 시작 시간과 종료 시간을 나타내는 Timestamp를 제공한다.

Period는 기준 시점에 해당하는 타임스탬프와 기간을 나타내는 빈도를 사용해 만들 수 있다. 예를 들어 다음은 2014년 8월 기준으로 한 달에 해당하는 기간을 만드는 예다.

```
In [45]: # create a period representing a month of time
         # starting in August 2014
         aug2014 = pd.Period('2014-08', freq='M')
         aug2014

Out[45]: Period('2014-08', 'M')
```

Period에는 시작 시간과 종료 시간을 보여주는 start_time과 end_time이라는 속성이 있다.

```
In [46]: # examine the start and end times of this period
         aug2014.start_time, aug2014.end_time

Out[46]: (Timestamp('2014-08-01 00:00:00'), Timestamp('2014-08-31 23:59:59.9
         99999999'))
```

여기서 pandas는 2014년 8월과 한 달이라는 빈도에 근거해 기준 날짜(start_time)를 정한 다음 한 달을 더해 종료 시간(end_time)을 산정했다.

Period의 수학 연산은 또 다른 Period를 계산할 수 있게 재정의돼 있다. 다음은 aug2014를 지정된 빈도 1단위(한 달)만큼을 시프트shift(이동)시켜 새 Period 객체를 만드는 예다.

```
In [47]: # calculate the period that is one frequency
         # unit of the aug2014 period further along in time
         # This happens to be September 2014
         sep2014 = aug2014 + 1
         sep2014

Out[47]: Period('2014-09', 'M')
```

시프트의 개념은 매우 중요하고 강력하다. Period 객체에 1을 더하는 것은 지정된 빈도 단위로 한 번 이동시키는 의미다. 여기서는 한 달만큼 양의 방향으로 이동해 2014년 9월이 됐다.

sep2014 변수의 시작 시간과 종료 시간을 확인해보면 pandas가 2014년 9월의 전체 날짜를 제대로 판단한다는 사실을 알 수 있다.

```
In [48]: sep2014.start_time, sep2014.end_time
Out[48]: (Timestamp('2014-09-01 00:00:00'), Timestamp('2014-09-30 23:59:59.9
         99999999'))
```

보다시피 Period는 9월이 31일이 아닌 30일로 이뤄짐을 알고 있다. 이와 같은 pandas의 영리함 덕분에 많은 양의 코딩을 하지 않아도 날짜와 관련된 어려운 여러 문제를 쉽게 해결할 수 있다.

## PeriodIndex를 사용한 인덱싱

일련의 Period 객체를 조합해 PeriodIndex라는 특별한 형태의 pandas 인덱스를 만들 수 있다. PeriodIndex는 데이터를 특정 인터벌에 연결시키고 각 인터벌에서의 이벤트 분석을 수행하는 경우에 유용한 인덱스다.

다음은 2013년의 월별 인터벌을 갖는 PeriodIndex를 만드는 예다.

```
In [49]: # create a period index representing all monthly boundaries in 2013
         mp2013 = pd.period_range('1/1/2013', '12/31/2013', freq='M')
         mp2013
Out[49]: PeriodIndex(['2013-01', '2013-02', '2013-03', '2013-04',
                      '2013-05', '2013-06', '2013-07', '2013-08',
                      '2013-09', '2013-10', '2013-11', '2013-12'],
                     dtype='period[M]', freq='M')
```

PeriodIndex는 인덱스 레이블이 Period라는 점에서 DatetimeIndex와 다르다. 다음은 인덱스의 모든 Period 객체에 대한 시작 시간과 종료 시간을 보여주는 예다.

```
In [50]: # loop through all period objects in the index
         # printing start and end time for each
         for p in mp2013:
             print ("{0} {1}".format(p.start_time, p.end_time))

         2013-01-01 00:00:00 2013-01-31 23:59:59.999999999
         2013-02-01 00:00:00 2013-02-28 23:59:59.999999999
         2013-03-01 00:00:00 2013-03-31 23:59:59.999999999
         2013-04-01 00:00:00 2013-04-30 23:59:59.999999999
         2013-05-01 00:00:00 2013-05-31 23:59:59.999999999
         2013-06-01 00:00:00 2013-06-30 23:59:59.999999999
         2013-07-01 00:00:00 2013-07-31 23:59:59.999999999
         2013-08-01 00:00:00 2013-08-31 23:59:59.999999999
         2013-09-01 00:00:00 2013-09-30 23:59:59.999999999
         2013-10-01 00:00:00 2013-10-31 23:59:59.999999999
         2013-11-01 00:00:00 2013-11-30 23:59:59.999999999
         2013-12-01 00:00:00 2013-12-31 23:59:59.999999999
```

pandas는 각 달이 실제 며칠로 이뤄졌는지 감안해 시작 시간과 종료 시간을 결정한다.

다음은 PeriodIndex를 인덱스로 사용하고 각 Period에 값을 연결한 Series 객체를 만드는 예다.

```
In [51]: # create a Series with a PeriodIndex
         np.random.seed(123456)
         ps = pd.Series(np.random.randn(12), mp2013)
         ps[:5]

Out[51]: 2013-01    0.469112
         2013-02   -0.282863
         2013-03   -1.509059
         2013-04   -1.135632
         2013-05    1.212112
         Freq: M, dtype: float64
```

이렇게 특정 기간에 걸친 측정치를 나타내는 시계열 데이터를 만들어봤다. 이와 같은 시리즈의 예로는 특정 시점의 증권 가격이 아닌 월별 평균 증권 가격을 나타내는 데이터 등이 있다. 이는 서로 다른 빈도로 시계열 데이터를 재표집resampling할 때 매우 유용한 방법이다.

DatetimeIndex와 마찬가지로 PeriodIndex 역시 기간(또는 부분 특화된 기간)을 나타내는 문자열이나 인덱스 값으로 Period를 사용할 수 있다. 이를 시험하기 위해 다음과 같이 2013년에서 2014년까지의 기간을 갖는 시리즈 하나를 만들자.

```
In [52]: # create a Series with a PeriodIndex and which
         # represents all calendar month periods in 2013 and 2014
         np.random.seed(123456)
         ps = pd.Series(np.random.randn(24),
                        pd.period_range('1/1/2013',
                                        '12/31/2014', freq='M'))
         ps

Out[52]: 2013-01    0.469112
         2013-02   -0.282863
         2013-03   -1.509059
         2013-04   -1.135632
         2013-05    1.212112
                      ...
         2014-08   -1.087401
         2014-09   -0.673690
         2014-10    0.113648
         2014-11   -1.478427
         2014-12    0.524988
         Freq: M, Length: 24, dtype: float64
```

기간을 나타내는 문자열이나 Period 객체를 사용해 특정 인덱스 레이블의 개별 값을 선택할 수 있다. 다음은 문자열을 사용한 예다.

```
In [53]: # get value for period represented with 2014-06
         ps['2014-06']

Out[53]: 0.567020349793672
```

다음은 2014년에만 해당하는 모든 값을 가져오기 위해 부분 특화된 문자열을 사용하는 예다.

```
In [54]: # get values for all periods in 2014
         ps['2014']

Out[54]: 2014-01    0.721555
         2014-02   -0.706771
         2014-03   -1.039575
         2014-04    0.271860
         2014-05   -0.424972
                      ...
         2014-08   -1.087401
         2014-09   -0.673690
         2014-10    0.113648
         2014-11   -1.478427
         2014-12    0.524988
         Freq: M, Length: 12, dtype: float64
```

PeriodIndex도 슬라이싱될 수 있다. 다음은 2014년 3월과 6월 사이의 모든 값을 가져오는 예다.

```
In [55]: # all values between (and including) March and June 2014
         ps['2014-03':'2014-06']

Out[55]: 2014-03   -1.039575
         2014-04    0.271860
         2014-05   -0.424972
         2014-06    0.567020
         Freq: M, dtype: float64
```

## 캘린더를 사용한 휴일 다루기

이전 예제에서 pandas는 2014년 8월 29일의 다음 영업일을 2014년 9월 1일이라고 알려줬었다. 그러나 이는 미국에서는 틀린 말이다. 미국에서는 2014년 9월 1일이 연방 공휴일(노동절)이며, 따라서 모든 은행과 증권거래소가 업무를 하지 않는다. 이와 같은 이유로 pandas는 영업일을 계산할 때 사용하는 기본 캘린더가 따로 있으며, 그 캘린더 기준으로 2014년 9월 1일은 휴일이 아니다.

이 이슈를 해결하는 방법은 두 가지다. 하나는 커스텀 캘린더를 직접 만드는 방법인데 여기서 다루지는 않을 것이다. 다른 하나는 pandas가 제공하는 커스텀 캘린더 중 하나인 USFederalHolidayCalendar를 택하는 방법이다. 이 캘린더를 BusinessDay 객체가 아닌 CustomBusinessDay 객체에 전달하면 되며, 그러면 영업일 계산은 미국 연방 공휴일이 포함된 이 캘린더를 사용하게 된다.

다음은 USFederalHolidayCalendar 객체를 만들어 미국의 2014년 휴일을 확인해본 예다.

```
In [56]: # demonstrate using the US federal holiday calendar
         # first need to import it
         from pandas.tseries.holiday import *
         # create it and show what it considers holidays
         cal = USFederalHolidayCalendar()
         for d in cal.holidays(start='2014-01-01', end='2014-12-31'):
             print (d)

         2014-01-01 00:00:00
         2014-01-20 00:00:00
         2014-02-17 00:00:00
         2014-05-26 00:00:00
         2014-07-04 00:00:00
         2014-09-01 00:00:00
         2014-10-13 00:00:00
         2014-11-11 00:00:00
         2014-11-27 00:00:00
         2014-12-25 00:00:00
```

이 캘린더를 사용해 2014년 8월 29일의 다음 영업일을 계산한 결과는 다음과 같다.

```
In [57]: # create CustomBusinessDay object based on the federal calendar
         cbd = CustomBusinessDay(holidays=cal.holidays())

         # now calc next business day from 2014-8-29
         datetime(2014, 8, 29) + cbd

Out[57]: Timestamp('2014-09-02 00:00:00')
```

보다시피 이제는 미국의 노동절이 감안돼 올바른 영업일이 반환됐다.

## 시간대를 사용한 타임스탬프 정규화

시간대 관리는 시계열 데이터를 다룰 때 가장 복잡한 이슈 중 하나다. 종종 세계 곳곳의 서로 다른 시스템으로부터 각자의 지역 시간을 사용하는 데이터를 수집하게 되며, 따라서 어느 시점에서는 서로 다른 시간대의 데이터를 조정할 필요가 있다.

다행히 pandas는 서로 다른 시간대의 타임스탬프로 작업할 수 있는 풍부한 기능을 제공한다. pandas 내부적으로는 시간대 관리를 위해 pytz와 dateutil 라이브러리를 이용한다. dateutil은 pandas 0.14.1부터 사용됐으며, 현재는 고정 오프셋과 tzfile

의 시간대만을 지원한다. 현재 pandas는 기본 라이브러리로 pytz를 사용하며, 다른 애플리케이션과의 호환성을 제공하기 위해 dateutil도 함께 지원한다.

시간대와 관련된 pandas의 모든 객체는 .tz 속성을 제공하며, 효율성을 위해 기본적으로 timezone 객체를 이용하지 않는다. 다음은 현재 시간을 가져오는 예이며, 시간대 정보가 없음을 확인할 수 있다.

```
In [58]: # get the current local time and demonstrate there is no
         # timezone info by default
         now = pd.Timestamp('now')
         now, now.tz is None

Out[58]: (Timestamp('2017-06-29 12:32:23.256410'), True)
```

이 예제는 시간대를 지정하지 않은 상태에서 pandas는 기본적으로 Timestamp("now")를 UTC(협정 세계시)로 취급한다는 사실을 보여준다. 이는 기본 값으로 적절하지만, 유심히 봐야 할 점이기도 하다. 여러 데이터소스로부터 수집한 데이터나 나중에 접근하기 위한 데이터를 시간에 기반을 두고 저장할 때에는 항상 지역 시간대를 UTC로 설정하는 방법이 최선이다.

마찬가지로 DatetimeIndex와 그 Timestamp 객체 역시 기본적으로는 시간대 정보를 갖지 않는다.

```
In [59]: # default DatetimeIndex and its Timestamps do not have
         # time zone information
         rng = pd.date_range('3/6/2012 00:00', periods=15, freq='D')
         rng.tz is None, rng[0].tz is None

Out[59]: (True, True)
```

표준 시간대 목록은 다음과 같은 방법으로 확인할 수 있다. 시간대와 관련된 데이터를 다뤄본 적이 있다면 매우 친숙한 이름들일 것이다.

```
In [60]: # import common timezones from pytz
         from pytz import common_timezones
         # report the first 5
         common_timezones[:5]

Out[60]: ['Africa/Abidjan',
          'Africa/Accra',
          'Africa/Addis_Ababa',
          'Africa/Algiers',
          'Africa/Asmara']
```

지역 시간을 UTC로 맞추려면 Timestamp의 .tz_localize( ) 메소드에 UTC 값을 전달하면 된다.

```
In [61]: # get now, and now localized to UTC
         now = Timestamp("now")
         local_now = now.tz_localize('UTC')
         now, local_now

Out[61]: (Timestamp('2017-06-29 12:32:23.407610'),
          Timestamp('2017-06-29 12:32:23.407610+0000', tz='UTC'))
```

또한 직접 Timestamp의 tz 파라미터에 특정 시간대를 지정해 지역 시간대를 설정할 수도 있다.

```
In [62]: # localize a timestamp to US/Mountain time zone
         tstamp = Timestamp('2014-08-01 12:00:00', tz='US/Mountain')
         tstamp

Out[62]: Timestamp('2014-08-01 12:00:00-0600', tz='US/Mountain')
```

DatetimeIndex를 만들 때에는 pd.date_range( ) 메소드의 tz 파라미터에 특정 시간대를 지정할 수 있다.

```
In [63]: # create a DatetimeIndex using a timezone
         rng = pd.date_range('3/6/2012 00:00:00',
                             periods=10, freq='D', tz='US/Mountain')
         rng.tz, rng[0].tz

Out[63]: (<DstTzInfo 'US/Mountain' LMT-1 day, 17:00:00 STD>,
          <DstTzInfo 'US/Mountain' MST-1 day, 17:00:00 STD>)
```

또한 명시적으로 별도의 시간대를 구성할 수도 있다. 그렇게 하면 .tz_localize()에 어떤 시간대를 사용할지 좀 더 편리하게 제어할 수 있다. 다음은 두 개의 timezone 객체를 만들어 각각 Timestamp의 시간대를 설정하는 예다.

```
In [64]: # show use of timezone objects
         # need to reference pytz
         import pytz
         # create an object for two different timezones
         mountain_tz = pytz.timezone("US/Mountain")
         eastern_tz = pytz.timezone("US/Eastern")
         # apply each to 'now'
         mountain_tz.localize(now), eastern_tz.localize(now)

Out[64]: (Timestamp('2017-06-29 12:32:23.407610-0600', tz='US/Mountain'),
          Timestamp('2017-06-29 12:32:23.407610-0400', tz='US/Eastern'))
```

복수의 시계열 데이터 객체에 대한 작업에서 정렬은 인덱스의 시간대 정보를 고려한 Timestamp에 의해 수행된다. 이를 시험해보기 위해 다음과 같이 두 DatetimeIndex 객체를 각각 사용하는 두 Series 객체를 만들자. 두 DatetimeIndex 객체의 시작 시간, 기간, 빈도는 동일하지만 시간대는 서로 다르다.

```
In [65]: # create two Series, same start, same periods, same frequencies,
         # each with a different timezone
         s_mountain = Series(np.arange(0, 5),
                             index=pd.date_range('2014-08-01',
                                                 periods=5, freq="H",
                                                 tz='US/Mountain'))
         s_eastern = Series(np.arange(0, 5),
                            index=pd.date_range('2014-08-01',
                                                periods=5, freq="H",
                                                tz='US/Eastern'))
         s_mountain

Out[65]: 2014-08-01 00:00:00-06:00    0
         2014-08-01 01:00:00-06:00    1
         2014-08-01 02:00:00-06:00    2
         2014-08-01 03:00:00-06:00    3
         2014-08-01 04:00:00-06:00    4
         Freq: H, dtype: int64
```

```
In [66]: s_eastern

Out[66]: 2014-08-01 00:00:00-04:00    0
         2014-08-01 01:00:00-04:00    1
         2014-08-01 02:00:00-04:00    2
         2014-08-01 03:00:00-04:00    3
         2014-08-01 04:00:00-04:00    4
         Freq: H, dtype: int64
```

다음은 이 두 Series 객체를 더함으로써 시간대를 기준으로 정렬된 결과를 보여준다.

```
In [67]: # add the two Series. This only results in three items being aligned
         s_eastern + s_mountain

Out[67]: 2014-08-01 04:00:00+00:00     NaN
         2014-08-01 05:00:00+00:00     NaN
         2014-08-01 06:00:00+00:00     2.0
         2014-08-01 07:00:00+00:00     4.0
         2014-08-01 08:00:00+00:00     6.0
         2014-08-01 09:00:00+00:00     NaN
         2014-08-01 10:00:00+00:00     NaN
         Freq: H, dtype: float64
```

일단 시간대가 지정된 객체는 .tz.convert( ) 메소드를 사용해 다른 시간대로 변환할 수 있다.

```
In [68]: # convert s1 from US/Eastern to US/Pacific
         s_pacific = s_eastern.tz_convert("US/Pacific")
         s_pacific

Out[68]: 2014-07-31 21:00:00-07:00    0
         2014-07-31 22:00:00-07:00    1
         2014-07-31 23:00:00-07:00    2
         2014-08-01 00:00:00-07:00    3
         2014-08-01 01:00:00-07:00    4
         Freq: H, dtype: int64
```

s_pacific과 s_mountain을 더해도 시간대를 기준으로 정렬되므로 이전과 동일한 결과를 볼 수 있다.

```
In [69]: # this will be the same result as s_eastern + s_mountain
         # as the timezones still get aligned to be the same
         s_mountain + s_pacific

Out[69]: 2014-08-01 04:00:00+00:00    NaN
         2014-08-01 05:00:00+00:00    NaN
         2014-08-01 06:00:00+00:00    2.0
         2014-08-01 07:00:00+00:00    4.0
         2014-08-01 08:00:00+00:00    6.0
         2014-08-01 09:00:00+00:00    NaN
         2014-08-01 10:00:00+00:00    NaN
         Freq: H, dtype: float64
```

## 시계열 데이터 조작

이제 시계열 데이터에 수행할 수 있는 다양한 일반적인 작업들을 시험해볼 것이다. 여기에는 데이터의 재정렬, 표본과 그 값들의 빈도 변환, 시간 변화에 따른 값들의 움직임을 알아내기 위해 서브셋을 이동시킨 집계 결과를 계산하는 등의 일이 포함된다.

### 시프팅과 래깅

시계열 데이터를 다룰 때의 일반적인 작업 중 하나는 시간을 따라 값을 앞이나 뒤로 이동시키는 일이다. 이를 위해 pandas는 .shift() 메소드를 제공한다. 이 메소드는 Series나 DataFrame의 값을 지정한 수만큼의 인덱스 빈도 단위로 시프팅[shifting]한다.

시프팅을 해보기 위해 다음과 같은 Series를 만들자. 이 Series는 5개의 값을 가지며, 2014-08-01부터 하루 단위로 진행되는 인덱스로 돼 있다.

```
In [70]: # create a Series to work with
         np.random.seed(123456)
         ts = Series([1, 2, 2.5, 1.5, 0.5],
                     pd.date_range('2014-08-01', periods=5))
         ts

Out[70]: 2014-08-01    1.0
         2014-08-02    2.0
         2014-08-03    2.5
         2014-08-04    1.5
         2014-08-05    0.5
         Freq: D, dtype: float64
```

다음은 이 Series의 값을 하루만큼 시프팅하는 예다.

```
In [71]: # shift forward one day
         ts.shift(1)

Out[71]: 2014-08-01    NaN
         2014-08-02    1.0
         2014-08-03    2.0
         2014-08-04    2.5
         2014-08-05    1.5
         Freq: D, dtype: float64
```

pandas는 인덱스 빈도의 한 단위(하루)만큼 값을 앞으로(시간의 진행 방향) 이동시켰다. 인덱스 자체는 변경되지 않으며, 2014-08-01에는 대체될 데이터가 없으므로 NaN이 할당됐다.

래깅lagging은 시프팅의 역방향으로 이동하는 것을 말한다. 다음은 이 Series의 데이터를 이틀만큼 래깅하는 예다.

```
In [72]: # lag two days
         ts.shift(-2)

Out[72]: 2014-08-01    2.5
         2014-08-02    1.5
         2014-08-03    0.5
         2014-08-04    NaN
         2014-08-05    NaN
         Freq: D, dtype: float64
```

2014-09-04와 2014-08-05에는 대체될 데이터가 없으므로 NaN이 채워졌다.

시프팅을 사용하는 흔한 작업 중 하나는 일별 변화율을 계산하는 일이다. 이는 Series의 값을 하루만큼 시프팅한 값으로 나눔으로써 계산할 수 있다.

```
In [73]: # calculate daily percentage change
         ts / ts.shift(1)

Out[73]: 2014-08-01         NaN
         2014-08-02    2.000000
         2014-08-03    1.250000
         2014-08-04    0.600000
         2014-08-05    0.333333
         Freq: D, dtype: float64
```

인덱스의 원래 빈도와는 다른 빈도로 시프팅을 수행할 수도 있다. 그럴 경우 인덱스는 바뀌지만 값은 그대로 유지된다. 예를 들어 다음은 1 영업일 기준으로 시프팅을 수행한 예다.

```
In [74]: # shift forward one business day
         ts.shift(1, freq="B")

Out[74]: 2014-08-04    1.0
         2014-08-04    2.0
         2014-08-04    2.5
         2014-08-05    1.5
         2014-08-06    0.5
         dtype: float64
```

또 다른 예로 다음과 같이 시간 단위로 시프팅하는 방법도 있다.

```
In [75]: # shift forward five hours
         ts.tshift(5, freq="H")

Out[75]: 2014-08-01 05:00:00    1.0
         2014-08-02 05:00:00    2.0
         2014-08-03 05:00:00    2.5
         2014-08-04 05:00:00    1.5
         2014-08-05 05:00:00    0.5
         Freq: D, dtype: float64
```

DateOffset을 사용해 시계열 데이터를 시프팅할 수도 있다. 다음은 이 Series를 0.5분만큼 시프팅한 예다.

```
In [76]: # shift using a DateOffset
         ts.shift(1, DateOffset(minutes=0.5))

Out[76]: 2014-08-01 00:00:30    1.0
         2014-08-02 00:00:30    2.0
         2014-08-03 00:00:30    2.5
         2014-08-04 00:00:30    1.5
         2014-08-05 00:00:30    0.5
         Freq: D, dtype: float64
```

.shift()의 대체 형태인 .tshift()라는 메소드도 있다. 이 메소드는 지정한 단위와 빈도(freq 파라미터)로 인덱스 레이블을 시프팅한다. 다음은 인덱스를 -1 시간만큼 조정하는 예다.

```
In [77]: # shift just the index values
         ts.tshift(-1, freq='H')

Out[77]: 2014-07-31 23:00:00    1.0
         2014-08-01 23:00:00    2.0
         2014-08-02 23:00:00    2.5
         2014-08-03 23:00:00    1.5
         2014-08-04 23:00:00    0.5
         Freq: D, dtype: float64
```

## 시계열 데이터의 빈도 변환

.asfreq() 메소드를 사용하면 시계열 객체의 빈도를 변환할 수 있다. 빈도 변환을 수행하면 새 DatetimeIndex를 갖는 새 Series가 만들어진다. 새 DatetimeIndex는 원래 Timestamp의 처음부터 끝까지 주어진 빈도로 진행되며, 값은 그에 맞게 새롭게 정렬된다.

다음은 2014년 8월부터 두 시간 간격으로 증가하는 데이터를 갖는 시계열 객체다.

```
In [78]: # create a Series of incremental values
         # index by hour through all of August 2014
         periods = 31 * 24
         hourly = Series(np.arange(0, periods),
                         pd.date_range('08-01-2014', freq="2H",
                                       periods = periods))
         hourly[:5]

Out[78]: 2014-08-01 00:00:00    0
         2014-08-01 02:00:00    1
         2014-08-01 04:00:00    2
         2014-08-01 06:00:00    3
         2014-08-01 08:00:00    4
         Freq: 2H, dtype: int64
```

이 시리즈를 .asfreq('D')를 사용해 일 단위의 빈도로 변환한 결과는 다음과 같다.

```
In [79]: # convert to daily frequency
         # many items will be dropped due to alignment
         daily = hourly.asfreq('D')
         daily[:5]

Out[79]: 2014-08-01     0
         2014-08-02    12
         2014-08-03    24
         2014-08-04    36
         2014-08-05    48
         Freq: D, dtype: int64
```

원래의 두 시간 단위로부터 일 단위로 데이터가 정렬되면서 날짜에 일치하는 값만 복사됐음을 알 수 있다.

이를 다시 시간 단위로 변환하면 이제는 다음과 같이 많은 NaN 값을 보게 된다.

```
In [80]: # convert back to hourly.  Results in many NaNs
         # as the new index has many labels that do not
         # align from the source
         daily.asfreq('H')

Out[80]: 2014-08-01 00:00:00      0.0
         2014-08-01 01:00:00      NaN
         2014-08-01 02:00:00      NaN
         2014-08-01 03:00:00      NaN
         2014-08-01 04:00:00      NaN
                                 ...
         2014-09-30 20:00:00      NaN
         2014-09-30 21:00:00      NaN
         2014-09-30 22:00:00      NaN
         2014-09-30 23:00:00      NaN
         2014-10-01 00:00:00    732.0
         Freq: H, Length: 1465, dtype: float64
```

새로운 인덱스는 시간 단위의 인터벌을 갖는 Timestamp 객체이므로, 일 단위 데이터에 맞는 타임스탬프를 제외한 670개 아이템에 NaN 값이 할당됐다.

NaN으로 채워지는 일이 싫다면 .asfreq( ) 메소드의 method 파라미터를 이용해 정방향이나 역방향 채우기를 할 수 있다.

다음과 같이 method에 ffill(또는 pad)을 지정하면 알려진 마지막 값이 다음 결측 값에 채워진다.

```
In [81]: # forward fill values
         daily.asfreq('H', method='ffill')

Out[81]: 2014-08-01 00:00:00      0
         2014-08-01 01:00:00      0
         2014-08-01 02:00:00      0
         2014-08-01 03:00:00      0
         2014-08-01 04:00:00      0
                                ...
         2014-09-30 20:00:00    720
         2014-09-30 21:00:00    720
         2014-09-30 22:00:00    720
         2014-09-30 23:00:00    720
         2014-10-01 00:00:00    732
         Freq: H, Length: 1465, dtype: int64
```

다음과 같이 bfill(또는 backfill)을 사용하면 알려진 다음 값이 이전 결측 값에 채워진다.

```
In [82]: daily.asfreq('H', method='bfill')

Out[82]: 2014-08-01 00:00:00      0
         2014-08-01 01:00:00     12
         2014-08-01 02:00:00     12
         2014-08-01 03:00:00     12
         2014-08-01 04:00:00     12
                                ...
         2014-09-30 20:00:00    732
         2014-09-30 21:00:00    732
         2014-09-30 22:00:00    732
         2014-09-30 23:00:00    732
         2014-10-01 00:00:00    732
         Freq: H, Length: 1465, dtype: int64
```

## 업샘플링과 다운샘플링

빈도 변환은 시계열 객체의 인덱스를 다른 빈도로 바꾸는 기본적인 방법이다. 그러나 앞서 봤듯 정렬 과정을 통해 많은 수의 NaN이 발생할 수도 있다. 이는 method 파라미터를 통해 불완전하게 해결할 수는 있으나, 적합한 데이터를 채우는 데에는 한계가 있다.

반면에 재표집의 경우엔 정렬을 수행하지 않는다. 새 시리즈에 할당되는 값을 위해 여전히 정방향이나 역방향 채우기를 사용할 수 있으나, 그에 더해 pandas가 제공하는 알고리즘이나 심지어 커스텀 함수까지도 사용할 수 있다.

재표집을 시험해보기 위해 다음과 같이 5일짜리 랜덤워크 시리즈 하나를 만들자.

```
In [83]: # calculate a random walk five days long at one second intervals
         # this many items will be needed
         count = 24 * 60 * 60 * 5
         # create a series of values
         np.random.seed(123456)
         values = np.random.randn(count)
         ws = pd.Series(values)
         # calculate the walk
         walk = ws.cumsum()
         # patch the index
         walk.index = pd.date_range('2014-08-01', periods=count, freq="S")
         walk

Out[83]: 2014-08-01 00:00:00      0.469112
         2014-08-01 00:00:01      0.186249
         2014-08-01 00:00:02     -1.322810
         2014-08-01 00:00:03     -2.458442
         2014-08-01 00:00:04     -1.246330
                                    ...
         2014-08-05 23:59:55    456.529763
         2014-08-05 23:59:56    456.052131
         2014-08-05 23:59:57    455.202981
         2014-08-05 23:59:58    454.947362
         2014-08-05 23:59:59    456.191430
         Freq: S, Length: 432000, dtype: float64
```

재표집은 .resample() 메소드에 새 빈도를 전달해 수행한다. 다음은 앞의 초당 데이터를 분당 데이터로 재표집하는 예다. 이와 같이 더 적은 수의 빈도와 값을 갖게 되는 표집 방법을 다운샘플링downsampling이라고 한다.

```
In [84]: # resample to minute intervals
         walk.resample("1Min").mean()

Out[84]: 2014-08-01 00:00:00     -8.718220
         2014-08-01 00:01:00    -15.239213
         2014-08-01 00:02:00     -9.179315
         2014-08-01 00:03:00     -8.338307
         2014-08-01 00:04:00     -8.129554
                                    ...
         2014-08-05 23:55:00    453.773467
         2014-08-05 23:56:00    450.857039
         2014-08-05 23:57:00    450.078149
         2014-08-05 23:58:00    444.637806
         2014-08-05 23:59:00    453.837417
         Freq: T, Length: 7200, dtype: float64
```

원래 0.469112였던 첫 번째 값이 -8.718220으로 바뀌었음을 주목하자. 빈도 변환이었다면 이 값은 그대로 0.469112였을 테지만, 재표집에서는 정렬을 통한 데이터 복사를 하지 않는다. 재표집의 경우 새로운 기간을 기준으로 나눈 통에 해당 데이터를 담고, 각 통별로 데이터에 특정 연산(여기서는 평균)을 적용한다. 이는 다음과 같이 처음 1분간의 데이터를 슬라이싱해 평균을 구해보면 검증할 수 있다.

```
In [85]: # calculate the mean of the first minute of the walk
         walk['2014-08-01 00:00'].mean()

Out[85]: -8.718220052832644
```

이와 같이 기존 데이터가 새 인터벌을 기준으로 통에 담기는 다운샘플링의 경우 각 통의 양쪽 끝에 어떤 데이터가 있는지 궁금할 수 있다. 예를 들어 앞의 재표집 예제에서 첫 번째 인터벌은 2014-08-01 00:00:00부터 2014-08-01 00:00:59까지일까? 아니면 2014-07-31 23:59:01에 시작해 2014-08-01 00:00:00에 끝나는 걸까?

기본적으로는 전자가 맞으며, 이를 왼쪽 닫힘left close이라고 한다. 이와 달리 왼쪽 값을 제외하고 오른쪽 값을 포함시키는 오른쪽 닫힘right close은 close='right' 파라미터를 사용해 적용할 수 있다. 다음은 오른쪽 닫힘을 적용한 예며, 인터벌과 그 값이 살짝 달라졌음을 주목하기 바란다.

```
In [86]: # use a right close
         walk.resample("1Min", closed='right').mean()

Out[86]: 2014-07-31 23:59:00      0.469112
         2014-08-01 00:00:00     -8.907477
         2014-08-01 00:01:00    -15.280685
         2014-08-01 00:02:00     -9.083865
         2014-08-01 00:03:00     -8.285550
                                   ...
         2014-08-05 23:55:00    453.726168
         2014-08-05 23:56:00    450.849039
         2014-08-05 23:57:00    450.039159
         2014-08-05 23:58:00    444.631719
         2014-08-05 23:59:00    453.955377
         Freq: T, Length: 7201, dtype: float64
```

왼쪽 닫힘과 오른쪽 닫힘의 선택은 전적으로 데이터 모델링을 하는 사람의 판단에 달렸으며, pandas는 두 옵션 모두를 지원할 뿐이다.

앞서 했던 평균 계산은 pandas가 제공하는 함수 중 하나에 불과하다. 다음은 각 통의 첫 번째 값을 가져오는 예다.

```
In [87]: # resample to 1 minute
         walk.resample("1Min").first()

Out[87]: 2014-08-01 00:00:00      0.469112
         2014-08-01 00:01:00    -10.886314
         2014-08-01 00:02:00    -13.374656
         2014-08-01 00:03:00     -7.647693
         2014-08-01 00:04:00     -4.482292
                                   ...
         2014-08-05 23:55:00    452.900335
         2014-08-05 23:56:00    450.062374
         2014-08-05 23:57:00    449.582419
         2014-08-05 23:58:00    447.243014
         2014-08-05 23:59:00    446.877810
         Freq: T, Length: 7200, dtype: float64
```

업샘플링upsampling을 해보기 위해 다음과 같이 재표집해 초 단위 데이터로 다시 돌아가 보자.

```
In [88]: # resample to 1 minute intervales, then back to 1 sec
         bymin = walk.resample("1Min").mean()
         bymin.resample('S').mean()

Out[88]: 2014-08-01 00:00:00     -8.718220
         2014-08-01 00:00:01           NaN
         2014-08-01 00:00:02           NaN
         2014-08-01 00:00:03           NaN
         2014-08-01 00:00:04           NaN
                                   ...
         2014-08-05 23:58:56           NaN
         2014-08-05 23:58:57           NaN
         2014-08-05 23:58:58           NaN
         2014-08-05 23:58:59           NaN
         2014-08-05 23:59:00    453.837417
         Freq: S, Length: 431941, dtype: float64
```

이 업샘플링으로 초당 인덱스가 생성됐으나 기본적으로 NaN 값들이 채워졌다. 이 기본 동작은 `fill_method` 파라미터를 사용해 바꿀 수 있으며, 앞서 빈도 변환에서 정방향과 역방향 채우기를 했던 방법과 동일하다. 또한 재표집에서는 다음과 같은 방법으로 채우기를 할 수 있다.

```
In [89]: # resample to 1 second intervales using forward fill
         bymin.resample("S").bfill()

Out[89]: 2014-08-01 00:00:00     -8.718220
         2014-08-01 00:00:01    -15.239213
         2014-08-01 00:00:02    -15.239213
         2014-08-01 00:00:03    -15.239213
         2014-08-01 00:00:04    -15.239213
                                   ...
         2014-08-05 23:58:56    453.837417
         2014-08-05 23:58:57    453.837417
         2014-08-05 23:58:58    453.837417
         2014-08-05 23:58:59    453.837417
         2014-08-05 23:59:00    453.837417
         Freq: S, Length: 431941, dtype: float64
```

.interpolate() 메소드를 사용하면 보간법을 사용해 결측 값을 채울 수 있다. 이 경우 재표집 과정에서 선형 보간법으로 계산해 NaN 값을 채운다.

```
In [90]: # demonstate interoplating the NaN values
         interpolated = bymin.resample("S").interpolate()
         interpolated

Out[90]: 2014-08-01 00:00:00     -8.718220
         2014-08-01 00:00:01     -8.826903
         2014-08-01 00:00:02     -8.935586
         2014-08-01 00:00:03     -9.044270
         2014-08-01 00:00:04     -9.152953
                                   ...
         2014-08-05 23:58:56    453.224110
         2014-08-05 23:58:57    453.377437
         2014-08-05 23:58:58    453.530764
         2014-08-05 23:58:59    453.684090
         2014-08-05 23:59:00    453.837417
         Freq: S, Length: 431941, dtype: float64
```

pandas는 또한 시가[open], 고가[high], 저가[low], 종가[close], 즉 줄여서 OHLC를 보여주는 .ohlc()라는 매우 편리한 메소드도 제공한다. 다음은 초당 데이터를 받아 시간당 ohlc 값을 확인하는 예다.

```
In [91]: # show ohlc resampling
         ohlc = walk.resample("H").ohlc()
         ohlc

Out[91]:                            open        high         low  \
         2014-08-01 00:00:00    0.469112    0.469112  -67.873166
         2014-08-01 01:00:00   -3.374321   23.793007  -56.585154
         2014-08-01 02:00:00  -54.276885    5.232441  -87.809456
         2014-08-01 03:00:00    0.260576   17.124638  -65.820652
         2014-08-01 04:00:00  -38.436581    3.537231 -109.805294
         ...                         ...         ...         ...
         2014-08-05 19:00:00  437.652077  550.408942  430.549178
         2014-08-05 20:00:00  496.539759  510.371745  456.365565
         2014-08-05 21:00:00  476.025498  506.952877  425.472410
         2014-08-05 22:00:00  497.941355  506.599652  411.119919
         2014-08-05 23:00:00  443.017962  489.083657  426.062444

                                   close
         2014-08-01 00:00:00   -2.922520
         2014-08-01 01:00:00  -55.101543
         2014-08-01 02:00:00    1.913276
         2014-08-01 03:00:00  -38.530620
         2014-08-01 04:00:00  -61.014553
         ...                         ...
         2014-08-05 19:00:00  494.471788
         2014-08-05 20:00:00  476.505765
         2014-08-05 21:00:00  498.547578
         2014-08-05 22:00:00  443.925832
         2014-08-05 23:00:00  456.191430

         [120 rows x 4 columns]
```

## 시계열 데이터의 롤링 윈도우

pandas는 이동(롤링) 통계를 계산할 수 있는 다수의 함수를 제공한다. pandas는 특정 기간에 표현되는 데이터의 윈도우(구간)에 대한 통계를 계산한다. 그다음엔 윈도우가 지정된 간격에 맞춰 이동되고 그에 따른 통계가 계산되며, 이는 시계열의 전체 기간에 걸쳐 계속 된다.

pandas는 Series와 DataFrame 객체를 통해 .rolling() 메소드를 제공함으로써 롤링 윈도우를 직접 지원한다. .rolling()의 결과 값에는 각 윈도우에 대해 계산을 수행하는 다양한 메소드를 사용할 수 있다. 다음은 그런 메소드들의 목록이다.

| 메소드 | 설명 |
|---|---|
| .rolling().mean() | 윈도우 안에서의 평균 |
| .rolling().std() | 윈도우 안에서의 표준 편차 |
| .rolling().var() | 윈도우 안에서의 분산 |
| .rolling().min() | 윈도우 안에서의 최솟값 |
| .rolling().max() | 윈도우 안에서의 최댓값 |
| .rolling().cov() | 표본의 공분산 |
| .rolling().quantile() | 윈도우 안에서의 분위수 |
| .rolling().corr() | 표본의 상관계수 |
| .rolling().median() | 윈도우 안에서의 중위수 |
| .rolling().sum() | 윈도우 안에서의 값의 총합 |
| .rolling().apply() | 사용자 함수 적용 |
| .rolling().count() | NaN이 아닌 숫자의 개수 |
| .rolling().skew() | 윈도우 안의 비대칭도 |
| .rolling().kurt() | 윈도우 안의 첨도 |

이동 평균은 데이터의 단기 변동성은 평활화시키고 장기적인 추세를 부각시킬 목적으로 금융 데이터의 시계열 분석에서 매우 자주 사용된다. 다음은 크기가 5인 윈도우로 처음 1분간의 이동 평균을 계산하는 예다.

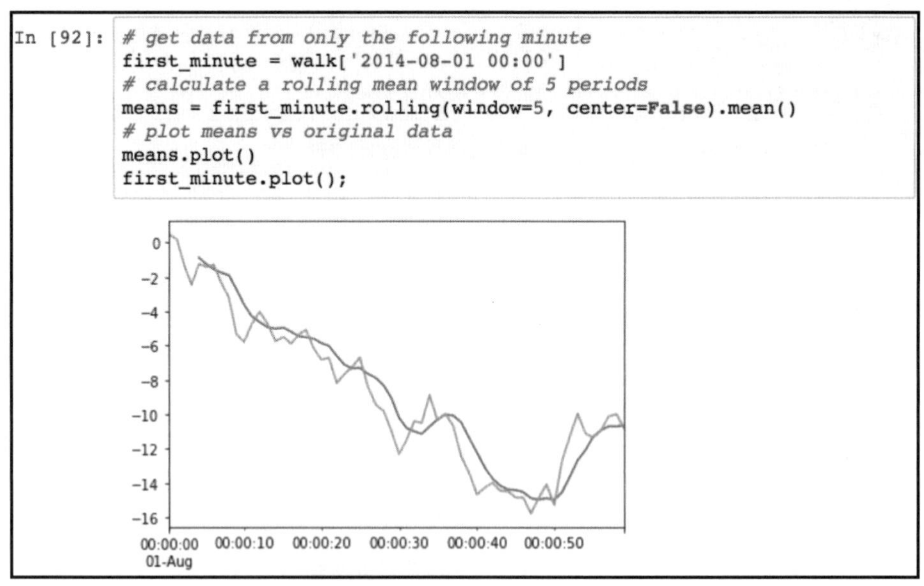

```
In [92]: # get data from only the following minute
         first_minute = walk['2014-08-01 00:00']
         # calculate a rolling mean window of 5 periods
         means = first_minute.rolling(window=5, center=False).mean()
         # plot means vs original data
         means.plot()
         first_minute.plot();
```

차트 생성 방법은 14장에서 다룬다.

.rolling().mean()이 어떻게 데이터를 평활화시켜 보여주는지 알 수 있다. 윈도우가 클수록 낮은 변동량을 보여주고, 윈도우가 작을수록 큰 변동량을 보여준다. 윈도우가 1이 되면 원래의 시리즈와 동일하게 된다.

다음은 윈도우 크기가 각각 2, 5, 10일 경우의 평균이 원래의 시리즈에 비해 어떻게 다른지를 보여주는 예다.

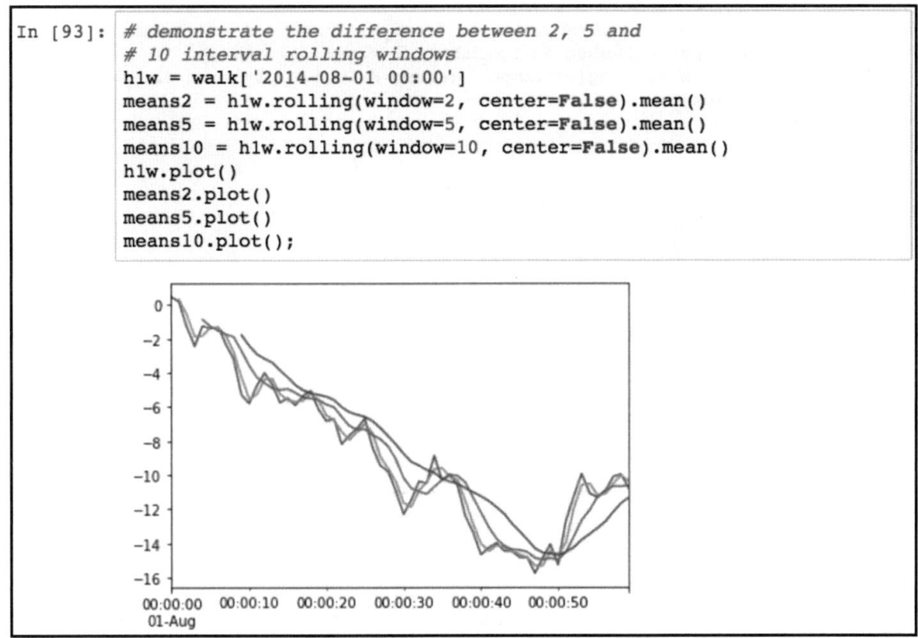

```
In [93]: # demonstrate the difference between 2, 5 and
         # 10 interval rolling windows
         h1w = walk['2014-08-01 00:00']
         means2 = h1w.rolling(window=2, center=False).mean()
         means5 = h1w.rolling(window=5, center=False).mean()
         means10 = h1w.rolling(window=10, center=False).mean()
         h1w.plot()
         means2.plot()
         means5.plot()
         means10.plot();
```



윈도우의 크기가 클수록 그래프 초반의 데이터가 더 많이 생략된다. n의 크기를 갖는 윈도우는 측정치 계산을 위해 n개의 데이터를 필요로 하는데, 그래프의 초반에는 그만큼의 데이터가 없기 때문이다.

`.rolling().apply()` 메소드를 사용하면 사용자 정의 함수를 롤링 윈도우에 적용할 수 있다. 적용할 함수는 윈도우에 배열 형태로 전달되며, 반드시 단일 값을 반환해야 한다. 그다음엔 pandas가 각 윈도우의 함수 결과를 조합해 시계열 데이터를 만든다.

다음은 전체 평균에 비해 표본 값들이 얼마나 떨어져 있는지를 보여주는 평균 편차mean average deviation를 계산하는 예다.

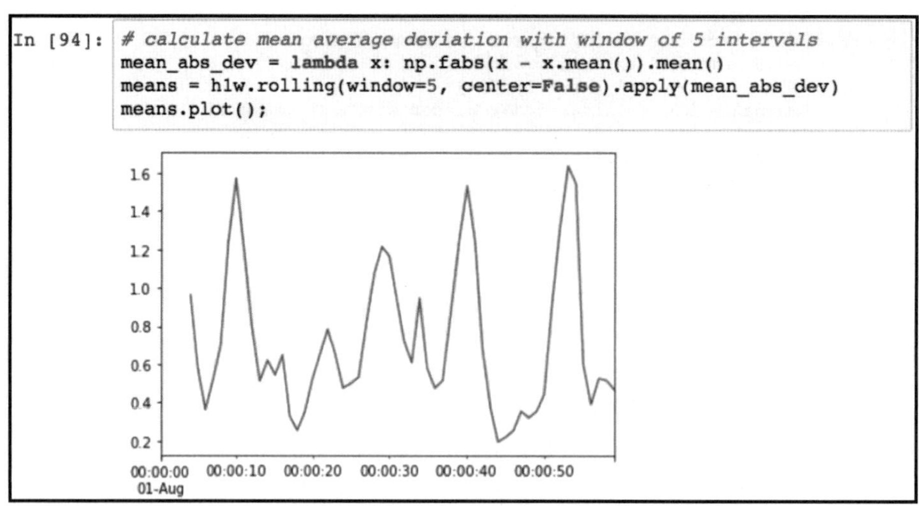


확장 윈도우expanding window 평균의 경우에는 pd.rolling_mean 함수를 살짝 변형시킨 방법을 사용한다. 원래 pd.rolling_mean 함수는 윈도우의 크기를 한 단위씩 늘리면서 항상 시계열 데이터의 첫 값을 포함하는 평균을 반복해 계산한다. 확장 윈도우는 크기가 커질수록 다음 값에 영향을 덜 주게 되므로 롤링 윈도우에 비해 더 안정적이다(즉, 덜 민감하다).

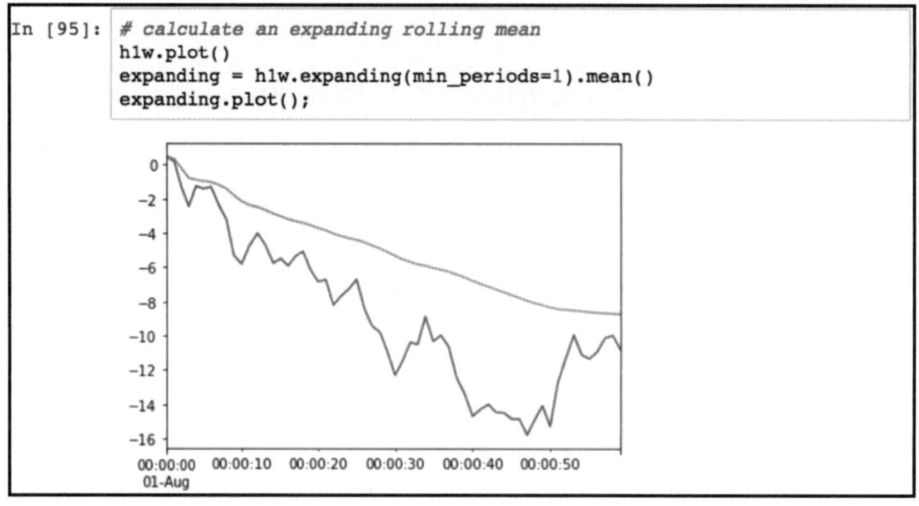

## 정리

13장에서는 특정 시점에 발생하는 이벤트를 표현하는 방법과 시간이 흐름에 따라 변하는 값을 모델링하는 다양한 방법을 알아봤다. 여기에는 pandas의 날짜와 시간 객체, 인터벌과 주기를 사용한 시간의 표현, 빈도 변환, 재표집, 롤링 윈도우 계산 등 시계열 데이터를 다루는 여러 기법이 포함된다.

14장과 15장에서는 pandas의 역학에서 벗어나 pandas를 데이터 시각화와 금융 데이터 분석에 응용하는 자세한 방법을 살펴본다.

# 14

# 시각화

데이터 분석에서 가장 중요한 분야 중 하나는 데이터의 기저에 깔린 의미를 직접적으로 보여주는 훌륭한 시각화visualization 작업에 있다. 데이터 시각화는 매우 효과적인 방법이다. 인간은 망막의 자극이 뇌에 전달될 때 즉시 해석해 정보의 의미를 파악할 수 있게 진화해 온 시각적인 동물이기 때문이다.

수년에 걸친 엄청난 연구의 결과로 데이터의 특정 패턴을 담을 수 있는 효과적인 시각화 기법들이 다수 개발됐다. 그런 패턴들은 시각화 라이브러리 안에 구현됐으며, pandas는 그런 라이브러리를 쉽게 활용할 수 있게 지원한다.

14장에서는 시각화와 관련된 다양한 기법들을 주로 matplotlib을 중심으로 설명하며, 일반적으로 사용되는 다양한 시각화 방법에 대해 알아본다. 이와 같은 내용을 세 단계로 나눠 진행할 예정인데, 우선 처음엔 시각화 프로그래밍의 일반 개념과 시계열 차트를 만드는 과정을 소개한다. 그러면서 축 레이블, 범례, 색상, 선 스타일, 마커를 만드는 등의 기법을 자세히 살펴본다.

두 번째 단계에서는 다음과 같이 pandas에서 자주 사용되는 데이터 시각화의 유형과 데이터 분석에 초점을 맞춘다.

- 막대그래프를 통한 상대 비교
- 히스토그램으로 데이터 분포 표현
- 박스-수염 그래프로 범주형 데이터의 분포 표현
- 영역 그래프로 누계 표현하기
- 산점도로 두 변수의 관계 표현하기
- 커널 밀도 추정 차트
- 산점도 행렬로 다중 변수의 상관관계 나타내기
- 히트맵으로 다중 변수의 관계 강도 나타내기

마지막 단계에서는 하나의 캔버스에 여러 영역으로 나눠 각 영역마다 개별로 차트를 렌더링함으로써 복합적인 차트를 만들어본다. 이는 서로 관계가 있는 데이터셋들을 시각적으로 한눈에 파악할 수 있게 해준다.

## pandas 설정

14장의 예제도 다음과 같이 표준적인 pandas 설정으로 준비하자. 이전과 다른 점 하나는 예제 전체에 걸쳐 사용될 `seedval`이라는 변수를 선언했다는 점이다.

```
In [1]: # import numpy and pandas
        import numpy as np
        import pandas as pd

        # used for dates
        import datetime
        from datetime import datetime, date

        # Set formattign options
        pd.set_option('display.notebook_repr_html', False)
        pd.set_option('display.max_columns', 7)
        pd.set_option('display.max_rows', 10)
        pd.set_option('display.width', 60)

        # bring in matplotlib for graphics
        import matplotlib.pyplot as plt
        %matplotlib inline

        # a common seed value for random number generation
        seedval = 111111
```

## 플로팅의 기본

pandas 자체는 데이터 시각화를 수행하지 않는다. 대신 pandas는 파이썬 생태계의 일부인 다른 강력한 시각화 라이브러리와 연계한다. 가장 흔히 연계하는 대상은 matplotlib이다. 따라서 14장에서도 matplotlib 예제를 사용할 것이다. 그러나 그 외의 다른 라이브러리도 스스로 시도해보기 바란다. 여기서는 그중 두 가지를 소개하고자 한다.

seaborn은 matplotlib를 기반으로 하는 또 다른 파이썬 시각화 라이브러리로, 매력적인 통계 그래프를 렌더링할 수 있는 고급 인터페이스를 제공한다. seaborn은 NumPy와 pandas의 데이터 구조를 자체적으로 지원한다. seaborn의 목표는 현실적이며 덜 과학적으로 보이는 matplotlib 그래프를 만드는 데 있다. seaborn에 대한 자세한 사항은 seaborn 홈페이지(http://seaborn.pydata.org)를 참고하기 바란다.

seaborn과 matplotlib은 데이터 렌더링에 있어서 특출하지만, 사용자와의 상호작용성은 다소 부족하다. 또한 둘 모두 주피터와 같은 툴을 통해 브라우저에서 그래프를 보여주지만, 렌더링 결과 자체는 DOM으로 이뤄지지 않아서 브라우저의 어떤 기능도 이용하기 어렵다.

브라우저에서의 렌더링을 도모하고 풍부한 상호작용성을 제공하기 위해 파이썬/pandas와 D3.js를 연동하는 다양한 라이브러리가 만들어졌다. D3.js는 문서를 조작하고 풍부한 상호작용이 가능한 데이터 시각화를 위한 자바스크립트 라이브러리다. 가장 인기 있는 라이브러리 중 하나로 mpld3가 있는데, 아쉽게도 이 책을 쓸 당시에는 파이썬 3.4까지만 지원하고 있다. D3.js와 mpld3에 대해서는 각각 https://d3js.org와 http://mpld3.github.io를 참고하기 바란다.

## 시계열 차트 만들기

가장 자주 사용하는 데이터 시각화의 대상은 시계열 데이터다. pandas에서 시계열의 시각화는 매우 쉬운데, 시계열 데이터를 모델링한 `DataFrame`이나 `Series`의 `.plot()` 메소드를 실행하기만 하면 된다.

다음은 마치 주식 차트와 비슷하게 시간의 흐름에 따른 랜덤워크를 나타내는 시계열 차트다.

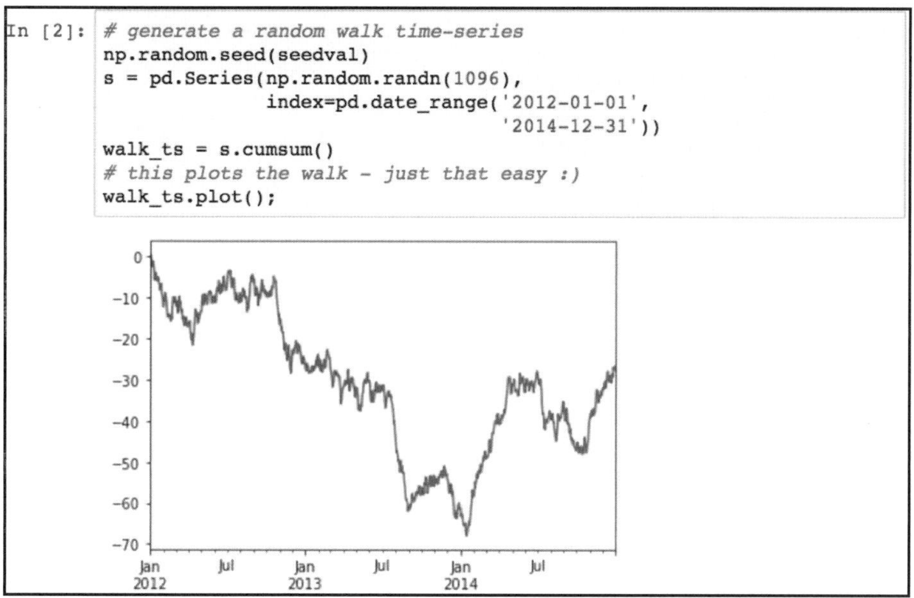


pandas 객체의 `.plot()` 메소드는 matplotlib `plot()`의 래퍼 함수다. 이는 기초 데이터의 다양한 시각화 방법을 구현한 함수로, 매우 쉽게 pandas 데이터를 플로팅plotting(차트 그리기) 해준다. 또한 시리즈 선택, 레이블링, 축 생성 등의 여러 세부적인 사항들을 처리한다.

앞의 예제에서 `.plot()`은 이 `Series`가 인덱스로 갖고 있는 날짜를 판별해 x축을 포맷한다. 또한 기본 색상도 선택한다.

시리즈 하나의 플로팅은 `DataFrame` 칼럼 하나의 렌더링과 동일한 결과를 낸다. 다음 코드는 범례legend가 추가된 것 외에는 앞의 예와 동일한 결과를 낸다. `DataFrame`으로부터 생성된 차트에는 기본적으로 범례가 포함된다.

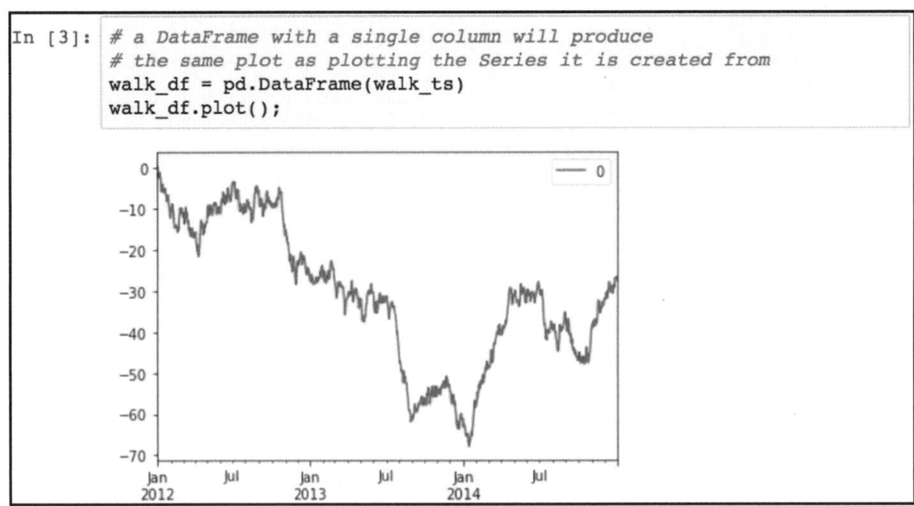

```
In [3]: # a DataFrame with a single column will produce
        # the same plot as plotting the Series it is created from
        walk_df = pd.DataFrame(walk_ts)
        walk_df.plot();
```



DataFrame의 칼럼이 여러 개라면 .plot()은 각 칼럼에 해당하는 범례를 추가하고 각 라인을 구분하기 위한 서로 다른 색상을 선택해 사용한다.

```
In [4]: # generate two random walks, one in each of
        # two columns in a DataFrame
        np.random.seed(seedval)
        df = pd.DataFrame(np.random.randn(1096, 2),
                          index=walk_ts.index, columns=list('AB'))
        walk_df = df.cumsum()
        walk_df.head()

Out[4]:
                   A         B
        2012-01-01  0.469112 -0.282863
        2012-01-02 -1.039946 -1.418496
        2012-01-03  0.172166 -1.591710
        2012-01-04  0.291375 -2.635946
        2012-01-05 -0.570474 -4.740516
```

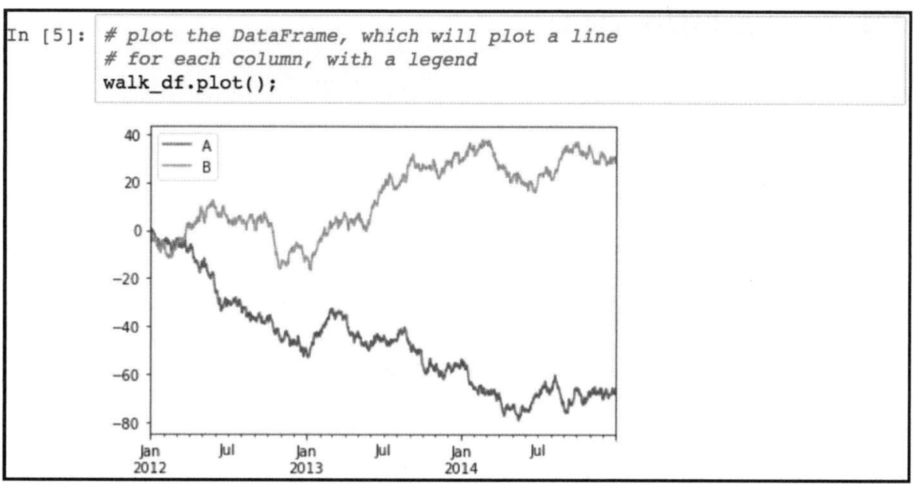


인덱스 레이블 대신 데이터 칼럼을 x축에 표시하고 싶다면 x 파라미터를 사용해 레이블로 표시할 칼럼명을 지정하면 된다. 그다음엔 데이터로 사용할 칼럼을 y 파라미터로 지정한다.

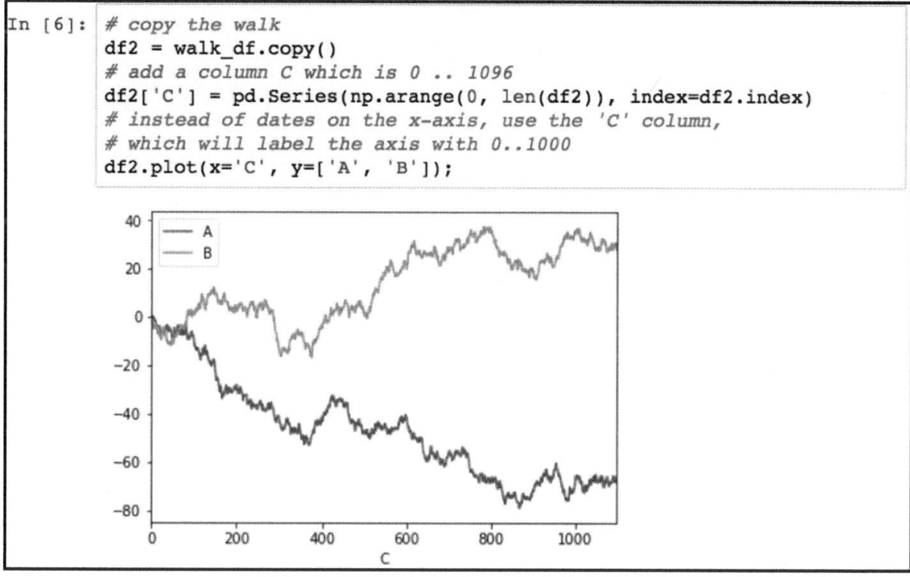

## 시계열 차트의 스타일링과 꾸미기

내장 .plot() 메소드는 차트의 콘텐츠를 변경할 수 있는 다양한 옵션을 제공한다. 그중 흔히 사용되는 몇 가지 옵션들을 알아보자.

### 제목의 추가와 축 레이블 변경

차트의 제목은 .plot() 메소드의 title 파라미터를 통해 설정한다. 그에 반해 축의 레이블은 .plot()을 호출한 이후에 직접적으로 plt.ylabel()과 plt.xlabel() 함수를 사용해 설정한다.

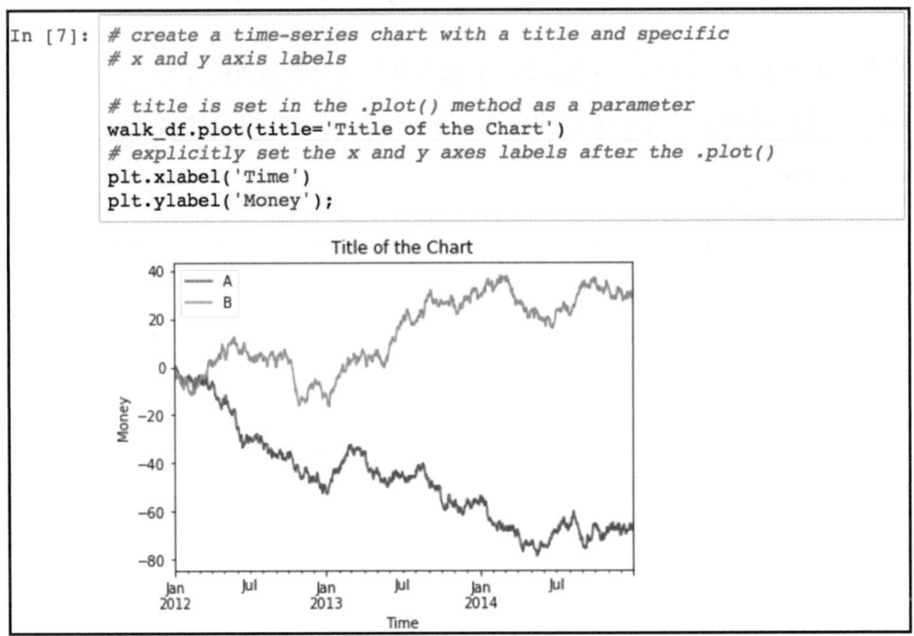

```
In [7]: # create a time-series chart with a title and specific
        # x and y axis labels

        # title is set in the .plot() method as a parameter
        walk_df.plot(title='Title of the Chart')
        # explicitly set the x and y axes labels after the .plot()
        plt.xlabel('Time')
        plt.ylabel('Money');
```



### 범례의 내용과 위치 지정

각 데이터 시리즈에 사용되는 범례의 텍스트를 바꾸고 싶다면(기본 값은 DataFrame의 칼럼명) .plot() 메소드로부터 반환받은 ax 객체의 .legend() 메소드를 이용하면 된다. 여기서 ax는 AxesSubplot 객체이며, 차트를 다양한 측면에서 변경시킬 수 있다.

```
In [8]: # change the legend items to be different
        # from the names of the columns in the DataFrame
        ax = walk_df.plot(title='Title of the Chart')
        # this sets the legend labels
        ax.legend(['1', '2']);
```

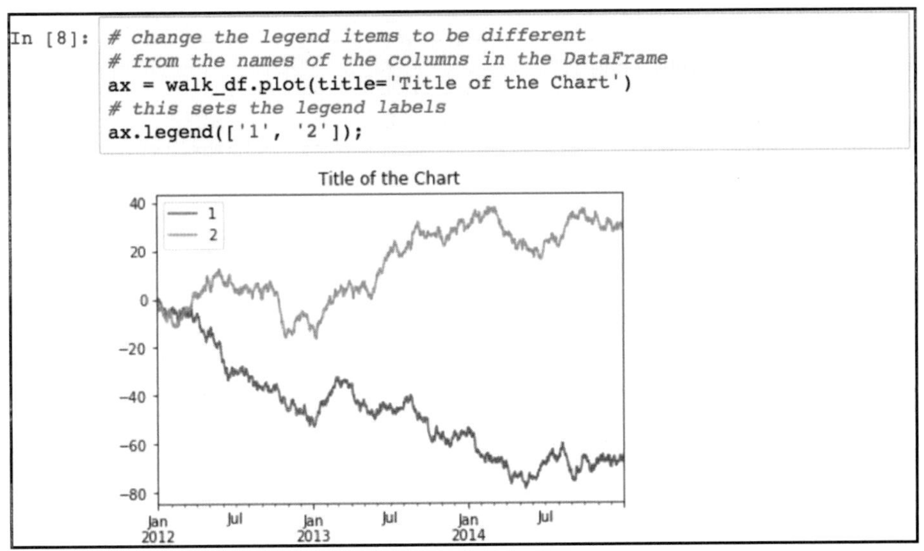


범례의 위치는 .legend( )의 loc 파라미터를 사용해 지정할 수 있다. 이 파라미터의 기본 값은 'best'인데, 이는 matplotlib이 데이터를 확인해 범례를 삽입할 최적의 위치를 결정한다는 의미다. 그 밖에도 다음과 같은 텍스트나 숫자 코드를 사용해 범례의 구체적인 위치를 직접 지정할 수 있다.

| 텍스트 | 코드 |
|---|---|
| 'best' | 0 |
| 'upper right' | 1 |
| 'upper left' | 2 |
| 'lower left' | 3 |
| 'lower right' | 4 |
| 'right' | 5 |

(이어짐)

| 텍스트 | 코드 |
|---|---|
| 'center left' | 6 |
| 'center right' | 7 |
| 'lower center' | 8 |
| 'upper center' | 9 |
| 'center' | 10 |

다음은 그래프의 상단 중앙에 범례를 위치시키도록 하는 예다.

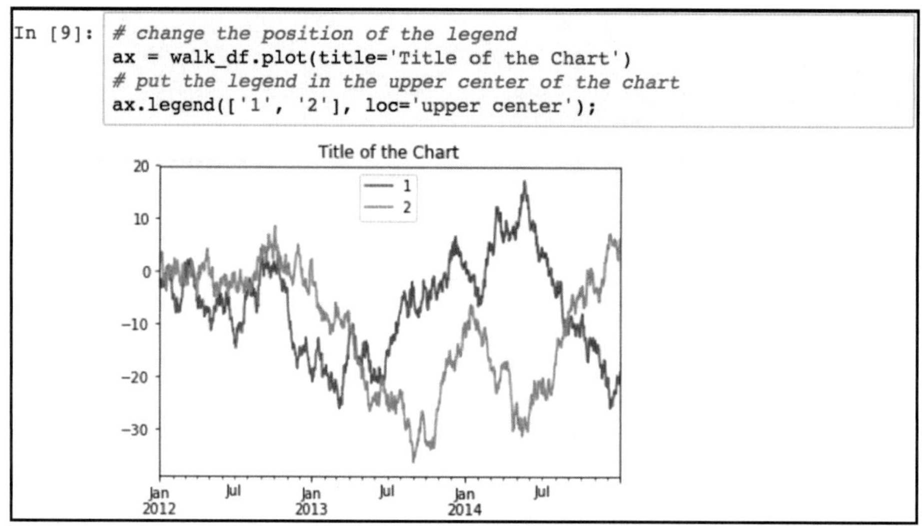

```
In [9]: # change the position of the legend
        ax = walk_df.plot(title='Title of the Chart')
        # put the legend in the upper center of the chart
        ax.legend(['1', '2'], loc='upper center');
```



범례를 포함시키지 않으려면 legend=False를 지정하면 된다.

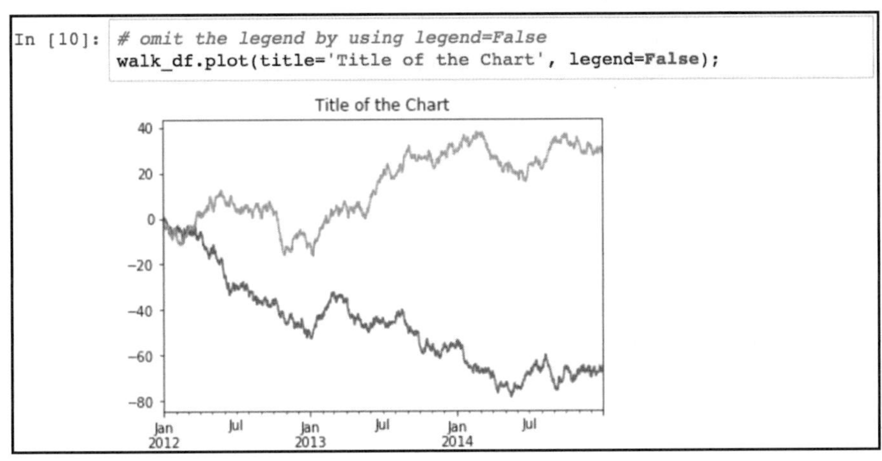


### 라인 색상, 스타일, 두께, 마커 지정

pandas는 차트 안의 각 시리즈의 색상을 자동으로 지정한다. 색상을 직접 지정하려면 `.plot()` 함수에 `style` 파라미터를 사용해 스타일 코드를 지정하면 된다. pandas는 한 글자로 된 색상 코드를 지원하며, 그중 일부는 다음과 같다.

- b: 파랑
- g: 초록
- r: 빨강
- c: 시안(옥색)
- m: 마젠타(자홍)
- y: 노랑
- k: 검정
- w: 하양

색상을 지정할 때 16진수 RGB 코드(#RRGGBB 포맷)를 사용할 수 있다. 다음은 첫 번째 시리즈에는 한 글자 코드로 초록을 지정하고, 두 번째 시리즈에는 16진수 RGB 코드로 빨강을 지정해본 예다.

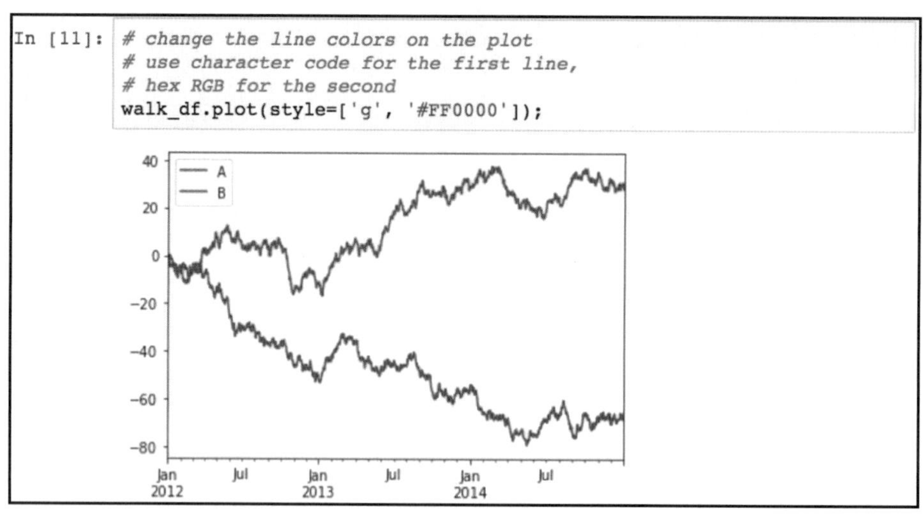


라인 스타일은 라인 스타일 코드를 사용해 지정한다. 이는 색상 코드의 바로 다음에 붙여서 조합된 형태로 사용할 수 있다. 다음은 라인 스타일 코드의 일부다.

- `'-'` = 실선Solid
- `'--'` = 파선Dashed
- `':'` = 점선Dotted
- `'-.'` = 일점 쇄선Dot-dashed
- `'.'` = 원형 점선Points

다음은 각각의 라인 스타일을 지정해 다섯 개의 시리즈를 그려본 예다.

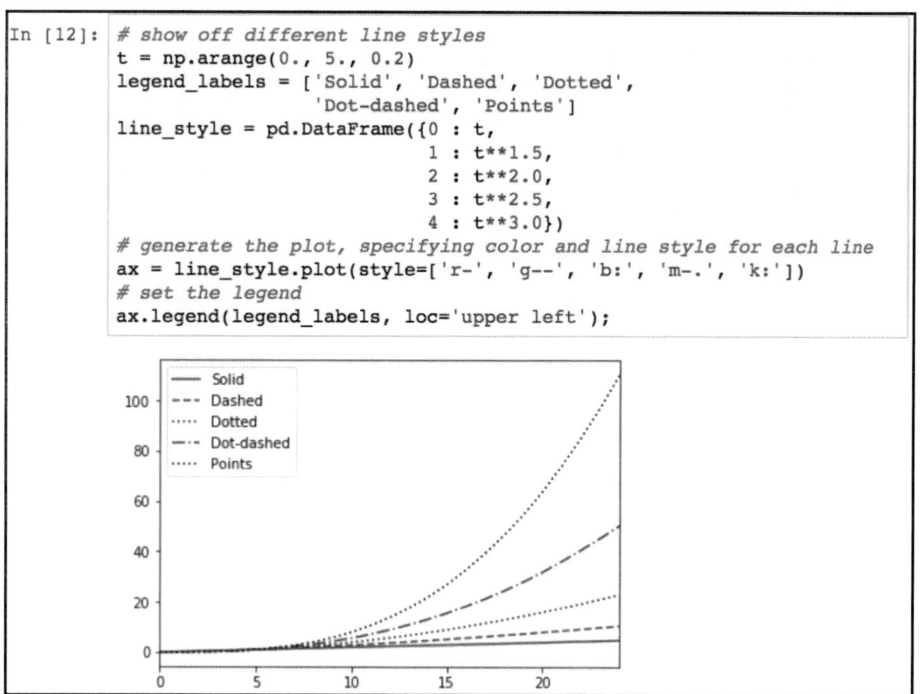

```
In [12]: # show off different line styles
         t = np.arange(0., 5., 0.2)
         legend_labels = ['Solid', 'Dashed', 'Dotted',
                          'Dot-dashed', 'Points']
         line_style = pd.DataFrame({0 : t,
                                    1 : t**1.5,
                                    2 : t**2.0,
                                    3 : t**2.5,
                                    4 : t**3.0})
         # generate the plot, specifying color and line style for each line
         ax = line_style.plot(style=['r-', 'g--', 'b:', 'm-.', 'k:'])
         # set the legend
         ax.legend(legend_labels, loc='upper left');
```



라인의 두께는 `lw` 파라미터를 사용해 지정한다. 이 파라미터에는 각 라인의 두께를 리스트로 지정하거나, 혹은 모든 라인에 적용될 두께 하나를 지정할 수 있다. 다음은 두께 3을 지정해 모든 라인이 뚜렷하게 보이게 다시 그려본 예다.

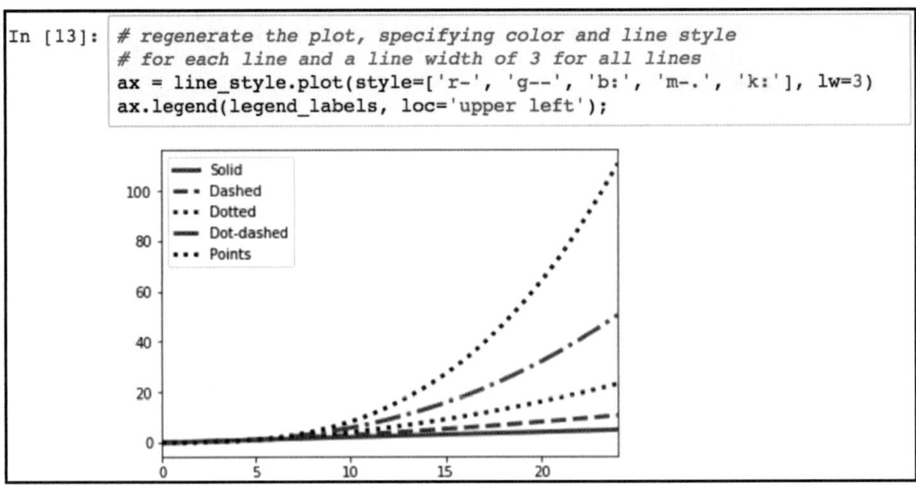


라인상에 찍는 마커 역시 스타일 코드를 사용하며, 이는 http://matplotlib.org/api/markers_api.html에서 확인할 수 있다. 다음은 서로 다른 다섯 개의 마커를 사용해 차트를 다시 그려본 예다.

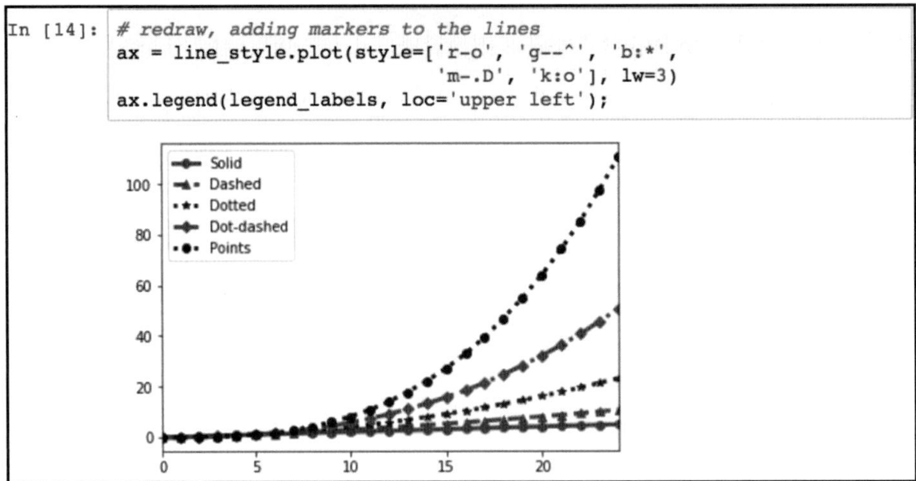

### 틱 마크 위치와 틱 레이블 지정

pandas의 다양한 함수를 사용해 틱[tick] 마크의 위치와 렌더링을 커스터마이징할 수 있다. 지금부터 값과 렌더링을 조정할 수 있는 여러 예제를 살펴보자.

pandas가 레이블의 위치를 결정하는 값은 `plt.xticks()` 함수를 사용해 알아낼 수 있다. 이 함수는 두 개의 값을 반환한다. 하나는 각 틱의 값이며, 다른 하나는 실제 레이블을 나타내는 객체다.

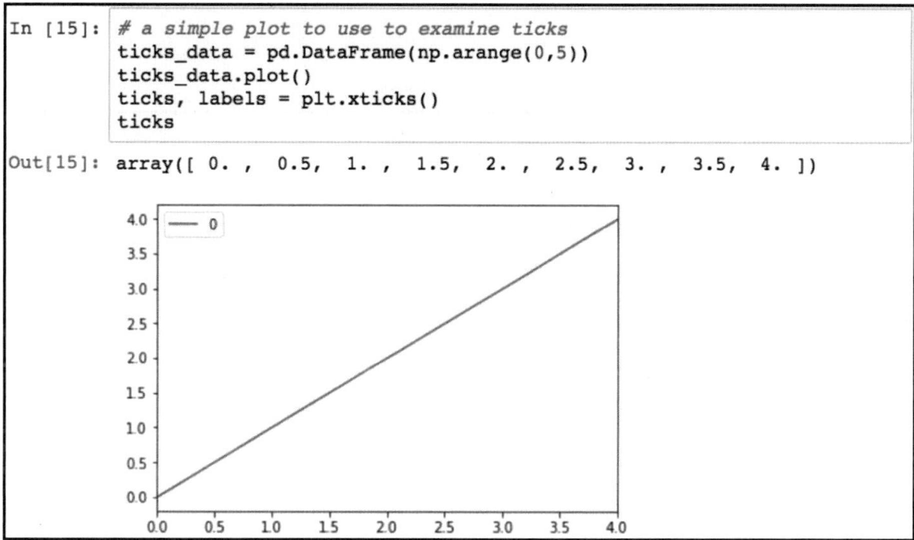


이 틱의 배열에는 x축에 따른 실제 데이터 단위의 틱 위치가 포함된다. 여기서는 pandas가 0부터 4까지의 범위에서 0.5의 인터벌이 적절하다고 판단했다.

다른 위치를 사용하고 싶다면 그 위치 리스트를 `plt.xticks()`에 전달하면 된다. 그러면 축의 영역이 변경되고 불필요한 레이블이 제거된다.

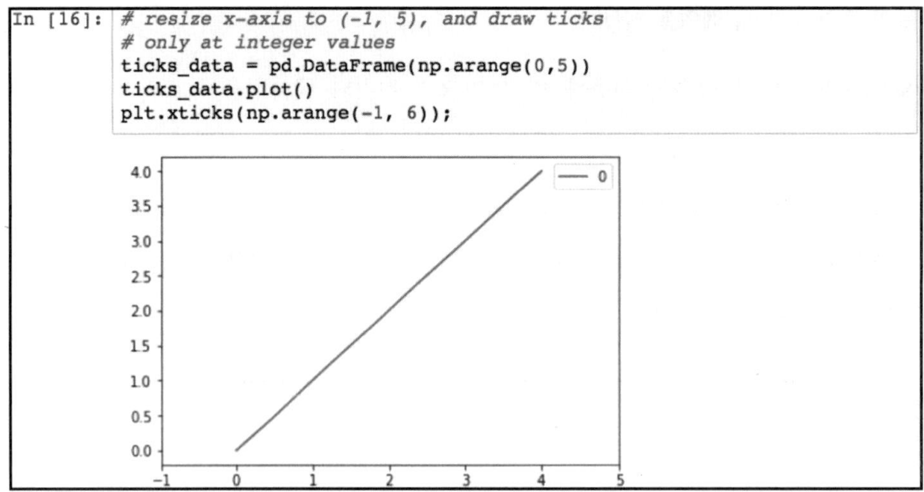


각 틱 위치의 레이블은 두 번째 파라미터로 전달해 지정할 수 있다. 다음은 y축의 틱 레이블을 알파벳으로 변경해본 예다.

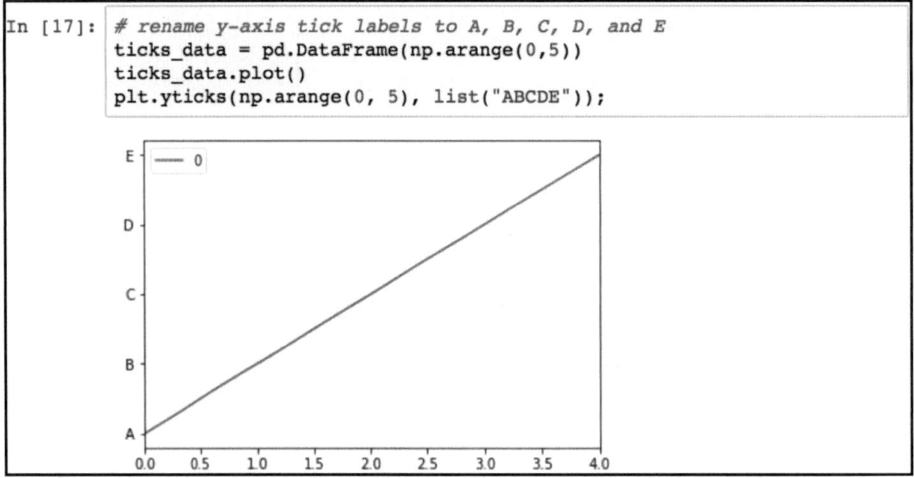

### 틱의 날짜 레이블 포맷팅

데이터 타입이 datetime인 축의 레이블은 로케이터[locator]와 포매터[formatter]를 사용해 포맷할 수 있다. 로케이터와 포매터는 각각 틱의 위치와 레이블의 포맷을 조정한다.

matplotlib은 이와 같은 작업을 위해 matplotlib.dates를 통해 다음과 같은 다양한 클래스를 제공한다.

- **MinuteLocator**, **HourLocator**, **DayLocator**, **WeekdayLocator**, **MonthLocator**, **YearLocator**: 축에 나타날 날짜 필드의 유형을 결정하는 로케이터다.
- **DateFormatter**: 날짜 객체를 축의 레이블로 포맷할 때 사용하는 포매터다.

기본 로케이터와 포매터는 각각 AutoDateLocator와 AutoDateFormatter 객체지만, 이는 다른 구현 객체를 지정해 변경할 수 있다.

실습을 위해 이전의 랜덤워크 예제로부터 2014년 1월부터 2월까지의 데이터 서브셋을 사용하자. 이를 플로팅한 결과는 다음과 같다.

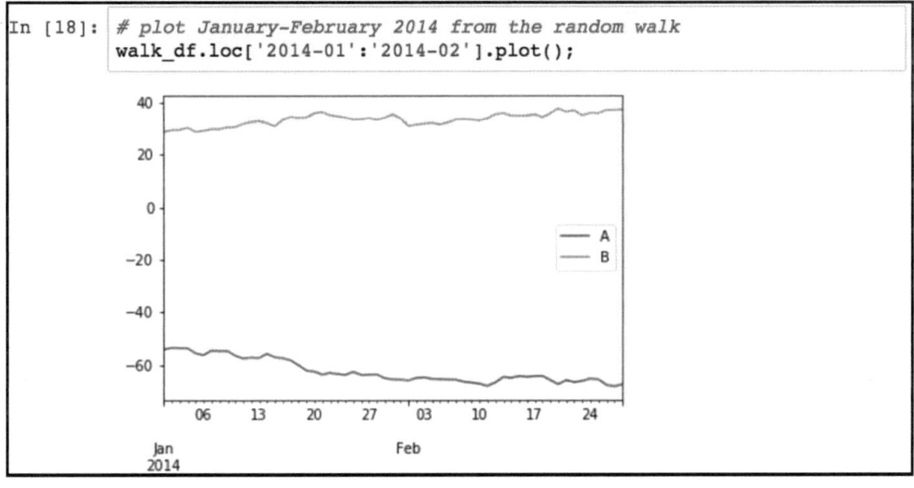


이 차트의 x축 레이블은 두 개의 시리즈로 돼 있는데, 이를 마이너[minor] 레이블과 메이

저major 레이블이라고 한다. 마이너 레이블은 날짜로 구성되고, 메이저 레이블은 연도(첫째 달에만 표시)와 월로 구성돼 있다. 여기에 로케이터와 포매터를 사용하면 마이너와 메이저 레이블의 값을 바꿀 수 있다.

이제 다음과 같이 매주 월요일부터 시작하며 날짜와 요일을 포함하게 마이너 레이블을 변경해보자. 또한 메이저 레이블은 매월 시작 위치에 표시되며, 항상 연도와 월 이름을 포함하게 만들자.

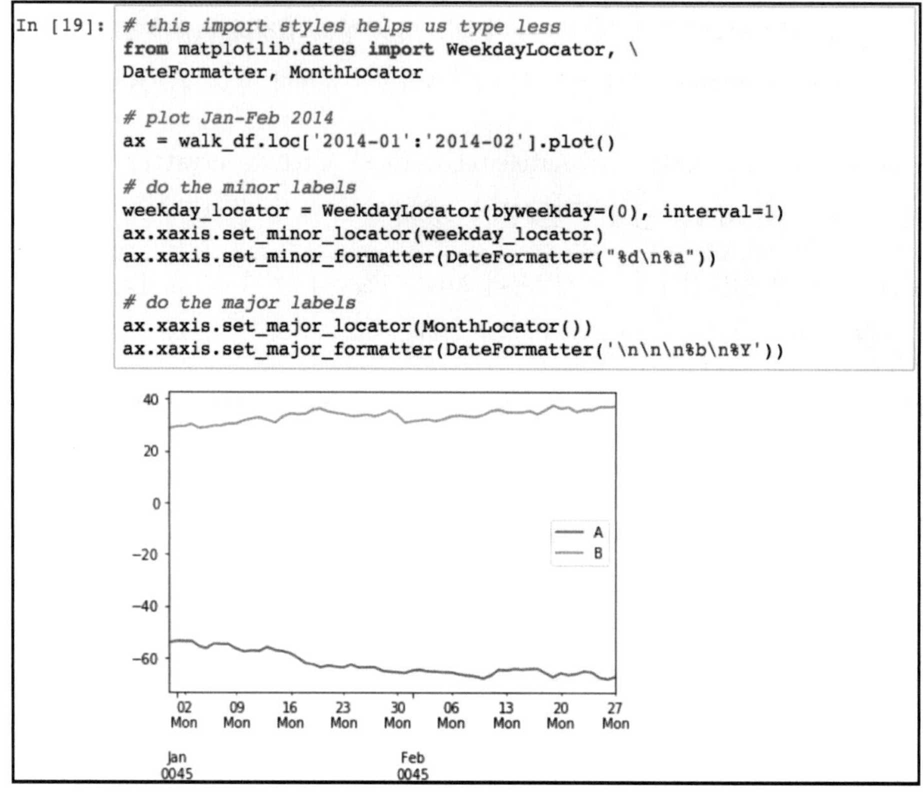

```
In [19]: # this import styles helps us type less
         from matplotlib.dates import WeekdayLocator, \
         DateFormatter, MonthLocator

         # plot Jan-Feb 2014
         ax = walk_df.loc['2014-01':'2014-02'].plot()

         # do the minor labels
         weekday_locator = WeekdayLocator(byweekday=(0), interval=1)
         ax.xaxis.set_minor_locator(weekday_locator)
         ax.xaxis.set_minor_formatter(DateFormatter("%d\n%a"))

         # do the major labels
         ax.xaxis.set_major_locator(MonthLocator())
         ax.xaxis.set_major_formatter(DateFormatter('\n\n\n%b\n%Y'))
```



거의 원하는 형태에 가까워졌다. 그러나 연도가 0045로 표시되는 점이 이상하다. 커스텀 날짜 기준으로 차트를 만들 때에는 pandas의 `.plot()` 사용을 피하고 `matplotlib`의 함수를 직접 사용해야 한다. 다행히 이는 별로 어렵지 않다. 다음과 같이 우리가 원하는 모습으로 렌더링되도록 예제 코드를 살짝 바꿔보자.

```
In [20]: # this gets around the pandas / matplotlib year issue
         # need to reference the subset twice, so let's make a variable
         walk_subset = walk_df['2014-01':'2014-02']

         # this gets the plot so we can use it, we can ignore fig
         fig, ax = plt.subplots()

         # inform matplotlib that we will use the following as dates
         # note we need to convert the index to a pydatetime series
         ax.plot_date(walk_subset.index.to_pydatetime(), walk_subset, '-')

         # do the minor labels
         weekday_locator = WeekdayLocator(byweekday=(0), interval=1)
         ax.xaxis.set_minor_locator(weekday_locator)
         ax.xaxis.set_minor_formatter(DateFormatter('%d\n%a'))

         # do the major labels
         ax.xaxis.set_major_locator(MonthLocator())
         ax.xaxis.set_major_formatter(DateFormatter('\n\n\n%b\n%Y'));
```

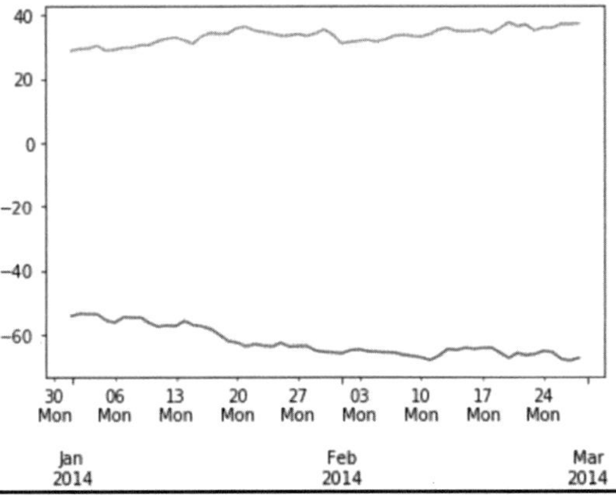

x축 객체의 .grid() 메소드를 사용하면 x축 틱을 위한 그리드 라인을 추가할 수 있다. 첫 번째 파라미터에는 그리드 라인의 여부를 True나 False로 지정한다. 두 번째 파라미터에는 그리드 라인을 적용할 마이너나 메이저 틱을 지정한다. 다음은 마이너 레이블에만 그리드 라인을 적용해 차트를 다시 그린 결과다.

```
In [21]: # this gets the plot so we can use it, we can ignore fig
         fig, ax = plt.subplots()

         # inform matplotlib that we will use the following as dates
         # note we need to convert the index to a pydatetime series
         ax.plot_date(walk_subset.index.to_pydatetime(), walk_subset, '-')

         # do the minor labels
         weekday_locator = WeekdayLocator(byweekday=(0), interval=1)
         ax.xaxis.set_minor_locator(weekday_locator)
         ax.xaxis.set_minor_formatter(DateFormatter('%d\n%a'))
         ax.xaxis.grid(True, "minor") # turn on minor tick grid lines
         ax.xaxis.grid(False, "major") # turn off major tick grid lines

         # do the major labels
         ax.xaxis.set_major_locator(MonthLocator())
         ax.xaxis.set_major_formatter(DateFormatter('\n\n\n%b\n%Y'));
```

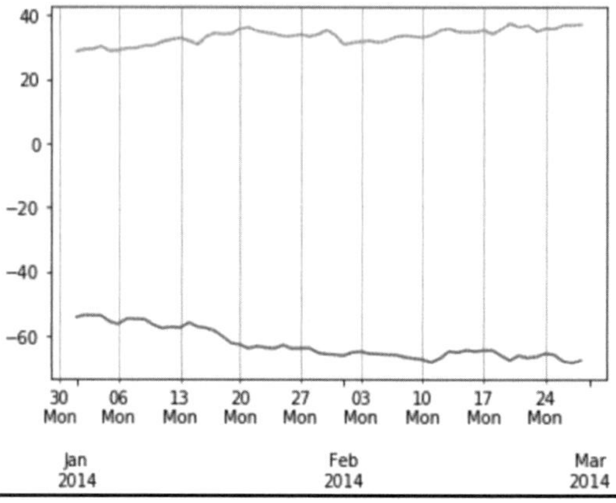

마지막으로 메이저 레이블을 YYYY-MM-DD 포맷을 사용해 주 단위로 표시하게 해보자. 그런데 이 포맷을 그대로 사용하면 레이블들이 서로 겹쳐서 표시될 것이다. 따라서 레이블들이 겹치지 않게 회전시킬 필요가 있으며, 이는 fig.autofmt_xdate( ) 함수를 사용해 가능하다.

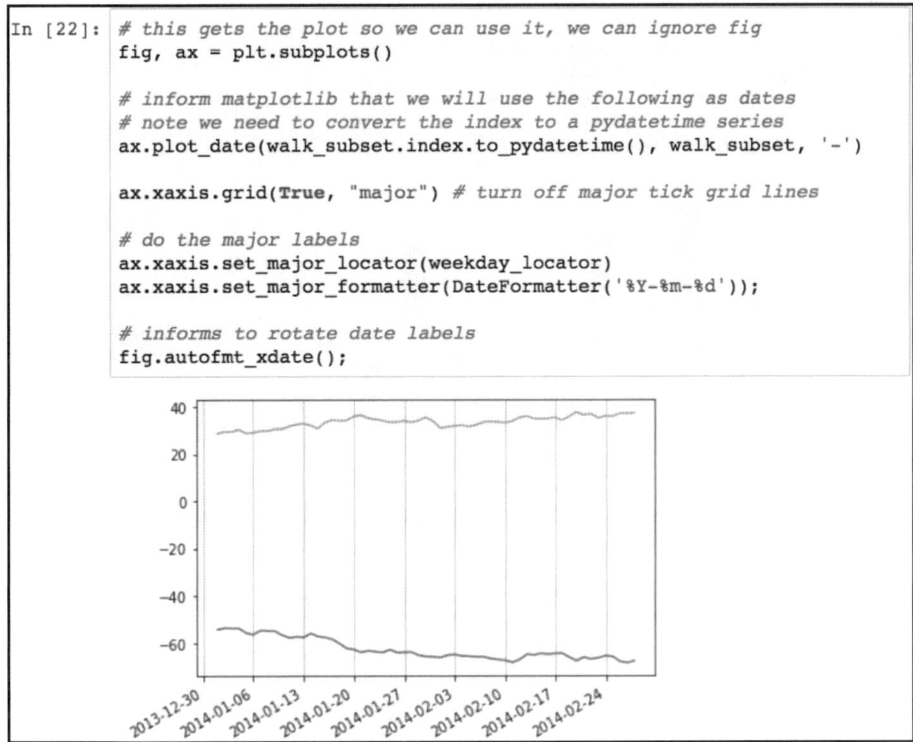

```
In [22]: # this gets the plot so we can use it, we can ignore fig
         fig, ax = plt.subplots()

         # inform matplotlib that we will use the following as dates
         # note we need to convert the index to a pydatetime series
         ax.plot_date(walk_subset.index.to_pydatetime(), walk_subset, '-')

         ax.xaxis.grid(True, "major") # turn off major tick grid lines

         # do the major labels
         ax.xaxis.set_major_locator(weekday_locator)
         ax.xaxis.set_major_formatter(DateFormatter('%Y-%m-%d'));

         # informs to rotate date labels
         fig.autofmt_xdate();
```



## 통계 분석에서 흔히 사용되는 차트

시계열 차트를 만들고, 꾸미고, 설명을 붙이는 방법을 배웠으니, 이제 통계 정보의 표현에 유용한 여러 차트들에 대해 알아보자.

### 막대그래프를 통한 상대 비교

막대그래프bar plot는 시계열이 아닌 데이터의 상대적 차이를 시각적으로 표현하기에 적당하다. 막대그래프는 .plot()의 kind='bar' 파라미터를 사용해 만들 수 있다.

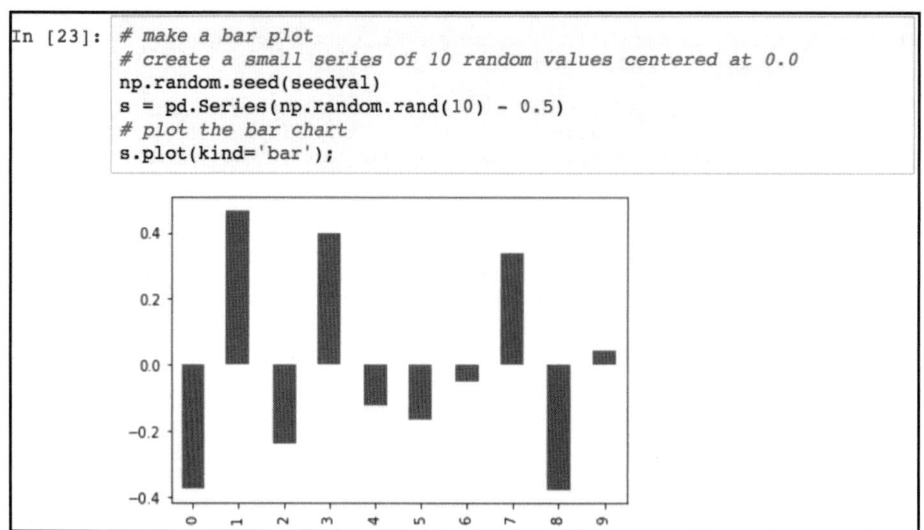

```
In [23]: # make a bar plot
         # create a small series of 10 random values centered at 0.0
         np.random.seed(seedval)
         s = pd.Series(np.random.rand(10) - 0.5)
         # plot the bar chart
         s.plot(kind='bar');
```

다중 막대그래프는 각 x축 레이블에서 복수의 값을 비교할 때 사용한다.

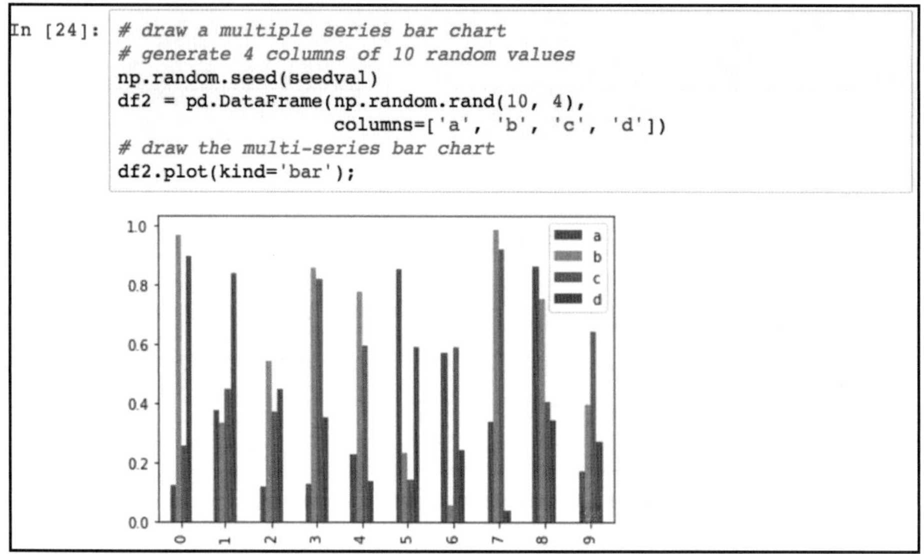

```
In [24]: # draw a multiple series bar chart
         # generate 4 columns of 10 random values
         np.random.seed(seedval)
         df2 = pd.DataFrame(np.random.rand(10, 4),
                            columns=['a', 'b', 'c', 'd'])
         # draw the multi-series bar chart
         df2.plot(kind='bar');
```

stacked=True 파라미터를 사용하면 막대가 옆으로 나란히 붙은(묶은) 형태가 아닌 위로 쌓인(누적) 형태의 막대그래프를 만들 수 있다.

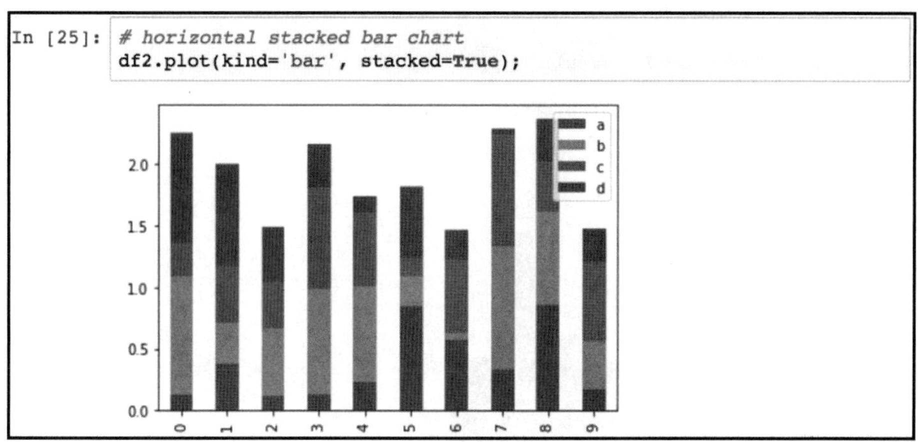


kind='barh'를 사용하면 막대그래프를 가로형으로 전환시킬 수 있다.

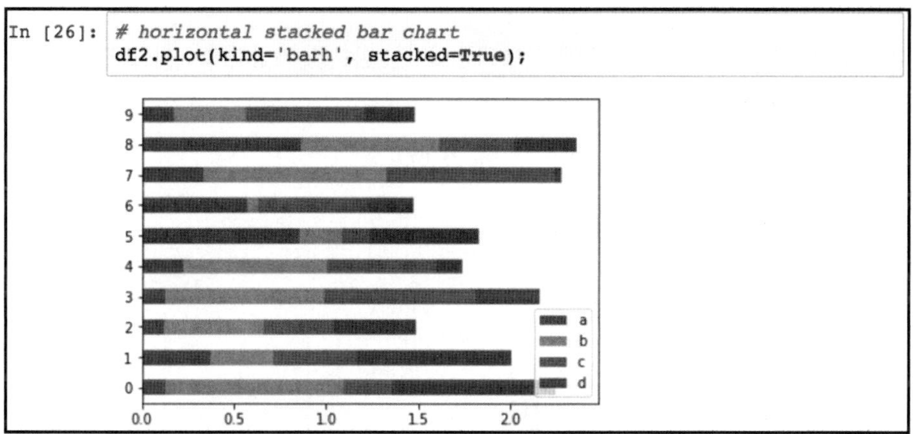


## 히스토그램으로 데이터 분포 표현

히스토그램은 데이터 분포의 시각화에 좋다. 다음은 정규 분포를 따르는 1,000개의 무작위 값을 히스토그램으로 표현한 예다.

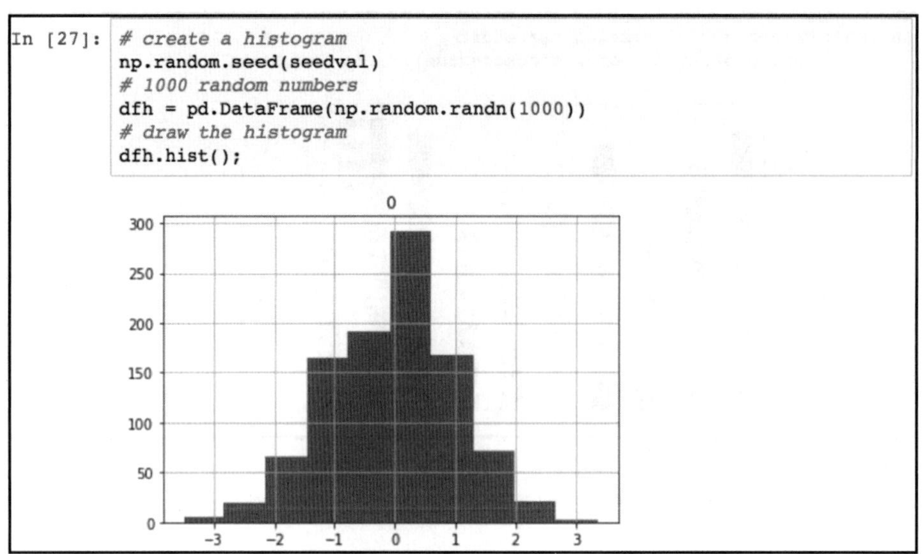


히스토그램의 해상도는 그래프에 할당되는 구간의 수를 지정함으로써 조정할 수 있다. 구간 수의 기본 값은 10이지만, 수를 더 늘릴수록 더 세밀한 히스토그램이 된다. 다음은 구간 수를 100으로 늘렸을 때의 결과다.

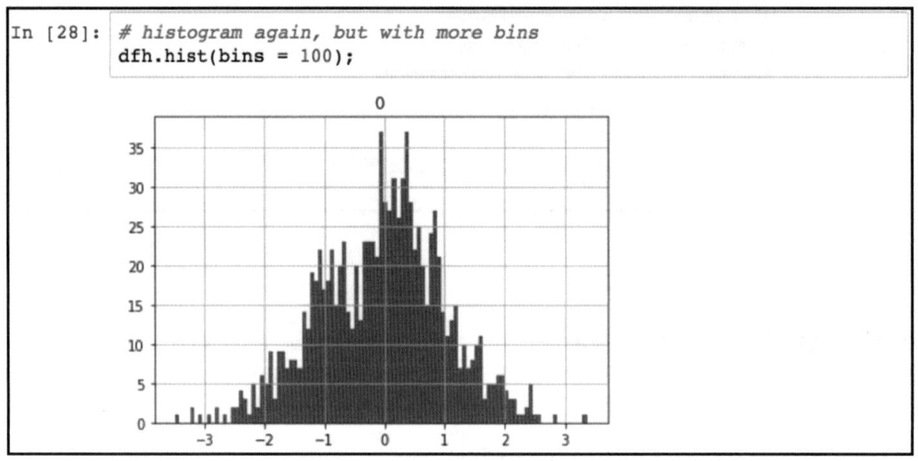


시리즈가 여럿일 경우엔 자동으로 각각의 히스토그램이 생성된다.

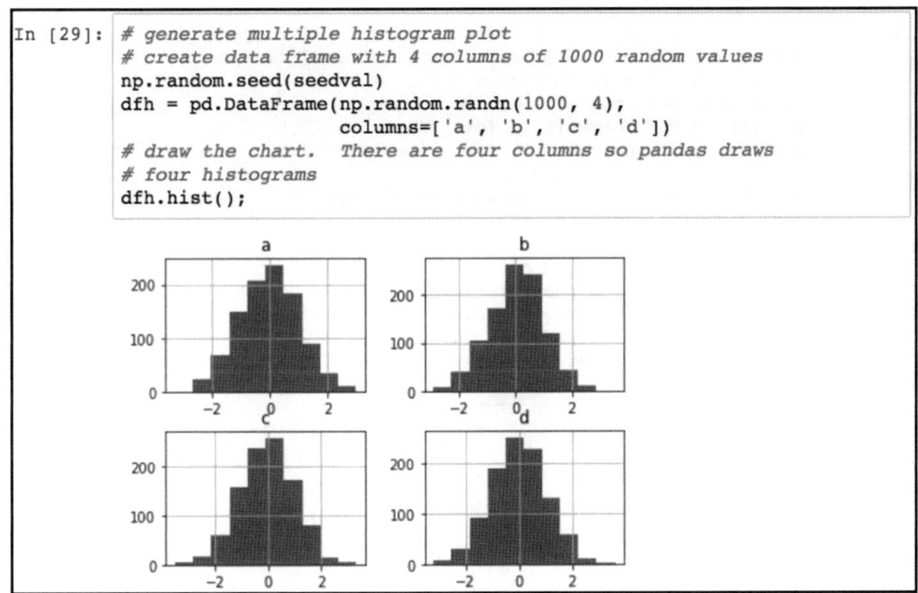

```
In [29]: # generate multiple histogram plot
         # create data frame with 4 columns of 1000 random values
         np.random.seed(seedval)
         dfh = pd.DataFrame(np.random.randn(1000, 4),
                            columns=['a', 'b', 'c', 'd'])
         # draw the chart.  There are four columns so pandas draws
         # four histograms
         dfh.hist();
```



각 분포의 차이를 시각적으로 빠르게 확인할 수 있게 이들 히스토그램을 겹쳐서 나타내려면 pyplot.hist() 함수를 호출하면 된다.

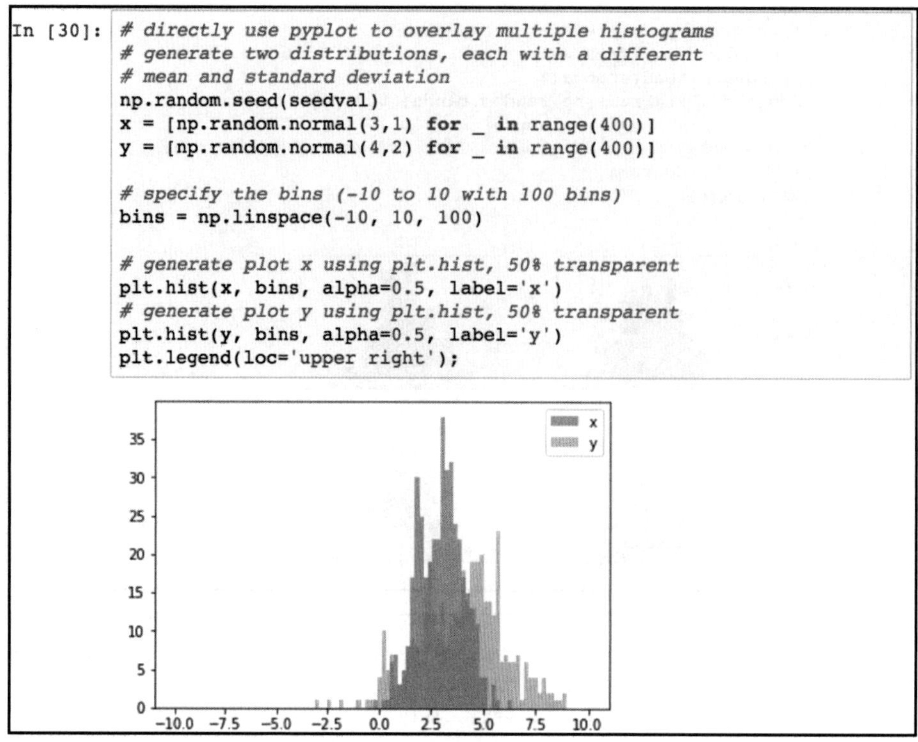

```
In [30]: # directly use pyplot to overlay multiple histograms
         # generate two distributions, each with a different
         # mean and standard deviation
         np.random.seed(seedval)
         x = [np.random.normal(3,1) for _ in range(400)]
         y = [np.random.normal(4,2) for _ in range(400)]

         # specify the bins (-10 to 10 with 100 bins)
         bins = np.linspace(-10, 10, 100)

         # generate plot x using plt.hist, 50% transparent
         plt.hist(x, bins, alpha=0.5, label='x')
         # generate plot y using plt.hist, 50% transparent
         plt.hist(y, bins, alpha=0.5, label='y')
         plt.legend(loc='upper right');
```



## 박스-수염 그래프로 범주형 데이터의 분포 표현

박스 그래프box plot는 기술 통계에서 비롯됐으며, 분위수를 사용해 범주형 데이터의 분포를 표현하기에 유용한 방법이다. 각 박스의 처음과 끝은 데이터의 첫 번째와 세 번째 분위수를 나타내며, 박스 중앙을 가로지르는 라인은 중위수를 나타낸다. 각 수염whisker은 박스의 양쪽 끝에서 시작해 5개 분위를 합한 전체 영역의 경계 지점까지 뻗치는 모습을 한다.

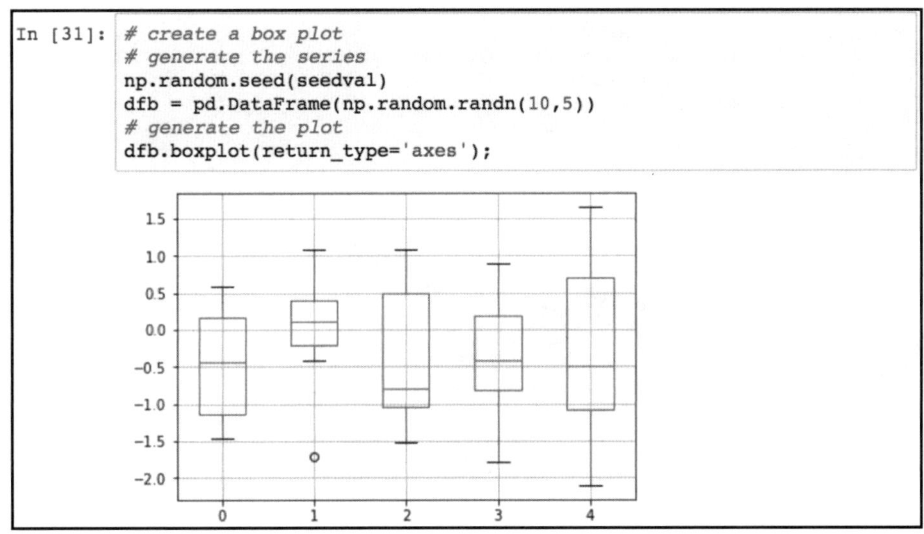

```
In [31]: # create a box plot
         # generate the series
         np.random.seed(seedval)
         dfb = pd.DataFrame(np.random.randn(10,5))
         # generate the plot
         dfb.boxplot(return_type='axes');
```



## 영역 그래프로 누계 표현

영역 그래프area plot는 시간에 따른 누계와 상대적인 경향성의 변화를 표현한다. 또한 모든 변수의 총계를 쌓아서(누적형stacked) 보여주는 일도 가능하다.

영역 그래프는 `kind='area'`를 지정해 만들 수 있으며, 기본 값은 누적형이다.

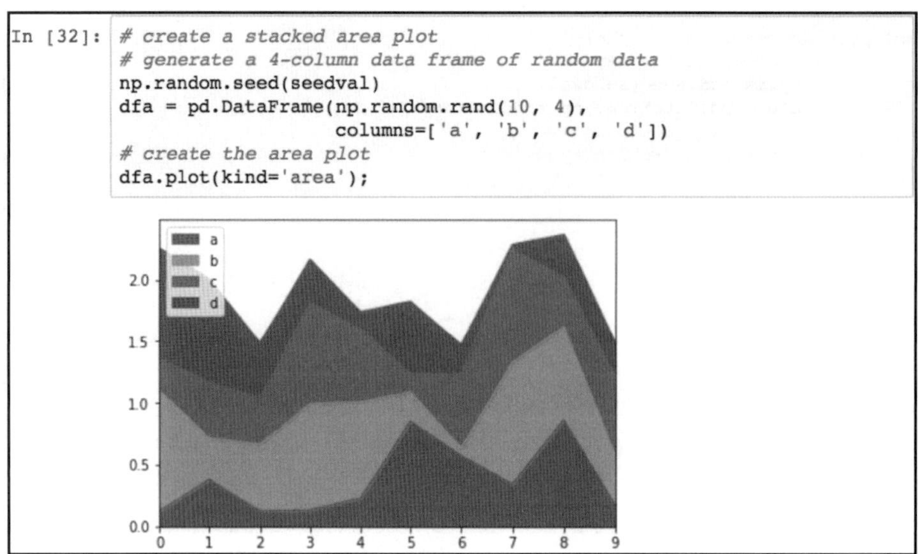


stacked=False를 사용하면 누적형이 아닌 중첩형 영역 그래프를 볼 수 있다.

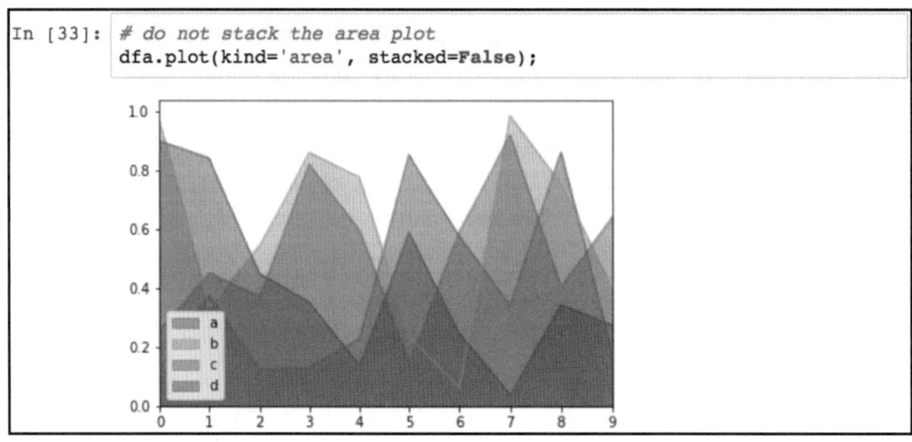


중첩형의 경우 기본 알파값alpha value(투명도)이 0.5이므로 여러 시리즈가 겹쳐진 모습을 볼 수 있다.

## 산점도로 두 변수의 관계 표현

산점도scatter plot는 두 변수의 상관관계를 시각적으로 보여준다. 산점도는 DataFrame의 .plot( ) 메소드에 kind='scatter'와 DataFrame의 두 칼럼을 각각 x와 y로 지정해 만들 수 있다.

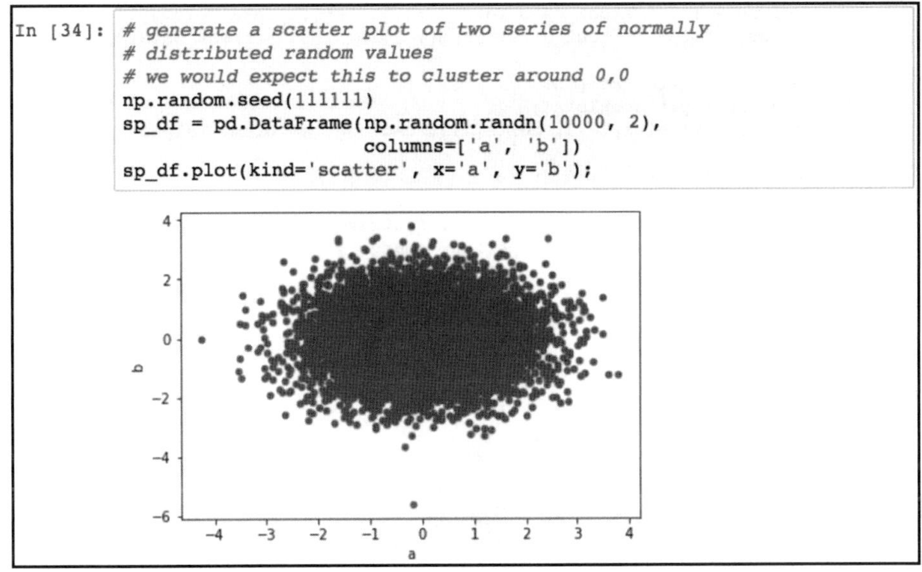

```
In [34]: # generate a scatter plot of two series of normally
         # distributed random values
         # we would expect this to cluster around 0,0
         np.random.seed(111111)
         sp_df = pd.DataFrame(np.random.randn(10000, 2),
                              columns=['a', 'b'])
         sp_df.plot(kind='scatter', x='a', y='b');
```



좀 더 정교한 산점도를 만들기 위해서는 matplotlib을 자세히 알아봐야 한다. 다음은 구글의 2016년 주식 데이터에서 일별 종가 기준의 변동율(델타)을 계산해서 거래량을 기준으로 서로 다른 크기의 비눗방울로 표시하는 코드다.

```
In [35]: import pandas_datareader as pdr
         # get Google stock data from 1/1/2011 to 12/31/2011
         start = datetime(2016, 1, 1)
         end = datetime(2016, 12, 31)
         stock_data = pdr.data.DataReader("MSFT", 'google', start, end)

         # % change per day
         delta = np.diff(stock_data["Close"])/stock_data["Close"][:-1]

         # this calculates size of markers
         volume = (15 * stock_data.Volume[:-2] / stock_data.Volume[0])**2
         close = 0.003 * stock_data.Close[:-2] / 0.003 * stock_data.Open[:-2]

         # generate scatter plot
         fig, ax = plt.subplots()
         ax.scatter(delta[:-1], delta[1:], c=close, s=volume, alpha=0.5)

         # add some labels and style
         ax.set_xlabel(r'$\Delta_i$', fontsize=20)
         ax.set_ylabel(r'$\Delta_{i+1}$', fontsize=20)
         ax.set_title('Volume and percent change')
         ax.grid(True);
```

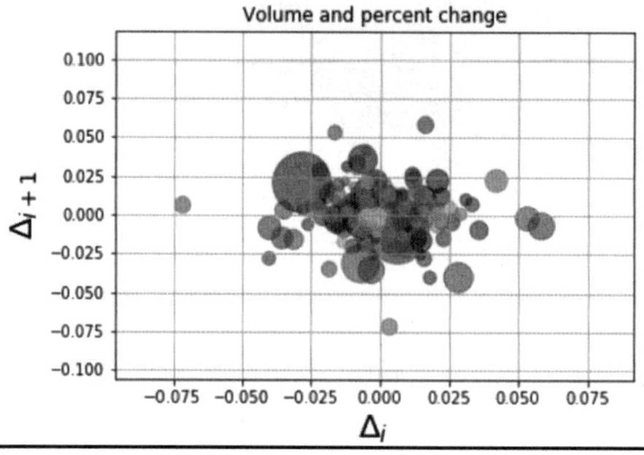

Volume and percent change

x축과 y축의 레이블을 보면 수학에서의 델타 기호로 돼 있음을 알 수 있다. 이런 멋진 수학적 표기는 matplotlib의 내장 LaTeX 파서와 레이아웃 엔진 덕분이다.

## 커널 밀도 추정 차트

커널 밀도 추정[KDE, kernel density estimation]은 데이터의 실제 분포를 추정하기 위해 데이터를 매끄럽고 연속적인 차트로 표현하는 방법을 말한다. 커널 밀도 추정 차트는 .plot()

메소드에 kind='kde'를 전달해 만들 수 있다. 다음은 히스토그램으로 표현한 정규 분포에 KDE를 겹쳐 표현한 예다.

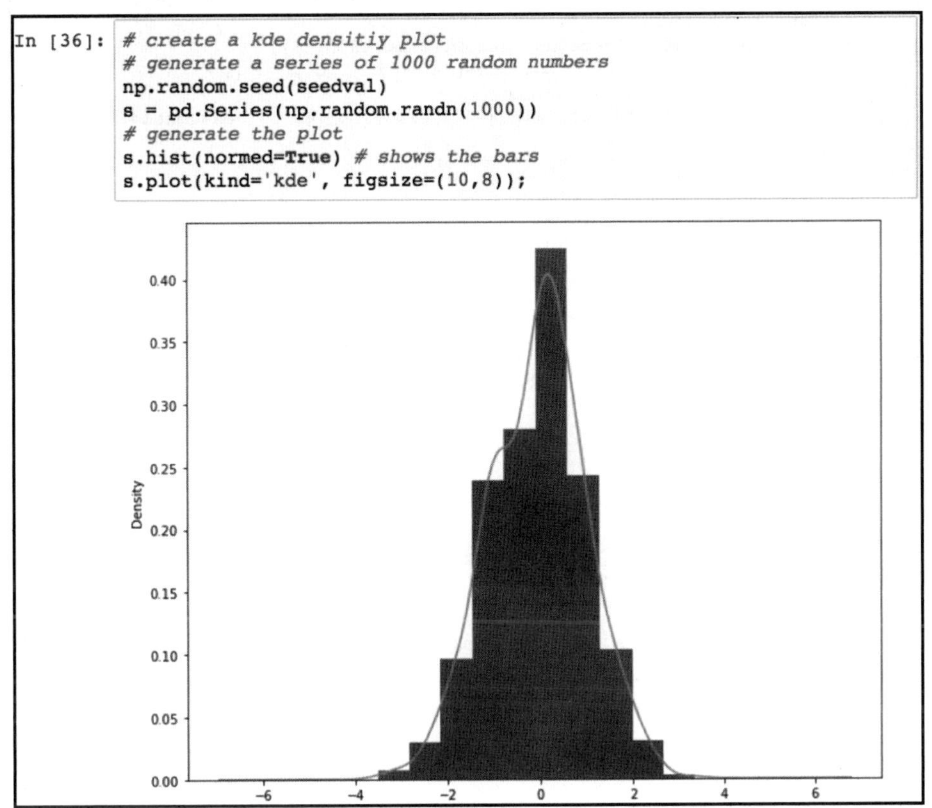


## 산점도 행렬로 다중 변수의 상관관계 나타내기

산점도 행렬scatter plot matrix은 다중 변수 사이의 선형 상관관계 여부를 판단하기 위한 일반적인 방법이다. 다음은 무작위 값으로 이뤄진 각 변수 조합의 산점도와 대각선을 따라 각 변수의 KDE 그래프를 렌더링하는 산점도 행렬의 예다.

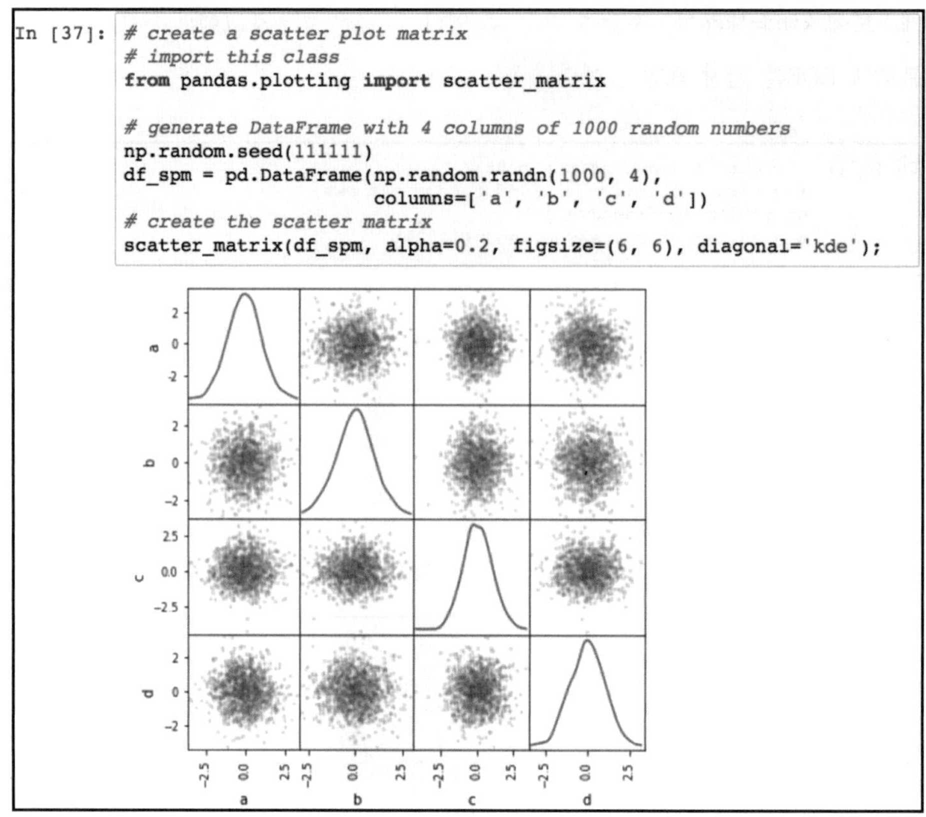

```
In [37]: # create a scatter plot matrix
         # import this class
         from pandas.plotting import scatter_matrix

         # generate DataFrame with 4 columns of 1000 random numbers
         np.random.seed(111111)
         df_spm = pd.DataFrame(np.random.randn(1000, 4),
                               columns=['a', 'b', 'c', 'd'])
         # create the scatter matrix
         scatter_matrix(df_spm, alpha=0.2, figsize=(6, 6), diagonal='kde');
```



이와 같은 차트는 15장에서 여러 주식 사이의 상관관계를 계산해 표현할 때 다시 보게 될 것이다.

## 히트맵으로 다중 변수의 관계 강도 나타내기

히트맵heatmap은 행렬 안의 모든 데이터가 색으로 표현되는 차트로, 교집합에서의 측정치를 통해 두 변수의 관계를 보여주는 효과적인 방법이다.

일반적인 시나리오는 행렬 안의 값을 0.0에서 1.0까지 정규화하고, 로우와 칼럼의 교차 영역이 두 변수의 상관관계를 나타내게 하는 것이다. 상관관계가 낮을수록(0.0에 가까울수록) 어둡게 표시되고, 상관관계가 높을수록(1.0에 가까울수록) 밝게 표시된다.

히트맵은 matplotlib의 .imshow() 함수를 사용해 쉽게 만들 수 있다.

```
In [38]: # create a heatmap
         # start with data for the heatmap
         s = pd.Series([0.0, 0.1, 0.2, 0.3, 0.4],
                       ['V', 'W', 'X', 'Y', 'Z'])
         heatmap_data = pd.DataFrame({'A' : s + 0.0,
                                      'B' : s + 0.1,
                                      'C' : s + 0.2,
                                      'D' : s + 0.3,
                                      'E' : s + 0.4,
                                      'F' : s + 0.5,
                                      'G' : s + 0.6
                                     })
         heatmap_data
```

Out[38]:

| | A | B | C | D | E | F | G |
|---|---|---|---|---|---|---|---|
| V | 0.0 | 0.1 | 0.2 | 0.3 | 0.4 | 0.5 | 0.6 |
| W | 0.1 | 0.2 | 0.3 | 0.4 | 0.5 | 0.6 | 0.7 |
| X | 0.2 | 0.3 | 0.4 | 0.5 | 0.6 | 0.7 | 0.8 |
| Y | 0.3 | 0.4 | 0.5 | 0.6 | 0.7 | 0.8 | 0.9 |
| Z | 0.4 | 0.5 | 0.6 | 0.7 | 0.8 | 0.9 | 1.0 |

```
In [39]: # generate the heatmap
         plt.imshow(heatmap_data, cmap='hot', interpolation='none')
         plt.colorbar()  # add the scale of colors bar
         # set the labels
         plt.xticks(range(len(heatmap_data.columns)), heatmap_data.columns)
         plt.yticks(range(len(heatmap_data)), heatmap_data.index);
```

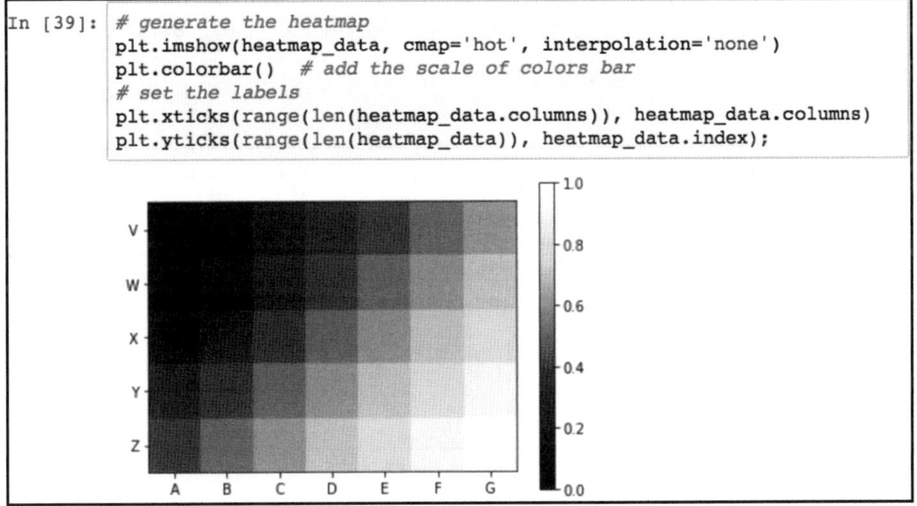


히트맵 역시 15장에서 다시 등장할 것이다.

## ▌수작업으로 한 번에 여러 차트 그리기

흔히 데이터 대조를 위해 유용하게 사용되는 방법 중 하나는 여러 차트를 동시에 나란히 배치해 보여주는 것이다. 이미 봤듯이 pandas는 여러 종류의 그래프에 있어서 그런 일을 자동으로 해준다. 그러나 수작업으로도 동일한 캔버스에서 복수의 차트를 렌더링하는 일이 가능하다.

`matplotlib`의 `plt.subplot2grid()`를 반복해서 호출하면 하나의 캔버스 안에 여러 차트, 즉 서브플롯을 렌더링할 수 있다. 호출할 때에는 서브플롯이 담길 그리드의 크기인 `shape=(height, width)`와 서브플롯을 위치시킬 그리드의 좌상단 지점인 `loc=(row, column)`을 전달하면 된다. 이때 크기는 픽셀 단위가 아닌 로우와 칼럼의 개수다.

각 `plt.subplot2grid()`의 반환 값은 각각의 `AxesSubplot` 객체로서 서브플롯의 위치를 지정할 때 사용된다.

다음은 두 개의 로우와 하나의 칼럼(`shape=(2,1)`)을 갖는 플롯을 만드는 예다. `ax1`이라고 하는 첫 번째 서브플롯은 첫 번째 로우에 위치하며(`loc=(0,0)`), `ax2`라고 하는 두 번째 서브플롯은 두 번째 로우에 위치한다(`loc=(1,0)`).

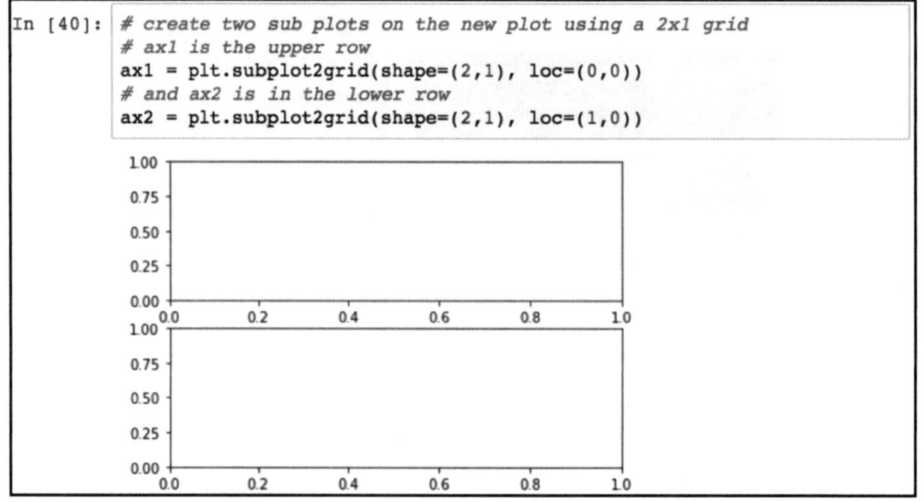

이렇게 두 개의 서브플롯을 만들었으며, 아직은 그 안에 아무것도 그리지 않았다.

서브플롯의 크기는 plt.subplot2grid( )의 rowspan과 colspan 파라미터를 사용해 지정할 수 있다. 이는 HTML 테이블에서 로우와 칼럼의 폭을 지정하는 방법과 매우 흡사하다. 다음은 rowspan과 colspan을 사용해 각기 다른 폭을 지정함으로써 좀 더 복잡한 레이아웃을 갖는 다섯 개의 플롯을 만들어본 예다.

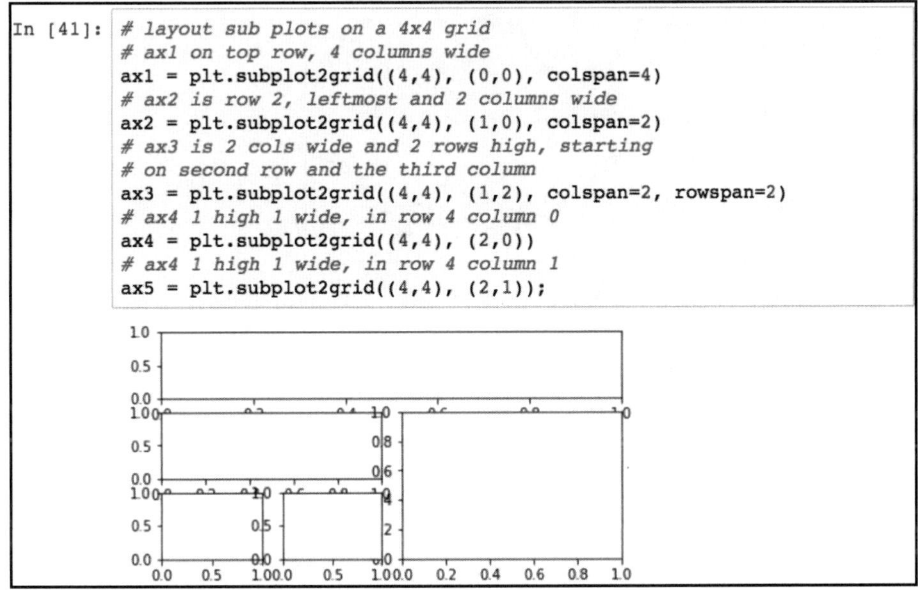

```
In [41]: # layout sub plots on a 4x4 grid
         # ax1 on top row, 4 columns wide
         ax1 = plt.subplot2grid((4,4), (0,0), colspan=4)
         # ax2 is row 2, leftmost and 2 columns wide
         ax2 = plt.subplot2grid((4,4), (1,0), colspan=2)
         # ax3 is 2 cols wide and 2 rows high, starting
         # on second row and the third column
         ax3 = plt.subplot2grid((4,4), (1,2), colspan=2, rowspan=2)
         # ax4 1 high 1 wide, in row 4 column 0
         ax4 = plt.subplot2grid((4,4), (2,0))
         # ax4 1 high 1 wide, in row 4 column 1
         ax5 = plt.subplot2grid((4,4), (2,1));
```

특정 서브플롯을 렌더링하려면 .plot( )의 ax 파라미터에 해당 서브플롯을 전달하면 된다. 다음은 이전에 만들었던 랜덤워크로부터 시리즈를 추출해 서로 다른 서브플롯에 렌더링하는 예다.

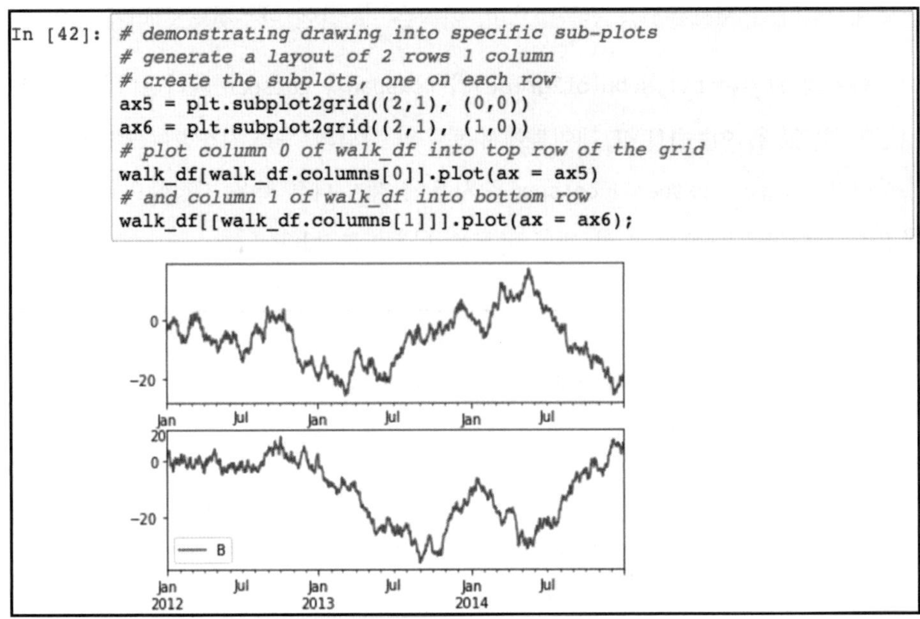

```
In [42]: # demonstrating drawing into specific sub-plots
         # generate a layout of 2 rows 1 column
         # create the subplots, one on each row
         ax5 = plt.subplot2grid((2,1), (0,0))
         ax6 = plt.subplot2grid((2,1), (1,0))
         # plot column 0 of walk_df into top row of the grid
         walk_df[walk_df.columns[0]].plot(ax = ax5)
         # and column 1 of walk_df into bottom row
         walk_df[[walk_df.columns[1]]].plot(ax = ax6);
```



이 기법을 사용하면 서로 다른 데이터 시리즈(예컨대 주식 종가와 거래량)를 조합할 수 있다. 다음은 앞서 가져왔던 구글 예제를 사용해 종가와 거래량 차트를 함께 보여주는 예다.

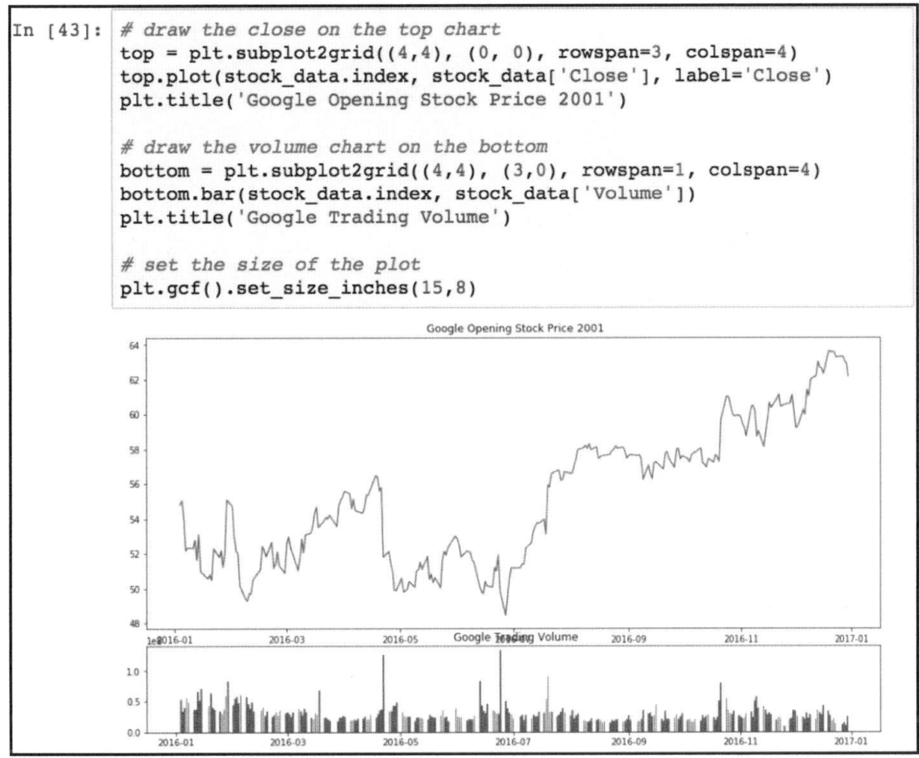

```
In [43]: # draw the close on the top chart
         top = plt.subplot2grid((4,4), (0, 0), rowspan=3, colspan=4)
         top.plot(stock_data.index, stock_data['Close'], label='Close')
         plt.title('Google Opening Stock Price 2001')

         # draw the volume chart on the bottom
         bottom = plt.subplot2grid((4,4), (3,0), rowspan=1, colspan=4)
         bottom.bar(stock_data.index, stock_data['Volume'])
         plt.title('Google Trading Volume')

         # set the size of the plot
         plt.gcf().set_size_inches(15,8)
```



# ▌정리

14장에서는 pandas에서 데이터를 시각화하는 여러 방법을 공부했다. 시각화는 데이터 안에 포함된 이야기를 빨리 이해할 수 있는 최선의 방법이다. 파이썬과 pandas, 그리고 matplotlib은 단 몇 줄의 코드로 데이터에 내포된 메시지를 빠르고 멋지게 보여줄 수 있게 해준다.

15장에서는 주가 분석을 통해 pandas에서의 금융 분석을 응용해본다.

# 15

# 주가 분석

15장에서는 구글 파이낸스Google Finance에서 가져온 주식 데이터로 다양한 금융 분석을 수행해보며, 그와 관련된 여러 주제를 다룬다. 여기서는 상세한 금융 이론보다는 pandas를 사용해 실제 시계열 주식 데이터를 다루는 방법에 주안점을 둘 것이다. 또한 여러 주제를 다루면서 금융 영역과 그 밖의 영역에서 쉽게 pandas를 활용하는 방법을 배운다.

15장에서는 특히 다음과 같은 내용을 순서대로 다룬다.

- 구글 파이낸스로부터의 주식 데이터 취득과 조직화
- 시계열 주가 플로팅
- 거래량 데이터 플로팅
- 단순 일별 변동률 계산

- 단순 일별 누적 수익률 계산
- 일별에서 월별로 수익률 재표집
- 수익률 분포의 분석
- 이동 평균 계산
- 주식의 일별 수익률 비교
- 일별 주가 변동률에 기초한 상관관계
- 주가 변동성 계산
- 위험 대비 수익률 나타내기

## pandas 설정

15장에서 사용할 예제를 다음과 같이 표준적인 pandas 설정을 적용해 시작하자.

```
In [1]: # import numpy and pandas
        import numpy as np
        import pandas as pd

        # used for dates
        import datetime
        from datetime import datetime, date

        # Set formattign options
        pd.set_option('display.notebook_repr_html', False)
        pd.set_option('display.max_columns', 7)
        pd.set_option('display.max_rows', 10)
        pd.set_option('display.width', 60)

        # bring in matplotlib for graphics
        import matplotlib.pyplot as plt
        %matplotlib inline
```

## 주식 데이터 취득과 조직화

처음으로 할 일은 구글 파이낸스로부터 주식 데이터를 가져오기 위한 함수 두어 개를 만드는 일이다. pandas의 DataReader 객체를 사용해 데이터를 읽는 작업은 이미 해봤다. 그에 더해 여기서는 향후 다양한 피벗을 수행하기 위해 구글 파이낸스가 제공한 데이터를 조금 다르게 조직화해야 한다.

다음은 주어진 기간의 특정 주식에 대한 구글 파이낸스 데이터를 모두 가져오고, 나중의 피벗 작업에 필요한 종목 기호를 넣을 칼럼 하나를 추가하는 함수다.

```
In [2]: # import data reader package
        import pandas_datareader as pdr

        # read data from Yahoo! Finance for a specific
        # stock specified by ticker and between the start and end dates
        def get_stock_data(ticker, start, end):
            # read the data
            data = pdr.data.DataReader(ticker, 'google', start, end)

            # rename this column
            data.insert(0, "Ticker", ticker)
            return data
```

이 데이터는 2012년부터 2014년까지의 3년짜리 고정 윈도우를 포함한다. 다음은 3년간의 MSFT 티커 데이터 중 일부를 읽어 온 모습이다.

```
In [3]: # request the three years of data for MSFT
        start = datetime(2012, 1, 1)
        end = datetime(2014, 12, 31)
        get_stock_data("MSFT", start, end)[:5]

Out[3]:
                Ticker   Open   High    Low  Close    Volume
        Date
        2012-01-03  MSFT  26.55  26.96  26.39  26.76  64735391
        2012-01-04  MSFT  26.82  27.47  26.78  27.40  80519402
        2012-01-05  MSFT  27.38  27.73  27.29  27.68  56082205
        2012-01-06  MSFT  27.53  28.19  27.52  28.10  99459469
        2012-01-09  MSFT  28.05  28.10  27.72  27.74  59708266
```

단일 티커의 데이터를 가져올 수 있는 함수는 만들었으니 이제 이를 이용해 복수의 티커 데이터를 가져와 하나의 데이터 구조로 반환하는 함수를 다음과 같이 만들자.

```
In [4]: # gets data for multiple stocks
        # tickers: a list of stock symbols to fetch
        # start and end are the start end end dates
        def get_data_for_multiple_stocks(tickers, start, end):
            # we return a dictionary
            stocks = dict()
            # loop through all the tickers
            for ticker in tickers:
                # get the data for the specific ticker
                s = get_stock_data(ticker, start, end)
                # add it to the dictionary
                stocks[ticker] = s
            # return the dictionary
            return stocks
```

15장의 예제에서는 애플Apple(AAPL), 마이크로소프트Microsoft(MSFT), 제너럴 일렉트릭General Electric(GE), 아이비엠(IBM), 아메리칸 항공American Airlines(AA), 델타 항공Delta Airlines(DAL), 유나이티드 항공United Airlines(UAL), 펩시코PepsiCo(PEP), 코카콜라 컴퍼니Coca-Cola Company(KO)의 과거 주식 데이터를 사용할 예정이다.

이는 서로 다른 세 섹터(기술, 항공, 청량음료)에서 복수의 주식 표본을 신중하게 선정한 결과다. 이렇게 하는 이유는 주어진 기간에 동일 섹터의 다양한 주가 측정치로부터 상관관계를 유도하고, 각 섹터 주식 사이의 차이를 알아보고자 함이다.

이제 주가 데이터를 다음과 같은 방법으로 읽어 들이자.

```
In [5]: # get the data for all the stocks that we want
        raw = get_data_for_multiple_stocks(
            ["MSFT", "AAPL", "GE", "IBM", "AA", "DAL", "UAL", "PEP", "KO"],
            start, end)
```

예제를 테스트하는 지역 등 경우에 따라 URL 접근이 제한돼 에러가 발생할 수도 있다.

```
In [6]: # take a peek at the data for MSFT
        raw['MSFT'][:5]
```

```
Out[6]:            Ticker   Open   High    Low  Close    Volume
        Date
        2012-01-03   MSFT  26.55  26.96  26.39  26.76  64735391
        2012-01-04   MSFT  26.82  27.47  26.78  27.40  80519402
        2012-01-05   MSFT  27.38  27.73  27.29  27.68  56082205
        2012-01-06   MSFT  27.53  28.19  27.52  28.10  99459469
        2012-01-09   MSFT  28.05  28.10  27.72  27.74  59708266
```

우리가 특별히 관심을 두려는 부분은 Close 칼럼에 있는 종가다. 그러나 각 칼럼에 개별 주식의 종가가 표시되고 그 로우들이 날짜로 인덱싱돼 있는 DataFrame 객체가 있다면 더욱 편리할 것이다. 이는 데이터를 피버팅함으로써 가능하며, Ticker 칼럼을 추가했던 이유다. 이를 위해 다음과 같은 함수를 만들어보자.

```
In [7]: # given the dictionary of data frames,
        # pivots a given column into values with column
        # names being the stock symbols
        def pivot_tickers_to_columns(raw, column):
            items = []
            # loop through all dictionary keys
            for key in raw:
                # get the data for the key
                data = raw[key]
                # extract just the column specified
                subset = data[["Ticker", column]]
                # add to items
                items.append(subset)

            # concatenate all the items
            combined = pd.concat(items)
            # reset the index
            ri = combined.reset_index()
            # return the pivot
            return ri.pivot("Date", "Ticker", column)
```

이제 이 함수를 통해 데이터를 피버팅해 새롭게 구성할 수 있다.

```
In [8]: # do the pivot
        close_px = pivot_tickers_to_columns(raw, "Close")
        # peek at the result
        close_px[:5]

Out[8]: Ticker       AAPL   DAL     GE   ...     MSFT    PEP    UAL
        Date                             ...
        2012-01-03  58.75  8.04  18.36   ...    26.76  66.40  18.90
        2012-01-04  59.06  8.01  18.56   ...    27.40  66.74  18.52
        2012-01-05  59.72  8.33  18.55   ...    27.68  66.22  18.39
        2012-01-06  60.34  8.32  18.65   ...    28.10  65.39  18.21
        2012-01-09  60.25  8.28  18.86   ...    27.74  65.73  17.93

        [5 rows x 8 columns]
```

보다시피 모든 주식의 종가가 각 종목에 해당하는 칼럼에 표시된다. 이런 형태라면 각 주식의 종가를 다른 종가와 비교하기 쉬워질 것이다.

## 시계열 주가 플로팅

이제 AAPL과 MSFT의 종가를 그래프를 통해 비교해보자. 먼저 다음과 같이 하면 AAPL의 보정된 종가를 그래프로 나타낼 수 있다.

```
In [9]: # plot the closing prices of AAPL
        close_px['AAPL'].plot();
```

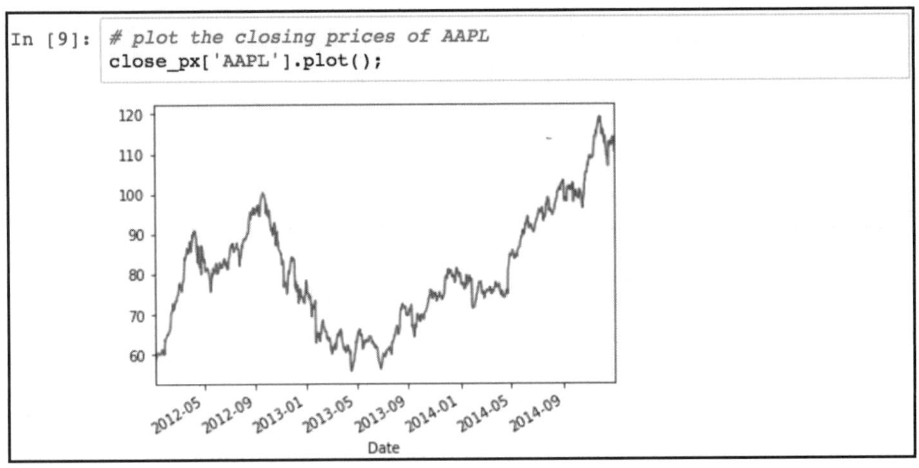

다음은 MSFT의 경우다.

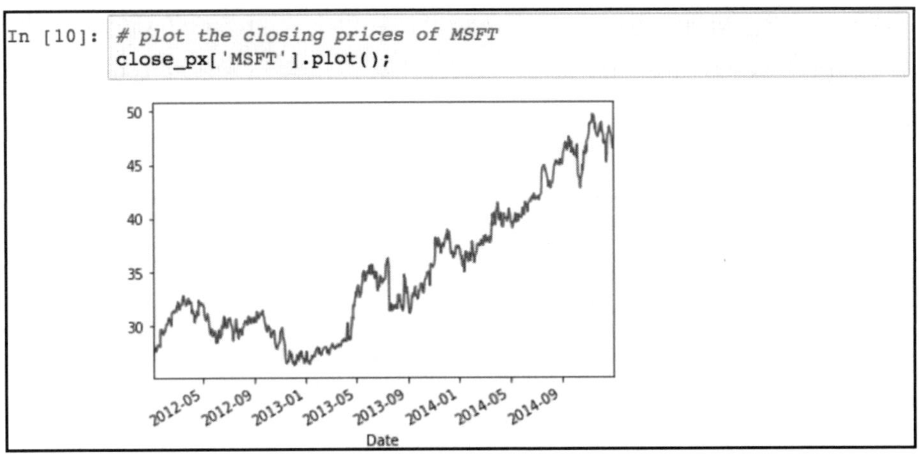


이제 다음과 같이 하면 한 차트에 두 종가의 플롯을 그려 비교할 수 있다.

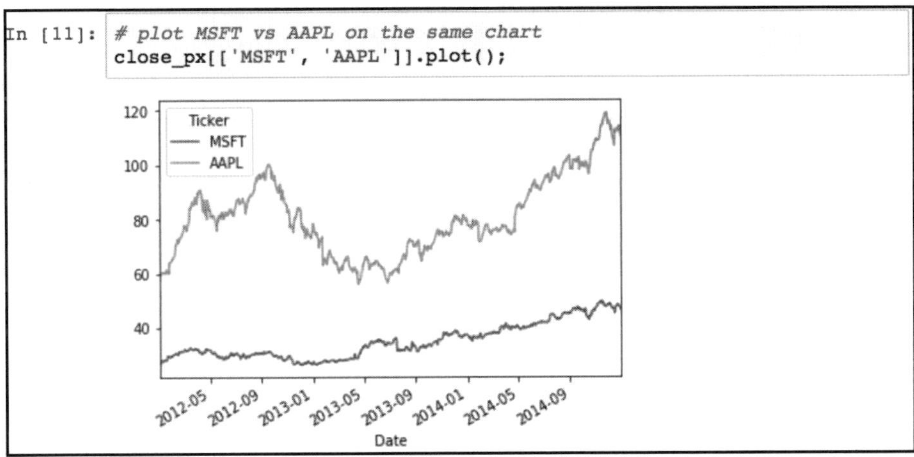

## ▌거래량 데이터 플로팅

거래량 데이터는 막대형 차트bar chart로 플로팅할 수 있다. 먼저 거래량 데이터가 있어야 하는데, 이는 앞서 만들었던 pivot_tickers_to_columns() 함수를 사용해 준비하면 된다.

```
In [12]: # pivot the volume data into columns
         volumes = pivot_tickers_to_columns(raw, "Volume")
         volumes.tail()

Out[12]: Ticker          AAPL      DAL        GE  ...      \
         Date                                     ...
         2014-12-24  14479611  4303380  17865138  ...
         2014-12-26  33720951  5303077  14978547  ...
         2014-12-29  27598920  6659665  20858159  ...
         2014-12-30  29881477  7318917  22184545  ...
         2014-12-31  41403351  7801706  28206452  ...

         Ticker          MSFT      PEP       UAL
         Date
         2014-12-24  11442790  1608616  2714807
         2014-12-26  13197817  1492689  3062153
         2014-12-29  14439518  2453829  2874473
         2014-12-30  16384692  2134434  2644611
         2014-12-31  21552450  3727376  4451235

         [5 rows x 8 columns]
```

이제 이 데이터를 사용해 막대형 차트를 만들어보자. 다음은 MSFT의 거래량을 막대형 차트로 플로팅한 모습이다.

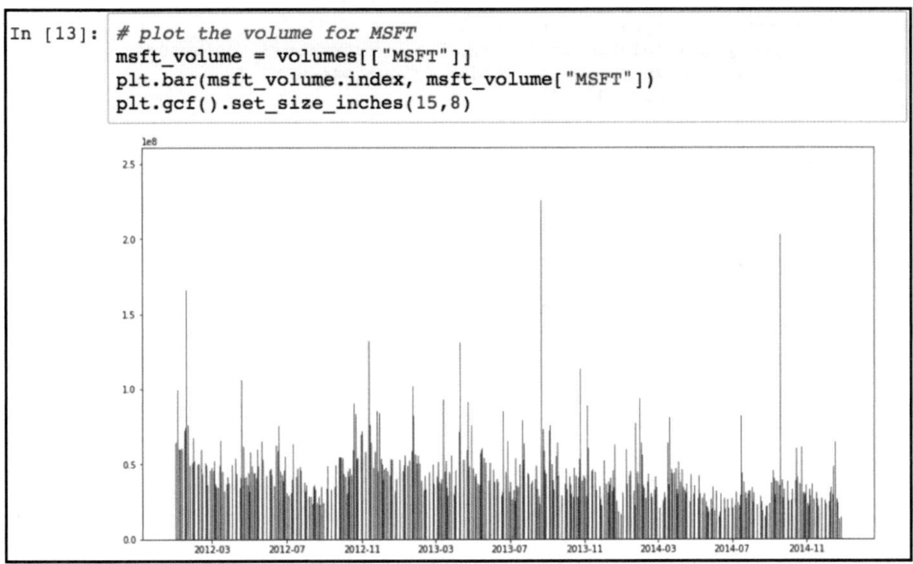


일반적인 형태의 주가 그래프는 종가와 거래량을 대응시켜 보여준다. 다음은 그런 식으로 보이게 시각화한 예다.

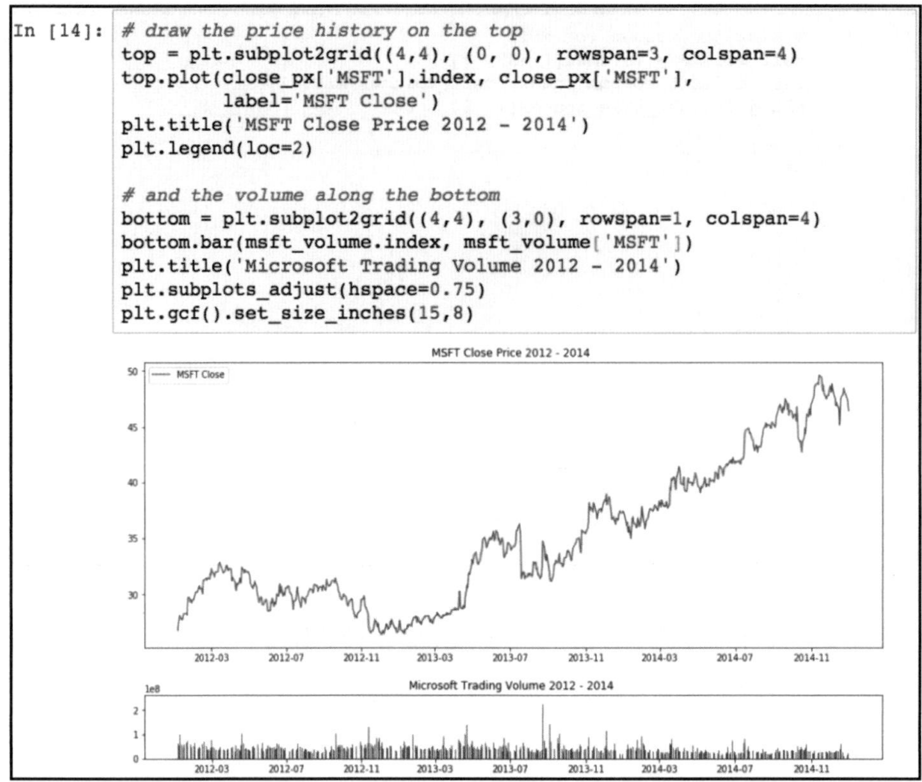

```
In [14]: # draw the price history on the top
         top = plt.subplot2grid((4,4), (0, 0), rowspan=3, colspan=4)
         top.plot(close_px['MSFT'].index, close_px['MSFT'],
                  label='MSFT Close')
         plt.title('MSFT Close Price 2012 - 2014')
         plt.legend(loc=2)

         # and the volume along the bottom
         bottom = plt.subplot2grid((4,4), (3,0), rowspan=1, colspan=4)
         bottom.bar(msft_volume.index, msft_volume['MSFT'])
         plt.title('Microsoft Trading Volume 2012 - 2014')
         plt.subplots_adjust(hspace=0.75)
         plt.gcf().set_size_inches(15,8)
```



## 종가의 단순 일별 변동률

종가의 단순 일별 변동률이란 배당이나 다른 요소를 배제한 거래일 단위의 주가 변동률을 말한다. 이는 다음과 같은 공식으로 정의된다.

$$r_t = \frac{P_t}{P_{t-1}} - 1$$

pandas에서는 `.shift()`를 사용해 변동률을 쉽게 계산할 수 있다.

```
In [15]: # calculate daily percentage change
         daily_pc = close_px / close_px.shift(1) - 1
         daily_pc[:5]

Out[15]: Ticker          AAPL       DAL        GE    ...      \
         Date                                      ...
         2012-01-03       NaN       NaN       NaN    ...
         2012-01-04  0.005277 -0.003731  0.010893    ...
         2012-01-05  0.011175  0.039950 -0.000539    ...
         2012-01-06  0.010382 -0.001200  0.005391    ...
         2012-01-09 -0.001492 -0.004808  0.011260    ...

         Ticker          MSFT       PEP       UAL
         Date
         2012-01-03       NaN       NaN       NaN
         2012-01-04  0.023916  0.005120 -0.020106
         2012-01-05  0.010219 -0.007791 -0.007019
         2012-01-06  0.015173 -0.012534 -0.009788
         2012-01-09 -0.012811  0.005200 -0.015376

         [5 rows x 8 columns]
```

AAPL의 2012년 1월 5일 변동률이 맞는지 다음과 같이 확인해볼 수 있다.

```
In [16]: # check the percentage on 2012-01-05
         close_px.loc['2012-01-05']['AAPL'] / \
             close_px.loc['2012-01-04']['AAPL'] -1

Out[16]: 0.011175076193701283
```

```
In [17]: # plot daily percentage change for AAPL
         daily_pc["AAPL"].plot();
```

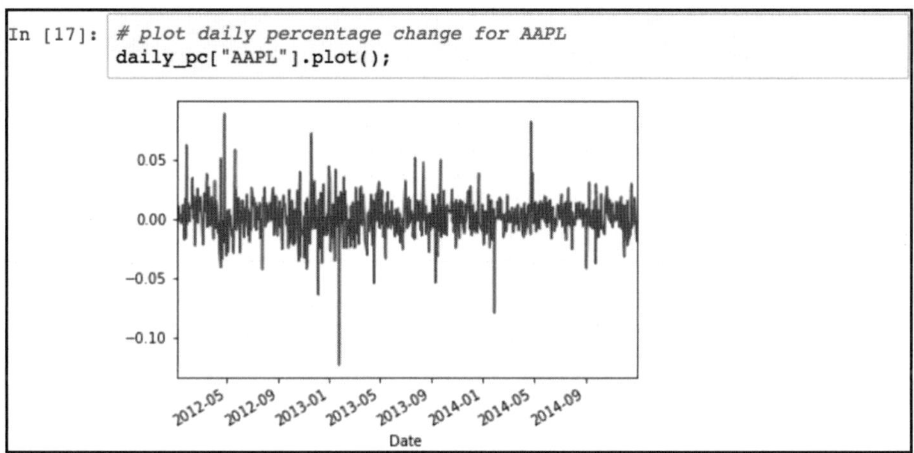

보다시피 일별 변동률 그래프는 마치 잡음처럼 보이는 경향이 있다. 그러나 일별 누적 수익률이라 부르는 누적 곱을 사용하면 시간 흐름에 따라 주가의 변동 상황을 볼 수 있다. 바로 다음 절에서 해보자.

## 단순 일별 누적 수익률

단순 일별 누적 수익률은 일별 변동률을 누적해 곱함으로써 얻을 수 있다. 즉, 다음과 같은 공식으로 표현된다.

$$i_t = (1 + r_t) \cdot i_{t-1}, \quad i_0 = 1$$

이는 .cumprod() 메소드를 사용해 계산할 수 있다.

```
In [18]: # calculate daily cumulative return
         daily_cr = (1 + daily_pc).cumprod()
         daily_cr[:5]

Out[18]: Ticker          AAPL       DAL        GE    ...      \
         Date                                         ...
         2012-01-03       NaN       NaN       NaN    ...
         2012-01-04  1.005277  0.996269  1.010893    ...
         2012-01-05  1.016511  1.036070  1.010349    ...
         2012-01-06  1.027064  1.034826  1.015795    ...
         2012-01-09  1.025532  1.029851  1.027233    ...

         Ticker          MSFT       PEP       UAL
         Date
         2012-01-03       NaN       NaN       NaN
         2012-01-04  1.023916  1.005120  0.979894
         2012-01-05  1.034380  0.997289  0.973016
         2012-01-06  1.050075  0.984789  0.963492
         2012-01-09  1.036622  0.989910  0.948677

         [5 rows x 8 columns]
```

이제 시간 흐름에 따른 주가 비교를 할 수 있는 누적 수익률 그래프를 그릴 수 있다.

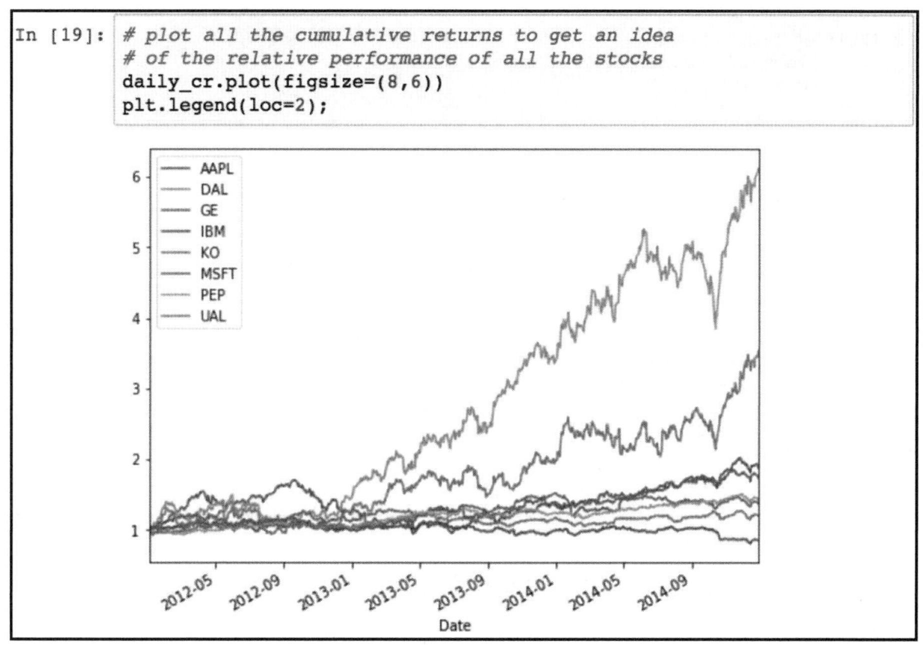

```
In [19]: # plot all the cumulative returns to get an idea
         # of the relative performance of all the stocks
         daily_cr.plot(figsize=(8,6))
         plt.legend(loc=2);
```



## ▌일별에서 월별로 수익률 재표집

월별 수익률을 계산하기 위해서는 약간의 pandas 마법과 원래의 일별 수익률로부터 재표집하는 작업이 필요하다. 또한 이 과정에서 매월 말일을 제외한 나머지 날짜를 날려 버리고 정방향 채우기를 해야 한다. 이는 재표집 결과에 `.ffill()`을 사용함으로써 가능하다.

```
In [20]: # resample to end of month and forward fill values
         monthly = close_px.asfreq('M').ffill()
         monthly[:5]

Out[20]: Ticker       AAPL    DAL     GE  ...   MSFT    PEP  \
         Date                             ...
         2012-01-31  65.21  10.55  18.71  ...  29.53  65.67
         2012-02-29  77.49   9.81  19.05  ...  31.74  62.94
         2012-03-31  77.49   9.81  19.05  ...  31.74  62.94
         2012-04-30  83.43  10.96  19.58  ...  32.02  66.00
         2012-05-31  82.53  12.10  19.09  ...  29.19  67.85

         Ticker        UAL
         Date
         2012-01-31  23.10
         2012-02-29  20.65
         2012-03-31  20.65
         2012-04-30  21.92
         2012-05-31  25.17

         [5 rows x 8 columns]
```

보다시피 각 날짜가 매월 말일로 바뀌었다. 그 값은 매월 말일의 값 그대로이거나 말일 데이터가 없다면 그 전날 데이터로 채워진다.

이제 다음과 같이 월별 변동률을 계산할 수 있게 됐다.

```
In [21]: # calculate the monthly percentage changes
         monthly_pc = monthly / monthly.shift(1) - 1
         monthly_pc[:5]

Out[21]: Ticker          AAPL       DAL        GE    ...     \
         Date                                       ...
         2012-01-31       NaN       NaN       NaN    ...
         2012-02-29  0.188315 -0.070142  0.018172    ...
         2012-03-31  0.000000  0.000000  0.000000    ...
         2012-04-30  0.076655  0.117227  0.027822    ...
         2012-05-31 -0.010787  0.104015 -0.025026    ...

         Ticker          MSFT       PEP       UAL
         Date
         2012-01-31       NaN       NaN       NaN
         2012-02-29  0.074839 -0.041571 -0.106061
         2012-03-31  0.000000  0.000000  0.000000
         2012-04-30  0.008822  0.048618  0.061501
         2012-05-31 -0.088382  0.028030  0.148266

         [5 rows x 8 columns]
```

마찬가지로 월별 누적 수익률도 계산할 수 있다.

```
In [22]: # calculate monthly cumulative return
         monthly_cr = (1 + monthly_pc).cumprod()
         monthly_cr[:5]

Out[22]: Ticker          AAPL        DAL        GE     ...     \
         Date                                         ...
         2012-01-31       NaN        NaN       NaN    ...
         2012-02-29  1.188315   0.929858  1.018172    ...
         2012-03-31  1.188315   0.929858  1.018172    ...
         2012-04-30  1.279405   1.038863  1.046499    ...
         2012-05-31  1.265603   1.146919  1.020310    ...

         Ticker          MSFT        PEP       UAL
         Date
         2012-01-31       NaN        NaN       NaN
         2012-02-29  1.074839   0.958429  0.893939
         2012-03-31  1.074839   0.958429  0.893939
         2012-04-30  1.084321   1.005025  0.948918
         2012-05-31  0.988486   1.033196  1.089610

         [5 rows x 8 columns]
```

다음은 월별 누적 수익률을 시각화한 모습이다.

```
In [23]: # plot the monthly cumulative returns
         monthly_cr.plot(figsize=(12,6))
         plt.legend(loc=2);
```

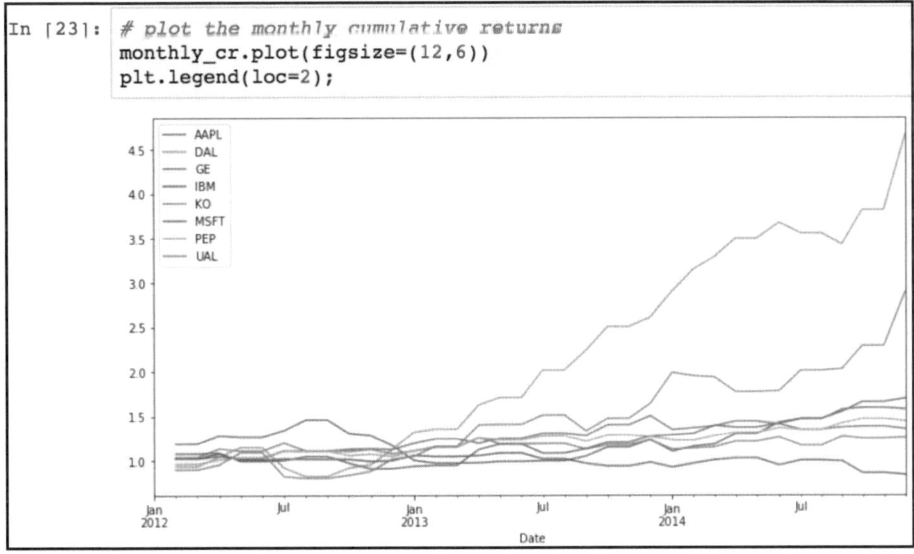

이는 일별 누적 수익률과 비슷하나 매끄럽지 못함을 알 수 있다. 약 30일 간격인 매월 말일 데이터를 사용했기 때문이다.

## 수익률 분포의 분석

특정 주식의 데이터를 히스토그램으로 플로팅함으로써 또 다른 느낌으로 일별 변동률의 분포를 분석할 수 있다. 일별 수익률과 같은 데이터의 히스토그램을 만들 때에는 값을 뭉쳐 넣을 구간 개수를 지정하면 편리하다. 약 3년에 걸친 일별 변동률의 분포를 보기에 적당하게 50개 구간을 사용해보자.

다음은 AAPL의 일별 수익 변동률의 분포다.

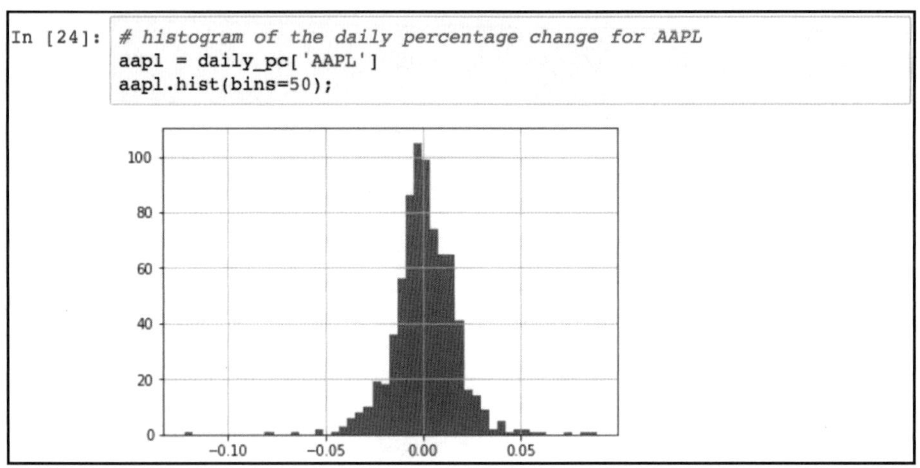


이 차트를 통해 알 수 있는 건 첫째로 일별 변화율의 대부분이 0.0을 중심으로 분포돼 있다는 점이다. 둘째로는 약간 왼쪽으로 꼬리가 길지만left-skewed, 대체로 대칭을 이루고 있음을 알 수 있다.

모든 주식의 일별 수익 변화율에 대한 히스토그램을 하나의 행렬로서 플로팅할 수도 있다. 이를 통해 약 3년 동안의 각 주가 변동의 행태를 쉽게 비교해 볼 수 있다.

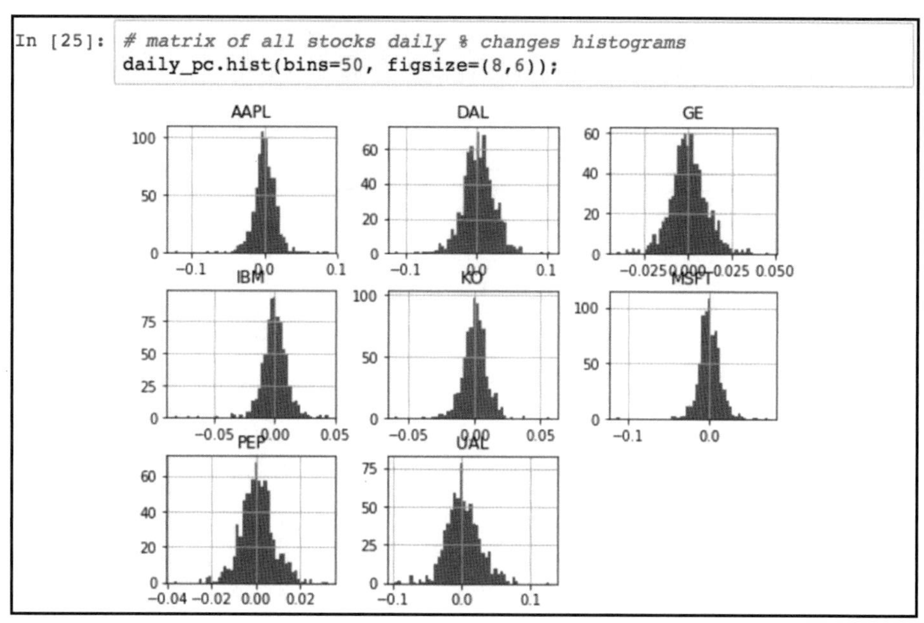

각 히스토그램이 살짝 겹치면서 레이블이 깨져 보이긴 하지만, 중요한 건 히스토그램의 모양이다.

이 차트를 통해 9개 주식의 성과, 특히 비대칭도skewness(평균을 기준으로 왼쪽이나 오른쪽 중 어느 한 방향으로 데이터의 분포량이 더 치우친 정도)의 차이를 볼 수 있다. 또한 각 분포의 너비를 통해 변동성(불안정성)의 정도 차이도 알 수 있다.

## 이동 평균 계산

주식의 이동 평균은 `.rolling().mean()`을 사용해 계산할 수 있다. 이동 평균을 적용하면 통계적 '잡음noise'을 제거한 주어진 기간의 주가 성과를 분석할 수 있다. 무빙 윈도우moving window(또는 롤링 윈도우)가 클수록 이동 평균선은 매끄럽게 되지만, 그만큼 정확도는 희생된다.

다음은 MSFT의 일별 종가를 사용해 30일과 90일 이동 평균선을 계산한 예다. 잡음이 제거된 정도의 차이를 시각적으로 쉽게 판별할 수 있다.

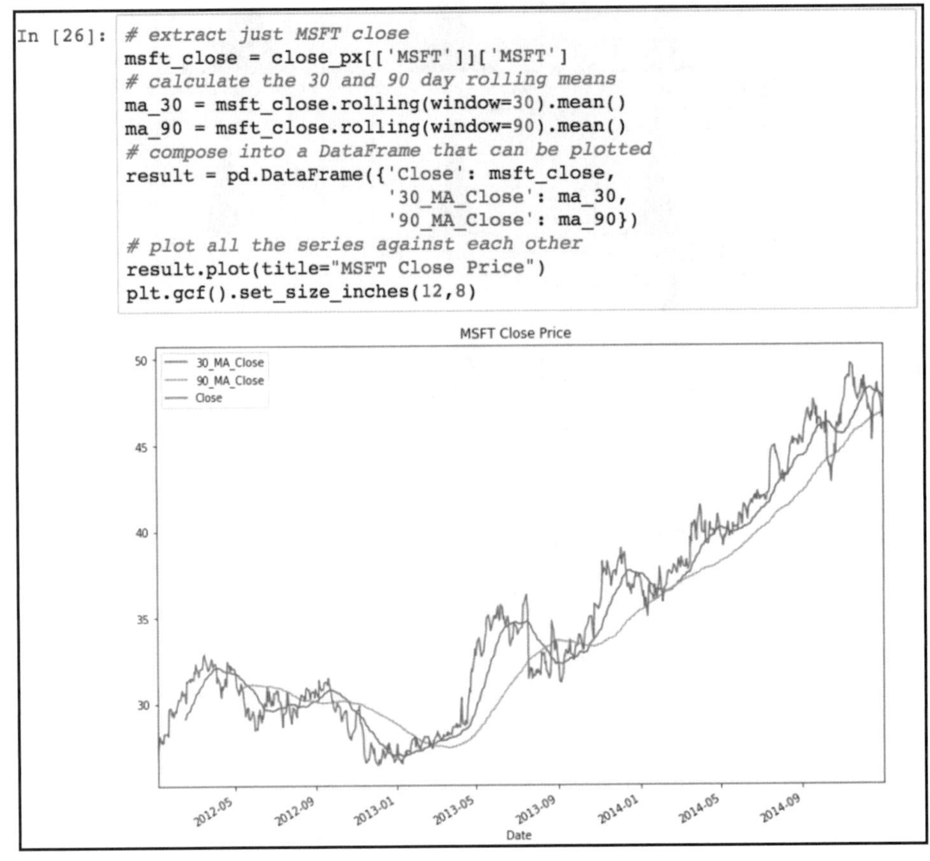

```
In [26]: # extract just MSFT close
         msft_close = close_px[['MSFT']]['MSFT']
         # calculate the 30 and 90 day rolling means
         ma_30 = msft_close.rolling(window=30).mean()
         ma_90 = msft_close.rolling(window=90).mean()
         # compose into a DataFrame that can be plotted
         result = pd.DataFrame({'Close': msft_close,
                                '30_MA_Close': ma_30,
                                '90_MA_Close': ma_90})
         # plot all the series against each other
         result.plot(title="MSFT Close Price")
         plt.gcf().set_size_inches(12,8)
```

## 주식의 일별 수익률 비교

산점도는 두 주가의 변화율 사이의 관계를 시각적으로 판별할 수 있는 매우 효과적인 수단이다. 다음 그래프는 MSFT와 AAPL의 일별 주가 변동률 사이의 관계를 보여준다.

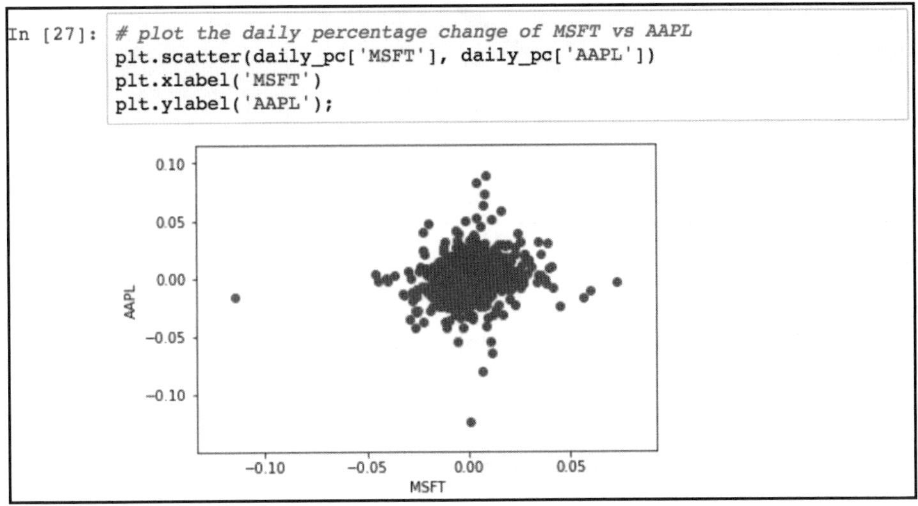


이는 두 주식의 일별 수익률에 대한 상관관계를 개괄적으로 보여준다. 같은 날의 두 주식의 데이터가 점 하나로 표시된다. AAPL은 수직 축을 따라 MSFT는 수평축을 따라 각 점이 플로팅됐다.

AAPL의 주가와 MSFT의 주가가 모두 동일한 비율로 변동됐다면 모든 점은 왼쪽 아래에서 오른쪽 위를 향하는 완전한 대각선을 이루게 될 것이다. 이 경우 두 변수가 **완전한 상관관계**perfectly correlated에 있다고 하며, 이때의 상관계수는 1.0이다. 두 변수가 **완전한 무상관**perfectly uncorrelated이라면 상관계수는 0, 즉 선의 기울기가 0으로 완전히 수평이 된다.

완전한 상관관계를 재현하려면 MSFT와 MSFT에 대한 산점도를 그리면 된다. 자기 자신에 대한 상관관계에서는 그 상관계수가 항상 1.0이기 때문이다.

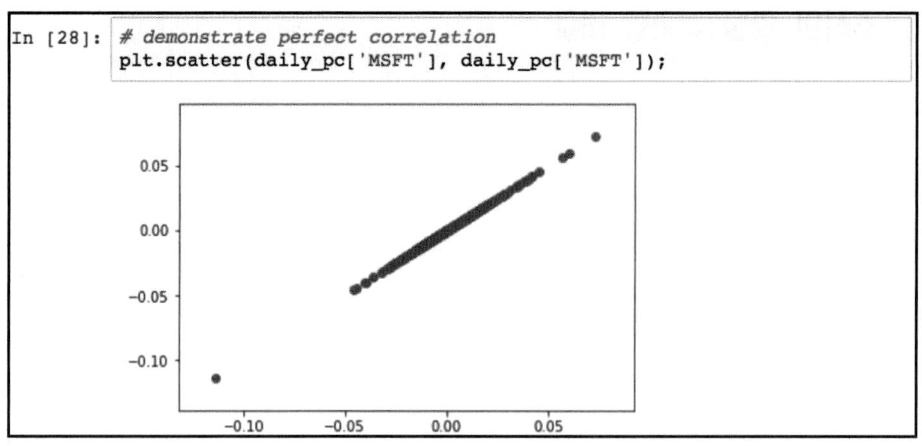


다시 AAPL과 MSFT의 산점도로 돌아가 보면 몇 개의 이상치[outlier]를 제외하면 두 주식은 적당한 상관관계를 보여준다. 모든 점이 차트의 중심 주변에 몰려 있기 때문이다.

다음 절에서 하겠지만, 이 두 주식 사이의 상관계수는 실제로 0.1827이며, 이는 곧 회귀선[regression line]의 기울기다. 이는 통계학적으로 주어진 날짜의 AAPL의 주가 변경을 통해 MSFT의 주가 변경을 예측하기는 대체로 힘들다는 의미다.

여러 쌍의 상관관계를 시각적으로 한꺼번에 보려면 다음과 같이 산점도 행렬 그래프를 그리면 된다.

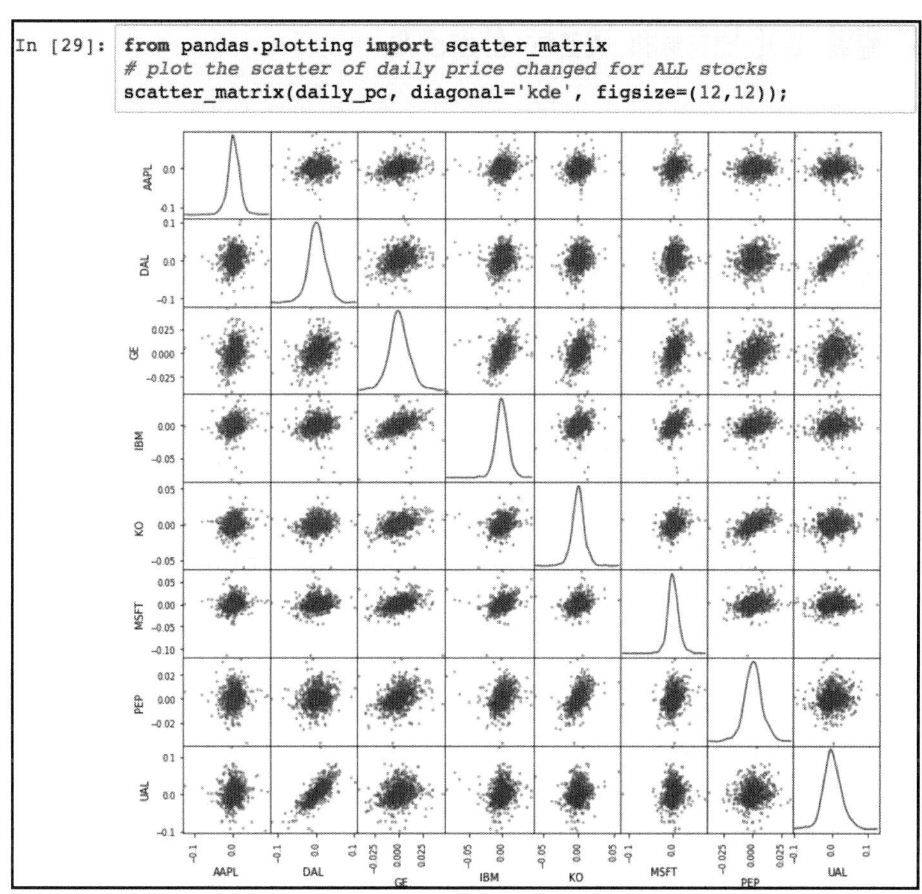

```
In [29]: from pandas.plotting import scatter_matrix
         # plot the scatter of daily price changed for ALL stocks
         scatter_matrix(daily_pc, diagonal='kde', figsize=(12,12));
```



여기서 대각선상에 있는 플롯들은 커널 밀도 추정 그래프다. 곡선이 좁을수록 안정성이 높다는 의미이며, 꼬리의 치우침(비대칭성)은 수익이나 손실에 대한 경향을 보여준다. 이처럼 커널 밀도 추정 그래프와 산점도를 함께 확인하면 시각적으로 서로 다른 주식 쌍 사이의 비교를 쉽게 할 수 있다.

## ▌일별 주가 변동률에 기초한 상관관계

상관관계란 두 변수 사이의 연관성에 대한 강도 측정을 말한다. 상관계수가 1.0이면 한 변수의 데이터가 변함에 따라 항상 상대 데이터도 동일한 비율로 변함을 의미한다. 상관계수가 0.0이면 두 변수는 관계가 없다는 의미다. 따라서 상관관계가 높으면 한 변수를 통해 나머지 변수를 예측할 수 있는 가능성이 크다.

산점도 행렬은 두 주식 사이의 상관관계를 시각적으로 쉽게 느낄 수 있게 하지만, 정확한 수치를 제시하지는 않는다. DataFrame 칼럼 간의 정확한 상관관계는 .corr() 메소드로 계산할 수 있다. 이 메소드는 모든 가능한 칼럼 간의 상관관계를 계산해 행렬로 보여준다.

다음은 표본 데이터에 있는 모든 주식의 일별 주가 변동률에 대한 상관관계를 보여주는 예다.

```
In [30]: # calculate the correlation between all the stocks relative
         # to daily percentage change
         corrs = daily_pc.corr()
         corrs

Out[30]: Ticker      AAPL       DAL        GE     ...        MSFT  \
         Ticker                                   ...
         AAPL    1.000000  0.136735  0.238862     ...    0.182679
         DAL     0.136735  1.000000  0.318175     ...    0.152912
         GE      0.238862  0.318175  1.000000     ...    0.340657
         IBM     0.213404  0.166197  0.427995     ...    0.354523
         KO      0.157938  0.187258  0.386182     ...    0.267434
         MSFT    0.182679  0.152912  0.340657     ...    1.000000
         PEP     0.096834  0.174259  0.373409     ...    0.280881
         UAL     0.061678  0.761239  0.236525     ...    0.127748

         Ticker       PEP       UAL
         Ticker
         AAPL    0.096834  0.061678
         DAL     0.174259  0.761239
         GE      0.373409  0.236525
         IBM     0.252805  0.122614
         KO      0.553575  0.139636
         MSFT    0.280881  0.127748
         PEP     1.000000  0.124301
         UAL     0.124301  1.000000

         [8 rows x 8 columns]
```

자기 자신과는 완전한 상관관계에 있으므로 대각선상의 값은 항상 1.0이다. 이와 같은 상관관계 행렬은 다음과 같이 히트맵으로도 표현할 수 있다.

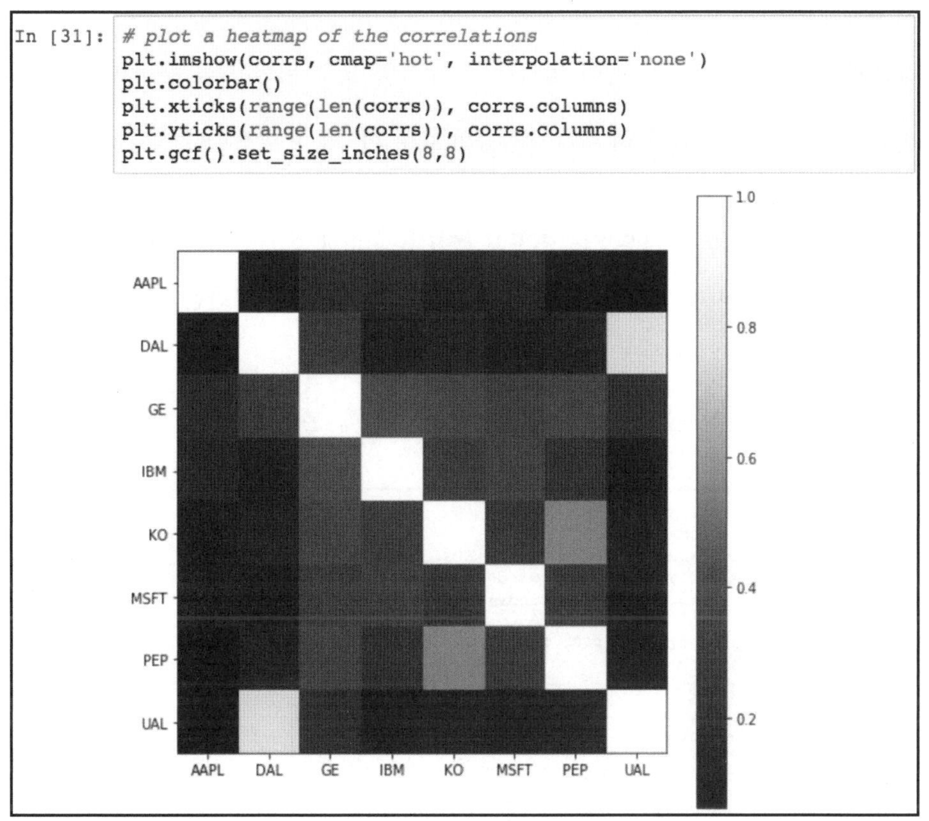

```
In [31]: # plot a heatmap of the correlations
         plt.imshow(corrs, cmap='hot', interpolation='none')
         plt.colorbar()
         plt.xticks(range(len(corrs)), corrs.columns)
         plt.yticks(range(len(corrs)), corrs.columns)
         plt.gcf().set_size_inches(8,8)
```



히트맵은 가로축과 세로축 변수의 교차 지점에 있는 색의 농도로 상관관계를 표시한다. 색이 진할수록 상관관계가 낮음을 의미하고, 색이 밝을수록 상관관계가 높음을 의미한다.

## ▍주가 변동성 계산

주가 변동성이란 특정 기간 동안의 주가 변화량을 측정한 값을 말한다. 보통은 한 주식의 변동성을 다른 주식이나 시장 지수의 변동성과 비교함으로써 해당 주식의 위험을 판단한다. 일반적으로 변동성이 높으면 그 주식의 투자 위험이 높은 것으로 본다.

변동성은 롤링 윈도우를 통해 주가 변동률의 표준 편차를 구함으로써 계산할 수 있다. 이때 윈도우의 크기는 최종 결과에 영향을 준다. 윈도우가 넓을수록 측정치의 대표성이 약해지며, 윈도우가 좁을수록 측정치는 표준 편차에 가까워진다. 따라서 표집된 데이터의 빈도에 따라 적정한 윈도우 크기를 판단하는 일은 약간은 예술의 경지다. 다행히 pandas는 이를 매우 쉽게 정할 수 있게 해준다.

다음은 75개 기간의 윈도우로 주식 변동성을 계산해 본 예다.

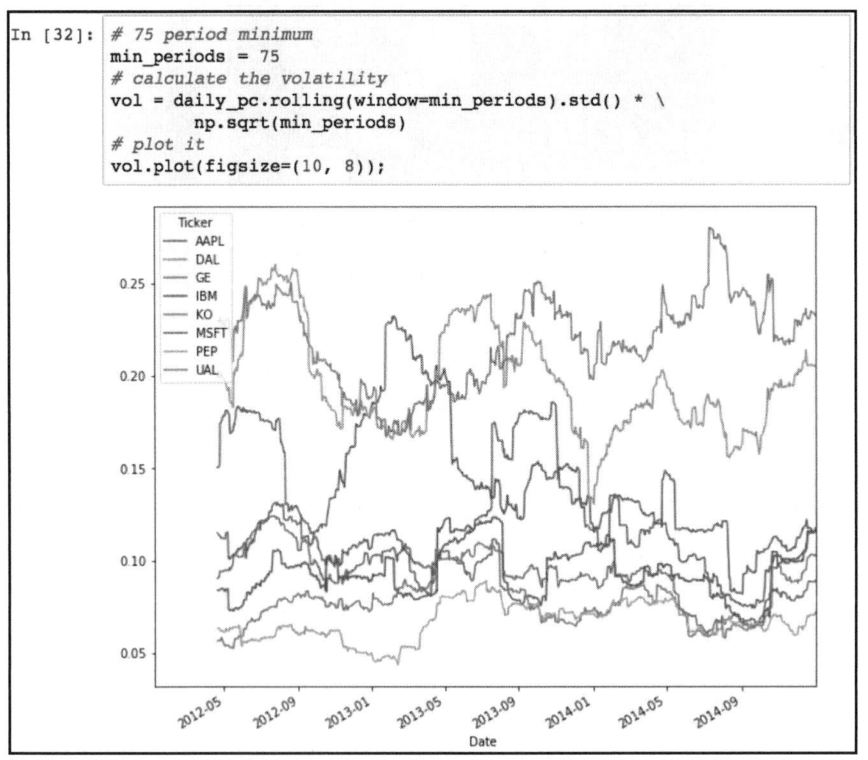

차트의 상단에 있는 라인일수록 변동성이 높다는 것을 의미하며, 각 라인이 위아래로 움직이는 모습은 변동성 자체의 변화를 의미한다.

## 위험 대비 수익률 나타내기

주식의 일별 변동률에 대비한 기대 수익률, 즉 위험 대비 수익률은 유용한 금융 분석 중 하나다. 이는 주식 투자에 있어서의 **위험 보상 비율**[RRR, risk/return ratio]을 나타내며, 주가의 일별 변동률 평균을 그 표준 편차에 대비함으로써 계산할 수 있다.

다음은 우리의 주가 표본에 대한 위험과 수익률을 나타내며, 화살표와 함께 레이블을 표시한 산점도를 만드는 코드다.

```
In [33]: # generate a scatter of the mean vs std of daily % change
         plt.scatter(daily_pc.mean(), daily_pc.std())
         plt.xlabel('Expected returns')
         plt.ylabel('Risk')

         # this adds fancy labels to each dot, with an arrow too
         for label, x, y in zip(daily_pc.columns,
                                daily_pc.mean(),
                                daily_pc.std()):
             plt.annotate(
                 label,
                 xy = (x, y), xytext = (30, -30),
                 textcoords = 'offset points', ha = 'right',
                 va = 'bottom',
                 bbox = dict(boxstyle = 'round,pad=0.5',
                             fc = 'yellow',
                             alpha = 0.5),
                 arrowprops = dict(arrowstyle = '->',
                                   connectionstyle = 'arc3,rad=0'))

         # set ranges and scales for good presentation
         plt.xlim(-0.001, 0.003)
         plt.ylim(0.005, 0.0275)

         # set size
         plt.gcf().set_size_inches(8,8)
```

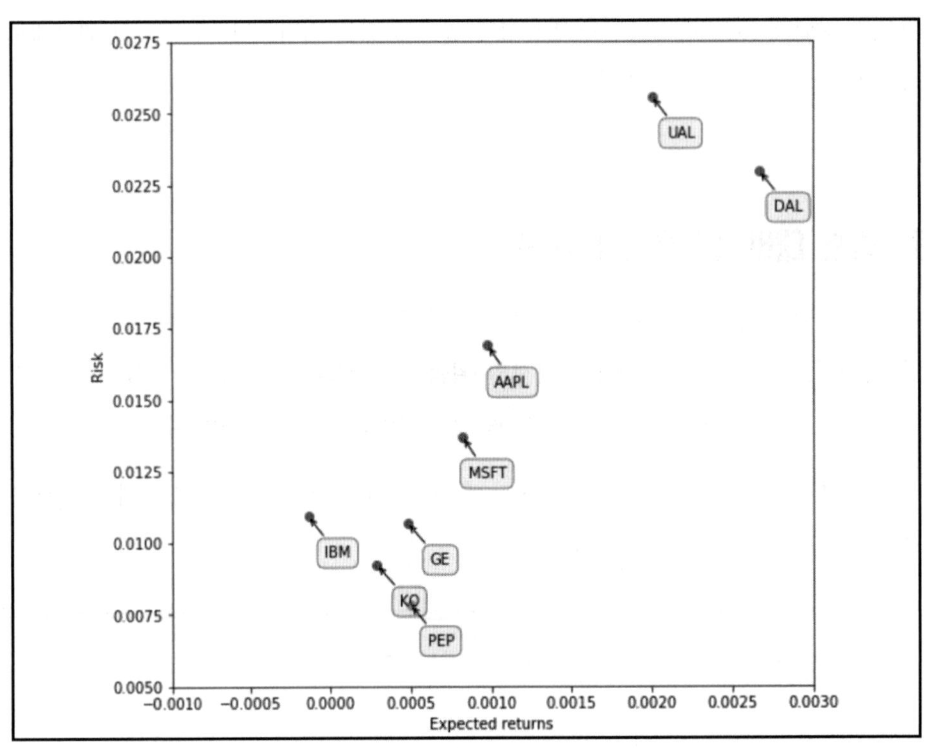


시각화된 결과는 곧바로 튀어나왔지만 단순히 숫자를 바라보기보다는 다음과 같은 이해를 할 필요가 있다.

- 항공주(DAL, UAL)의 경우 가장 높은 위험을 보이지만 수익률 역시 가장 높다. 이는 투자에 있어서의 기본 상식이다.
- 기술주는 중간 정도의 위험과 중간 정도의 수익률을 보인다.
- 기술주 중에서도 IBM과 GE는 매우 보수적인 투자 대상이다.
- 두 콜라 주식(KO, PEP)은 위험도 낮고 수익률도 낮은데, 이는 대형 음료 제조 기업의 주식으로서 당연해 보인다.

## 정리

이로써 pandas 자체와 pandas가 제공하는 데이터 조작과 분석 기능을 배우는 여정의 끝에 도달했다. 15장 이전에는 pandas를 알아보는 데 많은 시간을 할애했으며, 대부분의 경우 현실 세계의 데이터보다는 여러 기능을 시험해보기 위한 데이터를 사용했었다.

그러나 15장에서는 주식 데이터를 가지고 지금까지 배운 모든 것을 활용해 pandas로 얼마나 편리하게 현실 세계의 데이터로부터 결과를 얻어 분석할 수 있는지 확인했다. 또한 데이터로부터 명확한 패턴을 찾아주는 시각화를 수시로 사용해 빠른 결론에 도달할 수 있었다.

15장에서는 특히 일별 변화율, 수익률 계산, 시계열 데이터의 상관관계 등 금융 공학의 여러 개념도 알아봤다. 이는 금융 공학의 이론에 초점을 맞춘 것이 아니라 pandas를 이용해 그저 목록과 숫자일 뿐이었던 데이터로부터 근본적인 의미를 얼마나 쉽게 도출하고 관리할 수 있는지를 배우는 과정이었다.

마지막으로 언급해야 할 사항이 있다. pandas가 금융 분석가들에 의해 만들어졌고, 그래서 금융 분야에서 탁월한 능력을 발휘하지만 결코 금융 분야에 국한된 것은 아니다. pandas는 데이터 분석을 위한 매우 강력한 도구이며, 소셜 네트워크나 웨어러블 컴퓨팅 등의 신흥 시장을 포함한 다른 많은 영역에서도 효과적으로 사용될 수 있다. 여러분의 분야가 무엇이든 pandas를 활용하는 것이 매우 매력적인 일이 되기를 희망한다.

# | 찾아보기 |

## ㄹ



## ㅁ



## ㅂ

## ㅅ



## ㅇ

## ㅈ



## ㅊ



## ㅋ

## ㅌ



## ㅍ



## ㅎ



## A



## B

## C



## D



## E



## F



## G



## H

## I



## J



## K



## L



## M



## N

## O



## P



## Q



## R



## S

## T



## U



## V



## W

## X

## Y

에이콘출판의 기틀을 마련하신 故 정완재 선생님 (1935-2004)

# Pandas로 하는 데이터 과학 2/e

**파이썬 통계 분석 라이브러리**

**발　행** | 2018년 9월 27일

**지은이** | 마이클 헤이트
**옮긴이** | 이 태 상

**펴낸이** | 권 성 준
**편집장** | 황 영 주
**편　집** | 조 유 나
**디자인** | 박 주 란

에이콘출판주식회사
서울특별시 양천구 국회대로 287 (목동)
전화 02-2653-7600, 팩스 02-2653-0433
www.acornpub.co.kr / editor@acornpub.co.kr


ISBN 979-11-6175-213-6
ISBN 978-89-6077-210-6 (세트)
http://www.acornpub.co.kr/book/learning-pandas-2

이 도서의 국립중앙도서관 출판시도서목록(CIP)은 서지정보유통지원시스템 홈페이지(http://seoji.nl.go.kr)와
국가자료공동목록시스템(http://www.nl.go.kr/kolisnet)에서 이용하실 수 있습니다.(CIP제어번호: CIP2018029811)

책값은 뒤표지에 있습니다.